文獻中的百年黨史

百年黨史

1921-2021

李穎——著

目 錄

文獻中的百年黨史

著者	李穎
責任編輯	鄭海檳　蘇健偉
書籍設計	吳冠曼
排版	楊錄
校對	栗鐵英
出版	三聯書店(香港)有限公司 香港北角英皇道 499 號北角工業大廈 20 樓 Joint Publishing (H.K.) Co., Ltd. 20/F., North Point Industrial Building, 499 King's Road, North Point, Hong Kong
香港發行	香港聯合書刊物流有限公司 香港新界荃灣德士古道 220-248 號 16 樓
印刷	美雅印刷製本有限公司 香港九龍觀塘榮業街 6 號 4 樓 A 座
版次	2021 年 6 月香港第一版第一次印刷 2022 年 3 月香港第一版第二次印刷
規格	16 開(170 × 240 mm)576 面
國際書號	ISBN 978-962-04-4797-6

© 2021 Joint Publishing (H.K.) Co., Ltd.
Published & Printed in Hong Kong

引 言

★

信念

道路

夢想

—

文獻見證中國共產黨百年奮鬥歷程

❶ 1919 年《新青年》第 6 卷第 5 號。❷ 李大釗《我的馬克思主義觀》。❸《共產黨宣言》1920 年 9 月版。

一個政黨、一個國家、一個民族，都有為之奮鬥的夢想。要實現夢想，就要有信念、有道路。信念指引道路，道路通往夢想。

　　回望歷史，對馬克思主義的信仰，對社會主義和共產主義的信念，始終是中國共產黨人的政治靈魂，是中國共產黨人經受風險和考驗的精神支柱，也是中國共產黨帶領人民探索適合中國國情的革命建設改革道路，從小到大、由弱到強，從勝利走向新的勝利的根基所在。

（一）求索・抉擇

　　1840 年鴉片戰爭以後，帝國主義和封建主義的雙重壓迫，嚴重阻礙著中國的社會發展和政治進步，是近代中國積貧積弱、落後捱打和民族災難、人民痛苦的根源。從那時起，中華民族就一直面臨著兩大歷史任務：爭取民族獨立、人民解放和實現國家富強、人民幸福。

　　在近代歷史的前 80 年，中國人民進行過多次不屈不撓的鬥爭，無數仁人志士苦苦探索救國救民的道路。這些鬥爭和探索，每一次都對推動中國社會進步產生一定影響，但每一次的結局都是失敗。事實證明，舊式的農民戰爭，不觸動封建根基的自強運動和改良主義，資產階級革命派領導的民主革命，以及照搬西方資本主義的其他種種方案，都不能完成救亡圖存的民族使命和反帝反封建的歷史任務。

　　人們仰望蒼天：中國的出路在哪裏？

　　人們渴望著、期盼著新的社會力量，尋找新的先進理論，以開闢新的革命道路。

　　正在這時，世界上發生了兩件大事：一件是 1914 年至 1918 年的第一次世界大戰，讓世人領略了戰爭的殘酷，使很多人對西方文明和進步產生了懷疑；一件是 1917 年俄國十月革命的勝利，讓中國的先進分子看到了中國未來的希望。

　　在各種社會矛盾加劇和俄國十月革命的背景下，一場新的人民大革命不可遏制。這場新的革命，是以 1919 年 5 月爆發的五四運動為歷史起點的。正如毛澤東所說："五四運動的傑出的歷史意義，在於它帶著為辛亥革命還不曾有的姿態，這就是徹底地不妥協地反帝國主義和徹底地不妥協地反封建主義。"

　　五四運動前後，中國的先進分子從巴黎和會的教訓中，逐漸看清帝國主義列強聯合壓迫中國人民的實質，這是社會主義思想在中國進一步傳播的主要原因。瞿秋白曾說："帝國主義壓迫的切骨的痛苦，觸醒了空泛的民主主義的噩夢。""所以，學生運動倐然一變而傾向於社會主義。"

人們對社會主義的認識有一個發展過程，開始還只是一種朦朧的嚮往，猶如"隔著紗窗看曉霧"，一時還分不清科學社會主義與其他社會主義流派的界限。無政府主義、新村主義、合作主義、泛勞動主義、基爾特社會主義、社會民主主義等觀點在各種刊物上紛然雜陳。經過反覆的比較、推求，中國的先進分子逐步認識到，與既往一切信仰不同的是，馬克思主義是迄今為止最符合社會發展規律和人類良知的科學思想體系。

在中國早期馬克思主義傳播中，李大釗起著主要作用。他是中國大地上舉起十月社會主義革命旗幟和宣傳馬克思主義的第一人。1919 年，他在《新青年》第 6 卷第 5 號、第 6 號上連續發表《我的馬克思主義觀》，肯定馬克思主義為"世界改造原動的學說"，對馬克思主義作了比較全面、系統的介紹；他同胡適進行的問題與主義的論爭，引起相當強烈的社會反響，擴大了社會主義思潮的影響。

新文化運動的精神領袖陳獨秀在五四運動以後宣稱，軍國主義、金力主義已經造了無窮的罪惡，"現在是應該拋棄的了"，"共和政治為少數資本階級所把持"，"要用它來造成多數幸福，簡直是妄想"。我們不應當再走"歐美、日本的錯路"。1920 年 9 月，他發表《談政治》一文，明確宣佈："我承認用革命的手段建設勞動階級（即生產階級）的國家，創造那禁止對內對外一切掠奪的政治法律，為現代社會第一需要。"[1] 這表明，陳獨秀已站到馬克思主義的立場上來了。

毛澤東是五四運動中比較年輕的左翼骨幹，是湖南學生運動的領導人之一。他說，他第二次到北京期間，搜尋和閱讀了許多關於俄國革命和宣傳共產主義的書籍，其中馬克思、恩格斯的《共產黨宣言》，考茨基的《階級爭鬥》和柯卡普的《社會主義史》三本書"特別深地銘刻在我的心中，建立起我對馬克思主義的信仰"。[2]

天津學生領袖周恩來說，自己到歐洲以後，"對於一切主義開始推求比較"，到 1921 年秋，終於"定妥了我的目標"即共產主義。他表示："我認

---

① 《陳獨秀著作選編》第 2 卷，上海人民出版社 2014 年版，第 257 頁。
② 中共中央文獻研究室編：《毛澤東年譜》（1893—1949）（修訂本）上卷，中央文獻出版社 2013 年版，第 56 頁。

的主義一定是不變了，並且很堅決地要為他宣傳奔走。"③

一些老同盟會會員，如董必武、吳玉章等，也在這時開始轉向社會主義。吳玉章回憶，他從辛亥革命以來的實踐中認識到，"從前的一套革命老辦法非改變不可"。他說："十月革命和五四運動的發生給我啟示了一個新的方向和新的途徑。""必須依靠下層人民，必須走俄國人的道路，這種思想在我頭腦中日益強烈、日益明確了。"④

這些有著不同經歷的先進分子殊途同歸的事實表明，拋棄資本主義的救國方案，走馬克思主義指引的道路，是相當多的中國先進分子共同作出的歷史性抉擇。

馬克思主義在中國的廣泛傳播及其同中國工人運動的進一步結合，一批工人階級的先進分子在這個過程中成長起來。由此，一個新生的全國統一的政黨，一個將改變中國和世界的力量，就以不可阻擋之勢，呼之欲出了！

（二）誕生‧征程

1921 年 7 月，在上海法租界望志路 106 號（今興業路 76 號）的小樓裏，在浙江嘉興南湖的紅船上，只有 50 多名成員的中國共產黨宣告成立。與在中國政治舞台上縱橫捭闔的各種政治力量相比，它是那樣的勢單力薄、毫不起眼，但它的誕生卻是開天闢地的大事變。這是因為，在它手中，握著最有力的思想武器；在它心裏，裝著對馬克思主義的堅定信念。從此，中國人民有了強大精神力量，中國革命有了正確前進方向，中國命運有了光明發展前景。

時光荏苒。如今，這個最初只有 50 多名成員的小黨，已走過 100 年輝煌歷程，發展成為擁有 9000 多萬名黨員的世界上最大的政黨。

100 年來，中國共產黨以實現中華民族偉大復興為己任，堅持把馬克思主義基本原理同中國實際和時代特徵相結合，獨立自主走自己的路，歷經幾代人奮鬥、創造、積累，完成了新民主主義革命，實現了民族獨立、人民解放；完成了社會主義革命，確立了社會主義基本制度，進行了社會主義建設的艱辛探索；進行了改革開放新的偉大革命，開創、堅持和發展了中國特色

③ 《周恩來書信選集》，中央文獻出版社 1988 年版，第 46 頁。
④ 《吳玉章回憶錄》，中國青年出版社 1978 年版，第 109—110、112—113 頁。

社會主義；中國特色社會主義進入新時代，中華民族迎來了偉大復興的光明前景。

100 年來，中國走過的歷程，中華民族走過的歷程，是中國共產黨和中國人民用鮮血、汗水、淚水寫就的，充滿著苦難和輝煌、曲折和勝利、付出和收穫。這是中華民族發展史上不能忘卻、不容否定的壯麗篇章，也是中國人民和中華民族繼往開來、奮勇前進的現實基礎。

歷史證明，"找到一條正確的道路多麼不容易"！這條道路的一端連著信念，一端連著夢想。信念是根基，道路是途徑，夢想是目標。

習近平總書記在第十二屆全國人民代表大會第一次會議上深刻指出："經過幾千年的滄桑歲月，把我國 56 個民族、13 億多人緊緊凝聚在一起的，是我們共同經歷的非凡奮鬥，是我們共同創造的美好家園，是我們共同培育的民族精神，而貫穿其中的、更重要的是我們共同堅守的理想信念。" 習近平總書記再次闡釋了偉大的中國夢。他說："實現中華民族偉大復興的中國夢，就是要實現國家富強、民族振興、人民幸福，既深深體現了今天中國人的理想，也深深反映了我們先人們不懈追求進步的光榮傳統。"

堅守信念，尋找道路，奔向夢想。在 100 年波瀾壯闊的歷史進程中，中國共產黨緊緊依靠人民，歷盡千辛萬苦，接力探索奮鬥，跨過一道又一道溝坎，取得一個又一個勝利，為中華民族和世界發展作出了歷史性貢獻。

（三）文獻・見證

在一個政黨、國家、民族的發展歷程中，總會發生影響深遠的重大事件，成為這個政黨、國家、民族的集體記憶。對有著百年歷史的中國共產黨來說，這些重大事件、集體記憶，就是百年黨史這部"豐富生動的教科書"[⑤]的點睛之處和關鍵歷史節點。對於黨的文獻在黨的歷史及其研究中的重要作用，習近平同志在 2009 年 2 月 25 日中國中共文獻研究會成立大會上的講話中進行了深刻闡釋。他說："我們黨在長期奮鬥歷程中形成的大量文獻，特別是黨的主要領導人的重要文獻，記錄了我們黨在革命、建設和改革實踐中艱辛探索的奮鬥歷史，記錄了黨在不同歷史條件下完成偉大艱巨任務積累的

⑤ 習近平同志指出："中國共產黨的歷史是一部豐富生動的教科書。" 2010 年 7 月 22 日《人民日報》。

寶貴經驗，記錄了馬克思主義中國化的理論成果和歷史進程，是幾代中國共產黨人智慧的結晶，是我們治黨治國寶貴的政治和精神財富。對這些文獻進行編輯、研究和宣傳，是黨的思想理論建設的基礎性工作。"⑥

本書即依據"幾代中國共產黨人智慧的結晶"的黨的重要文獻，每年以一件（組）珍稀文獻（包括圖片）為引，主要講述一個（組）重大黨史事件，一份中國共產黨、中國人民和中華民族的集體記憶。100 年選取 100 個（組）重大事件，每個（組）重大事件既能獨立成篇，深耕細作，又特別注意大歷史背景和後續結果等相關延伸內容，這樣前後接續，點面結合，串聯起中國共產黨 100 年奮鬥歷程，構成一部簡明百年黨史。

在全書撰寫過程中，我尤其注意把握這樣幾個方面：

一是精準選定每個年份重大黨史事件的同時，注意利用原始檔案文獻和挖掘大事件中生動的小細節來呈現。一方面，在每一年份敘事主體的選擇上，重大性和重要性是關鍵考量；縱向還要統籌內容的全面性和豐富性問題，注意涵蓋經濟、政治、文化、社會、生態文明建設以及國防和軍隊、"一國兩制"和祖國統 ．黨的建設等各方面。另一方面，竭力挖掘使用第一手最新檔案文獻，如筆者親赴俄羅斯莫斯科五一村找到的中共六大珍貴文獻，在四川綿陽梓潼發現的鄧稼先珍貴手記，以及大量俄羅斯解密的共產國際與中國革命有關檔案文獻，涉及大革命時期國共合作和工農運動、1936年西安事變、1937 年十二月會議等；注意典型事例和生動細節的刻畫，包括北伐勝利進軍期間上海工人三次武裝起義的內幕細節，1950 年抗美援朝戰爭的艱難決策過程，1962 年七千人大會上毛澤東、劉少奇、周恩來、朱德、鄧小平、陳雲的發言，1978 年中央工作會議突破原定議題引發的"一系列大是大非問題的討論"，1985 年百萬大裁軍的國際國內背景等。

二是縱向體現黨的歷史大時段分期的同時，注意全面反映黨的不懈奮鬥史、理論探索史和自身建設史。一方面，在以歷史文獻引出每年度的重大黨史事件的同時，注意體現黨的歷史分期，包括"1921 誕生：中國共產黨宣告成立""1949 擘畫新世界，建立新中國 —— 開始社會主義革命和建設時期""1978 十一屆三中全會偉大轉折 —— 開啟改革開放和社會主義現代化建設新時期""2012 中共十八大和提出中國夢 —— 中國特色社會主義進入新時代"。另一方面，在體現黨的不懈奮鬥史的同時，注意黨的理論探索

⑥ 《黨的文獻》2009 年第 3 期。

史和自身建設史的發展脈絡。理論探索史包括確立毛澤東思想、鄧小平理論、"三個代表"重要思想、科學發展觀和習近平新時代中國特色社會主義思想為黨的指導思想;黨的建設史包括中共五大選舉產生第一個中央紀律檢查監督機構、黨的建設偉大工程的提出、中共十六大新黨章對黨的性質兩個"先鋒隊"的新概括等。

三是努力做到大視野大格局大站位的同時,注意講述時代英模和普通人物的感人故事。一方面,充分體現黨的領導和中央決策部署的引航作用。除以濃重筆墨展現黨中央和黨的主要領導人的主要活動和歷史貢獻,還描寫了黨的主要創始人革命先驅李大釗的英勇就義、周恩來與亞非會議、劉少奇與八大政治報告的起草、朱德與大生產運動、任弼時與《關於增強黨性的決定》、陳雲與"一五"計劃的編制等。另一方面,深情展示體現民族精神的革命英烈、時代英雄、先進模範和奮戰在一線的普通勞動人民的感人形象。如大革命時期選舉產生的首任中央監察委員會主席、革命英烈王荷波,土地革命戰爭時期湘江戰役受傷被俘後絞腸壯烈犧牲的 34 師師長陳樹湘、獄中撰寫流芳千古的《可愛的中國》的方志敏,抗日戰爭時期毅然砸槍跳崖的"狼牙山五壯士"、被敵人割頭剖腹誓死不屈的東北抗聯名將楊靖宇和寫下"八女投江"壯麗篇章的冷雲等 8 名年輕女戰士、用乳汁救八路軍受傷小戰士的沂蒙紅嫂明德英、"為人民利益而死"的張思德,解放戰爭時期捨身炸敵暗堡的董存瑞,抗美援朝戰爭時期身抱炸藥包與敵人同歸於盡的楊根思、捨身堵槍眼的黃繼光、烈火中永生的邱少雲、為搶救落水朝鮮少年而壯烈犧牲的羅盛教,社會主義革命和建設時期"寧肯少活二十年,拚命也要拿下大油田"的王進喜、"甘當螺絲釘"的雷鋒、"縣委書記的榜樣"的焦裕祿、"幹驚天動地事,做隱姓埋名人"的"兩彈一星"元勳……"一個有希望的民族不能沒有英雄,一個有前途的國家不能沒有先鋒。"天地英雄氣,千秋尚凜然。尊崇英雄,禮敬人民,理當是一個國家和民族最基本的價值觀,也是本書秉持的一個基本價值理念。

需要說明的是,百年黨史如此豐富,檔案文獻如此浩瀚,在一部三十萬文字的書中,要控制篇幅,不可能說得面面俱到;還要歷史脈絡清晰,線條流暢,做到大事要事不遺漏。說得容易,做到難。有所取,必有所捨,有所詳,必有所略。但取捨詳略,難免考慮不周。無論是全書總體的把控,重大事件的選擇,文獻資料的取捨,點評的精當,語言的精練等,肯定做得都還不夠。但我以勤補拙,傾情投入,盡己所能,反覆打磨,力爭寫出一部政治站位較高、重大史實準確，內容全面、重點突出，角度新穎、鮮活生動的中國共產黨一百年奮鬥簡史。

"明鏡所以照形，古事所以知今。"正如習近平總書記指出："今天，我們回顧歷史，不是為了從成功中尋求慰藉，更不是為了躺在功勞簿上、為迴避今天面臨的困難和問題尋找藉口，而是為了總結歷史經驗、把握歷史規律，增強開拓前進的勇氣和力量。"⑦

我們堅信，在以習近平同志為核心的黨中央堅強領導下，已走過百年征程的偉大的中國共產黨，必將承前啟後、繼往開來，堅定信念、矢志不渝，在新時代新征程上，團結帶領全國各族人民沿著中國特色社會主義道路奮勇前進，為實現中華民族偉大復興的中國夢再創新的輝煌！

李　穎

2020 年 3 月 8 日初稿

2020 年 8 月 11 日定稿

---

⑦　習近平：《在慶祝中國共產黨成立 95 週年大會上的講話》（2016 年 7 月 1 日），人民出版社 2016 年版，第 7 頁。

1921

誕生：中國共產黨宣告成立

——《中國共產黨第一個綱領》第 11 條缺失

★

"中國產生了共產黨，這是開天闢地的大事變。這一開天闢地的大事變，深刻改變了近代以後中華民族發展的方向和進程，深刻改變了中國人民和中華民族的前途和命運，深刻改變了世界發展的趨勢和格局。"①1921 年 7 月召開的中共一大，成為中國共產黨百年歷史閃光的紅色起點。關於中共一大，國內至今沒有發現任何中文原始檔案文獻記載。僅有的兩份文獻，都是由外文翻譯過來的。其中最重要的是一大通過的《中國共產黨第一個綱領》，共有 15 條。但如果你仔細看，就會發現其中的蹊蹺 —— 沒有第 11 條。

① 習近平：《在慶祝中國共產黨成立 95 週年大會上的講話》（2016 年 7 月 1 日），人民出版社 2016 年版，第 2 頁。

one secretary is appointed to manage affairs; if the soviet
has over ten members, a treasurer, an organizer, and a pro-
pagandist should be appointed; if the soviet has over thirty
members, an executive committee should be organized.   The
rules of such a committee will be stipulated hereafter.

10. In various localities, when the membership increases, the
organizations of laborers, peasants, soldiers, and students
should be utilized for the external activity according to
occupations, but such organizations should be under the di-
rection of the local executive committee.

2. The finances, publications and the politics of any local
soviet shall be supervised and directed by the Central Exe-

的党派和集团断绝一切联系。

五、接收新党员的手续如下：候补党员必须接受其所在地的委员会的考查，考查期限至少为两个月，考查期满后，经多数党员同意，始得被收入党，如该地区设有执行委员会，应经执行委员会批准。

六、在党处于秘密状态时，党的重要主张和党员身份应保守秘密。

七、凡有党员五人以上的地方，应成立委员会。

八、委员会的成员经当地委员会书记介绍，可转到另一个地方的委员会。

九、凡是党员不超过十人的地方委员会，应设书记一人；超过十人的应设财务委员、组织委员和宣传委员各一人。超过三十人的，应从委员会的委员中选出一个执行委员会，执行委员会的章程另订定。

十、工人、农民、士兵和学生的地方组织中党员人数多时，可派他们到其他地区去工作，但是一定要受地方执行委员会的严格监督[注]。

（十一、遗漏——译者）[注]

十二、地方委员会的财务、活动和政策，应受中央执行委员会的监督。

十三、委员会的党员人数超过五百，或同一地方设有五个委员会时，应由全国代表会议委派十人组成执行委员会。如上述要求不能实现，应成立临时中央执行委员会[注]，关于执行委员会的工作和组织细则另订。

十四、党员除非迫于法律，不经党的特许，不得担任政府官员或国会议员。士兵、警察和职员不受此限（这一条在一九

十五、本纲领须经全国代表大会三分之二代表同意，始得修改。

根据中共中央党校出版社一九八九年出版的《中共中央文件选集》第一册刊印。

注 释

（1）英文稿此句为"以无产阶级革命军队推翻资产阶级，由劳动阶级重建国家"。

（2）英文稿此句与上段相衔一句，"宣传共产主义"。

（3）英文稿此句为，"十、各地支部党员增加的时候了，后备徵集职业的不同，利用工人、农民、士兵和学生组织，在党的…

（4）此处为俄文稿所有。

（5）英文稿此句为，"在党员人数超过五百，或已成立五个以上地方执行委员会时，应由唯一一届成立为止由全国代表会议选出之十名委员组成之中央执行委员会。倘若上述事项难于实现，应创制临时中央执行委员会，以应需要"。

（6）英文稿另有文字为"此条款另待表决，最好于明年一九二二年第二次会议召开后决定"。

❶ 俄文版《中國共產黨第一個綱領》。❷ 英文版《中國共產黨第一個綱領》局部截圖。❸ 中文版《中國共產黨第一個綱領》。

陳獨秀。

李大釗。

　　1921 年 7 月 23 日晚，中國共產黨第一次全國代表大會在上海法租界望志路 106 號（今興業路 76 號）開幕。最後一天的會議轉移到浙江嘉興南湖舉行。

　　國內各地和旅日黨的早期組織選派代表參會。上海的李達、李漢俊，北京的張國燾、劉仁靜，長沙的毛澤東、何叔衡，武漢的董必武、陳潭秋，濟南的王盡美、鄧恩銘，廣州的陳公博，旅日的周佛海，以及受陳獨秀派遣的包惠僧出席了中共一大。他們代表著全國 50 多名黨員。黨的主要創始人在廣州的陳獨秀和在北京的李大釗均因有其他事務未出席一大。共產國際代表馬林和尼克爾斯基出席會議。

　　一大選舉產生中央局，陳獨秀為中央局書記。中共一大宣告中國共產黨的正式成立，中國出現了以馬克思列寧主義為行動指南的統一的無產階級政黨。中國共產黨的誕生是近代中國社會及人民革命鬥爭發展的必然結果。"從此，中國人民謀求民族獨立、人民解放和國家富強、人民幸福的鬥爭就有了主心骨，中國人民就從精神上由被動轉為主動。"[①]

　　一大通過了中國共產黨第一個綱領和決議。但是，中國共產黨成立 100 年來，這兩份重要文獻的原始中文版始終未曾找到，目前我們看到的均譯自外文。其中，一大綱領規定了黨的名稱、性質、任務、組織和紀律等，包含了黨章的一些基本要素，具有黨章的初步體例，實際上起到了黨章的作用，

---

① 習近平：《決勝全面建成小康社會，奪取新時代中國特色社會主義偉大勝利 ——
在中國共產黨第十九次全國代表大會上的報告》（2017 年 10 月 18 日），人民出版
社 2017 年版，第 13 頁。

為後來黨章的制定和完善奠定了基礎。

一大綱領共計 15 條。但蹊蹺的是，其中第 11 條缺失。這是怎麼一回事呢？

問題的由來

目前我們看到的一大綱領主要來自兩個版本：

一是俄文版。1957 年蘇共中央把原中共駐共產國際代表團檔案移交給中央檔案館。其中，有俄文版的《中國共產黨第一個綱領》。該件原藏於俄羅斯國家社會政治歷史檔案館（全宗 514，目錄 1，案卷 13），為俄文打印件，共 15 條，其中有第 11 條標號，但注明“遺漏 ——譯者”字樣，無具體內容。

二是英文版。1960 年美國學者韋慕庭在哥倫比亞大學圖書館發現了中共一大代表陳公博的碩士論文《共產主義運動在中國》，附錄一為英文版《中國共產黨第一個綱領》。經對照，該英文版與俄文版內容基本相同，僅具體文字稍有出入。同標為 15 條，其中第 10 條後直接為第 12 條，沒有第 11 條。

目前收錄在中共中央文獻研究室、中央檔案館編《建黨以來重要文獻選編》（1921 — 1949）第 1 冊中的《中國共產黨第一個綱領》，譯自俄文版，在第 11 條“遺漏 ——譯者”處另加注釋：“此處為俄文稿原注。”

由此引出《中國共產黨第一個綱領》第 11 條缺失這一問題。從 20 世紀 70 年代末 80 年代初起，陸續有學者關注研究過這一問題，但受檔案資料限制，至今未有大的突破，均無果而終。

中共中央黨史研究室所著《中國共產黨歷史》（第一卷）、《中國共產黨的七十年》《中國共產黨的九十年》等黨史基本著作，在講到中共一大時，均未涉及此問題。

關於一大綱領第 11 條缺失原因的分析

對於一大綱領第 11 條缺失的原因，學術界曾有過爭論，學者們的觀點綜合起來有以下四種：

一是“遺漏說”。來自俄文版中所加的注釋。因俄文版是先被發現的，

中共一大上海會場場景（雕塑）。

嘉興南湖紅船。

且與後來發現的英文版無大的矛盾之處，部分學者採用俄文版所持的"遺漏"一說。

二是"技術錯誤說"。來自美國學者韋慕庭的揣測。韋慕庭在編陳公博著《共產主義運動在中國》時表示："在陳公博的譯文中沒有第 11 條，究竟是遺漏了一條，還是從第 11 條起寫錯了條數，這無法說。"在附錄一的注釋中，他又指出："陳公博的稿本無第 11 條，可能是他打印新的一頁時遺漏了，或在第 10 條以後排錯了"。這裏的"遺漏"與"排錯"同屬技術錯誤的性質。

三是"刪除說"或"抹掉說"。其中，一種說法認為，大會表決時被刪除。作家葉永烈認為："也可能是第 11 條引起很大的爭議，付諸大會表決時被刪去"。另一種說法認為，在向共產國際匯報時擔心引起誤解和不快而有意刪除和抹掉。正如有學者撰文指出的：一大結束後，"由於某種原因，決定在向共產國際匯報之時，抹去第 11 條，以'遺漏'為藉口搪塞"。"有兩種可能性：一是黨綱草案一開始就沒有這一條，是排序時排錯了；二是草案中有，定稿時或翻譯時由於某種原因抹掉了。比較起來第二種可能性更大些。"

四是"擱置說"。著名的中共一大研究專家邵維正教授認為，極大可能一大綱領原來有第 11 條，為具有較大爭議性的內容。但由於一大召開倉促、時間緊急、環境危險，代表們未能最終達成一致，因而被擱置。

關於一大綱領第 11 條缺失內容的推斷

在研究中共一大綱領時，學者們根據一大其他文件、同時期國際共產主義運動文獻和一大後中共的革命活動等，對於缺失內容給出推斷。概括起來，對一大綱領第 11 條的內容，大致有以下五種推測：

一是關於黨的宣傳工作。理由是：從行文上看，第 9 條規定黨的地方委員會應設書記、財務委員、組織委員、宣傳委員；第 10 條是組織工作；第 12 條是地方委員會的財務等要受監督；唯獨沒有專條談宣傳。這與一大後黨的實際工作情況不符，與一大通過的第一個決議精神不符，與俄共（布）章程對宣傳工作重視和強調的做法也不相符。因此這一條可能說的是黨的宣傳方針、計劃和政策，因為比較具體、秘密，所以不便公開。

二是有關中共和其他政黨關係。理由是：一大通過的決議指出："對現有其他政黨，應採取獨立的攻擊的政策。"但一大綱領中沒有專門的條款談這個問題。估計第 11 條涉及的可能是這方面內容，其所以後來被抹掉，是因為一年後，黨制定了民主革命綱領，以後又和孫中山國民黨實行了聯合。這些都與一大時的認識不一致。為了不致造成言行矛盾，故而刪去第 11 條的內容也是有可能的。

三是有關中共和共產國際關係。理由是：中共初創時期，得到了共產國際的大力支持和幫助。按照共產國際的章程，各國共產黨都是共產國際的一個支部。在羅馬尼亞、南斯拉夫共產黨的綱領中，也都有這樣的規定和條款。唯獨中共一大綱領寫的是 "聯合第三國際"。這似乎與當時的慣例不符。一大綱領沒有類似的內容，可以解釋為是陳獨秀等人的獨立主張；但更大的可能是原有這樣的條款，後來被人抹去了，以免成為帝國主義和軍閥政府攻擊的口實。

四是關於黨的經費。理由是：（1）一般政黨章程都有關於黨費經費方面的規定，中共一大綱領以俄共（布）黨章等為參考，理應有類似規定。（2）陳獨秀等人當時堅持認為中國革命要靠自身力量，不能依賴共產國際的經濟支援，所以，第 11 條只有是經費問題，同時涉及共產國際援助，才有抹掉的必要。上海中共一大會址紀念館堅持此說法。

五是關於民主集中制。理由是：（1）共產國際嚴格要求凡加入它的政黨都必須堅持民主集中制原則。（2）中共一大綱領參照了 1919 年俄共（布）黨章遵循的民主集中制原則。（3）介於地方組織和中央組織之間的第 11 條理應是民主集中制。

目前的基本判斷

綜合前述情況，對於中共一大綱領第 11 條缺失問題，筆者有如下幾點看法：

第一，俄文版和英文版中共一大綱領應當均譯自中文版本。一方面，中國共產黨成立初期，黨的重要文件都要及時報送共產國際。所以，中共一大召開後，理應向共產國際報送了相關文件。俄羅斯檔案館所存俄文中共一大綱領，應當就是從中文稿翻譯而來。另一方面，陳公博於 1922 年 11 月離華赴美，未去過蘇俄，他的碩士論文寫作於 1924 年 1 月，目錄中《中國共產黨第一個綱領》後附 "translated from Chinese"（ "譯自中文" ）字樣。韋慕庭在《共產主義運動在中國》一書緒言中也說："按照論文的目錄表，六個附錄每個都是譯自中文。"同時，一大綱領英文版和俄文版的文字又有些許出入，因而陳公博論文收錄的英文版轉譯自俄文版的可能性極小。由此基本可以斷定，中共一大俄文版和英文版應當均譯自中文文件。

第二，一大綱領中文原件第 11 條極大可能原本就缺失。既然一大綱領俄文版和英文版均來自中文稿，兩份稿子帶出渠道不同，一份是中共報送共產國際的，一份是陳公博帶到美國的，而兩份文件又都遺漏第 11 條，這說明兩份中文原稿本身就都沒有第 11 條及相關內容的可能性極大。

第三，目前未有定論。由於缺乏中共一大綱領原始文獻，學界關於一大綱領第 11 條缺失原因和內容的分析和推斷，都有其一定的合理性，同時又存在著各自的缺陷和問題。目前為止，各種說法僅僅停留在分析推測階段，還沒有一個檔案文獻支撐確鑿、論證周全、被各方廣泛認可、立得住的觀點。

總之，因為距離中共一大召開已百年，相關直接或間接當事人大都不在人世，越來越難以找到直接佐證材料。我們期待中共一大原始中文文獻的發現。同時，期待學界加強中共一大研究，爭取在關於一大綱領第 11 條缺失等相關問題上，早日有新的突破。

1922

反帝反封建民主革命綱領的制定

★

在中國共產黨誕生僅一年後，1922 年 7 月召開的中共二大便第一次明確提出反帝反封建民主革命綱領，區分了最高綱領和最低綱領，對中國革命產生巨大影響，具有重大歷史意義。大會制定《中國共產黨章程》，這是中國共產黨誕生以來第一個章程；大會通過《中國共產黨第二次全國代表大會宣言》，第一次喊出"中國共產黨萬歲"的口號；大會通過《中國共產黨加入第三國際決議案》，中國共產黨成為共產國際的一個支部。

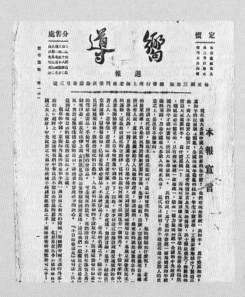

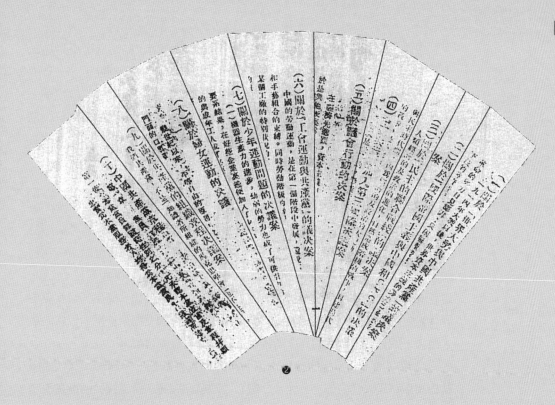

②

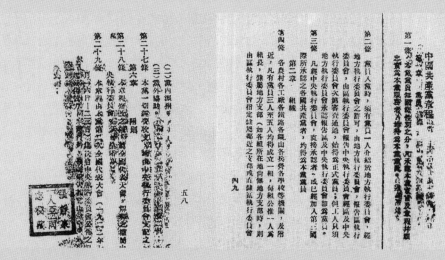

❶ 1922 年 9 月 13 日中國共產黨機關刊物《嚮導》週報在上海創刊。圖為該刊創刊號。❷ 中共二大制定的部分文件。❸ 張人亞秘藏的中共二大文件《中國共產黨章程》。

中國共產黨成立後，即著手分析中國的具體國情，制定反帝反封建民主革命綱領，開展工農群眾運動，中國革命很快展現出嶄新局面。

列寧和共產國際十分關心東方各國人民特別是中國人民的革命鬥爭。早在 1920 年 7 月至 8 月召開的共產國際二大，就根據列寧的民族和殖民地問題理論提出："初期的殖民地革命不會是共產主義革命。""殖民地革命在其初期，應該推行列有許多小資產階級改良項目的綱領，如分配土地等等。"但無產階級決不能將革命"交由資產階級民主派領導"。①

為了揭露帝國主義國家利用華盛頓會議進行侵略擴張的真面目，廣泛傳播列寧在共產國際二大上提出的民族和殖民地問題理論，共產國際於 1922 年 1 月 21 日至 2 月 2 日召開遠東各國共產黨及民族革命團體第一次代表大會。出席這次大會的中國代表團由 44 人組成，其中有共產黨員 14 人，還有社會主義青年團代表，國民黨代表，以及工人、農民、學生、婦女等各界代表。大會強調，帝國主義和封建主義是當前中國及遠東被壓迫民族的最大敵人，號召"全世界的無產階級和被壓迫的民族聯合起來"。

會議期間，列寧抱病接見中國共產黨代表張國燾、中國國民黨代表張秋白和鐵路工人代表鄧培。他十分關心中國革命問題，希望國共兩黨實現合作，勉勵中國工人階級和革命群眾加強團結，推動中國革命向前發展。

與此同時，當年輕的中國共產黨人抱著推翻反動階級的黑暗統治、實現社會主義的信念，深入到實際鬥爭中去的時候，他們開始認識到：在半殖民地半封建的條件下，中國人民的迫切需要，還不是並且還不可能是進行社會主義革命。帝國主義勢力的侵略，封建軍閥的統治，像兩座大山沉重地壓在中國各民族、各階層人民的頭上，中國革命不首先推倒這兩座大山，國家就不能獨立，人民就不能解放，也就談不到社會主義、共產主義理想。

遠東民族大會精神傳到中國，而此時中國共產黨一方面在革命實踐中研究中國社會和中國革命的實際問題，一方面接受列寧關於民族殖民地的理論，並開始把這兩個方面加以結合。這樣，一個大體上符合中國國情的革命綱領逐漸形成。

1922 年 6 月 15 日，針對剛結束的第一次直奉戰爭，陳獨秀起草並發表了《中國共產黨對於時局的主張》，進一步指出，軍閥與國際帝國主義相互

---

① 中共中央黨史研究室第一研究部編：《共產國際、聯共（布）與中國革命檔案資料叢書》第 2 卷，北京圖書館出版社 1997 年版，第 121 頁。

勾結是中國內憂外患的根源，提出："中國共產黨的方法，是要邀請國民黨等革命的民主派及革命的社會主義各團體開一個聯席會議"，以期"共同建立一個民主主義的聯合戰線"。

《中國共產黨對於時局的主張》是黨第一次就中國民主革命的重大問題，向社會各界公開自己的政治主張，也是黨運用馬克思列寧主義分析中國社會狀況，解決中國革命問題的新起點，表明黨對現階段中國革命的任務和應該採取的策略，已經有了清醒的認識。這為即將召開的中共二大完成制定民主革命綱領的任務奠定了基礎。

1922 年 7 月 16 日至 23 日，中共二大在上海舉行。出席大會的代表 12 人，代表全國 195 名黨員。中共二大通過對中國經濟政治狀況的分析，揭示出中國社會的半殖民地半封建性質，指出黨的最高綱領是實現社會主義、共產主義，但在現階段的綱領即最低綱領是：打倒軍閥；推翻國際帝國主義的壓迫；統一中國為真正的民主共和國。這樣，二大第一次提出明確的反帝反封建民主革命綱領。

一個政黨的綱領就是它的一面旗幟。中共二大第一次將黨在民主革命中要實現的目標同將來進行社會主義革命要實現的長遠目標結合起來，不僅明確提出反對帝國主義、反對封建主義的民主革命任務，並指出要通過民主革命進一步創造條件，實現社會主義和共產主義。這是中國共產黨人對中國國情和中國革命問題認識的一次深化，是黨把馬克思主義基本原理同中國革命實際相結合的一個重要成果。

中國的民主主義革命，從鴉片戰爭開始到五四運動，經歷了無數次鬥爭。但由於歷史條件的限制，沒有一個政黨能明確地弄清革命的對象和動力，從而有針對性地制定革命的綱領。而黨成立僅一年後，就在中共二大提出徹底反帝反封建的革命綱領。這充分表明，只有用馬克思主義武裝起來的中國工人階級及其政黨 ——中國共產黨，才能為中國革命指明方向，才能領導中國革命走向勝利。

1923

毛澤東首次進入黨的中央領導核心層

★

"中央局秘書"一職，是第三屆中央執行委員會特設的，委員長與秘書召集"執行委員會之一切會議"，與秘書共同簽署一切公文函件。在中共三大會址恢復和重建過程中，有學者撰文指出，在調查中共三大會址時發現，中共中央《通告十三號》顯示，三大中央局秘書並非原來說的毛澤東，而是羅章龍。此文一出，立即在網上引起廣泛關注。三大中央執行委員會所選的秘書到底是誰？中央檔案館的珍貴文獻——1923 年 9 月 10 日中共中央《通告第五號》，揭開了謎底。

❶ 瞿秋白記錄的中共三大選舉結果。❷1923 年 9 月 10 日中共中央《通告第五號》。❸ 中共三大通過的決議案及宣言。❹1923 年 12 月 25 日中共中央《通告十三號》，由陳獨秀、羅章龍分別以英文和德文署名。

1923 年 6 月 12 日至 20 日，中共三大在廣州舉行。出席大會的代表 40 人，代表全國 420 名黨員。共產國際代表馬林參加會議。大會決定採取共產黨員以個人身份加入國民黨的方式實現國共合作，這是當時能夠為孫中山和國民黨所接受的唯一合作方式。大會選舉陳獨秀、蔡和森、李大釗等九人為中央執行委員會委員。由陳獨秀、蔡和森、毛澤東、羅章龍、譚平山組成中央局，陳獨秀為委員長，毛澤東任秘書，羅章龍任會計。

但有學者發現，1923 年 12 月 25 日中共中央《通告十三號》複印件上，秘書的簽名不是毛澤東，而是羅章龍。由此，得出結論："以上種種說明，'三大'中央委員會選出的中央局秘書是羅章龍。"

事實究竟如何呢？

1923 年 9 月上旬，中共中央機關從廣州遷回上海。10 日，中共中央發出《通告第五號》，宣佈中央局自廣州遷回上海後的人事變動："中局組自遷滬後略有更動，即派平山同志駐粵，而加入荷波同志入中局。又潤之同志（即毛澤東 ——引者注）因事赴湘，秘書職務由會計章龍同志兼代。"

由此說明，在 9 月 10 日以前，毛澤東確實是三屆中央委員會選出的中央局秘書，而羅章龍是他的接替者。至於 12 月 25 日發出的第十三號通告，上面的簽名自然是羅章龍而不是毛澤東了。

"中央局秘書"實際上相當於後來設中央主席時的總書記，並不等同於黨中央"秘書長"，因為"中央局會計"的職責也屬於秘書長工作範圍。對於秘書的職責，三大通過的《中國共產黨中央執行委員會組織法》規定："秘書員〔負〕本黨內外文書及通信及開會記錄之責任，並管理本黨文件。"此外，《組織法》還特別規定："本黨一切函件須由委員長及秘書簽字。""執行委員會之一切會議，須由委員長與秘書召集之，附加會議之日程。"[1] 這既說明了作為中央局秘書的毛澤東在黨內的地位，也體現了新生的中國共產黨開始嘗試通過制定黨內法規的形式，制約最高領導人的權力。

在中共三大上，毛澤東被選入中央局，並擔任秘書，這是毛澤東第一次進入黨的中央領導核心層。事實上，毛澤東兼任中央組織部部長，從而使黨中央真正有了負責全黨自身建設，特別是黨務工作的專職主持者。事實也證明，中共三大後全黨組織工作取得了很大進步。

---

① 中央檔案館編：《中共中央文件選集》第 1 冊，中共中央黨校出版社 1989 年版，第 156—157 頁。

1923 年 11 月中共在上海創辦上海書店，經售革命書刊，並出版《嚮導》《新青年》《前鋒》《中國青年》等。圖為上海書店舊址。

　　"中央局會計"一職也是第三屆中央委員會特設的，負責管理全黨財務行政，並負中央機關和各區各地方機關財政、行政審議之責，主持審計財務和決算有關事務，稽查現金出納等項工作。這一職務，到 1923 年秋即改為由非中央局委員擔任。

1924

國共攜手

—— 投身大革命的洪流

★

1924 年至 1927 年，一場反對帝國主義和封建軍閥的革命運動，以不可阻擋之勢席捲全國。人們通常將這場聲勢浩大的革命運動稱為"大革命"或"國民革命"。而這場大革命是在國共合作的基礎上進行的。《共產國際執行委員會關於中國共產黨與國民黨的關係問題的決議》（1923 年 1 月 12 日）傳到中國，對促進國共合作起了推動作用。1923 年 6 月中共三大決定實行國共合作。1924 年 1 月國民黨一大召開，標誌著國共合作正式形成。

共产国际执行委员会关于中国共产党与国民党的关系问题的决议
（1923 年 1 月 12 日）

一、中国唯一重大的民族革命集团是国民党，它既依靠自由资产阶级民主派和小资产阶级，又依靠知识分子和工人。

二、由于国内独立的工人运动尚不强大，由于中国的中心任务是反对帝国主义者及其在中国的封建代理人的民族革命，而且由于这个民族革命问题的解决直接关系到工人阶级的利益，而工人阶级又尚未完全形成为独立的社会力量，所以共产国际执行委员会认为，国民党与年青的中国共产党合作是必要的。

三、因此，在目前条件下，中国共产党党员留在国民党内是适宜的。

四、但是，这不能以取消中国共产党独特的政治面貌为代价。党必须保持自己原有的组织和严格集中的领导机构。中国共产党重要而特殊的任务，应当是组织和教育工人群众，建立工会，以便为强大的群众性的共产党准备基础。

在这一工作中，中国共产党应当在自己原有的旗帜下行动，不依赖于其他任何政治集团，但同时要避免同民族革命运动发生冲突。

五、在对外政策方面，中国共产党应当反对国民党同资本主义列强及其代理人——敌视无产阶级俄国的中国督军们的任何勾搭行为。

六、同时，中国共产党应当对国民党施加影响，以将它和苏维埃俄国的力量联合起来，共同进行反对欧洲、美国和日本帝国主义的斗争。

七、只要国民党在客观上实行正确的政策，中国共产党就应当在民族革命战线的一切运动中支持它。但是，中国共产党绝对不能与它合并，也绝对不能在这些运动中卷起自己原来的旗帜。

（录自《共产国际有关中国革命的文献资料》第 1 辑）

❷

❸

❹

❶ 孫中山手書國民黨一大新的中央執行委員和候補委員名單。❷《共產國際執行委員會關於中國共產黨與國民黨的關係問題的決議》（1923 年 1 月 12 日）。❸ 孫中山等步出國民黨一大會場。❹1924 年 1 月 31 日國民黨召開一屆一中全會。圖為出席全會人員的簽名錄。

一九三四年攝於巴黎

❺

❻

❺1924 年 7 月旅歐中國共產主義青年團第五次代表大會代表周恩來、
鄧小平、李富春等在巴黎合影。❻1924 年 1 月廣州國民黨一大會場現
場圖。

1923 年京漢鐵路工人大罷工的失敗使中國共產黨人認識到：在半殖民地半封建的中國，工人階級雖然有堅強的革命性，但人數畢竟比較少，如果不團結一切可以團結的力量，結成最廣泛的統一戰線，黨就不可能把中國革命引向勝利。

共產國際最初選擇吳佩孚、陳炯明

早在 1920 年 6 月，列寧在為共產國際二大草擬的《民族和殖民地問題提綱初稿》中就提出：在絕對保持獨立性的前提下，"共產國際應當同殖民地和落後國家的資產階級民主派結成臨時聯盟"。但是，在 20 世紀 20 年代的中國，究竟哪些力量是革命的民主派，不但中國共產黨，而且共產國際與蘇俄的認識都經過一個曲折的過程。

共產國際根據列寧的民族和殖民地理論，不斷地派出使者到中國尋找同盟者。但最初，共產國際和蘇俄政府實行的是聯合吳佩孚、陳炯明，疏遠孫中山的政策。

共產國際實行這樣的政策主要是為假象所迷惑。1920 年吳佩孚通過直皖戰爭掌握北京政府大權後，偽裝進步，曾表示願與蘇俄改善關係，同意接納遠東共和國優林使團到北京，並通知原沙俄駐中國使館停止活動。接著他取消了段祺瑞政府與日本簽訂的反對蘇俄的《中日陸軍共同防敵軍事協定》，派張斯麐赴遠東共和國同蘇俄談判。1922 年，吳佩孚又發出通電，主張勞動立法和保護勞工。同樣，陳炯明 1918 年率援粵閩軍擊敗閩督李厚基後，佔領汀州、漳州、龍岩等大片地區，建立閩南護法區。1919 年底，陳炯明在漳州辦《閩星報》，稱頌社會主義，讚揚俄國十月革命。俄共黨員維經斯基、波塔波夫等相繼到過漳州，他們都極力讚美陳炯明。共產國際研究和指導遠東革命運動的《共產國際遠東書記處簡報》，在第 7 期的一篇文章中報道華南形勢時，不僅錯誤地估計了孫中山與陳炯明之間矛盾的性質，而且表露了明顯的褒貶傾向，把陳炯明稱作"中國最先進最有名望的人之一"，而孫中山卻被說成是"巧妙的外交家，謹小慎微的政治家，根本不是什麼革命者"，孫"在中國輿論界尤其革命知識分子中和勞動人民中的威望正在消失"，"他既遠離發展中的正在擺脫封建束縛的年青的中國資產階級，又遠離勞動群眾"。

共產國際採取聯合吳佩孚、陳炯明的政策，還出於蘇俄國家利益的考慮。蘇俄在十月革命勝利後處境艱難，它希望在中國尋找一個同盟者，以實現中俄睦鄰關係。這個同盟者不僅必須對蘇俄友好，不會侵犯蘇聯的邊界，還須有一定的軍事實力。共產國際認為吳、陳具備這些條件，而孫中山則不具備。

事與願違，共產國際與吳佩孚、陳炯明結盟的意圖很快成為泡影。1922年6月，陳炯明在帝國主義支持下叛變革命，他的名字從共產國際可以結盟的候選人名單中被勾掉。而在北方實行聯合吳佩孚的政策在1921年下半年也遇到困難：北京政府參加了華盛頓會議；優林使團堅持蘇俄在中東鐵路的權益，而且蘇俄紅軍未經北京政府的同意就開進外蒙，駐兵庫倫，使雙方關係不斷惡化。1923年吳佩孚鎮壓京漢鐵路工人大罷工，製造二七慘案。中國工人階級的鮮血使共產國際認識到，吳佩孚不是資產階級民主派，而是極端反動的軍閥劊子手。至此，經過曲折的過程和血的代價，共產國際聯合吳佩孚、陳炯明的政策才得以改變，轉而開始重視並最終採納馬林的建議，全力支持孫中山和國民黨，促成國共合作。

共產國際轉向孫中山國民黨

辛亥革命失敗後，孫中山及其領導的革命黨人繼續鬥爭。中國國民黨由孫中山創立，其前身是興中會、中國同盟會、國民黨、中華革命黨。其實，1921年5月，孫中山在廣州就任非常大總統後，對國民黨本身的渙散是認識不足的，也無意對國民黨進行改組，而是熱衷於北伐，希望用武力消滅北洋軍閥，並且幻想英、美政府能夠給予精神上和物質上的援助，以支持其北伐事業的完成。這個時期，共產國際和蘇俄政府曾先後派代表來中國與孫中山接觸。由陳獨秀介紹，1921年12月10日，共產國際代表馬林帶著翻譯張太雷，經過湖南，前去廣西桂林拜訪孫中山。馬林與孫中山進行了三次長談。在談到承認俄國與聯俄的可能性時，孫中山認為，在北伐還未完成前，聯俄實際上是不可能的，過早地聯俄會立即引起列強的干涉。馬林則認為，國民黨進行的民族主義宣傳也必然會導致這種干涉，勸說孫中山實行聯俄政策。但馬林當時並未說服孫中山，孫中山只是表示"允許在其黨內進行共產主義宣傳"。

會見孫中山後，馬林又到廣州等地考察，通過與國民黨領導人的接觸，對國民黨頗有好感，認為孫中山可以和蘇俄建立友好關係，國民黨的黨綱使得"各種不同的團體都能加入進去"。基於這種認識，馬林回到上海

孫中山轉移到永豐艦上，指揮艦隊反擊陳炯明叛軍。圖為 1923 年 8 月孫中山在該艦上紀念蒙難一週年時與官兵合影。後來為了紀念孫中山先生，永豐艦更名為中山艦。

後，便向陳獨秀等中國共產黨人提出國共合作問題，建議中共放棄對於國民黨的排斥態度，"到國民黨中去進行政治活動，通過這一切，會獲得通向南方工人和士兵的更方便的門徑。黨則不需放棄獨立"。①

馬林關於中共加入國民黨的建議，立即遭到陳獨秀的反對。1922 年 4 月 6 日，陳獨秀致信維經斯基，闡述自己反對馬林提出的共產黨及青年團加入國民黨的理由，包括"共產黨與國民黨革命之宗旨及所據之基礎不同"；"國民黨孫逸仙派向來對於新加入之分子，絕對不能容納其意見及假以權柄"；"廣東北京上海長沙武昌各區同志對於加入國民黨一事，均已開會議決絕對不贊成，在事實上亦已無加入之可能"。②

馬林關於國共合作的建議遭陳獨秀拒絕後，於 4 月 24 日離開上海返回莫斯科。7 月 11 日，他提交了《給共產國際執委會的報告》，再次提出中共應採取加入國民黨的途徑實現同國民黨的合作。共產國際很快採納馬林的建議，要求共產黨人支持國民黨。馬林帶著共產國際的指示，於 8 月回到上海。這時中共二大剛剛閉幕，大會通過了《關於"民主的聯合戰線"的議決案》，提出聯合全國一切革命黨派，聯合資產階級民主派，組織民主的聯合戰線，並決定邀請國民黨等革命團體舉行聯席會議。這樣，就改變了中共一

① 《馬林在中國的有關資料》（增訂本），人民出版社 1984 年版，第 17—21 頁。
② 中央檔案館編：《中共中央文件選集》第 1 冊，中共中央黨校出版社 1989 年版，第 31—32 頁。

大文件中關於不同其他黨派建立任何聯繫的規定。但是，共產黨此時提出的與國民黨的聯合方式，是一種兩黨並行的外部聯合。

1922 年 6 月陳炯明的叛變，是孫中山一生革命事業中所遭受的一次慘重的失敗，也是促使孫中山痛下改組國民黨決心的一個契機。他沒料到"禍患生於肘腋，干戈起於肺腑"，深感國民黨內部成分過於複雜，"人格太不齊"，初生改組國民黨之意。這時，英、美帝國主義卻落井下石，逼迫孫中山避難所乘的軍艦離開白鵝潭。在孫中山處於一生中最艱難困苦之際，共產國際通過各種途徑，採取多種方式給孫中山以寶貴的支持和援助。

馬林攜帶著共產國際的指示來到上海。8 月 25 日，在李大釗陪同下，馬林在上海法租界再次會見孫中山，雙方商談了改組國民黨、聯合蘇俄，並同中國共產黨合作等問題。馬林告知孫中山，共產國際領導人已經通知中國共產黨人參加國民黨。同時，馬林勸孫中山不要單純用軍事行動去收復廣州，而要以上海為基地，開展一個群眾性的宣傳運動；並建議孫中山"要使上海成為一個在全國城市工人中以及在農民中積極開展宣傳工作的中心"③。經過馬林等人的艱苦工作，孫中山決定以俄為師，同意和中國共產黨實行黨內合作，改組國民黨，允許共產黨員以個人身份加入國民黨。

為了解決中共對待國共合作問題，中國共產黨中央委員會於 1922 年 8 月 29 日至 30 日在杭州西湖舉行會議。最終，此次西湖會議並未以文字形式，"而是以一種互相諒解的形式，通過了陳獨秀先生所提國民黨取消打手模以後，中共的少數負責同志可以根據黨的指示加入國民黨為黨員的決定"，"這種決定顯然對馬林原有的中共黨員無條件無限制加入國民黨的主張，已作了相當的修正"。④

國共合作正式形成

根據共產國際執委會 1923 年 1 月 12 日決議精神，陳獨秀為中共三大起草了《關於國民運動及國民黨問題的決議案》。6 月，三大召開期間，"馬林是每會必到的"⑤。該決議案在會上僅以 5 票的優勢（21 票贊成，16 票反對）通過，反映了黨內對這一決議的真實態度。參加會議的徐梅坤回憶說："'三

③ 《馬林在中國的有關資料》（增訂本），人民出版社 1984 年版，第 28—29 頁。
④ 以上參見張國燾：《我的回憶》第 1 冊，東方出版社 1991 年版，第 241—244 頁。
⑤ 以上參見羅章龍：《椿園載記》，生活·讀書·新知三聯書店 1984 年版，第 270—271 頁。

大'的中心議題是討論國共合作及共產黨員是否加入國民黨"，"這個問題爭論得很激烈，一個多星期的會議，大部分時間是辯論這個問題" ⑥。

中共三大最終正式決定共產黨員以個人身份加入國民黨，實現國共合作。這既有利於國民黨的改造，使國民黨獲得新生；又有利於共產黨走上更廣闊的政治舞台，得到鍛煉和發展。這個問題的解決，是中共三大的重大歷史功績。中共三大還明確規定，在共產黨員加入國民黨時，黨必須在政治上、思想上、組織上保持自己的獨立性。三大後，國共合作的步伐大大加快了。

1923 年 10 月初，應孫中山的邀請，蘇聯代表鮑羅廷到達廣州。孫中山聘請他擔任國民黨組織教練員（後來又聘為政治顧問）。國民黨改組很快進入實行階段。

國民黨的整個改組工作經歷了一個曲折的發展過程。由於孫中山提出改組的方法是"以俄為師"，"要學俄國的方法，組織及訓練"，所以在整個改組尤其是改組文件和黨綱制定過程中，共產國際和蘇俄起了舉足輕重的作用，在鮑羅廷和李大釗等的幫助下，孫中山力排眾議，堅持改組國民黨，經過一年多的努力，1924 年 1 月，國民黨改組工作告一段落。至此，國民黨一大的準備工作已經基本完成，召開大會的時機業已成熟。

1924 年 1 月 20 日至 30 日，國民黨第一次全國代表大會在廣州舉行。出席開幕式的代表 165 人中，有共產黨員 20 多人。李大釗被孫中山指定為大會主席團成員。

國民黨一大對孫中山的三民主義作出新的解釋，事實上確立了聯俄、聯共、扶助農工三大政策。這個新三民主義的政綱同中國共產黨在民主革命階段的綱領是基本一致的，因而成為第一次國共合作的政治基礎。

國民黨一大選出國民黨中央執行委員會，共產黨員李大釗、譚平山、毛澤東、林伯渠、瞿秋白等 10 人當選為中央執行委員會委員或候補委員，約佔總數的四分之一。雖然國民黨內部情況相當複雜，但它已開始成為工人、農民、城市小資產階級和民族資產階級的民主革命聯盟。

國民黨一大的成功召開，標誌著中國最有前途的兩大政治力量第一次握手和第一次國共合作正式形成。此後，以廣州為中心，匯集全國的革命力量，很快開創出反帝反封建的革命新局面。

⑥　徐梅坤：《參加中共"三大"》，《中共"三大"資料》，廣東人民出版社 1985 年版，第 156 頁。

1925

五卅狂飆

—— 中國共產黨第一份日報《熱血日報》問世

★

1925 年 6 月 4 日《熱血日報》創刊。這是中國共產黨歷史上的第一份日報，誕生於五卅運動的高潮中，由瞿秋白主編，每天出版 8 開 4 版一張，成為黨宣傳、組織、推動這一偉大的反帝愛國鬥爭的輿論先鋒、中國被壓迫民眾的喉舌。《熱血日報》只出了 24 期，當年 6 月底被租界巡捕房查封而停刊。它與五卅運動一起，在黨的歷史上留下了光輝一頁。

❶1925 年 6 月 4 日中共為加強五卅運動中的反帝宣傳,創辦《熱血日報》。
❷❸❹❺ 五卅運動中的上海。

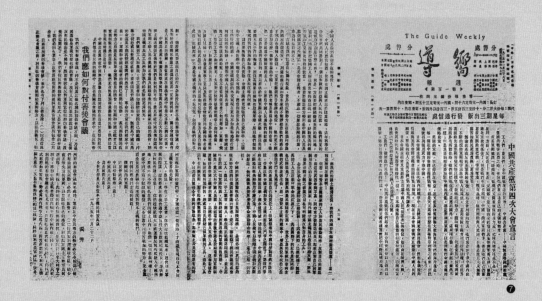

❻ 李逸《中共"四大"會議瑣憶》手稿。❼ 1925 年 1 月 28 日《嚮導》第 100 期關於中共四大的報道。

隨著國共合作的形成和展開，在國共兩黨的共同努力下，在中國大地上出現一股向著帝國主義和軍閥勢力猛烈衝擊的革命洪流。1925 年 1 月中共四大的召開，統一了全黨的認識，拉開了中國大革命高潮的序幕。1925年發生在上海的五卅運動和發生在廣州、香港的省港大罷工，在全國民眾中激發起規模空前的反抗帝國主義怒潮，標誌著大革命高潮的到來。

中共四大的召開

1925 年 1 月 11 日至 22 日，中共四大在上海舉行。出席會議的代表 20人，代表全國黨員 994 人。維經斯基作為共產國際代表出席會議並作報告，陳獨秀代表第三屆中央執行委員會作工作報告。

中共四大議決案在黨的歷史上第一次明確提出無產階級在民主革命中的領導權和工農聯盟問題。關於無產階級領導權，議決案指出：中國民族革命既 “是一個資產階級性的德謨克拉西革命”，又 “含有社會革命的種子”。因此，“無產階級的政黨應該知道無產階級參加民族運動，不是附屬資產階級而參加，乃以自己階級獨立的地位與目的而參加”，而中國的民族革命運動，“必須最革命的無產階級有力的參加，並且取得領導的地位，才能夠得到勝利”。關於工農聯盟問題，議決案強調，“中國民族德謨克拉西運動之發展，當與工人農民及城市中小資產階級普遍的參加為正比例”。這個議決案和大會通過的《對於農民運動之議決案》，將農民問題同無產階級領導權問題聯繫起來，闡明了農民是無產階級的天然同盟者，不解決農民問題，“我們希望中國革命成功以及在民族運動中取得領導地位，都是不可能的”。[①]

參加中共四大的彭述之稱：“在此次大會上的空氣極好，現出和衷一致的精神。”“現在可以說我黨自經此次大會之後，我黨已由小團體而轉入真正的黨的時期了。”[②]

現在看來，中共四大是有其歷史功績的。當時雖然還沒有認識到統一戰線中的既團結又鬥爭的辯證關係，沒有認識到無產階級掌握武裝的重要

---

① 以上參見中央檔案館編：《中共中央文件選集》第 1 冊，中共中央黨校出版社1989 年版，第 337、330、333、334、358 頁。
② 《關於黨的第四次全國代表大會 —— 彭述之給中共旅莫支部全體同志的信》，《中共黨史資料》1982 年第 3 輯，第 20 頁。

性，對於革命發展階段論和不斷革命論之間的關係也沒有完全認識清楚。但是，中共四大比較明確地提出了黨在民主革命中的領導權和工農聯盟問題，並對民主革命的內容作了比較完整的規定，指出在反對帝國主義的同時，還要反對封建的軍閥政治和經濟關係。正是中共四大，統一了全黨的思想，才有以五卅運動為標誌的全國反帝運動的掀起，進而拉開了中國大革命高潮的序幕。

五卅運動的爆發

上海是中國最大的工業城市，也是中國產業工人最集中的地方，有工人80萬人，佔全國工人總數的近三分之一。同時，上海也是帝國主義勢力對華經濟侵略的中心和基地，有主要由英國控制的"公共租界"和法國的租界，日、英等國在這裏開設了許多工廠，殘酷榨取中國工人的血汗，民族矛盾一直異常尖銳。其中，日本帝國主義對華實行經濟侵略在紡織業中最為突出，而上海更是日資紡織廠的集中地區。到1925年，日本在中國境內有紗廠45家，僱傭中國工人8.2萬多人，其中上海一地就有32家紗廠，僱傭中國工人6.1萬多人。

中國共產黨在上海工人中是有工作基礎的。那時，中共中央設在上海，下設中共上海地方委員會。共產黨人以上海大學為重要據點，深入到工人中開展工作。1924年初，在鄧中夏、項英等領導下，成立了滬西工友俱樂部，在滬西、滬東、浦東、吳淞、南市、閘北、虹口創辦7所工人夜校。

1925年2月，上海日資紗廠工人為反對日本資本家打人和無理開除工人，要求增加工資而舉行罷工。中共中央專門成立了指揮這次罷工的委員會。先後參加罷工的有22家工廠的近4萬名工人。為避免重大經濟損失，日本資本家被迫答應工人的部分要求，承認了工會組織。4月，青島日資紗廠2萬多工人舉行罷工，歷時22天，在黨組織的領導和上海等地工人的支援下取得勝利。

這些鬥爭取得勝利，給全國工人很大鼓舞。為了鞏固和擴大工人階級的力量，第二次全國勞動大會於1925年5月1日至7日在廣州舉行。這次大會正式成立了中華全國總工會。共產黨員林偉民當選為執行委員會委員長兼總幹事，劉少奇、鄧培等當選為副委員長。大會通過了《中華全國總工會總章》，宣佈中國勞動組合書記部取消，全國工會統一由中華全國總工會領導。這次大會的召開和中華全國總工會的成立，為即將爆發的五卅運動準備了條件。

5月7日，上海日本紡織同業會開會議決，拒絕承認工人組織工會，要求租界當局及中國官方取締工會活動。5月15日，日本資本家宣佈內外棉七廠停工，不准工人進廠。該廠工人顧正紅率領工人衝進工廠，要求復工和發工資。日本大班（相當於廠長）率領打手向工人開槍，打傷10多人，顧正紅身中四彈，後傷重身亡。屠殺事件激起上海內外棉各廠工人的憤怒，當天即舉行罷工，以示抗議。這成為五卅運動的導火線。

5月16日和19日，中共中央連續發表第三十二、三十三號通告，就上海日商內外棉紗廠工人罷工失敗及日本廠主槍殺工人顧正紅、王福金事件，指示各區委、地委、獨立支部的同志們，號召工會、農會、學生會及各種社會團體一致行動援助上海紗廠工人，"應該號召一個反對日本的大運動"[③]。這說明，中共中央已決心通過局部事件，把經濟鬥爭引向政治鬥爭，以上海工人運動為契機，發動一場全民族的反帝解放運動。

5月28日晚，陳獨秀、瞿秋白、彭述之、蔡和森等中共中央和中共上海地委組織成員召開聯席會議。會議指出，中國工人不但要擴大及鞏固自己階級的聯合戰線，且急需工農聯合鬥爭，如此才能取得工人階級在政治鬥爭和經濟鬥爭上的初步勝利。會議決定以反對帝國主義屠殺中國工人為中心口號，使鬥爭表現出明顯的反帝性質，以爭取一切反帝力量的援助。會議還決定5月30日在租界內舉行大規模的反帝示威活動，反對公共租界的"增訂印刷附律""增加碼頭捐""交易所註冊"和"取締童工法案"等壓迫華人的四項提案，援助罷工工人。中共中央同時決定成立上海總工會，由李立三、劉華等主持。

5月30日，上海各大、中學校學生2000多人分散到公共租界繁華的馬路，進行宣傳、講演和示威遊行，先後有100多人被捕，關押在南京路老閘捕房。這更加激怒了廣大群眾，數千人奔赴捕房前，要求釋放被捕者。早有戒備的租界英國巡捕突然開槍，打死13人，傷數十人。這就是震驚中外的五卅慘案。

五卅慘案爆發當晚，中共中央召開緊急會議，陳獨秀、蔡和森、劉少

③　中央檔案館編：《中共中央文件選集》第1冊，中共中央黨校出版社1989年版，第417頁。

奇、李立三、惲代英、王一飛、羅覺、張國燾等人出席會議。會議決定首先發動反抗外力壓迫的罷市、罷工、罷課運動，擬出要求條件大綱：租界當局必須承認此次屠殺罪行，並負責善後；租界統治權應移交上海市民，廢除不平等條約等。會議同時商定鬥爭策略：集中打擊帝國主義，儘量減輕華資廠商的損失及保障市民的正常生活。據張國燾回憶，在此次會議上，中央領導進行了分工。"由陳獨秀先生居中指揮"；李立三代表上海工會同全國學生總會和上海學生聯合會、上海商會和馬路商界聯合會共同組織一個工商學聯合會，作為這一運動的領導機構。李立三還奔走於陳獨秀和上海總商會會長虞洽卿之間，傾聽虞對工人運動的意見，並請他代籌一部分經費，救濟罷工工人。

在中國共產黨的領導和推動下，五卅運動的狂飆迅速席捲全國，各階層廣大群眾積極參加到這一偉大的愛國運動中。同時，中國人民的反帝鬥爭得到國際革命組織、海外華僑和各國人民的廣泛同情和支援，尤其蘇聯和共產國際更是給予極大的輿論聲援和物質支持。蘇聯各大報刊發表大量文章駁斥帝國主義對中國革命運動的各種歪曲，號召各機關募捐支援中國罷工工人。在莫斯科，有 50 萬人示威遊行，聲援五卅運動。

罷工工人在爭得資本家接受部分經濟要求後，於 8 月下旬至 9 月下旬陸續復工。

中國共產黨領導的五卅運動，是中華民族直接反抗帝國主義的偉大運動。它衝破了長期籠罩全國的沉悶政治空氣，大大促進了群眾的覺醒，顯示了各革命階級、各階層民眾在無產階級領導下聯合鬥爭的巨大威力，給了帝國主義和軍閥勢力一次前所未有的打擊。

五卅運動對中國共產黨的發展也起了重大作用。正是在五卅運動中，中國共產黨開始從秘密的小政黨向無產階級群眾性的大黨迅速發展。這年初黨召開四大時還只有黨員 994 人，同年 10 月即增加到 3000 人，年底更達到 1 萬人，一年內黨員人數增加了 10 倍。隨著運動推向全國，不少原來沒有黨組織的地方建立了黨組織，如雲南、廣西、安徽、福建等。黨在鬥爭中受到很大的鍛煉，提高了對中國革命基本問題的認識，擴大了在群眾中的政治影響。

省港大罷工

發生在廣州和香港的省港大罷工，是五卅運動的重要組成部分。

6月3日，廣州各界群眾舉行聲勢浩大的示威遊行，聲援五卅運動。6月19日，香港工人舉行罷工。15天內，參加罷工的人數達到25萬人，其中10多萬人離開香港回到廣州。

6月23日，香港罷工工人和廣州各界群眾10萬餘人在廣州舉行大會和示威遊行。遊行隊伍經過沙基時，突然遭到沙面租界英國軍警的排槍射擊，當場被打死52人，重傷170多人。這就是沙基慘案。隨後廣州革命政府立刻宣佈同英國經濟絕交，並封鎖出海口，由此在廣州和香港爆發了浩大的省港大罷工。1926年10月，罷工委員會根據形勢的變化，接受共產國際執委會遠東局的建議，宣佈結束罷工，並取消對香港的封鎖。

省港大罷工堅持達16個月之久。它不僅在中國革命史和中國職工運動史上佔有光輝的一頁，而且也是國際工人運動史上罕見的壯舉。省港大罷工在經濟上、政治上給英帝國主義者以沉重打擊，促進了廣東革命根據地的統一與鞏固，為準備北伐戰爭作出了突出貢獻。

1926

"打倒列強，除軍閥"
"工農學兵，大聯合"

——《國民革命歌》唱響"中國最強音"

★ ▬▬▬▬▬▬▬▬▬▬▬▬▬▬

"打倒列強，打倒列強，除軍閥，除軍閥。""工農學兵，工農學兵，大聯合，大聯合。"這昂揚的旋律和熟悉的歌詞，出自《國民革命歌》。這首歌曲誕生於大革命時期，反映了從國共實現合作，開始北伐戰爭，到工農運動高漲的歷史，表明人民群眾的革命熱情，曾唱遍大江南北，成為當時"中國最強音"。

❶1925 年 2 月 20 日《中國軍人》創刊號上刊登的《國民革命歌》詞曲。
❷1926 年 6 月 10 日出席湖南衡陽縣農民協會成立大會的代表們合影。
❸ 廣東陸豐縣農民協會會員的減租證（1926 年 6 月 18 日）。❹ 上海工
人糾察隊遊行，慶祝起義勝利。

1927 年 1 月武漢各界民眾歡慶北伐勝利和國民政府從廣州遷都武漢。

　　北伐戰爭的直接打擊目標是受帝國主義支持的北洋軍閥。北洋軍閥主
要分為三支勢力：已經大大衰落的吳佩孚直系軍閥，還控制著湖南、湖北、
河南三省和直隸保定一帶，大約有 20 萬兵力，他的主力一時還在北方的南
口一帶進攻已退守西北的國民軍馮玉祥部；盤踞江蘇、浙江、安徽、江西、
福建五省，號稱 “五省聯帥” 的孫傳芳，有 20 萬兵力，形成一股獨立勢力，
戰鬥力比吳佩孚部強；實力最雄厚的張作霖奉系軍閥，控制著東北三省、熱
河、察哈爾、京津地區和山東，有 30 萬兵力。

　　從表面上看，北洋軍閥依然是一個龐然大物，兵力上有比國民革命軍
（北伐開始時除廣東原有的 6 個軍外，加上新歸附的廣西李宗仁的第七軍和
湖南唐生智的第八軍，只有 10 萬人左右）大得多的優勢，且 10 多年來一
直控制著受到各國承認的中央政府，擁有巨大的財力物力。但是北洋軍閥有
兩個致命的弱點：一是全國人民對他們的統治早已深惡痛絕，渴望早日結束
已經持續 10 多年的軍閥割據和軍閥混戰的黑暗局面，渴望實現國家的獨立
和統一，把越來越多的希望寄託在南方的國民政府方面。民心的向背，是具
有決定意義的力量。二是北洋軍閥內部四分五裂，三支軍閥勢力之間鉤心鬥
角，存在著深刻矛盾，難以一致行動，便於北伐軍各個擊破。

國共合作的北伐戰爭

第一次國共合作的建立推動了全國革命形勢的發展。1925 年 7 月 1 日，廣東革命政府在廣州成立，組建國民革命軍。經過東征和南征，廣東革命根據地得以統一和鞏固。由五卅運動掀起的全國工農運動迅速高漲。這些都為北伐戰爭準備了條件。1926 年，蔣介石通過三二〇事件、整理黨務案等一系列行動，實現排擠共產黨的目的之後，便開始把出兵北伐提上日程。

國民革命軍在以加倫為首的蘇聯軍事顧問的建議下，制定了集中兵力、各個殲敵的戰略方針。根據這個方針，1926 年 5 月，國民革命軍先頭部隊出兵湖南。

1926 年 7 月 9 日，國民革命軍在廣州誓師，以推翻帝國主義支持的北洋軍閥的反動統治，實現中華民族的獨立、自由、民主和統一為目的的北伐戰爭正式開始。國民革命軍第四軍、第七軍主力同第八軍會合後，在 7 月 11 日勝利進入長沙；8 月 22 日，佔領岳州，隨後進入湖北境內。

北伐戰爭從一開始就得到戰區和後方民眾的熱烈支持。當時，兩湖地區因遭受災荒而嚴重缺糧，粵漢鐵路還沒有完全修通，怎樣保證軍需運輸是一個大問題。在中共廣東區委領導下，廣東省港罷工委員會組織了 3000 人的運輸隊、宣傳隊、衛生隊隨軍北上。北伐軍向長沙開進時，中共湖南區委發動工農群眾參加帶路、送信、偵察、運輸、掃雷、擔架、救護、慰勞、擾亂敵人後方等工作，還組織農民自衛軍直接參加戰鬥。這種熱烈的場面，在中國以往的戰爭史中是罕見的。

看到北伐軍已直逼武漢，吳佩孚才匆忙地將他的主力部隊從北方調回，在武漢外圍沿鐵路線的汀泗橋、賀勝橋憑險要地勢設防固守。吳佩孚親率衛隊，並組織執法隊，到前線督戰。北伐軍與吳佩孚部進行了異常激烈的戰鬥。國民革命軍第四軍、第七軍主力和第八軍一部，浴血苦戰，終於在 8 月下旬連克汀泗橋和賀勝橋，擊潰了吳佩孚主力，直指武漢。葉挺獨立團在這場惡戰中英勇搏殺，建立了卓越功勳。接著，第八軍主力渡過長江，在 9 月 6 日、7 日分別佔領漢陽和漢口。10 月 10 日，第四軍主力和第八軍一部攻克已被圍困月餘的武昌，葉挺獨立團指戰員首先攀登城頭，其他各部相繼入城，全殲吳佩孚部主力。獨立團所在的國民革命軍第四軍，因此贏得 "鐵軍" 的稱號。

繼在兩湖戰場取得重大勝利後，北伐軍於 11 月初在南潯鐵路一帶發動猛烈進攻，殲滅孫傳芳部主力，佔領九江、南昌。江西戰事的局面根本改觀。原來留駐粵閩邊境的第一軍兩個師也乘勢向福建發動進攻，在12月中旬不戰而下福州。隨即，1927年2月，北伐軍進佔杭州，平定浙江全省；3月，相繼佔領安慶、南京等地，並開進上海。至此，長江以南地區完全為北伐軍佔領。

湘鄂贛地區的工農群眾運動

1926年9月17日，中華全國總工會在漢口設立辦事處，積極指揮湖北及其鄰近各省的工人運動。12月，全國工會會員由北伐前的100萬人增加到近200萬人，其中湖南、湖北、江西的發展尤為迅速。12月1日，湖南全省工團聯合會按中華全國總工會章程改組為湖南全省總工會。到1927年2月，湖南全省有工會組織533個，會員達32萬餘人。1926年10月10日，湖北全省總工會在漢口成立，到1927年春，全省共計成立工會約500個，會員達四五十萬人。不僅大、中城市建立了統一的工會，而且大部分縣也陸續成立了縣工會。湖南、湖北、江西等省還組織了相當數量的工人糾察隊。長沙、武漢、九江等城市相繼出現大規模的罷工，罷工工人提出增加工資、減少工時、改善勞動條件、反對封建性的工頭制和包身工制等要求。這些鬥爭大都取得了勝利。

隨著北伐的勝利進軍和工農運動的蓬勃發展，革命勢力迅速從珠江流域推進到長江流域。1926年11月26日，國民黨中央政治委員會臨時會議正式決定將國民政府和中央黨部從廣州遷往武漢。12月，國民黨中央委員和國民政府委員相繼抵漢。國民黨中央執行委員暨國民政府委員臨時聯席會議在武漢成立，暫時代行國民黨中央和國民政府的最高職權。武漢逐漸成為大革命中心。其間，最引起中外震動的是漢口、九江群眾收回英租界事件。

1927年1月初，武漢市民慶祝國民政府北遷和北伐戰爭勝利。3日下午，中央軍事政治學校學員在漢口江漢關附近講演，英國水兵突然衝出租界，用刺刀向聽眾亂刺，當場打死1人，打傷30餘人，接著又在九江打死打傷工人數人。這些暴行，激起了武漢、九江的工人及各界群眾的極大憤怒。5日，武漢市民二三十萬人舉行反英示威大會，由總工會代表李立三任指揮。會後，遊行群眾憤怒地衝入並佔領了漢口英租界。國民革命軍獨立第二師也接管了九江英租界。國民政府支持群眾的正義要求，由武漢政府外交部長陳友仁主持對英交涉。聲勢浩大的群眾反帝運動同武漢政府的外交談判相結合，迫使英國當局作出讓步，在 2 月 19 日同武漢政府簽訂協定，將漢口、九江英租界交還中國。這是近百年來中國人民反帝外交鬥爭史上的第一次重要勝利，使中國人民受到極大鼓舞。

在北伐軍佔領的地區，農民運動得到了更大規模的發展。1926 年 2 月，毛澤東被任命為國民黨中央農民部農民運動委員會委員，3 月，任廣州第六屆農民運動講習所所長。11 月，毛澤東擔任中共中央農民運動委員會書記後，領導全國農民運動，並決定以湖南、湖北、江西、河南的農民運動為重點。湖南農民運動在北伐進軍中迅速發展。1926 年 11 月底，湖南有 54 縣已有農民協會的組織，會員共 107 萬人；到 1927 年 1 月，湖南農民協會會員增加到 200 萬人。毛澤東曾以無比興奮的心情讚譽道："其勢如暴風驟雨，迅猛異常，無論什麼大的力量都將壓抑不住。他們將衝決一切束縛他們的羅網，朝著解放的路上迅跑。一切帝國主義、軍閥、貪官污吏、土豪劣紳，都將被他們葬入墳墓。"[①]

與此同時，湖北、江西等省的農民運動也有很大發展。1926 年 11 月，湖北全省的農民協會會員，由 7 月間的 3 萬多人增加到 20 萬人左右；江西成立省農民協會籌備處，會員從 10 月的 6000 多人發展到 5 萬多人。在湖南、湖北、江西農民運動大發展的推動下，其他各省的農民運動也逐漸興起。

毛澤東始終十分重視農民和土地問題。他於 1926 年 9 月發表《國民革命與農民運動》一文，指出"農民問題乃國民革命的中心問題"，"所謂國民革命運動，其大部分即是農民運動"，"若無農民從鄉村中奮起打倒宗法封建的地主階級之特權，則軍閥與帝國主義勢力總不會根本倒塌"。[②]

1927 年 1 月 4 日至 2 月 5 日，毛澤東在參加湖南第一次全省農民代表大會之後，用 32 天的時間，到湖南的湘潭、湘鄉、衡山、醴陵和長沙等縣考察農民運動。他在鄉下，在縣城，召集有經驗的農民和農運工作同志開各種類型的調查會，獲得大量在武漢、長沙接觸不到的第一手材料。在考察過程中，毛澤東會同當地黨組織糾正過去指導農民運動方面的右傾錯誤，釋放被當作"痞子"關在監獄裏的許多鄉農民協會的委員和委員長。在此基礎

① 《毛澤東選集》第 1 卷，人民出版社 1991 年版，第 13 頁。
② 1926 年 9 月 21 日《農民運動》第 8 期。

上，毛澤東撰寫了著名的《湖南農民運動考察報告》。

在報告中，毛澤東熱烈地讚頌農民群眾打翻鄉村封建勢力的偉大功績，尖銳地批駁黨內外責難農民運動的各種謬論，闡明農民鬥爭同革命成敗的密切關係。他指出：“國民革命需要一個大的農村變動，辛亥革命沒有這個變動，所以失敗了。現在有了這個變動，乃是革命完成的重要因素”，一切革命的黨派，革命的同志都應當站在農民的前頭領導他們前進。他強調：必須依靠廣大貧農作“革命先鋒”，團結中農和其他可以爭取的力量，把農民組織起來，從政治上打擊地主，徹底摧毀地主階級的政權和武裝，建立農民協會和農民武裝，由農民協會掌握農村一切權力，然後進行減租減息、分配土地等鬥爭。報告批評了各種右傾觀點，明確地指出：解決農民問題，就要解決土地問題，這已經不是宣傳的問題，而是要立即實行的問題了。這個報告，不是靠引證書本和文件，而是通過調查研究，從實踐中總結經驗，據此制定黨領導農民鬥爭的路線和策略，成為中國共產黨領導農民運動的光輝文獻。

這一時期，在工農運動迅猛發展的同時，也出現一些過激的傾向。當時在長沙、廣州等城市，特別是武漢，工人運動出現許多“左”的傾向，提出了一些脫離實際的過高要求。有些工人、店員的工資增加過速，工時減少過多，使企業倒閉，使部分中小工商業者無合理的利潤可圖；對有些中小工商業者進行了過火的鬥爭，不適當地關閉了一些工廠商店；隨便逮捕人，組織法庭監獄，以及斷絕交通。這些過“左”的偏向對團結民族資產階級和上層小資產階級，對國民經濟和人民生活都帶來嚴重的影響，從而使工人階級自己孤立起來。同樣，一些地區農民鬥爭中的偏激現象也比較突出，“擅自捕人遊鄉，隨意罰款打人，以至就地處決，驅逐出境，強迫剪髮……禁止坐轎，禁止穿長衫等等”③。這些雖是運動的支流，但擴大了打擊面，不利於爭取本來可以爭取的社會力量，給擴大和鞏固革命聯合戰線增加了困難和阻力。

1926 年底到 1927 年初，隨著國民政府遷都武漢，黨的一些領導幹部吳玉章、林祖涵、惲代英、彭湃、毛澤東、瞿秋白、劉少奇等先後到達武漢。他們同原在湘鄂贛地區工作的董必武、方志敏等會合在一起，引導革命繼續前進，把工農運動推向新的高潮。

---

③ 李維漢：《回憶與研究》（上），中共黨史資料出版社 1986 年版，第 97 頁。

上海工人三次武裝起義

　　上海在革命鬥爭中有著重要的地位，是革命與反革命必爭之地。從政治上看，反動軍閥依仗帝國主義勢力，要把上海變為反革命的據點；從經濟上看，上海是中國財富最集中的地方，它操縱著全國的經濟命脈。五卅運動之後，暫時處於低潮的上海工人運動，在北伐戰爭勝利的進軍聲中重新高漲起來。

　　中共中央和以羅亦農為書記的中共上海區委密切注視著戰事的發展。1926 年 7 月中共中央擴大會議專門討論上海工作，通過《上海工作計劃決議案》，要求：上海區委應提出上海市民的總要求，即上海市民運動的政綱，並依此政綱的意義建立革命民眾的聯合戰線。[④] 上海區委很快傳達了中共中央擴大會議精神。廣東國民政府也於 9 月派出鈕永建為駐上海軍事特派員，準備裏應外合，策應北伐軍推翻北洋軍閥在上海的統治。

　　1926 年 10 月 24 日凌晨，上海工人在中共上海區委領導下舉行第一次武裝起義。由於起義是在準備工作剛剛開始、時機極不成熟、大部分工人沒有真正組織起來的情況下倉猝發動的，遭到了失敗。但是，上海工人在這次起義中經受了鍛煉，其中最主要的是提高了政治水平。以前上海工人的罷工大多是提出提高工資、改善待遇等經濟條件，而在這次起義中工人們提出了反對軍閥、支持北伐軍、爭取工會公開、追悼死難烈士等多項政治要求，工人的政治鬥爭意識得到迅速提高。

　　1927 年初，北伐軍分三路向安徽、浙江、江蘇等省進攻。由於孫傳芳的主力已在江西被擊潰，各地人民紛紛起來響應革命，北伐軍進展順利。2 月 16 日，中共上海區委舉行全體會議，決定“趕快準備”組織“一個工人為主的武裝暴動，主要的總罷工，次要的武裝繼續”，口號仍是“歡迎北伐軍來”。[⑤]

　　2 月 17 日，北伐軍佔領杭州，18 日，先頭部隊抵嘉興，上海非常混亂。2 月 19 日，上海總工會發佈總同盟罷工命令。宣佈罷工的決定是 2 月

---

④　中央檔案館編：《中共中央文件選集》第 2 冊，中共中央黨校出版社 1989 年版，第 259—260 頁。
⑤　上海市檔案館編：《上海工人三次武裝起義》，上海人民出版社 1983 年版，第 115 頁。

18 日深夜由工會積極分子會議作出的，未經中共中央和上海區委批准，只是取得了參加這次會議的區委代表的同意。

在 "罷工響應北伐軍" 的口號下，先後罷工的工人達 36 萬人。本來罷工是為了配合北伐軍奪取上海，但北伐軍到達嘉興後卻停止不前。20 日，中共中央得知這個消息後，經過反覆討論，決定把總同盟罷工轉變為武裝起義。21 日，罷工工人奮起襲擊反動軍警，奪取武器，總同盟罷工發展為上海工人第二次武裝起義。可是，由於海軍兩艦配合起義的計劃泄露，兩艦在來不及通知各區起義工人的情況下不得不提前開炮，打亂了整個起義計劃。同時，離上海不遠的北伐軍根據蔣介石的命令，拒絕工人請予援助的要求。這樣，準備還很不充分的工人起義被北洋軍閥殘酷地鎮壓下去。

上海工人第二次武裝起義剛剛失敗，2 月 23 日，中共中央和上海區委舉行聯席會議。會議決定停止暴動，由上海總工會下令復工，擴大武裝組織，準備下次暴動等。會議還決定聯合組成起義的最高決策機構和指揮機關 —— 特別委員會，著手準備第三次武裝起義。特委由陳獨秀、羅亦農、趙世炎、汪壽華、尹寬、彭述之、周恩來、蕭子璋 8 人組成。在特別委員會之下，建立特別軍委和特別宣委兩個專門委員會，以加強軍事準備和宣傳發動工作。特別軍委由周恩來負責，其成員有顧順章、顏昌頤、趙世炎、鍾汝梅，周恩來同時還擔任武裝起義的總指揮；特別宣委由尹寬、鄭超麟、高語罕、賀昌、徐偉組成。領導第三次武裝起義，成為中共中央和中共上海區委的中心工作。

第三次武裝起義的整個行動，確定由中共中央和上海區委負責，緊急時則由陳獨秀、羅亦農、周恩來、汪壽華四人負責。3 月 19 日，《中共上海區委行動大綱》發佈，《各部作戰計劃》擬定。此次武裝起義的策略是："罷工後立即暴動，奪取警察局；以糾察隊維持治安，解除直魯軍敗兵的武裝；佔領各公共機關，成立市政府，歡迎北伐軍。"⑥

這時，孫傳芳部在北伐軍的連續進擊下，已無力支持，只得向盤踞華北的奉系軍閥投靠。張作霖派遣魯軍畢庶澄部南下，到上海接防。

3 月 20 日北伐軍進抵上海近郊龍華，軍閥部隊十分動搖混亂。21 日，

⑥ 中華全國總工會中國職工運動史研究室編：《中國歷次全國勞動大會文獻》第 1 卷，工人出版社 1957 年版，第 179 頁。

上海工人在中共中央特委領導下，當機立斷，及時發動總同盟罷工並隨即轉為武裝起義。80 多萬起義工人依靠自己的力量，使用劣勢的武器裝備，經過 30 個小時的英勇戰鬥，終於擊潰北洋軍閥在上海的駐軍，佔領上海（外國控制的租界除外）。原來屯兵龍華、袖手旁觀的北伐軍這時才在白崇禧率領下開入上海，迅速搶佔具有重要軍事價值的江南兵工廠，並把東路軍前敵總指揮部設在兵工廠內。這次武裝起義共消滅北洋軍閥部隊 3000 餘人和武裝警察 2000 餘人，繳獲 5000 多支槍、若干門大炮和大量彈藥、裝備。300 餘名上海工人和群眾英勇犧牲，1000 餘人負傷。上海工人階級用生命和鮮血換來了上海的解放，使這個東方大都市回到了人民的懷抱。

3 月 22 日，上海工商學各界舉行市民代表會議，選舉產生上海市政府委員 19 人，組成上海特別市臨時市政府，其中共產黨員和共青團員佔了 10 人。這個政府在組織領導和組織成分上都體現了工人階級的領導權，它的成立，是第三次武裝起義的直接成果。

上海工人第三次武裝起義是北伐戰爭中工人運動發展的最高峰，為在中國開展城市武裝鬥爭作了大膽的嘗試，起義後成立的上海臨時市政府，雖然只存在了 24 天，但它是在黨的領導下最早由民眾在大城市建立起來的革命政權。

上海工人三次武裝起義是大革命時期工人運動的光彩篇章，在中國工人運動史上留下了閃耀的一頁。在中共中央和中共上海區委的領導下，上海工人階級以大無畏的革命氣概，勇於犧牲，頑強戰鬥，為消滅軍閥孫傳芳、張宗昌的勢力，為北伐戰爭的勝利，作出巨大貢獻。

1927

黨的歷史上第一個紀律檢查監督機構的創立

—— 進入土地革命戰爭時期

★

右版圖 ❷❸ 這兩張中共五大會場現場圖片，是中共五大會址紀念館 2017 年在俄羅斯檔案館首次發現。其中，一張圖片是武昌開幕式會場，圖片下方用俄文標注 "中國共產黨第五次代表大會，漢口，1927 年 4 月—5 月"（此處有誤，"漢口" 應為 "武昌"）；另一張是黃陂會館五大會場。兩張圖片非常珍貴，是目前為止發現的最早的中國共產黨全國代表大會現場圖。中共一大到四大的現場圖迄今為止尚未發現。中共五大選舉產生了黨的歷史上第一個中央紀律檢查監督機構 —— 中央監察委員會，這在黨的建設史上具有重要意義。

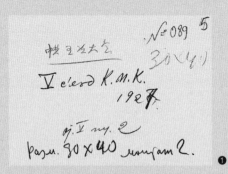

❶ 在俄羅斯檔案館新發現的中共五大開幕式現場圖背面的中、俄文標注。❷ 在俄羅斯檔案館新發現的中共五大開幕式現場圖,圖片下方俄文標注:"中國共產黨第五次代表大會,漢口,1927 年 4 月—5 月"(此處有誤,"漢口"應為"武昌")。❸ 在俄羅斯檔案館新發現的中共五大會場現場圖(黃陂會館)。❹1927 年 4 月 28 日中共五大召開第二天,瞿秋白和楊之華攝於五大會場武昌第一小學。

面對北伐勝利進軍過程中工農運動的蓬勃興起，北伐前便揚言，革命成功後"必須要有一個黨、一個主義專政"的蔣介石，開始對共產黨發展力量心存不滿甚至"切齒"痛恨。況且，國民黨的前身同盟會從建立之日起，就是一個成分非常複雜的聯盟，內部有很多豪紳勢力、封建買辦勢力的代表。當革命一旦深入並影響到國民黨內部這些勢力的利益時，國共破裂就不可避免。1927 年 4 月 12 日，蔣介石在上海發動反革命政變。隨後，江蘇、浙江、安徽、福建、廣東、廣西等省相繼以"清黨"為名，大規模搜殺共產黨員和革命群眾。

狂瀾危局下的中共五大召開，李大釗在北京英勇就義

1927 年 4 月 28 日，中共五大召開的第二天，38 歲的李大釗在北京西交民巷京師看守所被絞殺。《晨報》留下了這位黨的創始人從容就義的遺照，也留下了這樣的記載：他身"著灰布棉袍，青布馬褂，儼然一共產黨領袖之氣概"，"態度極從容，毫不驚慌"。共產國際執委會第八次會議給中共發來電報：李大釗的英勇就義和其他在北京被殺害的共產黨員的壯烈犧牲是在國際無產階級的記憶中永遠不可磨滅的。李大釗犧牲在中共五大召開之際，這是當時嚴峻形勢的真實寫照。

1927 年 4 月 27 日至 5 月 9 日，中國共產黨第五次全國代表大會在武漢舉行。出席大會的正式代表 82 人，代表全國 57967 名黨員。共產國際代表羅易、多里奧、維經斯基、鮑羅廷等參加會議。陳獨秀作《政治與組織的報告》。大會批評了陳獨秀的右傾錯誤。大會要求會後由中央政治局會議制定《中國共產黨第三次修正章程決案》，明確規定實行民主集中制、將中央執行委員會改為中央委員會、設立中央政治局等。

儘管中共五大提出了爭取無產階級對革命的領導權、建立革命民主政權和實行土地革命的一些正確原則，但對無產階級如何爭取革命領導權，如何領導農民實行土地革命，如何對待武漢國民政府和國民黨，特別是如何建立黨領導的革命武裝等問題，都沒有提出有效的具體措施，自然難以承擔起挽救革命的任務。從總體上來看，五大沒有能在黨面臨生死存亡的危急時刻，為全黨指明出路，提供堅強有力的領導，而是徒然喪失時機，坐視整個局勢繼續惡化。

應勢而生的 "中央監察委員會"

中共五大有一個鮮為人知卻又意義非凡的 "第一"，那就是，五大在黨的歷史上第一次選舉產生了中央監察委員會。

黨從成立之初，就非常重視黨的紀律和黨內監督機制的建設。一大通過的綱領明確規定："地方委員會的財務、活動和政策，應受中央執行委員會的監督。" 二大通過的《關於議會行動的決議》，明確了共產黨員參加議會活動的監督制度。在二大通過的第一個黨章、三大通過的《中國共產黨第一次修正章程》和四大通過的《中國共產黨第二次修正章程》中，均專設 "紀律" 一章。1926 年 8 月 4 日，中共中央發出關於堅決清洗貪污腐化分子的通告。這是黨的歷史上第一個懲治貪污腐敗的文件。

如此重視黨的紀律監督的中國共產黨，為什麼沒有在建黨初期成立專門的紀律檢查監督機構，而是建黨 6 年後，才在中共五大上成立中央監察委員會呢？

從黨的發展歷程看，黨的第一個中央紀律檢查監督機構產生於中共五大，是黨組織和革命形勢發展到一定歷史階段的客觀需要和必然產物。

處於幼年時期的中國共產黨，從 50 多人，到不足千人，一無政權，二無經費，連黨的主要創始人陳獨秀和李大釗都要靠教書、當編輯和寫作維持生活，東奔西走為黨籌集經費。由於黨員人數少、質量高，黨組織長期處於秘密狀態，機構精幹且紀律嚴明，違紀現象較少發生，因此沒有成立專門的紀律檢查監督機構，而由黨的各級委員會直接維護和執行黨紀。陳公博和周佛海兩人在建立黨的早期組織過程中曾做過一些工作，並被選為代表出席了中共一大，但不久就嚴重違反黨的紀律。黨毫不留情地將這樣的人清理出去，保持了黨組織的純潔性。

雖然沒有專門的紀律檢查監督機構，卻嚴格維護和執行黨的紀律 ——便是中國共產黨從一開始就能保持清正廉潔作風的重要原因。

隨著第一次國共合作的深入和轟轟烈烈大革命的到來，黨的影響迅速擴大，黨的力量也隨之迅猛發展。大批工人、農民、知識分子、進步青年和革命軍人紛紛加入黨的組織。新黨員的急劇增加，黨員教育的滯後，加上少數投機分子的混入，使黨的先進性和純潔性面臨嚴峻形勢。

然而，更大的考驗是，國共合作後，大量共產黨員以個人身份加入國民黨，在國民黨各級黨部、軍隊和政府內任職。這些跨黨任職的黨員時刻面臨著權力地位、金錢美色、燈紅酒綠等各種誘惑，加上革命陣營內部分化日益嚴重，少數意志薄弱的黨員出現了追求享受、貪污腐化、思想動搖甚至叛黨變節的現象。尤其在蔣介石發動四一二反革命政變、新老軍閥不約而同地製造白色恐怖鎮壓革命的危急情況下，脫黨、"自首"甚至叛黨投敵等現象屢見不鮮。在這種形勢下，在黨內設立專門的紀律檢查監督機構，就成為一件刻不容緩的事情。

1927年5月9日，五大選舉產生黨的歷史上第一個中央紀律檢查監督機構——中央監察委員會。王荷波、張佐臣、許白昊、楊匏安、劉峻山、周振聲、蔡以忱當選為中央監察委員，楊培森、蕭石月、阮嘯仙當選為候補中央監察委員。10位同志都是工農運動和革命鬥爭中久經考驗、在群眾中擁有崇高威望的黨的領導幹部，其中6人出身工人。

當選為中央監察委員會主席的王荷波，山西太原人。曾出席中共三大和四大，歷任中共中央執委會委員、中央局委員、中央工農部主任、上海地方執委會委員長、中共北方局委員、全國鐵路總工會執委會委員長。五大閉幕後3個月，王荷波在八七會議上當選臨時中央政治局委員，隨即又被任命為中共中央北方局書記。王荷波來到天津，調查處理順直省委組織糾紛，撤銷了堅持右傾錯誤、拒不執行八七會議方針的彭述之的省委書記職務。接著來到河北玉田，傳達八七會議精神，部署武裝暴動。有的同志出於對陳獨秀右傾錯誤的痛恨，要求開除陳獨秀黨籍並把他槍斃。王荷波反問："你們要求槍斃陳獨秀，是根據黨章上哪一條？黨章上有槍斃黨員的規定嗎？"接下來，他耐心解釋，平息了大家的怨氣。幾天後，王荷波卻因叛徒告密在北京被捕。在獄中，他受盡酷刑，卻始終嚴守黨的機密，留下的唯一遺囑是請求黨組織教育他的子女，讓他們堅持走革命的道路。1927年11月11日深夜，王荷波在北京安定門外箭樓西邊英勇就義，終年45歲。

除王荷波外，中共五大選出的10名監察委員中，先後有7人犧牲在刑場或戰場上，卻無一人叛黨投敵。這些黨的監察先驅，用鮮血和生命詮釋了對共產主義的信仰和對革命事業的忠誠，為鮮紅的黨旗增添了絢麗的色彩。

轟轟烈烈的大革命失敗

繼蔣介石發動四一二反革命政變後，1927年7月15日，汪精衛等控制的武漢國民黨中央召開分共會議，決定同共產黨決裂，徹底背叛了孫中山制定的國共合作政策和反帝反封建綱領。隨後，汪精衛集團同蔣介石集團一樣，對共產黨員和革命群眾實行大逮捕、大屠殺。至此，由共產國際倡議的國共兩黨的第一次合作正式破裂，轟轟烈烈的大革命宣告失敗。

儘管大革命最終失敗了，但它仍然具有重大的意義。通過這場革命，中國共產黨提出的反帝反封建的口號成為廣大人民的共同呼聲，黨在群眾中的政治影響迅速擴大，黨的組織得到很大發展，千百萬工農群眾在黨的領導下組織起來，黨還開始掌握一部分軍隊。尤其是通過革命勝利和失敗的反覆，黨經受了深刻的鍛煉和嚴峻的考驗，初步積累了正反兩個方面的經驗。所有這一切，為黨領導中國人民把革命鬥爭推向新的階段準備了條件。

大革命失敗後，國內政治局勢急劇逆轉，原來生機勃勃的中國南部一片腥風血雨。這時的黨遇到了前所未有的困難。蔣介石在南京建立政權後，經過一系列新軍閥混戰，建立起在全國範圍內的統治，殘酷地鎮壓、屠殺共產黨人和革命群眾。據不完全統計，從 1927 年 3 月到 1928 年上半年，被殺害的共產黨員和革命群眾達 31 萬多人，其中共產黨員 2.6 萬多人。據 1927 年 11 月統計，黨員數量由中共五大召開時的近 58 萬人，急劇減少到 1 萬多人。工會和農民協會到處被查禁、解散。嚴酷的事實表明，中國革命已經進入低潮。但是，正如毛澤東後來所說："中國共產黨和中國人民並沒有被嚇倒，被征服，被殺絕。他們從地下爬起來，揩乾淨身上的血跡，掩埋好同伴的屍首，他們又繼續戰鬥了。"中國共產黨獨立高舉革命旗幟，領導中國人民的反帝反封建鬥爭進入十年土地革命戰爭時期。

1928

井岡山根據地達到全盛時期，中共六大召開

★━━━━━━━━━━━━━━━━━━

1928 年 10 月和 11 月，毛澤東在茅坪八角樓相繼撰寫了《中國的紅色政權為什麼能夠存在？》《井岡山的鬥爭》兩部著作，總結創建井岡山根據地的經驗，系統論證了中國的紅色政權為什麼能夠發生和發展的原因，提出了"工農武裝割據"的重要思想。此前，6 月 18 日至 7 月 11 日，中共六大在俄羅斯莫斯科南部納羅法明斯克地區五一村舉行。這次大會是在大革命失敗、土地革命戰爭興起，黨內剛剛結束了持續 6 個月的"左"傾盲動錯誤，而同期毛澤東創建的井岡山革命根據地經龍源口大捷後達到全盛時期這樣的大背景下召開的。2006 年，筆者來到五一村，在村文化宮圖書館中查到五一村工廠日誌，其中記載著有關中共六大在五一村召開的內容；在五一村村民帶領下，在廢棄的倉庫中，發現了俄羅斯舊報紙，"歷史一頁"欄目的文章名字是《五一村：中共六大》。

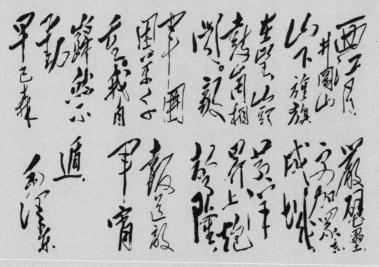

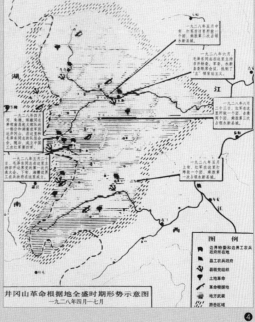

井冈山革命根据地全盛时期形势示意图
一九二八年四月—七月

❶1928 年毛澤東作詞《西江月·井岡山》。❷ 龍源口戰鬥結束後，紅軍在牆上寫的標語。❸ 寧岡縣茅坪八角樓。❹ 井岡山革命據地全盛時期形勢示意圖。

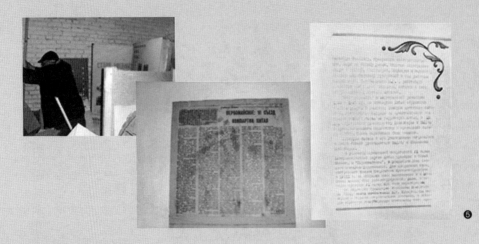

❺ 在俄羅斯莫斯科五一村文化宮圖書館和廢棄倉庫中發現五一村工廠日誌和舊報紙等珍貴資料。作者攝於 2006 年。❻ 俄羅斯檔案館館藏中共六大文獻。

中國共產黨是從大革命失敗的慘痛教訓中懂得武裝鬥爭的極端重要性的。正是國民黨反動派的屠殺政策教育了中國共產黨人和革命群眾，促使他們拿起武器進行戰鬥。毛澤東就講過："我是一個知識分子，當一個小學教員，也沒學過軍事，怎麼知道打仗呢？就是由於國民黨搞白色恐怖，把工會、農會都打掉了，把五萬共產黨員殺了一大批，抓了一大批，我們才拿起槍來，上山打游擊。"[①]

八七會議和南昌起義、秋收起義、廣州起義

1927 年 7 月中旬，根據共產國際執行委員會的指示，中共中央實行改組，由張國燾、李維漢、周恩來、李立三、張太雷五人組成中央臨時政治局常務委員會。8 月，中共中央在湖北漢口召開緊急會議（即八七會議），確定土地革命和武裝起義的方針，並選舉了中央臨時政治局。中央臨時政治局選舉瞿秋白、蘇兆徵、李維漢為常委，瞿秋白為主席。這次會議給正處在思想混亂和組織渙散中的黨指明出路，為挽救黨和革命作出了巨大貢獻。這是由大革命失敗到土地革命戰爭興起的一個歷史轉折點。

中國革命進入黨獨立領導創建紅軍和開展武裝鬥爭的新時期。黨先後發動和組織南昌起義、秋收起義、廣州起義等近百次武裝起義，創建農村根據地。但是，這時的革命形勢依然處於低潮。對敵人野蠻屠殺的滿腔憤怒和復仇渴望，像一團火燃燒在許多革命者的胸中，使大家產生一種近乎拚命的衝動。在這種情況下，中共中央主要領導人和許多共產黨人對中國政局的複雜性和中國革命的長期性缺乏認識，過高地把一部分先進分子的認識水平看成是廣大群眾的認識水平。1927 年 11 月召開的中央臨時政治局擴大會議，確定了以城市為中心的全國武裝暴動計劃，使"左"傾盲動錯誤在全黨取得支配地位。到 1928 年 4 月，這次"左"傾盲動錯誤在全國範圍的實際工作中才基本停止。

---

① 中華人民共和國外交部、中共中央文獻研究室編：《毛澤東外交文選》，中央文獻出版社、世界知識出版社 1994 年版，第 530 頁。

參加秋收起義的部分人員 1937 年在延安合影（前排從左至右：賴傳珠、張宗遜、孫開楚、賴毅、譚冠三；後排從左至右：楊立三、陳伯鈞、毛澤東、龍開富、周昆、譚希林、羅榮桓、譚政、劉型、楊梅生、胡友才，以及參加過井岡山鬥爭的賀子珍）。

上井岡山，"朱毛紅軍" 的源起

　　1927 年 9 月，毛澤東率領秋收起義部隊南下時，決定選擇在井岡山地區建立革命根據地。這是因為：這個地區在大革命時期各縣曾建立過黨的組織和農民協會，當地的農民武裝首領袁文才、王佐都受過大革命的洗禮，願意同工農革命軍聯合；這裏地勢非常險要，易守難攻；周圍各縣有自給自足的農業經濟，易於部隊籌糧；地處兩省邊界，距離國民黨統治的中心城市比較遠，加之湘贛兩省國民黨新軍閥之間又存在矛盾，敵人的統治力量比較薄弱。從進攻大城市轉到向農村進軍，這是中國人民革命發展史上具有決定意義的新起點。

　　9 月 29 日，起義軍在江西永新縣進行了三灣改編，實施黨的支部建在連上、官兵平等等措施，開始改變舊軍隊的習氣和不良作風，從組織上確立了黨對軍隊的領導，這是建設無產階級領導的新型人民軍隊的重要開端。

10 月中旬，國民黨新軍閥李宗仁部和唐生智部發生戰爭，井岡山地區敵人兵力空虛，這是工農革命軍向外發展的良機。11 月，工農革命軍攻佔茶陵縣城，成立茶陵縣工農兵政府，由譚震林擔任主席。這是湘贛邊界第一個紅色政權。1928 年 1 月，工農革命軍攻佔遂川縣城；2 月中旬，打破了江西國民黨軍隊對井岡山地區的第一次"進剿"。以寧岡為中心的井岡山革命根據地初具規模，湘贛邊界的工農武裝割據局面初步形成。

在創建井岡山根據地的鬥爭中，毛澤東尤其重視軍隊建設。1927 年底，他規定部隊必須執行打仗消滅敵人、打土豪籌款子、做群眾工作三項任務。1928 年 4 月，他又總結部隊做群眾工作的經驗，規定部隊必須執行三大紀律（當時稱"三條紀律"）、六項注意。三大紀律是：第一，行動聽指揮；第二，不拿工人農民一點東西；第三，打土豪要歸公。六項注意是：（一）上門板；（二）捆鋪草；（三）說話和氣；（四）買賣公平；（五）借東西要還；（六）損壞東西要賠。後來，六項注意又增加"洗澡避女人"和"不搜俘虜腰包"兩項內容，發展成為三大紀律、八項注意。這些規定體現了人民軍隊的本質，對於加強人民軍隊建設、正確處理軍隊內部的關係特別是軍民之間的關係、瓦解敵軍等，都起了重大作用。

1928 年 4 月下旬，朱德、陳毅率領南昌起義保留下來的部隊和湘南起義農軍 1 萬餘人陸續轉移到井岡山地區，與毛澤東領導的部隊在寧岡礱市會師。會師後，合編為工農革命軍第四軍（後改稱紅軍第四軍），朱德任軍長，毛澤東任黨代表。從此以後，他們領導的紅軍被稱為"朱毛紅軍"，是令國民黨軍隊聞之膽寒的部隊。毛澤東和朱德的名字便緊緊地連在了一起。

毛澤東、朱德在總結經驗基礎上概括出"敵進我退，敵駐我擾，敵疲我打，敵退我追"的十六字訣。紅四軍連續打破國民黨軍"進剿"，使根據地日益擴大。6 月 23 日，紅四軍取得龍源口戰鬥勝利，井岡山根據地達到全盛時期。

大革命失敗以後，中國革命所以能夠堅持下來並走向復興，關鍵在於找到了一條前人沒有走過的正確道路。這條獨特的道路，是在全黨的集體奮鬥中開闢出來的。其中，毛澤東作出了最卓越的貢獻。他在實踐中首先把武裝鬥爭的重心轉向農村，創造出堅持、發展農村根據地的完整經驗，而且在《星星之火，可以燎原》等著作中，從理論上初步對中國革命的道路問題作了闡明。

中共六大的召開

在毛澤東創建井岡山革命根據地前後，在如何認識當前的社會性質，以及革命的性質、對象、動力、前途等關係革命成敗的重大問題上，黨內存在著認識上的分歧和爭論。這個時候，迫切需要召開一次黨的全國代表大會對中國革命面臨的諸多問題，認真加以研究和解決。

中共六大的召開，經過了近一年時間的醞釀和準備。由於國內白色恐怖十分嚴重，很難找到一個能夠保證安全的地方開會。不久，當中共中央得知赤色職工國際第四次代表大會和共產國際第六次代表大會將分別於 1928 年春天和夏天在莫斯科召開，少共國際也將在莫斯科召開第五次代表大會時，考慮到屆時中國共產黨將派代表出席這幾個大會，而且中共中央也迫切希望能夠得到共產國際的及時指導，所以，經報請共產國際同意，決定中共六大在莫斯科召開。

1928 年 6 月 18 日至 7 月 11 日，中共六大在莫斯科近郊如期召開。出席六大的代表 142 人，其中有選舉權的正式代表 84 人。瞿秋白作《中國革命與共產黨》的政治報告，周恩來作組織報告和軍事報告，李立三作農民問題報告，向忠發作職工運動報告，共產國際代表布哈林作《中國革命與中國共產黨的任務》報告。大會明確中國仍是一個半殖民地半封建的國家，現階段的中國革命仍是資產階級性質的民主主義革命，黨的總路線是爭取群眾。

六大認真總結大革命失敗以來的經驗教訓，從而在一系列根本性問題上澄清了黨內長期存在的錯誤認識，對以後中國革命的發展起了積極作用。但是，六大也存在一些缺點：一是對中國社會的階級關係缺乏正確認識，否認存在中間營壘，把民族資產階級當作最危險的敵人；二是把黨的工作重心仍然放在城市；三是對中國革命的長期性估計不足；四是在組織上片面強調黨員成分無產階級化和"指導機關之工人化"。

中共六大會址的確認和修復重建

關於中共六大會址，國內一般只含糊地說在莫斯科近郊一座舊式貴族莊園，而具體到村鎮名稱則有"茲維尼果羅德鎮"（位於莫斯科西北部）和"五一村"（位於莫斯科南部）兩種說法。導致這種情況的原因，主要是參加六大的許多當事人，如周恩來、瞿秋白、李立三、蔡和森、王若飛等，在回

俄羅斯莫斯科五一村修復後的中共六大會場。作者攝於 2016 年。

俄羅斯莫斯科五一村中共六大會址常設展覽館外景。作者攝於 2016 年。

憶六大時，只簡單地說在莫斯科召開，或者說在莫斯科近郊召開，而沒有說明詳細地名。就是記述較為詳細的張國燾，也只說了個大概。他在《我的回憶》一書中寫道，記不得六人會址的名字了，"這所過去屬於貴族地主的莊園，雖已陳舊，但還可以看出一些富麗堂皇的痕跡，附近還有一個國營農場和一些零零落落的農舍，阡陌蔥綠，呈現著莫斯科郊外的初夏景色"。

關於"茲維尼果羅德鎮"說，最早出自盛岳所著《莫斯科中山大學和中國革命》。這本書是 1971 年在美國出版的，1980 年中國現代史料編刊社內部翻譯出版發行。盛岳在"中山大學和中國共產黨第六次全國代表大會"一章中專門談到六大會址。書中寫道："一個出席黨的六大的東方共大學生回憶說，大會會址是在塞列布若耶，是莫斯科近郊茲維尼果羅德鎮不遠的一座鄉間別墅。這座鄉間別墅原來是沙皇時代一個地主的財產，它的名字的意思是'銀色別墅'，因其白牆在陽光下光耀奪目而得此名。"

盛岳於 1926 年至 1930 年由中共北京市委選派到莫斯科中山大學學習和工作。1934 年，他在上海被捕後叛變，全國解放前夕逃往海外。《莫斯科中山大學和中國革命》一書是近 40 年後寫的。他在書中也稱，不得不大部分依靠他的記憶，"和其他任何人一樣，我的記憶也靠不住"。據盛岳稱，其妻秦曼雲"對關於黨的六大那一章所作的貢獻尤為可貴"，因秦當時是從中山大學調去參加六大準備工作的學生之一。但秦自己則說，她連六大會址附近火車站的名稱都記不得，"畢竟已事隔 40 年"。

由此，國內眾多著述在介紹中共六大會址時，大多借用盛岳書中的說

法，甚至對會址及其周邊場景的描述都完全相同或相似。如上海人民出版社
1986 年版《瞿秋白傳》，寫的是"莫斯科郊區茲維尼果羅德鎮附近的一座鄉
間銀色別墅"；天津人民出版社 1989 年版《一個人和一個時代 ——瞿秋白
傳》，寫的是"在莫斯科郊區茲維尼果羅德鎮的一個叫做列布若耶（銀光）
別墅的前貴族莊園召開"；還有北京出版社 1998 年版《中國共產黨 ——從一
大到十五大》，中共中央黨史研究室拍攝的歷史文獻片《從一大到十五大》
等，都是這麼寫的。

當然，也有一部分著作採用"五一村"的說法，如北京大學出版社
1988 年出版的《共產國際和中國革命關係史稿》就認為，中國共產黨第六
次"代表大會在莫斯科郊外那羅福明斯克城附近的波烏麥斯基村舉行"（那
羅福明斯克城即今俄羅斯納羅法明斯克地區，"波烏麥斯基"即"五一"的
俄語音譯——引者注）。1999 年 9 月，筆者在俄羅斯科學院遠東所著名漢學
家舍維廖夫教授（現已去世）帶領下，參觀過五一村中共六大會址。清楚記
得，當時的路牌上標的就是"五一村"。在俄羅斯網站上查找中國國內革命
戰爭的歷史資料，也說中共六大在五一村召開。同時，盛岳書中對中共六大
會址及其周邊環境的描述，符合我們參觀的五一村中共六大會址特徵，而具
體地名不符，估計是那位"出席黨的六大的東方共大學生"搞錯了，或者是
由於年代久遠，盛岳本人或是其妻記錯了。此外，雖然兩種說法所稱的地點
名稱不同，但所用的圖片卻是相同的，事實上都是五一村中共六大會址的三
層樓。因此，關於中共六大會址的爭議，應當說可以釋疑了。

後經努力，終於找到了三份能夠明確證明六大在五一村召開的原始檔
案文獻：《米夫給皮亞特尼茨基的信》（1928 年 6 月 19 日）、《周恩來在黨的
六大軍事委員會第一次會議上的報告記錄》（1928 年 6 月 27 日）、《布哈林
在中共六屆一中全會上的講話》（1928 年 7 月 19 日）。這三份檔案落款都是
"莫斯科州納羅法明斯克地區五一村"，時間是六大召開期間。[②]

六大是在秘密情況下召開的，當時，當地居民知道中國人在開會，後
來知道是中國共產黨第六次全國代表大會。這麼一件大事發生在自己所在的
村莊，村民們感到很自豪。他們還說，五一村曾是蘇聯克格勃的保密區，外
人根本無法進入，安全性和保密性都很好，這恐怕也是中共六大選擇在這裏

② 中共中央黨史研究室第一研究部譯：《共產國際、聯共（布）與中國革命檔案
資料叢書》第 7 卷，中央文獻出版社 2002 年版，第 498—499、501—503、
511—512 頁。

召開的一個重要原因。

2006 年筆者再次去了莫斯科中共六大會址，莊園大門的兩根柱子殘跡仍在。在歲月長河的侵蝕中，這個曾經輝煌的俄羅斯舊式貴族莊園日漸破敗和衰落，到處雜草叢生。會址的樓房牆體已經出現損壞，三層高的樓房類似我們國內所稱的"筒子樓"，走廊兩側的牆壁斑駁陸離，走廊盡頭堆放著廢酒瓶子等雜物垃圾。樓內原住著十幾戶人家，一次火災之後，全部搬離。

中共六大是中國共產黨歷史上唯一一次在國外召開的全國代表大會，具有重大歷史意義。中共六大會址恢復重建工作自始至終受到中俄雙方領導人高度重視。2010 年，時任國家副主席習近平與俄羅斯總理普京就中共六大會址保護問題達成共識。自 2013 年 3 月習近平主席與俄羅斯戈洛傑茨副總理共同出席中共六大會址紀念館建館啟動儀式以來，兩國領導人在多個場合就有關工作交換意見，從各方面對工程建設給予關心、指導和支持。俄羅斯各有關部門大力支持、積極配合，俄羅斯民眾也給予真誠理解和熱情支持，各承建單位和前線工人克服各種困難，辛勤工作，中俄雙方經過 1000 多個日日夜夜的奮戰，中共六大在莫斯科召開的場景得以重現在世人面前。

轉瞬八十八載風雲歲月。2016 年 7 月 4 日，中共六大會址常設展覽館建成儀式在俄羅斯莫斯科舉行。中共中央總書記、國家主席、中央軍委主席習近平和俄羅斯總統普京分別就中共六大會址常設展覽館建成致賀詞。

中共六大會址常設展覽館是迄今為止中國在海外的唯一關於中共黨史的常設展覽館，是建黨 95 週年的獻禮工程，是"一帶一路"的"中國名片"，是中俄兩國傳統友誼的歷史見證，也是中俄兩國領導人和兩國人民在新的時代條件下創造的中俄友誼的新篇章。

1929

古田會議

—— 制定黨和紅軍建設的綱領性文獻

★

1929 年 12 月通過的《中國共產黨紅軍第四軍第九次代表大會決議案》
（即古田會議決議），是黨和紅軍建設的綱領性文獻，核心是要用無產
階級思想進行軍隊和黨的建設。至今，重讀古田會議決議，仍禁不住
驚歎不已 —— 驚歎它的勇於創新、求真務實和充滿人性，驚歎它對黨
和軍隊建設的現實指導意義，驚歎它常讀常新的不竭生命力。

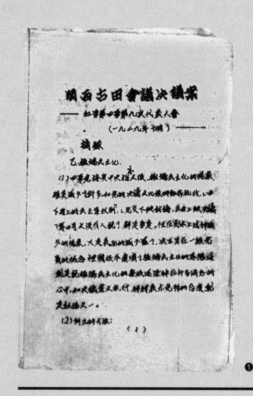

紅軍第四軍政治部佈告

為飾告事：我們紅軍是共產黨的指導下執行民權革命大任務打倒帝國主義打倒地主階級以執行國民黨政府以常助工人農民及一切政庶設階級將到聯訴為宗旨。現在國民黨四分五裂將扶馮閻全國混戰成以勢政府報奉勸捉全國工人農民兵士及受壓迫的小資產階級聯合起來革命人數愈多。

（一）農民組織農民協會各省各縣各鄉各鎮都大大的幹起來了本軍來到此地知道民眾痛苦甚深教價很賤利息很高祖稅很重奉捐很多主要為紳振教一切惜了祠堂公會歐壓貧民。應該聯合起來打倒這少數的勞紳求現將急於要做的事開列于左。

（二）工人組織工會農民組織農民協會某命委員會某奉取反革命的檯枝組織農民的赤衛隊。

（三）田地歸耕種的農民所有不再交租與田東。

（四）废除一切并捐并捐抗稅金代粮。

（五）取消高利貸以農民所借百担利上的殺子幾年已納本身拖子浪减價出批粒定每加谷價原債不在此例。

（六）牧祖攷百担以上的大起主家裡的穀子大公會先作救貧民不取货战攷百担以下的小地主家裡的穀子浪浪傲出粒出售。

以上各項目示之後即地持已的利刊拘獲多多之少數的公刊远按公印是反革命當用全刀判除邪志忘心决不負货一切北佈

　　　　軍長　朱德
　　　黨代表　毛澤東
　　政治部主任　陳毅

公曆一九二九年六月　　日

❶ 古田會議決議。❷ 古田會議舊址內景。❸1929年6月朱德、毛澤東、陳毅聯合署名的紅四軍司令部、政治部佈告。

在農村游擊戰爭環境中，紅軍是以農民為主體組織起來的，紅軍中農民和其他小資產階級出身的黨員佔多數。在這種條件下，如何克服黨內和軍內的非無產階級思想，把黨建設成為無產階級先鋒隊，把軍隊建設成為一支無產階級領導的新型人民軍隊，成為亟待解決的根本性問題。

毛澤東十分重視黨和軍隊的建設，早在井岡山時期就認識到，"無產階級思想領導的問題，是一個非常重要的問題"。紅四軍出擊贛南、閩西後，在軍隊建設問題上領導同志之間產生了一些不同看法，軍內存在的單純軍事觀點、流寇思想和軍閥主義殘餘等非無產階級思想有所抬頭。

1929 年 6 月 22 日，紅四軍黨的第七次代表大會在福建龍岩召開。在大會選舉中，原由中共中央指定的前委書記毛澤東沒有當選，陳毅當選為前委書記。會後，毛澤東到閩西協助指導地方工作。8 月，陳毅到上海向中央匯報紅四軍工作，前委書記由朱德代理。

9 月 28 日，中共中央發出給紅四軍前委指示信（即九月來信）。這封信是陳毅按照周恩來多次談話和中共中央會議的精神代中共中央起草並經周恩來審定的。指示信對紅四軍黨內發生的爭論問題作出了明確的結論，要求紅四軍前委和全體幹部戰士維護朱德、毛澤東的領導，毛澤東"應仍為前委書記"。

12 月下旬，紅四軍黨的第九次代表大會在福建省上杭縣古田召開。這就是古田會議。會上傳達了中共中央指示信，通過了《中國共產黨紅軍第四軍第九次代表大會決議案》（即古田會議決議）。

勇於創新，提出了涵蓋黨的建設多方面內容的一系列獨創性原則

古田會議決議由八個部分組成，其中最重要的是第一部分"糾正黨內非無產階級意識的不正確傾向問題"。決議在黨的建設和人民軍隊建設方面，提出了一系列獨創性的理論原則，比較系統地回答了建黨、建軍的一系列根本問題。

一是著重強調從思想上建黨。從思想上建黨，這是中國共產黨自身建設的一大理論創新，也是古田會議決議的精髓所在。在黨的建設方面，決議著重強調加強黨的思想建設的重要性，逐一分析了黨內各種非無產階級思想的表現、來源及糾正辦法。決議強調注重調查研究是加強思想建設的最主要方法，堅決反對各種形式的主觀主義，強調必須"教育黨員用馬克司（原文

如此，應為“思”——引者注）主義的方法去作政治的分析和階級勢力的估量，以代替唯心方法的分析和估量”，“使黨員注意社會經濟的調查和研究，藉此來決定鬥爭策略和工作方法。使同志們知道離了實際調查，便要墮入空想和盲動的深坑”。

二是重視加強黨的組織建設。在決議中，黨的組織建設是僅次於思想建設的第二大重要問題。決議開宗明義地指出：“紅軍黨的組織問題現在到了非常嚴重時期，特別是黨員的質量之差和組織的鬆懈，影響到紅軍的領導與政策的執行非常之大”，由此提出“改造黨的組織”的任務，目的是“使黨的組織確實能擔負黨的政治任務”。針對紅四軍黨內極端民主化和非組織意識的錯誤傾向，強調要堅持民主集中制，“厲行集中指導下的民主生活”，一方面黨的上級指導機關“要有正確的指導路線，遇事要拿出辦法，以建立領導的中樞”；“要明白下級機關的情況，及群眾生活情況”；“一成決議，便須堅決執行”。另一方面，上級機關的決議“必須迅速地傳達到下級機關及黨員群眾”，下級機關和群眾要詳盡地討論，以求徹底了解指示的意義，並決定執行的方法。決議還強調加強基層組織建設的迫切性和重要性。決議不僅重申了“支部建在連上”組織原則，而且提出了如何加強的措施，從而豐富了“支部建在連上”的思想。針對紅四軍黨的組織鬆懈的問題，決議確立了一系列加強黨的基層組織建設的舉措：規定新分子入黨的五個條件；提出各級黨部的任務“不單是解決問題和指導實際工作”，還有“教育同志的重要任務”；制定理順上下級組織的關係、開好支委會及支委以上各級黨部會議等各種措施。

三是提出黨內教育的重要性。在強調黨的思想和組織建設重要性的基礎上，決議提出了黨內教育的迫切性問題，指出：“紅軍黨內最迫切的問題，要算是教育的問題”，這是“提高黨內的政治水平”“肅清黨內各種偏向”“健全並擴大紅軍”的基本方式，並詳細列出了黨內教育的 10 種材料和加強黨內教育的 18 種方法。

四是突出宣傳工作的地位作用。決議賦予宣傳工作特殊重要的地位，指出：“紅軍的宣傳工作是紅軍第一個重大工作。”“若忽視了這個工作就是放棄了紅軍的主要任務，實際上就等於幫助統治階級削弱紅軍的勢力。”

求真務實，制定了一系列針對性和實效性極強的方法措施

對於紅四軍中存在的各種不良思想傾向和現象，古田會議及其通過的決議，並不是簡單地進行批評和批判，而是對其產生的諸方面原因進行深入細緻的剖析，對症下藥提出了一系列既務實又易於操作的糾正方法和措施。

一是剖析了各種不正確思想傾向和不良現象產生的原因和表現。決議的第一部分，列舉了單純軍事觀點、極端民主化、非組織意識、絕對平均主義、唯心觀點、個人主義、流寇思想、盲動主義的殘餘等八種“黨內非無產階級意識的不正確傾向問題”，對每一種問題，都深刻分析其不同的來源和表現。

關於單純軍事觀點，決議分析其來源有四：一是“政治水平低”；二是“僱傭軍隊的殘餘”；三是“過分相信軍事力量，而不相信群眾力量”；四是“對於軍事工作沒有積極的注意和討論”。其表現形式有八：一是“承認軍事政治二者的對立，不承認軍事只是達到政治任務的工具之一”；二是“認為紅軍的任務也和白軍相彷彿，只是單純打仗的，不知道紅軍的任務，在意義上，是一個執行階級的政治任務的武裝集團”……八是“不顧主客觀條件，犯著革命急性病，不願意艱苦地做細小嚴密的群眾工作，只想大幹，腦筋裏充滿著唯心的幻想，這又是盲動主義的殘餘”。

關於個人主義，決議指出其六種表現形式，即報復主義、小團體主義、僱傭觀念、享樂主義、消極怠工、離隊觀念。對於其來源，決議分析“在於小農思想直到資產階級思想影響到黨內”。

決議的第二部分“黨的組織問題”中，單設一節，專講一個非常具體的、看似比較小又比較重要的問題，即“怎樣使黨員到會有興趣”。對於黨員開會普遍無興趣的問題，決議詳細剖析了其產生的原因：一是“不明白會議的意義”；二是“決議案決議了不執行，或對上級請求事項很久得不到答覆，因此，減少討論的興趣”；三是“負責人事前沒有很好的準備，不準備議事日程，對問題的內容及環境不明了，問題應怎樣解決也沒有準備一點意見”；四是“主席輕易停止黨員發言，發言偶出題外，便馬上禁止他，他便只坐不做聲了，如發言有錯處，除停止外，還譏笑他”；五是“封建式的會場秩序，死板無活氣，到會如坐獄”。

決議第四部分“紅軍宣傳工作問題”，從宣傳內容和宣傳技術兩個方面

具體指出宣傳工作的缺點，包括"忽視群眾鬥爭的宣傳與鼓動""宣傳沒有時間性地方性""宣傳隊不健全""傳單佈告宣言等陳舊不新鮮""壁報出得很少，政治簡報內容太簡略，又出得少，字又太小看不清"等。

從以上幾個例子中可以看出，決議對黨和紅軍內各種不良傾向和現象不是簡單的羅列和批判，而是深入分析傾向和現象背後的原因。難能可貴的是，這種分析不是流於表面形式，而是從內因和外因、主觀和客觀、表象和深層、必然和偶然等諸多方面進行，這就為下一步制定應對措施奠定了基礎。

二是制定了一系列靈活多樣和易於操作的具體措施。在透徹分析各種不良現象的表現形式及其產生原因的基礎上，決議聯繫實際，制定了靈活多樣和便於操作的具體糾正方法。

對於單純軍事觀點的糾正方法，決議提出了五點意見：一是"從教育上提高黨內的政治水平，肅清單純軍事觀念的理論根源。同時還要肅清機會主義和盲動主義的殘餘，打破四軍本位主義"……三是"發動地方黨對紅軍黨的批評，及群眾政權機關（蘇維埃）對紅軍的批評，以影響紅軍黨及紅軍官兵"……五是"編制紅軍法規，明白地規定紅軍的任務，軍事工作系統和政治工作系統的關係，紅軍與群眾的關係，士兵會的權能及其與軍事政治機關的關係"。

對於個人主義的糾正方法，決議提出了三條應對措施：一是"主要是用教育的方法，從思想上糾正個人主義"；二是"處置事件，分配工作，執行紀律要得當"；三是"要設法改善紅軍的物質生活，利用一切可能時機休息整理，以改善客觀條件"。

對於黨員開會沒有興趣的問題，決議從大到小、事無巨細地提出了七項便於操作的糾正方法：一是"會議要政治化實際化"；二是"要把會議的政治意義時常對同志們提醒，尤其新黨員及工作不積極的黨員"；三是"決議不要輕易，一成決議，就要堅決執行"；四是"上級機關要快些答覆下級機關的問題，不要拖延大（原文如此，應為'太'——引者注）長，失了熱氣"；五是"負責人要事先準備議事日程。議事日程要具體化，對問題的內容和環境先要調查清楚，並對於怎樣解決先要想一想"；六是"主席對指導會議要採用很好的技術，要引導群眾的討論潮流奔赴到某一問題。但有重要意義的超出題外的發展，不但不要大殺風景地去喝止他，而且，要珍重地捉住這一發展的要點，介紹給大家，成立新的議題，這樣會議才有興趣，問題才能得到真正的解決，同時會議也才能實現真正的教育意義"；七是"廢止封建的會場秩序，共產黨的會場要是反映無產階級之積極的活潑的爽快的精神，把這些做成秩序"。

對於宣傳工作中存在的諸多問題，決議詳細指明了具體的改正措施。在宣傳內容方面，包括"發佈一個具體的政綱，名曰紅軍的政綱"；"宣傳要切合群眾的鬥爭情緒"；"到一個地方要適合那一個地方的口號和鼓動口號"，等等。在宣傳的技術方面，從明確宣傳隊的意義、宣傳隊的具體組成及其指揮和費用，到傳單、佈告、宣言的審查和起草，以及具體郵寄方法和技巧，如"郵寄宣傳品，從郵件中夾帶宣傳品，或在郵件上印上宣傳鼓動口號"；從壁報的意義、名稱、內容、出版週期，到編印的注意事項，如"要快""內容要豐富一點""字要大點，要看得清楚"；從"非常之重要的"對白軍士兵及下級官長的宣傳注意事項，到"以大隊為單位在士兵會中建設俱樂部"，不一而足。

充滿人性，貫穿了一種難得的溫暖人心、貼近群眾的人文關懷

大革命失敗，土地革命戰爭興起，紅軍初建，紅軍和紅軍中的黨組織長期處於農村游擊戰爭的環境……古田會議召開時，紅軍面臨的外部環境極其艱苦和惡劣，內部思想混亂，各種意見莫衷一是。在這種情況下，對於內部爭論，決議沒有生硬地無情打擊，而是堅持以人為本的主導思想，循循善誘、和風細雨、面向基層，同時文風又異常樸實，自始至終貫穿了一種難得的人文關懷。

一是主導思想上的以人為本。重讀古田會議決議，會深刻地體會到，以人為本的思想貫穿於決議始終。從整體結構看，在決議的八部分中，六七兩部分專門講"廢止肉刑問題"和"優待傷病兵的問題"，對普通士兵和弱勢群體的重視程度可見一斑。從具體內容看，前文列舉的關於對錯誤傾向和不良現象原因實事求是的分析，以及對策措施的切實可行，也彰顯著以人為本的思想。同時，這種人文關懷還表現在解決矛盾的過程中，既堅持了原則，又循循善誘，而且照顧了各方面的關係，比較容易為群眾所接受。

二是教育對象上的廣接地氣。儘管決議面對的是紅四軍乃至全體紅軍的各級指戰員，但決議的視角卻始終向下，官兵中重視兵的作用，階層上強調青年和婦女。決議第五部分專門講述"士兵政治訓練的問題"，提出了上

政治課、早晚點名說話、集合講話、個別談話、遊藝、改良待遇、俘虜兵和
新兵的教育、青年士兵的特別教育等八種方法。其中，"青年士兵的特別教
育"被單列出來。在決議第八部分，單列一節講"紅軍與群眾的關係"，指
出：凡有全軍意義的事項，如發佈政綱等，軍政機關負責發佈；群眾工作如
宣傳、組織群眾、建設政權，以及沒收處罰、捐款、審查、募捐等事的指揮
監督，在地方機關沒有建設以前，均屬政治部職權；凡沒有建立政權機關的
地方，紅軍政治部即代替地方政權機關，至地方政權機關建立為止；幫助地
方武裝與發動。

　　三是方式方法上的和風細雨。對於各種思想傾向和不良現象，決議提
出的各種糾正的方法，不是強行灌輸式的，而是靈活多樣、新鮮活潑、群眾
喜聞樂見的。比如，關於士兵政治訓練的方法，第三條是"集合講話"。具
體如何講話，從講話的間隔時間、講話內容、參加的人員到群眾對講話內容
的反映，決議都有詳細規定。還有如何使黨員開會有興趣的問題，都非常注
重方式方法上的和風細雨。

　　四是語言表述上的樸實無華，古田會議決議雖然是中國共產黨和紅軍建
設的綱領性文獻，但通篇都是易於理解的白話文，摒棄了以往正式文件中慣
用的晦澀的書面語言，收起了統帥機關常有的板著面孔訓人的姿態，代之以
樸實無華的行文風格。至今讀起來，還讓人感到親切和溫暖。[1]

　　總之，古田會議決議這部誕生於革命戰爭年代的經典文獻，對加強黨
的建設具有重要的歷史啟示和現實指導作用。在制定方針政策的時候，是否
固步自封、因循守舊？是否囿於表面、流於形式？是否高高在上、脫離群
眾？古田會議決議為我們樹立了榜樣。它有著常讀常新、永不枯竭的生命
力，值得我們永遠學習和借鑒。

---

[1]　以上參見《中國共產黨紅軍第四軍第九次代表大會決議案》（1929 年 12 月於
閩西古田會議），中央檔案館編：《中共中央文件選集》第 5 冊，中共中央黨校出版
社 1990 年版，第 800—835 頁。

1930

左翼文化運動

—— "中華民族到了最危險的時候"

★

田漢作詞、聶耳作曲的《義勇軍進行曲》，是影片《風雲兒女》（田漢、夏衍編劇）的主題歌。"中華民族到了最危險的時候，每個人被迫著發出最後的吼聲。"這歌聲，喊出了中華民族的滿腔悲憤，迅速傳遍祖國大地，對動員人民奮起救亡起了巨大的作用。這是 20 世紀 30 年代前期左翼文化運動的一個縮影和生動事例。這場由中國共產黨領導、興起於國民黨統治區的新興文化運動，發展勢頭的猛烈，連國民黨的輿論也驚呼為"似水銀之瀉地，無孔而不入"。

❶ 魯迅在左聯成立大會上的講話。❷1930 年 4 月《萌芽月刊》第 1 卷第 4 期刊登左聯成立大會通過的《中國左翼作家聯盟底理論綱領》。❸ 刊登在刊物上的《義勇軍進行曲》。❹ 報紙上刊登的《桃李劫》《風雲兒女》等進步影片廣告。由田漢作詞、晶耳作曲的《桃李劫》中的《畢業歌》，《風雲兒女》中的《義勇軍進行曲》，為人們廣為傳唱。❺ 中國左翼作家聯盟機關雜誌《前哨》1931 年 4 月 25 日創刊號。

在土地革命戰爭時期極為艱難的環境中，國民黨統治區的共產黨員仍然堅持鬥爭，推動抗日救亡運動，反對蔣介石的獨裁統治。一批黨的和黨所影響的文化工作者陸續聚集到上海。他們衝破國民黨反動統治的高壓，在新開闢的革命的思想文化陣地上，展開了英勇戰鬥。1929 年下半年，在中共中央宣傳部之下成立中央文化工作委員會（簡稱文委），由潘漢年負責，統一領導這方面的工作。

　　1930 年 3 月 2 日，經過黨的建議和籌劃，有黨內外作家參加的中國左翼作家聯盟（簡稱左聯）在上海正式成立。隨後，中國社會科學家、戲劇家、美術家、教育家聯盟（分別簡稱社聯、劇聯、美聯、教聯）以及電影、音樂小組等左翼文化團體也相繼成立。10 月，各左翼文化團體又共同組成中國左翼文化總同盟（簡稱文總）。這支左翼文化新軍在黨的領導下，積極從事馬克思主義宣傳和革命文藝創作等活動，興起了一場很有聲勢和影響的左翼文化運動。

　　國民黨當局對左翼文化運動進行了殘酷的迫害和鎮壓。1930 年至 1933年間，先後犧牲的有李偉森、柔石、胡也頻、殷夫、馮鏗、洪靈菲、潘漠華、應修人、宗暉等。國民黨當局還培植一批御用文人，竭力宣揚封建文化和法西斯文化，詆毀馬克思主義和進步的思想文化，妄圖通過種種反革命的文化“圍剿”，徹底消滅左翼文化運動。

　　出乎國民黨當局的意料，左翼文化運動不但沒有在“圍剿”中被消滅，反而迎著迫害的狂風惡浪，在馬克思主義和無產階級革命文學的旗幟下，頑強地發展起來。左翼文化團體的人數不斷增加，活動地區不斷擴大，由上海發展到北平、天津、武漢、廣州，並遠及南洋和日本東京。經過艱辛的耕耘和戰鬥，在文學藝術、社會科學和新聞出版等方面，左翼文化運動都取得卓越的成績，有力地配合了革命的政治鬥爭。

　　左聯和其他左翼文化團體先後創辦《萌芽月刊》《拓荒者》《文化月報》《北斗》《文學》等幾十種刊物，創作和發表了大量為群眾所歡迎的作品。

　　文化革命的主將魯迅同黨保持著密切關係。他撰寫大量雜文，無情揭穿地主買辦集團種種醜陋嘴臉，尖銳批評當時文化界存在的種種“左”的傾向。1930 年 3 月，他在中國左翼作家聯盟成立大會上的講話中說：“我們戰線不能統一，就證明我們的目的不能一致，或者只為了小團體，或者還其實只為了個人，如果目的都在工農大眾，那當然戰線也就統一了。”毛澤東說過：“魯迅是在文化戰線上，代表全民族的大多數，向著敵人衝鋒陷陣的最正確、最勇敢、最堅決、最忠實、最熱忱的空前的民族英雄。魯迅的方向，就是中華民族新文化的方向。”魯迅贏得進步文化人士的愛戴，成為左翼文化運動的偉大旗手。瞿秋白、張聞天等也都為這一運動建立了重要的功績。

茅盾的著名小說《子夜》，1933 年 1 月由開明書店出版，3 個月內重版 4 次。還有老舍、曹禺、巴金等許多作家的優秀作品，不僅在當時膾炙人口，而且藝術魅力經久不衰。特別是九一八事變以後，一大批號召人民奮起抗日救亡的文藝作品，包括小說、散文、詩歌、戲劇、電影、音樂、美術、新聞通訊等，充滿高昂的愛國主義激情，對於推動群眾性抗日救亡運動的高漲，發揮了戰鬥號角的作用。

左翼社會科學工作者翻譯出版了大量馬克思主義著作。據不完全統計，從 1927 年 8 月到 1937 年 6 月，翻譯出版的馬克思、恩格斯、列寧、斯大林等人的著作達 113 種之多。《資本論》（第一卷）、《反杜林論》《政治經濟學批判》《唯物主義與經驗批判主義》等著作的第一個中文全譯本，都是在 20 世紀 30 年代前期問世的。這些革命理論作品啟迪了許多青年學生，促使他們的世界觀轉向辯證唯物主義和歷史唯物主義，並投身革命。

20 世紀 30 年代前期的左翼文化運動，雖然曾受到 “左” 傾錯誤的影響，但總的來說，它對中國近代思想文化發展所作出的歷史功績，特別是在國民黨統治區人民中傳播進步思想、促進抗日救亡運動所起的作用，是不可磨滅的。左翼文化宣傳的擴大和加強，在城市各階層人民尤其是知識青年中，產生了極為廣泛深遠的影響。左翼文化運動不僅取得輝煌的成就，而且鍛煉出一支堅強的戰鬥隊伍，其中的許多人後來成為黨在思想理論界和文藝界的領導骨幹。

1930

1931

中國歷史上第一個全國性的工農民主政權

—— 中華蘇維埃共和國臨時中央政府成立

★

1931 年九一八事變是中國人民抗日戰爭的起點。中國人民不屈不撓的局部抗戰揭開了世界反法西斯戰爭的序幕。11 月，中華蘇維埃第一次全國代表大會在瑞金葉坪村舉行，宣告了中共領導的第一個具有國家形態雛形的中央紅色政權 —— 中華蘇維埃共和國臨時中央政府的成立。

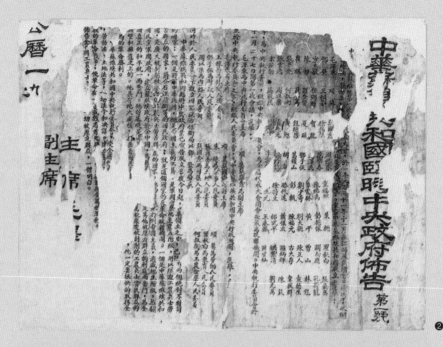

❶1931 年 12 月 1 日中華蘇維埃共和國中央執行委員會在瑞金舉行第一次會議。❷ 中華蘇維埃共和國臨時中央政府佈告（第一號）。❸ 中共蘇區中央局委員合影。右起：王稼祥、毛澤東、項英、鄧發、朱德、任弼時、顧作霖。

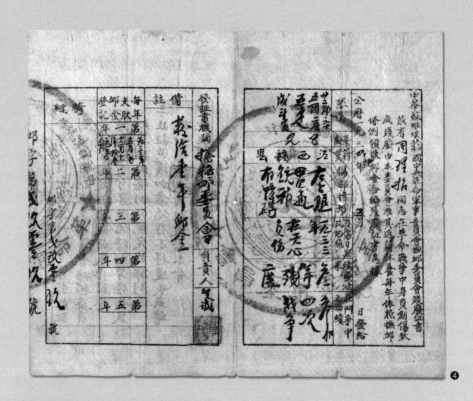

❹1934年5月中華蘇維埃共和國中央革命軍事委員會撫恤委員會發給一位負傷致殘紅軍戰士的殘廢證書。❺1932年8月5日興國縣楓邊區蘇維埃政府主席簽發給當地一位紅軍家屬的手寫優待證。❻中華蘇維埃共和國中央政府糧食人民委員部發行的紅軍臨時借穀證。

1931 年 9 月 18 日深夜，日本關東軍自行炸毀瀋陽北郊柳條湖附近南滿鐵路的一段路軌，反誣中國軍隊所為，並以此為藉口，突然襲擊中國軍隊駐地北大營和瀋陽城，這就是九一八事變。1932 年 2 月，哈爾濱淪陷。短短 4 個多月內，中國東北 100 多萬平方公里的大好河山，淪為日本的佔領地。

中共六大後兩年間革命走向復興局面的出現

1931

1928 年中共六大召開後的兩年間，在全國範圍內出現革命走向復興的局面。一方面是客觀形勢有利。南京國民政府建立後，民族危機更加深重，社會矛盾更加激化，原來對國民黨存有幻想的人的不滿情緒也日益增長起來。特別是 1929 年 3 月蔣桂戰爭爆發，國民黨新軍閥之間重新陷入連年不斷的混戰，許多原來圍攻工農紅軍的軍隊紛紛調往軍閥混戰的戰場，造成後方空虛，給了各地紅軍發展的機會。另一方面是主觀因素。也就是這個時期中共中央的路線基本上是正確的，比較能從實際出發，進行了大量切實有效的工作，特別是注意糾正只依靠少數人拚命、不顧一切地蠻幹的“左”傾盲動的指導，努力貫徹“黨的總路線是爭取群眾”的方針，同時非常注意加強黨的建設。經過不懈努力，黨的組織有了較大發展。更為重要的是，中共中央加強了對各地紅軍和農村根據地的領導。

各根據地的黨組織抓住軍閥混戰的時機，發動農民實行土地革命，建立革命政權，開展游擊戰爭，使紅軍和根據地不斷鞏固和擴大。

贛南閩西革命根據地的開闢和土地革命的開展

1929 年 1 月，毛澤東、朱德、陳毅率紅四軍主力向贛南出擊，隨後同從井岡山突圍出來的紅五軍主力會合，向閩西發展，相繼開闢贛南、閩西革命根據地。後來這兩塊根據地連成一片，以其為中心發展為中央根據地即中央蘇區。

根據中共六大精神，1929 年 4 月，毛澤東主持制定了興國縣《土地法》，將井岡山《土地法》中規定的“沒收一切土地”改為“沒收一切公共土地及地主階級的土地”。這是一個原則性的改正。同年 7 月，在毛澤東的指導下，閩西黨的第一次代表大會通過的決議中也規定“自耕農的田地不沒收”，並提出“抽多補少”的原則。會後，在閩西進行了分田，60 多萬貧苦農民得到了土地。

1930 年 2 月，在江西吉安縣陂頭村，中共紅四軍前委、贛西特委和紅五、紅六軍軍委舉行聯席會議（通稱二七會議），批評了一些地區遲遲不分田的右傾錯誤，提出一要"分"，二要"快"；批評了一些地區按耕作能力和勞動力分配土地的做法，肯定了按人口平均分配土地的原則。會後，興國等六縣的全境和永豐等縣的部分地區也全面開展分田運動。

1931 年 2 月，毛澤東按照中共中央決定又以中央革命軍事委員會總政治部主任的名義，專門致信江西省蘇維埃政府，指示省蘇維埃政府通令各級政府發一佈告，說明田地分給農民後，農民對土地有所有權，可以租賃買賣，田中收穫除給政府交土地稅外，均歸農民所有。這樣，又改變了井岡山《土地法》中關於土地所有權在政府而不屬農民、農民只有使用權、禁止土地買賣的規定。

在三年多的土地革命實踐中，基本形成了一套比較切實可行的土地革命的路線、政策和方法。主要是：依靠貧農、僱農，聯合中農，限制富農，消滅地主階級，變封建土地所有制為農民土地所有制；以鄉為單位，按人口平均分配土地，在原耕地基礎上，抽多補少，抽肥補瘦，等等。

土地革命的深入開展，使農村革命根據地的面貌發生了根本性變化。1930 年 10 月，毛澤東在《興國調查》中列舉了貧農在 12 個方面得到的利益：第一，分了田，這是根本利益。第二，分了山。第三，分了地主及反革命富農的穀子。第四，革命以前的債一概不還。第五，吃便宜米。第六，過去討老婆非錢不行，現在完全沒有這個困難了。第七，死了人不要用錢了。第八，牛價便宜了。第九，應酬廢棄，迷信破除，兩項的費用也不要了。第十，沒有煙賭，也沒有盜賊。第十一，自己可以吃肉了。第十二，最主要的就是取得了政權。他還寫道，過去中農在政治上處於地主富農統治之下，沒有話事權，"現時，卻與貧農僱農一起有了話事權"。這樣，絕大多數農民是擁護土地革命、擁護共產黨的。廣大農民在政治上、經濟上的翻身，極大地激發了革命積極性，紛紛參加紅軍或支援前線。如江西興國，23 歲至 50 歲的翻身農民基本上都參加了赤衛隊；16 歲至 23 歲的參加少年先鋒隊；8 歲至 15 歲的少年兒童參加勞動童子團，任務是"放哨""檢查煙賭""破除迷信打菩薩"。翻身農民還經常以糧、肉、雞、鴨、布草鞋、香煙等物品慰勞紅軍。

農民是最樸實的，也是最講道理的。中國共產黨領導農民進行土地革命這個事實，使他們迅速地分清了國共兩黨和兩個政權的優劣。大革命失敗後，中國革命得以堅持和發展，關鍵就在於黨緊緊依靠佔全國人口絕大多數的農民，在農村建立根據地，並在根據地內深入開展土地革命。

一蘇大召開

在各根據地和紅軍不斷發展的形勢下，1931 年 11 月 7 日至 20 日，中華蘇維埃第一次全國代表大會在瑞金葉坪村舉行。來自閩西、贛東北、湘贛、湘鄂西、瓊崖、中央等根據地，紅軍部隊，以及在國民黨統治區的全國總工會、全國海員總工會的 610 名代表出席了大會。毛澤東代表蘇區中央局向大會作《政治問題報告》。大會通過根據臨時中央有關憲法大綱的來電原則制定的《中華蘇維埃共和國憲法大綱》，以及臨時中央提供大會討論的《中華蘇維埃共和國土地法令》《中華蘇維埃共和國勞動法》《中華蘇維埃共和國關於經濟政策的決定》等法律文件。大會選出 63 人組成的中央執行委員會，宣告了中華蘇維埃共和國臨時中央政府的成立。

大會通過的憲法大綱規定：“中國蘇維埃政權所建設的是工人和農民的民主專政的國家。”在蘇維埃政權領域內的工人、農民、紅軍士兵及一切勞苦民眾和他們的家屬，不分男女民族和宗教信仰，在蘇維埃法律面前一律平等。憲法大綱還規定不承認帝國主義在華政治上、經濟上的一切特權，廢除一切不平等條約，帝國主義在華的一切財產收歸國有等。蘇維埃政權的最高權力機關為全國工農兵代表大會，在大會閉會期間，蘇維埃中央執行委員會為最高政權機關，中央執行委員會之下組織人民委員會，處理日常政務，並發佈一切法令和決議案。11 月 25 日，中華蘇維埃共和國中央執行委員會通令成立中華蘇維埃共和國中央革命軍事委員會（簡稱中革軍委），朱德任主席。

根據憲法大綱的規定，中央執行委員會第一次會議選舉毛澤東為中央執行委員會主席，項英、張國燾（一直沒有到中央根據地任職）為副主席。會議還選舉毛澤東任人民委員會主席，項英、張國燾任副主席，決定中華蘇維埃共和國臨時中央政府設在江西瑞金。

中華蘇維埃共和國是中國歷史上第一個全國性的工農民主政權，是中國共產黨在局部地區執政的重要嘗試。中華蘇維埃共和國臨時中央政府的成立，在一定程度上加強了對處於被分割狀態的各根據地的中樞指揮作用，在政治上也產生了很大影響，並推動了各根據地政權、經濟、文化教育等方面的建設。

1932

東北抗日聯軍
英勇抗戰

★ ▬▬▬▬▬▬▬▬▬▬▬▬▬▬▬

九一八事變爆發後，民族危機空前嚴重，廣大人民要求抗日的怒潮席捲全國。1932 年 3 月 1 日，日本在東北扶植成立偽 "滿洲國"。在 3 月間出任國民政府軍事委員會委員長的蔣介石，卻置全國人民的強烈抗日要求於不顧，把 "攘外必先安內" 確定為基本國策。同年，楊靖宇受黨中央委派，到東北組織抗日武裝，率領東北軍民與日本侵略者血戰於白山黑水之間。1936 年 2 月 20 日，《東北抗日聯軍統一軍隊建制宣言》發表，東北各抗日武裝力量陸續改編為東北抗日聯軍。

援助東北義勇軍擴大民族革命戰爭

二四

東北抗日聯軍統一軍隊建制宣言

❶ 楊靖宇。❷1932 年 5 月中共河北省委機關刊物《北方紅旗》發表《援助東北義勇軍擴大民族革命戰爭》一文。❸1936 年 2 月東北抗日聯軍統一了軍隊建制。這是楊靖宇等發佈的《東北抗日聯軍統一軍隊建制宣言》。

1931 年九一八事變後，中國共產黨在東北三省積極組織並領導抗日武裝鬥爭。10 月開始，東北各地相繼興起為數眾多的抗日義勇軍。11 月，馬占山統率黑龍江駐軍在齊齊哈爾泰來縣進行的江橋抗戰，是一次較大規模的抵抗，打響了中國武裝抗日的第一槍，對東北抗日鬥爭產生重要影響。義勇軍的鬥爭揭開了東北抗日游擊戰爭的序幕。但這些義勇軍由於沒有統一的組織和指揮，領導人物成分複雜，意見分歧，只奮戰了一年有餘的時間。

除各種抗日義勇軍外，中國共產黨領導的抗日武裝，依靠群眾，直接同日本侵略者進行了極其艱苦的鬥爭。中共滿洲省委指示各地黨組織，加強與抗日義勇軍的聯繫，並組織黨領導下的抗日武裝。從 1932 年起，先後組織了由漢、滿、朝鮮、蒙古、回等民族的愛國志士參加的十多支抗日游擊隊。這些抗日武裝主要在南滿、東滿和北滿地區廣泛開展游擊戰爭，打擊日本侵略者。

1933 年 1 月 26 日，中共中央發出《給滿洲各級黨部及全體黨員的信》（即一‧二六指示信），首次提出在東北組織全民族的抗日統一戰線策略。中共滿洲省委認真貫徹指示信精神，決定擴大黨獨立領導的抗日游擊隊，執行統一戰線的策略，反對關門主義，改善黨領導的抗日游擊隊同其他抗日武裝的關係。從 1933 年 9 月起，中共滿洲省委把黨領導的各抗日游擊隊相繼改編為東北人民革命軍。

1936 年 2 月，直接領導東北黨組織的中共駐共產國際代表團決定統一全東北抗日軍隊的名稱，建立東北抗日聯軍總司令部，並以楊靖宇、王德泰、趙尚志、周保中等人名義，發表《東北抗日聯軍統一軍隊建制宣言》，宣佈東北人民革命軍和各抗日游擊隊改編為東北抗日聯軍。

東北抗日聯軍開闢了東南滿、北滿和吉東三大游擊區。活躍在東南滿地區的有第一軍和第二軍。1936 年 7 月，第一軍和第二軍合編為第一路軍，由楊靖宇任總司令，王德泰任副總司令。活躍在北滿地區的有第三軍、第四軍和第六軍。活躍在吉東地區的是第五軍主力。1936 年 11 月，以抗日聯軍第四軍第二師為基礎建立抗日聯軍第七軍。

除上述共產黨直接領導的抗聯七個軍外，到 1937 年全國抗戰爆發前後，還建立了第八、第九、第十、第十一軍。從 1936 年初到 1937 年秋，東北抗日聯軍已建立 11 個軍，共 3 萬多人，在南起長白山，北抵小興安嶺，東起烏蘇里江，西至遼河東岸的廣大地區內，開展游擊戰爭，同日、偽軍進行大小數千次戰鬥，粉碎了敵人多次 "討伐"。他們的英勇鬥爭，有力打擊

密林中的東北抗日聯軍戰士。

了日本在中國東北的殖民統治，牽制了大量日軍，支援和鼓舞了全國的抗日救亡運動。

抗日戰爭戰略相持階段，日軍在重點"掃蕩"華北，侵犯華中、華南的同時，在東北，他們對抗日聯軍進行持續殘酷的軍事"討伐"。1938年10月，冷雲等東北抗聯8名女戰士陷入敵人包圍後，捨身投入冰冷的烏斯渾河，英勇殉國。她們中最大的23歲，最小的只有13歲。1940年2月，東北抗聯第一路軍總司令兼政治委員楊靖宇在濛江縣境內陷入日軍"討伐"隊重圍，最後隻身一人堅持戰鬥，直至壯烈犧牲。殘忍的敵人剖開他的腹部，發現他的胃裏竟沒有一粒糧食，有的只是枯草、樹皮和棉絮。這一幕，震驚了在場的所有人。

1940年冬起，抗日聯軍相繼轉移到蘇聯遠東地區進行野營整訓，並不時以小部隊越境回國，繼續給日、偽軍以打擊。

1933

星火燎原

—— 各根據地創建發展和紅軍反"圍剿"鬥爭勝利

★

贛南、閩西根據地的成功經驗，對各地紅軍、根據地的發展和建設，起了鼓舞和示範作用。1932 年底到 1933 年 3 月，中央革命根據地軍民在朱德、周恩來指揮下，靈活運用前幾次反"圍剿"鬥爭的成功經驗，取得第四次反"圍剿"的勝利。

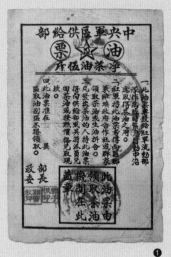

❶

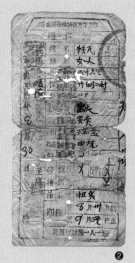

❷

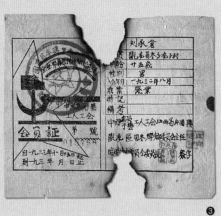

❸

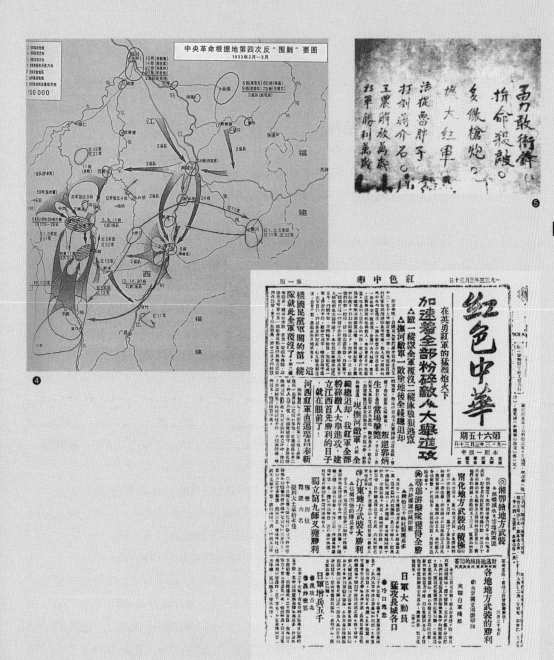

❶ 中華蘇維埃共和國中央軍區供給部發行的面值為 5 斤的茶油票。
❷1933 年 8 月 30 日瑞金縣蘇維埃政府軍事部與瑞金縣某區蘇維埃政府
聯合簽發的一張通行證。❸1933 年 11 月 25 日簽發的中國店員手藝工
人工會會員證。❹ 中央革命根據地第四次反"圍剿"要圖。❺ 第一次
反"圍剿"期間根據地群眾寫的標語。❻1933 年 3 月 30 日《紅色中華》
第 65 期關於中央革命根據地第四次反"圍剿"勝利的報道。

毛澤東創建井岡山革命根據地後，各根據地如雨後春筍般相繼建立。

各根據地的創建和紅一、紅四方面軍組成

1928 年 7 月，彭德懷、滕代遠、黃公略等在湖南平江領導舉行起義，起義部隊改編為紅軍，隨後逐步開闢湘鄂贛革命根據地。

1929 年 5 月，中共商（城）羅（田）麻（城）特區委員會領導河南商城南部農民舉行武裝起義，建立紅軍。隨後，逐步建立豫東南革命根據地。

11 月至 12 月，中共六安縣委領導安徽六安、霍山農民舉行武裝起義，隨後成立紅軍，逐步建立皖西革命根據地。

12 月 11 日至翌年 2 月，中共中央代表鄧小平等先後在廣西百色、龍州領導武裝，建立紅軍，開闢左江根據地、右江根據地。

1930 年 4 月，鄂豫邊、豫東南、皖西革命根據地的紅軍統一改編。6 月，以郭述申為書記的中共鄂豫皖邊特委領導成立鄂豫皖特區蘇維埃，鄂豫皖革命根據地形成。

7 月，湘鄂邊的紅四軍與洪湖地區的紅六軍在湖北公安會師，組成紅軍第二軍團，賀龍為總指揮，周逸群為政治委員兼前委書記。隨即，湘鄂邊、洪湖兩塊根據地形成湘鄂西革命根據地。

1931 年 10 月，湘贛省蘇維埃政府成立，湘贛革命根據地形成。

1931 年 11 月中華蘇維埃第一次全國代表大會召開後，全國又建立了陝甘、川陝、湘鄂川黔、鄂豫陝、閩東等革命根據地。

紅四方面軍主力於 1932 年 10 月撤離鄂豫皖革命根據地。1933 年 1 月至 2 月，開闢以四川通（江）、南（江）、巴（中）為中心的川陝革命根據地。

1933 年 3 月後，謝子長、劉志丹、習仲勳等創建先後以照金、南梁為中心的陝甘邊革命根據地。"1933 年冬天，紅軍橫掃陝甘邊的反動武裝，以南梁為中心的陝甘邊根據地也建立起來了。當地小夥子見紅軍回來了，高興地唱起了'信天遊'：'雞娃子叫來狗娃子咬，當紅軍的哥哥回來了。'從此，以橋山中段為依託的紅軍游擊戰爭，就以烈火燎原之勢發展起來了。"[1]1934 年 11 月，正式成立陝甘邊區蘇維埃政府，21 歲的習仲勳當選為蘇維埃政府

---

① 習仲勳：《群眾領袖　民族英雄 —— 回憶劉志丹同志》，1979 年 10 月 16 日《人民日報》。

主席。1935 年春，陝北、陝甘邊兩塊革命根據地在反 "圍剿" 戰爭中連成一片，統一為陝甘革命根據地（又稱 "西北革命根據地"）。這是土地革命戰爭時期全國唯一保存的比較完整的一塊根據地，成為黨中央和中央紅軍長征的落腳點和八路軍奔赴抗日前線的出發點。

1930 年 8 月 23 日，紅一、紅三軍團在湖南瀏陽永和會師，合編為紅一方面軍，共 3 萬多人，朱德任總司令，毛澤東任總前委書記兼總政治委員。

1931 年 11 月 7 日，根據中共中央的決定，鄂豫皖根據地的紅四軍和紅二十五軍合編為紅四方面軍，徐向前任總指揮，陳昌浩任政治委員，全軍近 3 萬人。這是繼紅一方面軍之後組建的有進行戰役作戰能力的一支重要部隊。

根據地的政權、經濟和文化教育建設

革命根據地大多分佈在多個省的邊界地區或遠離中心城市的偏僻山區。這些地區交通不便，經濟文化落後，佔優勢的仍是沿用舊的耕作方式的小農經濟，生產力低下。群眾中大多數人不識字，封建的家族統治和迷信習俗也很普遍。有些地區還帶著濃重的流寇思想和遊民習氣。這種特殊的地理環境和社會條件，既有利於革命力量的存在和發展，同時又使革命力量的存在和發展遇到很多不易克服的困難。為此，中國共產黨人在農村革命根據地內大力加強政權、經濟和文化教育建設。

為了保證群眾能夠真正有效地行使自己的選舉權和被選舉權，蘇維埃政府頒佈了選舉法細則，對於代表產生的辦法、選舉單位、代表的任期和定期向選舉人做工作報告，以及選民撤除代表資格等都作出明確的規定。從 1931 年 11 月到 1934 年 1 月，在中央根據地進行過三次民主選舉。在選舉中，許多地方參加選舉的人佔了選民的 80% 以上，有的地方達到 90% 以上。婦女享有同男子平等的權利，在政府代表中一般佔 20% 以上。例如福建上杭縣才溪鄉 1932 年 10 月選舉時，上才溪 53 個代表中，婦女 16 人，佔 30%。

根據地軍民在反對國民黨軍事 "圍剿" 的同時，還為粉碎國民黨經濟封鎖進行不懈的鬥爭，根據地的農業、工業、商業、交通、財政和金融等經濟工作，也得到一定的恢復和發展。

根據地的經濟主要是農業經濟，發展農業生產是經濟建設中頭等重要

1933

的任務。1933年，江西、福建、粵贛、閩贛四省開墾了21萬石荒田，閩浙贛省開墾了11萬石荒田。糧食產量方面，在贛南閩西區域，1933年比1932年增加了15%，在閩浙贛區則增加了20%，川陝根據地的農業收成同樣呈現良好趨勢。

蘇維埃政府在鼓勵發展個體手工業生產的同時，也加強對手工業生產合作社的領導。中央鎢砂公司下屬有鐵山壟、盤古山、小壟等礦場，年產量約計1800噸，約有5000工人。還有中央印刷廠、中華商業公司造紙廠、瑞金紡織廠等。其他根據地的手工業生產也有較快的發展。川陝根據地在通江、南江、巴中等地開辦了兵工廠、被服廠、織布廠等。

發展根據地同國民黨統治區域間的"對外貿易"，也是根據地經濟建設的重要一環。1933年2月，臨時中央政府決定在國民經濟部下設立對外貿易局。此後，鄰近國民黨統治區的一些縣也設立了對外貿易分局、採辦處、代辦處或採購站等。為了獎勵私人商業輸出輸入各種必要的商品，還實行某些日用品和軍需品暫時減稅的辦法。

為了提高工農的文化水平，蘇維埃政府採取了多種辦法。如建立夜校、半日學校、補習學校、識字班，設立識字牌、牆報，創辦報刊，創作演出戲劇等群眾文化活動。據統計，到1934年3月，中央根據地有列寧小學3199所，學生約有10萬人；補習學校4562個，學生約有8.8萬人；識字組2.3萬多個，僅江西一省就有約12萬人；俱樂部1900多個，固定會員就有9.3萬多人。婦女在夜校學員中佔很大比重，如在興國縣長岡鄉的夜校生，婦女佔70%。

各根據地的新聞出版事業也逐步建立和發展起來，創辦了許多報紙雜誌。1934年1月，中央根據地有大小報紙34種，其中《紅色中華》的發行量從3000份增至4萬多份，《青年實話》報發行2.8萬多份，《鬥爭》雜誌最多時達2.7萬多份，《紅星》報發行1.7萬多份。根據地的革命文藝生活也很活躍，工農劇社、藍衫團（土地革命戰爭時期中央革命根據地的主要劇團之一。1933年4月成立於江西瑞金。以演出活報劇為主，演出時演員都穿藍衫，因而稱藍衫團）、俱樂部等，經常開展文娛活動，受到群眾的普遍喜愛。[②]

② 以上參見中共中央黨史研究室著：《中國共產黨歷史》（第1卷）（1921—1949）上冊，中共黨史出版社2011年版，第358—366頁。

特別需要說明的是，根據地的政權、經濟和文化教育等事業，是在戰爭頻繁、地瘠民貧、經濟文化落後的環境中發展起來的，取得一定的成績，是非常不容易的。

紅軍四次反 "圍剿" 鬥爭的勝利

紅軍和根據地的存在和發展，使國民黨統治集團感到極大的震驚。從 1930 年 10 月起，蔣介石集中重兵，向南方各根據地紅軍發動大規模 "圍剿"。國民黨軍隊 "圍剿" 的重點是毛澤東、朱德率領的紅一方面軍。

1930 年冬到 1931 年秋，在毛澤東、朱德指揮下，中央革命根據地軍民貫徹積極防禦的方針，實行 "誘敵深入" 等一整套行之有效的戰術原則，先後粉碎國民黨軍的三次 "圍剿"，鞏固和擴大了根據地。鄂豫皖、湘鄂西等革命根據地也相繼取得反 "圍剿" 鬥爭的勝利。到 1932 年春，各根據地共殲敵 20 多萬人，主力紅軍發展到約 15 萬人。

1932 年 5 月，蔣介石自任鄂豫皖三省 "剿匪" 總司令，調集大批軍隊向革命根據地發動第四次 "圍剿"。從 1932 年 7 月到 1933 年 3 月，蔣介石採取兩步走的戰略部署，先進攻鄂豫皖、湘鄂西根據地，準備在得手之後，再全力進攻中央根據地。

1932 年 10 月上旬，蘇區中央局舉行寧都會議，對毛澤東和其在紅軍中實行的戰略戰術進行了錯誤的批評和指責。會議決定，毛澤東 "仍留前方助理"，同時批准毛澤東 "暫時請病假，必要時到前方"。會後不久，中央革命軍事委員會通令："工農紅軍第一方面軍兼總政治委員毛澤東同志，為了蘇維埃工作的需要，暫回中央政府主持一切工作，所遺總政治委員一職，由周恩來同志代理。" 10 月 14 日，紅一方面軍發佈的戰役計劃上，最後仍列三個人的署名："總司令朱德，總政委毛澤東，代總政委周恩來。" 周恩來並在計劃上注明："如有便，請送毛主席一閱。" 到 10 月 26 日，才由臨時中央宣佈以周恩來兼任紅一方面軍總政委。

朱德、周恩來隨軍從廣昌出發，赴前線指揮作戰。他們果斷地決定：趁敵方部署未定的時候，迅速擊破其一方，並打通同贛東北紅軍的聯繫。10 月 18 日、19 日、22 日，連克贛閩邊界的黎川、建寧、泰寧、邵武四城。11 月間，又克光澤、資溪和金溪。這是一個重大的勝利，擴大了蘇區地域數百里，建立了閩贛省，並使閩北和閩西革命根據地連成了一片。

在此期間，朱德、周恩來、王稼祥連續向紅一方面軍全體指戰員指出：敵人"正將四次'圍剿'的重心從湖北移到江西"，"加速地在佈置大舉進攻中央蘇區"，"敵人大舉進攻的時機已經到了"。號召全體紅軍戰士"團結得像一個人一樣，來消滅敵人，來爭取比（第）三次戰爭還偉大的勝利"。③ 12 月中旬，臨時中央來電，重新提出要紅一方面軍攻打南城。16 日，周恩來在覆電中再次提出不同意見。他說："我們正集全力引動敵人，求於運動戰中解決之，如直攻南城，則敵集重兵於此，地形工事較邵武尤險，攻之於我不利。"由於國民黨軍隊的大舉進攻已迫在眉睫，12 月下旬，朱德、周恩來利用敵軍困守南城、南豐的機會，在紅一方面軍進行戰前的整頓改編和軍事訓練，準備迎接新的大戰的到來。

12 月 30 日，國民黨贛粵閩邊區"剿匪"總司令何應欽下達了對中央蘇區進行第四次"圍剿"的計劃。

紅軍參戰的是第一方面軍的一、三、五軍團，十一、十二、二十一、二十二軍以及兩個獨立師，約 5 萬多人。由於雙方兵力懸殊，紅軍的決策是：趁敵人部署尚未完成的時候，主動地打到外線去，打亂敵軍進攻中央蘇區的部署。

這時敵人第四次"圍剿"的鑼鼓已越敲越緊了。這一點，從蔣介石當時的日程安排上便可看出端倪：1933 年 1 月 29 日，蔣介石抵南昌；30 日，發表演說，聲言"剿匪是革命的初步工作，是禦侮唯一的基礎"，宣揚"攘外必須安內"；31 日，主持召開軍事會議，部署對中央蘇區的進攻；2 月 6 日，決定自兼江西省"剿匪"總司令，並在南昌設立行營。大戰已迫在眉睫。

1933 年 1 月下旬，蘇區中央局按照寧都會議所確定的軍事方針，電示紅一方面軍總部，要求紅軍主動出擊，迅速攻佔南豐、南城。紅一方面軍領導人不同意這個意見，主張在撫河東岸連續求得運動戰解決敵人。2 月 4 日，蘇區中央局再電前方，要求紅軍"猛攻南豐，雖大損失，亦所不惜"，並稱中央局的指令必須立即執行。這時國民黨軍隊作了新的部署，在撫河以東調動敵人已無可能，朱德、周恩來決定率領紅軍主力西渡撫河，進攻南豐城，但同時提出，如果強攻南豐不能奏效，就要轉攻宜黃、樂安，調動敵人於山地，在運動戰中加以殲滅。2 月 12 日，紅軍攻南豐城，激戰一夜，傷亡 400 多人。當發覺敵軍主力馳援南豐時，朱德、周恩來於 2 月 13 日即把

③　1932 年 11 月 14 日《紅色中華》第 40 期。

對南豐的強攻改為佯攻，留一部分兵力迷惑敵軍，主力秘密而迅速地轉移到敵前進的右翼宜黃南部，待機殲敵。2 月 26 日，國民黨軍隊向黃陂推進，進入紅軍伏擊圈。

紅軍出敵不意，集中優勢兵力予以各個擊破。經過 2 月 28 日和 3 月 1 日的兩次激戰，國民黨軍第五十二、第五十九師幾乎全部被殲。接著，國民黨軍隊又調集兵力直撲廣昌，尋找紅軍主力決戰。3 月 21 日，紅軍在草台崗又殲敵近一個師。黃陂、草台崗兩戰共殲敵三個師，俘敵 1 萬多人，繳槍 1 萬多支。這樣，就打破了國民黨軍隊對中央根據地的第四次"圍剿"。

中央革命根據地第四次反"圍剿"鬥爭的勝利，是朱德、周恩來等運用和發展以往反"圍剿"的成功經驗，從實際出發，沒有機械地執行蘇區中央局進攻南豐的命令的結果，創造了紅軍戰爭史上前所未有的大兵團伏擊戰的範例。

1934

紅軍不怕遠征難

★

紅軍不怕遠征難，萬水千山只等閒。

五嶺逶迤騰細浪，烏蒙磅礴走泥丸。

金沙水拍雲崖暖，大渡橋橫鐵索寒。

更喜岷山千里雪，三軍過後盡開顏。

毛澤東的這首《七律・長征》，家喻戶曉、耳熟能詳。它以磅礴的氣勢，形象而生動地再現了中國工農紅軍長征這一世界歷史上前所未有的壯舉。

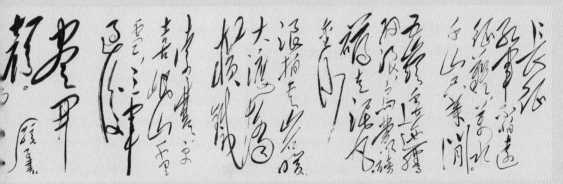

❸

❹

❺

❶ 方志敏英勇就義前寫的自述。❷ 毛澤東《七律·長征》。❸ 鄧小平在長征中主編的《紅星》報。❹ 長征期間紅軍自製的皮草鞋。❺ 長征期間紅軍禦寒用的破麻布片。

1934 年 10 月至 1936 年 10 月，中國共產黨領導的中央紅軍（後恢復紅一方面軍番號），紅二十五軍，紅四方面軍，紅二、六軍團（後編為紅二方面軍）主力，為粉碎國民黨軍隊的軍事＂圍剿＂，保存有生力量，實現北上抗日，陸續離開原革命根據地進行戰略轉移，經過艱苦卓絕的萬里行軍（中央紅軍長征二萬五千里），縱橫十幾省，跨越滔滔急流，征服皚皚雪山，穿越茫茫草地，突破層層封鎖，粉碎上百萬敵軍的圍追堵截，勝利前進至陝甘寧地區，實現紅軍主力大會師，以陝甘寧根據地為大本營和出發點，開啟了中國革命的新階段。歷史上把中國工農紅軍的這一偉大壯舉，稱為＂長征＂。

＂左＂傾錯誤的危害

　　1930 年 6 月 11 日，中共中央政治局召開會議，通過了由李立三起草的《目前政治任務的決議》（即《新的革命高潮與一省或幾省首先勝利》），李立三＂左＂傾冒險錯誤在中共中央取得了統治地位。在這種錯誤思想主導下，李立三等制定了以武漢為中心的全國中心城市起義和集中所有紅軍主力攻打中心城市的冒險計劃，要求各路紅軍＂會師武漢＂＂飲馬長江＂。

　　李立三＂左＂傾冒險錯誤在黨內統治的時間雖然只有 3 個多月（6 月至 9 月），但使黨付出了慘痛代價。在國民黨統治區，許多地方的黨組織因在條件不成熟的情況下組織暴動，而把原先積蓄的有限力量暴露出來，先後有十幾個省委機關遭受破壞，武漢、南京等城市的黨組織幾乎全部瓦解。在紅軍奉命進攻大城市的過程中，農村根據地有的縮小，有的丟失，紅軍也受到不同程度損失。

　　1930 年 10 月，新任共產國際執行委員會遠東局書記米夫到達上海。1931 年 1 月 7 日，在米夫的直接干預下，中共擴大的六屆四中全會在上海召開。瞿秋白、周恩來等在會上受到嚴厲指責。原先不是中共中央委員、缺乏實際鬥爭經驗的王明，不僅被補選為中共中央委員，而且成為中央政治局委員。當時，他只有 26 歲。擴大的六屆四中全會後，中共中央的領導權實際上由得到米夫全力支持的王明所操縱。從這時起，以王明為代表的＂左＂傾教條主義錯誤在黨的領導機關內開始了長達 4 年的統治。

　　擴大的六屆四中全會後，國民黨統治區內黨的工作出現了一系列非常的情況。由於叛徒告密，大批黨的重要幹部被捕犧牲。中央政治局候補委員顧順章、在中共六大後擔任中央政治局主席和政治局常委會主席的向忠發相繼被捕叛變。1931 年 9 月，由於在上海的中央委員和政治局委員都已不到半數，根據共產國際執行委員會遠東局的提議，成立中共臨時中央政治局（即臨時中央），由博古（秦邦憲）、張聞天（洛甫）、盧福坦（後叛變）三人擔任常委，博古負總的責任，隨後得到共產國際的批准。10 月，王明離開上海前往莫斯科。12 月上旬，周恩來前往中央革命根據地。

九一八事變後出現的抗日救亡運動熱潮表明，反對日本侵略的民族革命鬥爭，正在成為中國各族人民的主要鬥爭，中國的民族鬥爭和階級鬥爭正在進入一個新的階段。如何科學地估計這一形勢，並制定正確的路線和政策，是擺在中國共產黨面前的重大任務。但博古為首的中共臨時中央政治局未能適應形勢發展的需要，繼續推行冒險主義和關門主義的方針。

土地革命戰爭以來，紅軍反 "圍剿" 鬥爭勝利和農村革命根據地鞏固和發展的大好形勢，卻因 "左" 傾冒險主義的嚴重危害而斷送了。

先遣隊紅七軍團北上和紅六軍團西征，方志敏《可愛的中國》流芳千古

1934 年 7 月，中央根據地第五次反 "圍剿" 作戰接連失利，根據地形勢極其嚴峻。中共中央、中華蘇維埃共和國中央政府人民委員會、中革軍委決定，以中國工農紅軍第七軍團組成抗日先遣隊。

中央要求紅七軍團北上閩浙皖贛邊區，發動游擊戰爭，開展抗日民主運動。對於北上的真正戰略意圖，軍團領導人當時並不清楚。參謀長粟裕曾回憶說："後來我們才知道，當時中央派出這支部隊的更加直接的目的，是企圖以這一行動威脅國民黨統治的腹心地區，吸引和調動一部分 '圍剿' 中央根據地的敵人，配合中央紅軍主力即將實行的戰略轉移。"

7 月 6 日晚，紅七軍團從瑞金出發，經過艱苦轉戰，11 月同方志敏領導的紅十軍會合後，合編為紅軍第十軍團。當時，中央紅軍已退出中央革命根據地，開始長征。中革軍委要求紅十軍團全部從閩浙贛根據地出發，集結主力，在運動中消滅敵人，並創建皖浙邊新根據地。

方志敏、劉疇西率領部隊一路北上，在到達黃山北麓太平縣譚家橋時與敵軍遭遇。年輕驍勇的紅十九師師長尋淮洲身負重傷，不久壯烈犧牲，年僅 22 歲。軍團政治委員樂少華、政治部主任劉英等 8 名師以上幹部都相繼負傷，從而影響了紅十軍團廣大指戰員的戰鬥情緒。

敵軍分三路圍追堵截，紅十軍團艱苦轉戰，部隊減員達三分之一以上，不得不回師閩浙贛根據地。這時已經是 1935 年 1 月，正值寒冬，紅軍

官兵仍穿著夾衣。蔣介石集中近 20 萬兵力，在贛東北設下層層埋伏，對紅軍形成包圍之勢。

敵軍組成多路"搜剿"隊，縱橫穿插，把紅十軍團主力分割成數段。紅軍經過長途行軍作戰，十分疲勞，陷入敵重圍之後，彈盡糧絕，傷亡不斷增加，又遇到天氣驟變，雨雪交加，許多指戰員幾天粒米未進，僅以草根樹皮充飢。在這種極端困難的情況下，他們仍頑強戰鬥，同敵人血戰到底。敵人野蠻殘忍，見人就殺，見房子就燒，把能搜出來的糧食全部徹底燒掉。由於山高林密，不便搜索，敵人就放火燒山，有些走不動的紅軍傷病員被活活燒死。最終因眾寡懸殊、彈盡糧絕，只有一小部分同志突出重圍，至 1 月下旬大部分壯烈犧牲。軍團主要領導人劉疇西、方志敏先後不幸被捕。

面對敵人的嚴刑和各種誘降，方志敏大義凜然，堅貞不屈。他在獄中寫下《我從事革命鬥爭的略述》《可愛的中國》《清貧》等不朽名篇，滿懷激情地謳歌祖國的偉大和美麗，痛切地訴說人民所受的蹂躪和屈辱，表達以鮮血和生命拯救祖國的決心。

"朋友！中國是生育我們的母親。"

"不錯，目前的中國，固然是江山破碎，國弊民窮，但誰能斷言，中國沒有一個光明的前途呢？不，決不會的，我們相信，中國一定有個可讚美的光明前途。"

"朋友，我相信，到那時，到處都是活躍躍的創造，到處都是日新月異的進步，歡歌將代替了悲歎，笑臉將代替了哭臉，富裕將代替了貧窮，康健將代替了疾苦，智慧將代替了愚昧，友愛將代替了仇殺，生之快樂將代替了死之悲哀，明媚的花園，將代替了淒涼的荒地！這時，我們民族就可以無愧色的立在人類的面前，而生育我們的母親，也會最美麗地裝飾起來，與世界上各位母親平等的攜手了。"

方志敏說："我是一個黑暗的憎惡者，我是一個光明的渴求者。""我真誠的愛我階級兄弟，愛我們的黨，愛我中華民族。"面對敵人的屠刀，他在英勇就義前大義凜然地宣誓："敵人只能砍下我們的頭顱，決不能動搖我們的信仰！因為我們信仰的主義，乃是宇宙的真理！為著共產主義犧牲，為著蘇維埃流血，那是我們十分情願的啊！"

方志敏、劉疇西等堅貞不屈，視死如歸，敵人黔驢技窮，無計可施，蔣介石只好下令"秘密處死"。1935 年 8 月 6 日凌晨，方志敏和劉疇西在南昌城北下沙窩的秘密刑場英勇就義,方志敏年僅 36 歲,劉疇西年僅 38 歲。

　　大致與紅七軍團開始北上的同時,1934 年 7 月初,湘贛根據地的中心區域被國民黨軍隊佔領後,紅六軍團被分割、壓縮在遂川、萬安、泰和三縣交界方圓數十里的狹小地區,處境十分艱險。此時,進攻中央根據地的國民黨軍隊已開始向根據地中心區域推進。在此情勢下,中共中央及中革軍委給紅六軍團和湘贛根據地下達訓令,讓紅六軍團離開湘贛根據地,向西轉移到湖南中部去發展游擊戰爭,創立新根據地,並對預定轉移方向和計劃作了具體指示。

　　8 月 7 日,紅六軍團共 9700 餘人,告別休戚與共的湘贛根據地人民,在地方獨立團的配合下,開始西征。8 月 12 日,紅六軍團在寨前圩召開連以上幹部誓師大會,進行戰鬥動員,並正式宣佈軍政委員會和紅六軍團成立,蕭克任軍團長兼第十七師師長,王震任軍團政治委員兼第十七師政治委員,李達任軍團參謀長,張子意任軍團政治部主任;龍雲任第十八師師長,甘泗淇任第十八師政治委員。

　　但是,中共中央、中革軍委下達訓令時,並沒有明確紅六軍團是作為前導,為中央紅軍探尋轉移路線的,只是命令紅六軍團去湘西與紅三軍(即原紅二軍團)會合,並將每日行軍路線和宿營地用電台報告軍委總部。其實,紅六軍團實際上擔任了中央紅軍實行戰略轉移向西突圍的先遣隊。

　　不幸的是,敵人破譯了紅軍的電報,偵察到總部的行動規律,就定期沿紅六軍團的宿營地點進行轟炸。

　　紅六軍團搶渡湘江,過新化、漵浦,於 9 月 19 日打響新廠戰鬥。其後,繼續向西北挺進,1934 年 9 月 20 日進入貴州境內清水江流域。

　　進抵貴州後,紅六軍團遇到的另一大困難就是地形不熟。那時,紅軍只有中學生用的地圖,打到黃平後,在法國教堂裏找到一張近 1 平方米大的法文貴州地圖,但又看不懂。好在,那裏的牧師能說中國話,雖然發音不準,但勉強能聽得懂。軍團長蕭克對著地圖,牧師一邊講,他一邊寫上中文。有了這張地圖,才稍微看清楚貴州山川城鄉的大略。

　　黔東深秋,高原霜降,寒氣逼人。一路上,到處是密林高山,峰巒疊嶂,加之人煙稀少,物資奇缺,部隊行動十分困難。數千里遠征的紅六軍團指戰員冒著寒風,在崇山峻嶺中攀援,艱難前進,部隊人員日減。

　　早在紅六軍團到達黔東地區之前,賀龍領導的紅三軍就來到這裏,建立革命武裝和政權。10 月 24 日,紅三軍主力在印江縣木黃與紅六軍團主力部隊會合。會師後,紅三軍奉命恢復紅二軍團番號。至此,紅六軍團勝利完成轉移任務,並為中央紅軍的戰略轉移起到了先遣隊的作用。

告別父老鄉親，踏上漫漫長征路

1934 年 4 月底廣昌失守後，形勢日趨惡化，紅軍在內線作戰打破敵軍"圍剿"已十分困難，中共中央、中革軍委便開始考慮紅軍主力撤離中央根據地的問題。自 1934 年 5 月起，"左"傾領導者已經提出戰略轉移的問題，只不過一直舉棋不定。直到 9 月初對打破敵人"圍剿"已經完全絕望後，才開始部署戰略轉移。

為此，中央成立了由博古、李德、周恩來組成的最高決策機構"三人團"。政治上以博古為主，軍事上以李德為主，周恩來只是負責督促軍事準備計劃的實行。他們把戰略轉移的計劃報告了共產國際，共產國際覆電同意。李德荒謬地認為：突圍成功的最重要的因素是保守秘密。只有保守秘密，才能確保突然行動的成功。

紅軍中的許多高級幹部都蒙在鼓裏，一無所知。彭德懷後來說："最奇怪的是退出中央根據地這樣一件大事情，都沒有討論過。"李維漢後來也說："長征的所有準備工作，不管中央的、地方的、軍事的、非軍事的都是秘密進行的，只有少數領導人知道……當時我雖然是中央組織局主任，但對紅軍轉移的具體計劃根本不了解。……中央紅軍為什麼要退出中央蘇區？當前任務是什麼？要到何處去？"

像彭德懷、李維漢這樣的高級幹部對長征的計劃都不清楚，更不用說一般的指戰員了。由於沒有進行解釋和動員工作，在軍事上，特別在政治上，便很難提高紅軍指戰員的積極性。

對於幹部的去留問題，完全由"三人團"決定，事實上由博古一人決定。每個人的走與留，是與博古、李德個人的好惡緊緊地聯繫在一起的。一些"左"傾領導者不喜歡的幹部，像瞿秋白、何叔衡、賀昌、劉伯堅、毛澤覃、古柏、周以栗等人，被留在根據地打游擊。當時，擔任教育人民委員的瞿秋白得知被列入"留"的高級幹部名單之後，去找張聞天，表示希望能夠帶他走。張聞天深表同情，隨即向博古做工作，但博古一點沒有商量的餘地。最初，他們連毛澤東也不打算帶走，周恩來、朱德等人一再堅持，說毛澤東既是中華蘇維埃共和國中央政府主席，又是中央紅軍的主要創建者，在軍隊中享有很高的威信，應該隨軍行動。在這種情況下，毛澤東才被允許一起轉移。

10 月 10 日晚，中共中央、中革軍委率領第一、第二野戰縱隊，分別由瑞金的田心、梅坑地區出發，向集結地域開進。中央紅軍開始實行戰略轉移。10 月 16 日，中央紅軍各部隊在雩都河以北地區集結完畢。從 17 日開始，按照中革軍委頒佈的《野戰軍渡河計劃》，分別從雩都、花橋、潭頭圩（龍石嘴）、賴公廟、大坪心（龍山門）、峽山圩（孟口）等十個渡口南渡雩都河。

雩都河畔，人山人海，數以萬計的男女老幼在各個渡口為紅軍送行。人們的臉上掛滿了憂愁，有的人暗暗地流淚，一面跟著紅軍走，一面將雞蛋、糯米糰等往紅軍戰士的口袋裏裝。那些被安排在老鄉家裏治療的重傷員和重病號也來了，他們步履艱難地行走在人群之間，尋找自己的老部隊和老戰友。指戰員們也心情低沉，難捨難分的離別之情縈繞在每個人的心頭。

深夜，秋風吹動著殘枝敗葉，群眾打著燈籠、火把為紅軍送行。就這樣，在茫茫的夜色掩護下，千軍萬馬離開生活、戰鬥的中央革命根據地，告別了送別的親人，實行戰略轉移，踏上了萬里長征之路。

從血戰湘江到翻越老山界，34師師長陳樹湘受傷被俘後絞腸壯烈犧牲

中共中央的領導者在指揮中央紅軍實行戰略轉移和突圍的時候，又犯了退卻中的逃跑主義錯誤。戰略轉移變成了大搬家式的行動。一支由上千名挑夫組成的運輸隊伍擁擠在崇山峻嶺的羊腸小道上，走走停停，停停走走，行動十分遲緩，有時一天只走二三十里路。這種大搬家式的轉移，使主力紅軍變成了中央機關的掩護隊，嚴重地影響了紅軍的機動能力，極大地削弱了紅軍的戰鬥力。

按照原定計劃，中央紅軍準備轉移到湖南西部同紅二、紅六軍團會合。部隊基本上沿著紅六軍團走過的行軍路線，即沿贛、粵、湘、桂邊境的五嶺山脈一直向西行動。國民黨當局覺察後，在閩南、湘粵邊、湘東南、湘桂邊構築四道封鎖線，安排重兵進行堵截和尾追。但是，各路國民黨軍之間存在著複雜的矛盾，對堵截紅軍的態度並不一樣。

廣東軍閥陳濟棠是地方實力派，號稱“南天王”，與蔣介石集團之間一直存在著矛盾。他既害怕紅軍入粵，更害怕蔣介石隨紅軍入粵。早在第五次“圍剿”時，身為國民黨南路軍總司令的陳濟棠，在南方戰線上與紅軍作戰時就比較消極，並且與紅軍有過接觸。針對這種情況，在中央紅軍轉移前夕，中革軍委主席朱德於9月底致信陳濟棠，表示願就停止內戰、恢復貿易、代購軍火和建立抗日反蔣統一戰線與之進行秘密談判。10月5日，中共中央、中革軍委派潘漢年、何長工為代表，同陳濟棠的代表在尋鄔（今尋

烏）進行會談，達成就地停戰、互通情報、解除封鎖、相互通商和必要時相互借道等五項協議。

在中央紅軍突破敵軍第一道封鎖線進入廣東境內時，陳濟棠部基本上沒有堵截。接著，紅軍比較順利地通過敵軍第二道封鎖線。11 月 15 日，中央紅軍全部通過第三道封鎖線，進入湘南地區。此時，蔣介石已投入兵力近 30 萬人，在湘江以東部署了一個大包圍圈，打算自東向西收縮，在湘江東岸逼紅軍決戰，企圖依仗其數量和裝備上的優勢，將中央紅軍殲滅。

桂系白崇禧認為，紅軍從湘南西去湘黔邊界，只是路過廣西，並不打算在廣西立足。他表面上擺出決戰的架勢應付蔣介石，暗地裏卻保存實力和地盤。11 月 22 日，桂軍藉故撤離湘江防線。於是，從全州至興安 120 里的湘江已無兵防守，湘江防線完全向紅軍敞開。可惜，紅軍領導者對敵情的這一重大變化並不了解，未能利用桂軍撤防的有利時機大舉渡江，而是繼續採取甬道式的隊形，按常規行軍，罈罈罐罐都捨不得丟掉，毫無“搶渡”湘江之意。

直到 11 月 25 日，中革軍委才正式決定突破國民黨軍隊的第四道封鎖線，以紅一軍團為右翼，紅三軍團為左翼，向湘江前進。11 月 27 日，紅一軍團前鋒第二師佔領了從屏山渡至界首的 30 公里湘江所有渡口。但是，還是晚了一步，敵中央軍周渾元部於 26 日佔領道縣，桂系第十五軍返回灌陽，湘軍劉建緒部於 27 日進佔全州，形成南北夾擊紅軍的態勢。

由於軍委縱隊行動遲緩，後衛紅五軍團及最後的紅八、紅九軍團無法及時過江，擔任兩翼掩護的紅一、紅三軍團，不得不與敵展開激戰，付出極大犧牲。

從 11 月 28 日到 30 日，紅軍以慘重代價，終於保住了向湘江前進的通道，使中共中央、中革軍委及直屬機關得以通過湘江。

紅五軍團擔任總後衛，該軍團第三十四師轉戰於灌陽、道縣一帶，最後彈盡糧絕，全軍覆沒。師長陳樹湘身負重任，不幸被俘。敵人聽說抓到紅軍師長，高興得發了狂，抬著他去向上級邀功領賞。陳樹湘乘敵不備，用手從腹部傷口處絞斷了腸子，壯烈犧牲，年僅 29 歲。

突破敵人的第四道封鎖線，是長征以來最緊張最激烈的一次戰鬥。廣大紅軍指戰員雖英勇奮戰，但由於“左”傾領導者的錯誤指揮，使紅軍付出了極其慘重的代價，由長征出發時的 8.6 萬人，銳減到 3 萬多人。湘江一仗，宣告了“左”傾教條主義軍事指導的破產。血的事實使大家認識到，只有結束“左”傾教條主義的領導，紅軍才能取得主動，長征才能取得勝利。

紅軍渡過湘江以後，部隊疲勞，序列不整，軍委決定在西延休整一兩天，然後再按照原定計劃前進。此時的蔣介石計劃將紅軍殲滅於湘江以西，防止紅軍進入貴州與紅四方面軍及紅二、紅六軍團會合。為此，蔣介石劃分了湘、桂、黔三省的守備區域。

在上述情況下，中共中央、中革軍委仍然決定繼續西進，北出湘西與紅二、紅六軍團會合。於是，紅軍進入桂北越城嶺（土名老山界）山區。

陸定一撰寫的《老山界》一文描述了紅軍長征中翻越第一座高山的情景，通篇充滿了革命樂觀主義精神。

滿天是星光，火把也亮起來了。從山腳向上望，只見火把排成許多之字形，一直到天上與星光連接起來，分不出是火把的火光還是星光。這真是我平生未見的奇觀！

大家都知道這座山是怎樣的陡了，不由得渾身緊張，前後發起喊來，助一把力，好快些把山上完！

"上去啊！"

"不要掉隊啊！"

"不要落後做烏龜啊！"

一個人的喊聲："我們上天了！"

大家聽了笑得哈哈的。

在"之字拐"的路上一步步上去。向上看，火把在頭頂上一點點排到天空，向下看，簡直是絕壁，火把照著人的臉，就在腳底下。

……不可逾越的老山界，被我們這樣笨重的隊伍所戰勝了。[①]

正如陸定一所說，以後"當我們走過了金沙江、大渡河、雪山、草地之後，老山界的困難，比起這些地方來，已是微乎其微，不足道的了"。確實，老山界與後來長征中的萬水千山相比，翻越過程中沒有發生什麼驚天動地的大事。可為什麼那麼多老紅軍在回憶錄中都談到了老山界，都對翻越老山界刻骨銘心？

事實上，紅軍翻越老山界時遇到的困難是雙重的，有自然險境的阻擋，還有當時低落的心情。當時正值紅軍遭遇湘江失利，人員損失過半，許多人對革命的前途感到困惑與迷茫。下一步紅軍向何處去？成為紅軍指戰員

---

① 中共中央黨史研究室編：《紅軍長征紀實叢書》，《紅一方面軍卷》第 2 冊，中共黨史出版社 2016 年版，第 771—774 頁。

最關心和最擔憂的問題。

當時毛澤東的詞中"驚回首，離天三尺三"一句，一謂山之高，二謂危機之嚴重。但紅軍畢竟從這個"離天三尺三"的縫隙中闖了過來，這預示著中國革命將迎來光明的坦途。

由此我們似乎可以理解了，為什麼老紅軍對翻越老山界刻骨銘心。翻越老山界這座高山，紅軍將士不僅振奮了士氣，而且對革命的前途問題，也開始有了一個逐步清晰和正確的思路。

毛澤東力主轉兵貴州

正當紅軍沿越城嶺山區西進時，國民黨"追剿軍"主力在城步、綏寧、武岡等地構築工事，佈下口袋陣，張網以待。如果中央紅軍繼續按照原計劃行動，必會陷入敵軍重圍，後果不堪設想。

與此同時，國民黨軍內部發生了桂粵系軍閥同蔣介石爭奪貴州的鬥爭，這使他們在貴州不能集中全力對付紅軍，造成了黔東南的空虛狀態，這對紅軍進入貴州是十分有利的。

1934 年 12 月 12 日，中央幾位負責人在湖南通道召開緊急會議。在會上，李德堅持紅軍按原定的戰略方針，立即北出湘西與紅二、紅六軍團會合。毛澤東堅決反對，提出紅軍西進貴州，避實就虛，尋求機動，在川黔邊創建新根據地的主張。

毛澤東無疑是正確的。此時紅軍已空前減員，極度疲勞，如果繼續北出，勢必與五六倍於己的敵軍決戰，這對紅軍十分不利。而在各路敵軍中，黔軍最弱，武器裝備差，部隊組織紀律渙散，戰鬥力低下，內部派系多，矛盾重重。如果紅軍利用黔軍的矛盾，各個擊破，就可以爭取主動。中央領導人張聞天、王稼祥、周恩來和朱德等多數同志對毛澤東的主張表示贊同。

短促的通道會議，是從第五次反"圍剿"開始以來毛澤東第一次在中央有了發言權，也是他的意見第一次得到了中央多數同志的贊同。

12 月 13 日，中革軍委命令中央紅軍"迅速脫離桂軍，西入貴州，尋求機動，以便轉入北上"。當日，中央紅軍依照中革軍委命令，突然改變行軍路線，轉兵貴州，脫離了險境。

12 月 17 日，中央紅軍突破黔軍防線，進駐黎平。黎平位於黔、桂、湘三省交界處，地形複雜，交通不便，周圍敵軍的力量十分薄弱。這時，蔣介石對紅軍作戰的重點，仍然是防止中央紅軍與紅二、紅六軍團會合。他雖然急令黔軍王家烈部阻止紅軍進入貴州，但仍將重兵部署在湘西，並沒有向貴州移動。

12月18日，中共中央政治局在黎平召開會議，由周恩來主持。會議爭論得十分激烈。毛澤東堅決主張放棄同紅二、紅六軍團會合的原定計劃，建議中央紅軍繼續西進，在川黔邊建立新根據地。而博古、李德雖然先前暫時同意了毛澤東"西入貴州"的主張，但仍堅持要紅軍去黔東北，然後與紅二、紅六軍團會合。會議從白天一直開到深夜。周恩來等贊同毛澤東的意見，並對博古、李德頑固堅持其錯誤主張進行了批評說服。會議通過《中央政治局關於戰略方針之決定》。

中革軍委連夜電令各軍團，決定中央紅軍分左、中、右路軍，向以遵義為中心的黔北前進。為了給敵人造成中央紅軍仍要去湘西與紅二、紅六軍團會合的錯覺，軍委規定各部用正常行軍速度前進；與此同時，電令湘西紅二、紅六軍團在常德等地積極活動，調動湘敵。蔣介石害怕中央紅軍與紅二、紅六軍團會合，急忙抽調4個師兵力。紅二、紅六軍團的作戰行動，也迫使追擊中央紅軍的敵軍兵力相對減少。此時，整個敵情對中央紅軍向黔北進軍非常有利。

12月31日，軍委縱隊抵達甕安縣的一個小鄉鎮猴場，準備搶渡烏江、挺進黔北，實現黎平會議確定的戰略方針。這時，博古、李德仍對黎平會議的決定持不同意見，再次主張不過烏江，回頭東進同紅二、紅六軍團會合。為克服博古、李德指揮上的錯誤，確定紅軍進入黔北以後的行動方針，在中央政治局多數同志要求下，12月31日晚至次日凌晨，中央政治局在猴場附近的宋家灣村召開會議，由周恩來主持。會議再次批評了博古、李德的錯誤主張，重申了黎平會議的決議，決定紅軍搶渡烏江，攻佔遵義，"建立川黔邊新根據地，首先以遵義為中心的黔北地區，然後向川南發展，是目前最中心的任務"。會議還決定，"關於作戰方針，以及作戰時間與地點的選擇，軍委必須在政治局會議上做報告"，以加強政治局對軍委的領導。這個決定，實際上剝奪了博古、李德的軍事指揮權。

此後，中央紅軍突破烏江，敵軍圍殲紅軍於烏江南岸的企圖化為泡影。1935年1月7日凌晨，紅軍完全佔領遵義。這是中央紅軍長征以來所經過的第一座較大的城市。又經過幾天的征戰，紅軍控制了以遵義為中心的黔北的廣大地區，從而為遵義會議的召開創造了有利的條件。

1934

1935

遵義會議和紅軍
長征偉大勝利

★

群龍得首自騰翔，

路線精通走一行。

左右高低能糾正，

天空無限任飛揚。

從這首朱德發表的《遵義會議詩》中，可以看出遵義和遵義會議在老
一輩革命家心目中的崇高位置。遵義會議後，紅軍很快跳出國民黨軍
隊的包圍圈，1936 年 10 月勝利大會師。

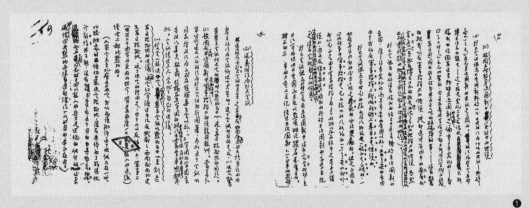

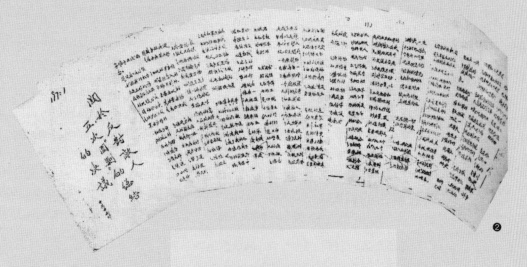

❶ 陳雲關於遵義會議有關內容的傳達提綱。❷ 中共中央《關於反對敵人五次"圍剿"的總結的決議》。❸ 周恩來通知劉少奇等參加遵義會議的電報。❹1936 年紅一、紅二、紅四方面軍部分同志合影。

1935 年 1 月 15 日至 17 日，中央政治局在遵義召開擴大會議，這就是著名的遵義會議。遵義會議後，紅軍一改之前的被動局面，紅軍長征取得偉大勝利。同一時期，南方各游擊區的同志在主力紅軍離開後，在極其艱苦的條件下，長期堅持了英勇的游擊戰爭。

遵義會議的召開

遵義會議的召開，經歷了一個醞釀過程。

早在第五次反"圍剿"過程中，毛澤東就曾多次提出戰略性建議，均被"左"傾領導者所拒絕。長征開始後，毛澤東在中央領導層中做了大量細緻的思想工作，幫助一些同志明辨了是非，轉變了錯誤立場。

王稼祥當時擔任中革軍委副主席、紅軍總政治部主任。在第四次反"圍剿"時，他負了重傷，長征中坐著擔架隨隊行動。當時毛澤東也因病坐擔架，經常和王稼祥同行。他們一邊行軍一邊交談，深入地討論了許多有關黨和軍隊前途的問題。

張聞天是中央政治局委員、書記處書記，在黨內的地位僅次於博古。他雖然執行過"左"傾教條主義，但在許多問題上與毛澤東有著相同的看法。長征開始後，他同毛澤東、王稼祥住在一起，進一步加深了對毛澤東的了解。

在同毛澤東商議以後，王稼祥出面提議召開遵義會議，得到張聞天、周恩來、朱德等人的支持。

1 月 15 日晚，中共中央政治局擴大會議在位於遵義城中軍閥柏輝章的公館裏舉行。這是當時遵義城內最好的建築，北面主樓上有一小客廳，可容納 20 餘人。會場就設在這間客廳裏。當天，天花板上吊著一盞煤油燈，中間放著長方形的桌子，20 把椅子擺成了一個半圓形，客廳裏燒著一盆驅寒的炭火。參加會議的有中央政治局委員毛澤東、張聞天、周恩來、朱德、陳雲、博古，中央政治局候補委員王稼祥、劉少奇、鄧發、何克全（凱豐），還有紅軍總部和各軍團負責人劉伯承、李富春、林彪、聶榮臻、彭德懷、楊尚昆、李卓然，以及中央秘書長鄧小平。李德及擔任翻譯工作的伍修權，也列席了會議。會議由黨中央負責人博古主持。

會議首先由博古作關於反對第五次"圍剿"的總結報告。他把第五次反"圍剿"失敗歸結於敵人力量過於強大。對博古的這一結論，大家都不同意。與會人員認為，敵人的力量強大固然是反"圍剿"失敗的一個原因，但不是主要原因。前四次反"圍剿"敵我力量同樣懸殊，但都勝利了。第五次反"圍剿"，敵人雖然強大，但紅軍力量也增強了，有 10 多萬人。另外，當時第十九路軍在福建同蔣介石作戰，廣東軍閥不積極，這些都是前四次反"圍剿"所不具備的有利條件。博古在報告中還強調白區工作薄弱、游擊戰爭薄弱、後方物資供應工作沒有做好等原因，都遭到大家的反對。

接著，周恩來就軍事問題作副報告。他指出，第五次反"圍剿"失利的主要原因是軍事領導者犯了戰略戰術方面的嚴重錯誤。他主動承擔責任，作了自我批評，同時也批評了博古、李德的錯誤。

按照會前與毛澤東、王稼祥共同商量的意見，張聞天作了反對"左"傾軍事錯誤的報告，即"反報告"，比較系統地批評了博古、李德在軍事指揮上的錯誤。他作的"反報告"，為遵義會議徹底否定單純防禦路線定了基調。

毛澤東緊接著作了重要發言，講了大約一個多小時。他在發言中指出，第五次反"圍剿"失敗的主要原因決不在於客觀，而是由於博古、李德實行單純防禦路線，在戰略戰術上犯了一系列錯誤。他將錯誤總結為四點：以堡壘對堡壘；分散兵力；軍事上沒有利用第十九路軍發動福建事變這一有利條件；在戰略轉變上遲疑不決，在實施突圍時倉促出擊、行動無序。

在毛澤東之後發言的是王稼祥。他表示完全贊同毛澤東的意見，嚴厲地批評了博古、李德違反民主集中制，在軍事指揮上搞個人專斷的惡劣作風，並且提議，撤銷李德在軍事上的指揮權，毛澤東應當參與軍事指揮。

朱德歷來謙遜穩重，這次會議上卻很激動地發言，嚴厲地譴責博古、李德軍事上的瞎指揮，弄得丟掉根據地，犧牲了幾萬名戰士。他說："如果繼續這樣錯誤的領導，我們就不能再跟著走下去！"[1]

周恩來也表示堅決支持毛澤東對"左"傾軍事錯誤的批判，全力推舉毛澤東為黨和紅軍的領袖。他指出，只有改變錯誤的領導，紅軍才能有希望，革命才能成功。他的發言和倡議得到了與會絕大多數同志的積極支持。

劉伯承、李富春、聶榮臻、彭德懷、李卓然等都相繼發言，表示支持毛澤東的發言和張聞天的"反報告"。

在會上，公開反對"洛甫及毛、王的提綱和意見"的，只有擔任少共中

[1] 中共中央文獻研究室編：《朱德年譜》（新編本）（1886—1976）上，中央文獻出版社 2016 年版，第 450 頁。

央書記的凱豐，他甚至對毛澤東說：“你懂得什麼馬列主義？你頂多是知道些《孫子兵法》！”博古雖然是被批判的主要對象之一，但他的態度還是比較端正的，並沒有藉主持會議的權力去壓制別人的意見。

會上被直接批判的是博古，批判博古實際上就是批判李德。別人都是圍著長桌坐，李德卻坐在會議室門口。別人發言時，他一邊不停地聽著伍修權的翻譯，一邊不斷地抽煙，神情沮喪。他拒絕大家對他的批評，不承認自己有什麼錯誤，把責任推到客觀原因和中共中央領導者身上。

會議一共開了 3 天，氣氛緊張激烈，發言的聲音很高，每天總是開到半夜才休會。最後，會議作出了下列重要決定：選舉毛澤東為中央政治局常委；指定張聞天起草會議決議，委託政治局常委審查後，發到支部去討論；政治局常委再進行適當的分工；取消在長征前成立的“三人團”，仍由最高軍事首長朱德、周恩來為軍事指揮者，而周恩來是黨內委託的對於指揮軍事下最後決心的負責者。

此後，在紅軍轉戰途中，2 月 5 日在川滇黔交界一個雞鳴三省的村子，中央政治局常委分工，根據毛澤東的提議，決定由張聞天代替博古負中央總的責任（習慣上也稱之為總書記）；決定以毛澤東為周恩來在軍事指揮上的幫助者，博古任總政治部代理主任。3 月 4 日，中革軍委在第二次進駐遵義後設置前敵司令部，以朱德為司令員，毛澤東為政治委員。其後，鑒於作戰情況瞬息萬變，指揮需要集中，毛澤東提議成立“三人團”全權指揮軍事。3 月中旬，在貴州鴨溪、苟壩一帶，成立由毛澤東、周恩來、王稼祥組成的新的“三人團”，以周恩來為團長，負責指揮全軍的軍事行動。在戰爭環境中，這是中央最重要的領導機構。

在緊急的戰爭形勢下舉行的遵義會議，沒有全面地討論政治路線方面的問題。對多年來黨的工作中所有重大問題取得一致的正確認識，需要有一個過程。因此，會議決議只是一般地肯定中央的政治路線，並沒有探討造成軍事指揮錯誤的深刻的政治原因。但是，遵義會議明確回答了紅軍戰略戰術方面的是非問題，指出博古、李德軍事指揮上的錯誤，同時改變中央的領導特別是軍事領導，解決了黨內所面臨的最迫切的組織問題和軍事問題，結束了“左”傾教條主義錯誤在中央的統治。而這些成果，又是在中國共產黨同共產國際中斷聯繫的情況下獨立自主取得的。

鄧小平曾說：“在歷史上，遵義會議以前，我們的黨沒有形成過一個成熟的黨中央。從陳獨秀、瞿秋白、向忠發、李立三到王明，都沒有形成過有能力的中央。”“我們黨的領導集體，是從遵義會議開始逐步形成的，也就是毛劉周朱和任弼時同志。”②

長征途中，黨中央召開的遵義會議，是我們黨歷史上一個生死攸關的轉折點。這次會議確立了毛澤東在紅軍和黨中央的領導地位，開始確立了以毛澤東同志為主要代表的馬克思主義正確路線在黨中央的領導地位，開始形成以毛澤東同志為核心的黨的第一代中央領導集體，這是我們黨和革命事業轉危為安、不斷打開新局面最重要的保證。

三大主力紅軍勝利會師

會後，中央紅軍在毛澤東等指揮下，四渡赤水，佯攻貴陽，威逼昆明，巧渡金沙江，跳出了國民黨軍隊的包圍圈。

為了配合中央紅軍作戰，紅四方面軍於 1935 年 3 月下旬發起強渡嘉陵江戰役，實際開始了長征（也有認為紅四方面軍長征從 5 月開始）。

5 月下旬，中央紅軍向川西北挺進。6 月中旬在四川懋功（今小金）地區與紅四方面軍會師。會師後，中共中央政治局在兩河口召開擴大會議，決定紅軍繼續北上，建立川陝甘根據地。但張國燾反對中央北上方針，堅持南下。中共中央多次催促、勸說無果。9 月 9 日，張國燾電令右路軍政治委員陳昌浩率部南下，“徹底展開黨內鬥爭”。中共中央率紅一、紅三軍和軍委縱隊先行北上。9 月 12 日，中共中央政治局在甘肅省迭部縣俄界（今高吉）召開擴大會議，通過《中央關於張國燾同志的錯誤的決定》，並決定將北上紅軍改稱陝甘支隊。

根據中共中央的指示，1934 年 11 月 16 日，紅二十五軍以中國工農紅軍北上抗日第二先遣隊的名義，撤離鄂豫皖革命根據地，從河南羅山縣出發開始長征。1935 年 9 月 15 日，紅二十五軍到達陝西延川永平鎮（今永坪）。

1935 年 10 月 19 日，中共中央率紅軍陝甘支隊（紅一方面軍主力）到達陝西吳起鎮。

紅四方面軍南下後，轉戰於川康地區。1936 年 7 月上旬與紅二方面軍共同北上。在此期間，紅四方面軍廣大指戰員在朱德、劉伯承、徐向前等率領下不畏艱險，英勇奮戰，並與張國燾分裂主義進行了堅決鬥爭；任弼時、

---

② 《鄧小平文選》第 3 卷，人民出版社 1993 年版，第 309 頁。

賀龍等率領的紅二、紅六軍團的到來進一步加強了紅軍團結北上的力量。10月上旬，紅四方面軍在甘肅會寧與紅一方面軍會師。

紅二、紅六軍團在完成策應中央紅軍的任務後，又面臨國民黨軍130個團的重兵"圍剿"。1935年11月19日，紅二、紅六軍團主動撤出湘鄂川黔革命根據地，由湖南桑植劉家坪等地出發，開始長征。

1936年7月2日，紅二、紅六軍團到達川西北的甘孜，與紅四方面軍會師。7月5日，紅二、紅六軍團與紅三十二軍編成紅二方面軍，賀龍任總指揮，任弼時任政治委員。

7月上旬，紅二、紅四方面軍共同北上。10月下旬，紅二方面軍到達甘肅隆德西北的將台堡（今屬寧夏西吉）地區，與紅一方面軍會師。

以紅一、紅二、紅四方面軍在會寧和將台堡地區會師為標誌，中國工農紅軍長征勝利結束。

南方三年游擊戰爭

"斷頭今日意如何？創業艱難百戰多。此去泉台招舊部，旌旗十萬斬閻羅。"這是堅持南方三年游擊戰爭的陳毅，在梅嶺被國民黨軍圍困時創作的七言絕句組詩作品《梅嶺三章》，表現了以陳毅為代表的堅持南方三年游擊戰爭的指戰員們，獻身革命的決心和對革命必勝的信心。

1934年10月，中央紅軍主力撤出根據地時，中共中央決定成立蘇區中央分局和中央軍區，以項英為分局書記兼軍區司令員和政治委員。同時，成立以陳毅為主任的中華蘇維埃共和國中央政府辦事處。留在根據地的部隊有紅二十四師、獨立團及地方游擊隊1.6萬多人，加上黨政機關工作人員和紅軍傷病員，共3萬多人。中共中央賦予他們的任務是掩護紅軍主力轉移，保衛中央根據地，開展游擊戰爭，擾亂敵人的進攻，準備將來配合紅軍主力，在有利的條件下進行反攻，恢復和擴大中央根據地。

從1934年下半年到1937年全民族抗日戰爭爆發，留在長江南北的紅軍和游擊隊，在黨的領導下，在人民群眾的支持下，在江西、福建、廣東、浙江、湖南、湖北、安徽、河南等八個省的贛粵邊、閩贛邊、湘贛邊、湘鄂贛邊、湘南、皖浙贛邊、閩西、閩東、閩粵邊、閩北、鄂豫皖邊、浙南、閩中、鄂豫邊和瓊崖等十幾個地區，展開了艱苦卓絕的鬥爭。

紅軍主力長征後，國民黨軍隊向各革命根據地腹地發動進攻，妄圖消

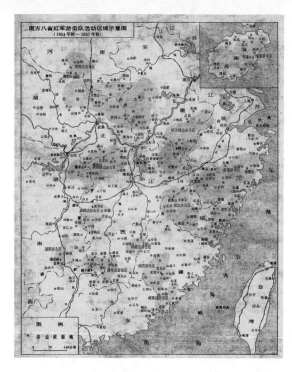

南方三年游擊戰爭示意圖。

滅留下來堅持鬥爭的紅軍和游擊隊。他們採取碉堡圍困、經濟封鎖、移民併村、保甲連坐、大肆燒殺等最殘酷最毒辣的手段，實行反覆"清剿"。國民黨軍隊所到之處，血流遍地，一片廢墟。

面對國民黨軍隊的反覆"清剿"和血腥鎮壓，紅軍游擊隊和革命群眾一起，進行英勇頑強的抵抗，表現了無比堅毅的英雄氣概。他們鉗制國民黨的軍事力量，在戰略上配合了紅軍主力的長征，而且保存了革命的種子，堅持了游擊根據地。這些根據地後來成為中國人民抗日戰爭在南方的戰略支點。

在南方紅軍三年游擊戰爭中，留下來堅持鬥爭的黨的高級幹部何叔衡、賀昌、毛澤覃、萬永誠、古柏、阮嘯仙，以及其他許多幹部、戰士，為革命英勇犧牲。瞿秋白、劉伯堅等被俘後，堅貞不屈，慷慨就義。陸定一的妻子唐義貞在戰鬥中被俘，趁敵人給她鬆綁的瞬間，把藏在夾衣裏的一份秘密文件強嚥入肚內，慘無人道的敵人為了取出文件，竟把她剖腹。

1937 年中央政治局十二月會議聽取了項英關於南方游擊區的報告。13日，會議通過《中共中央政治局關於南方各游擊區工作的決議》，充分肯定南方各游擊區的同志，"在極艱苦的條件下，長期堅持了英勇的游擊戰爭"，"以致能夠保存各游擊區在今天成為中國人民反日抗戰的重要支點"。③

③ 中共中央文獻研究室、中央檔案館編：《建黨以來重要文獻選編》（1921—1949）第 14 冊，中央文獻出版社 2011 年版，第 735 頁。

1936

打開紅色區域大門，和平解決西安事變

★▬▬▬▬▬▬▬▬▬▬▬▬

1936 年 7 月，陝西保安 ①，美國記者埃德加·斯諾踏進了中國紅色區域的大門。這是紅 1 軍團第 2 師在陝北安排斯諾活動的日程表，以及次年斯諾寫成的馳名全球的《紅星照耀中國》（中譯本題名為《西行漫記》）一書。近半年後的 12 月 4 日，陝西西安，國民政府軍事委員會委員長蔣介石由南京飛抵這裏，嚴令張學良、楊虎城率部"剿共"。張學良、楊虎城在向蔣介石要求抗日的"哭諫"遭到嚴厲訓斥和拒絕後，於 12 月 12 日發動"兵諫"，用武力扣留蔣介石，逼其答應抗日。這就是震驚中外的西安事變。

❶

① 1937 年 1 月，中共中央領導機關由保安遷至延安。

❶1936 年斯諾訪問陝北，寫出了第一部向全世界介紹中國革命的書《紅星照耀中國》。圖為 1938 年復社在上海出版的這本書的中譯本《西行漫記》。❷1936 年斯諾由北平出發，經西安進入陝甘寧地區。圖為紅 1 軍團第 2 師在陝北安排斯諾活動的日程表。❸ 部分紅軍將領與東北軍、西北軍將領的合影。

❹ 西安事變前的 10 月 5 日毛澤東、周恩來給張學良寫信，闡明了我黨的抗日主張和自衛原則，並建議國共兩黨派代表正式談判停戰抗日的具體條件。❺1937 年 3 月毛澤東與美國作家史沫特萊談《中日問題與西安事變》的油印本。

1936 年 7 月，紅色區域的大門竟然如此便利地向一個外國記者打開了。美國記者埃德加·斯諾甚至感到有一點驚奇和懷疑，但事實很快就使他相信了中國共產黨人給他這樣自由活動的誠意。

斯諾來到保安

到達安塞的斯諾，正與安塞赤衛隊隊長交談時，突然走來了一位軍官，用溫和文雅的口氣向他打招呼，而且用的是英語！斯諾馬上就知道了，站在他面前的就是周恩來，那個"鼎鼎大名"的紅軍指揮員。

第二天，斯諾來到周恩來的司令部。周恩來對他說，我接到報告，說你是一個可靠的新聞記者，對中國人民是友好的，並且說可以信任你會如實報道。周恩來表示，你不是共產主義者，這對於我們是沒有關係的。任何一位新聞記者要來蘇區訪問，我們都歡迎。不許記者到蘇區來的，不是我們，是國民黨。你見到什麼，都可以報道，對你的考察我們會提供一切幫助。

離開百家坪後，斯諾來到保安，受到熱烈歡迎。雖然蘇區曾有一個共產國際派來的軍事顧問李德，但從嚴格意義上講，斯諾是中華蘇維埃共和國的第一位"外賓"。

7 月 15 日，毛澤東請斯諾到他的窰洞裏談話。他們的談話範圍很廣，內容極其豐富。正是在這種涉及面甚廣的談話中，毛澤東談到了中國共產黨和世界事務的關係，第一次面向一位外國人論述了中華蘇維埃共和國中央政府的對外政策。

7 月 16 日晚 9 時至次日凌晨 2 時，毛澤東同斯諾談中國抗日戰爭的形勢、方針問題。毛澤東說，中國戰勝日本帝國主義需有三個條件：第一是中國抗日統一戰線的完成；第二是國際抗日統一戰線的完成；第三是日本國內人民和日本殖民地人民的革命運動的興起。就中國人民的立場來說，三個條件中，中國人民的大聯合是主要的。

當斯諾問：從政治上、軍事上看，中日戰爭的發展前途如何？毛澤東以其驚人的洞察力，在全面抗戰爆發前一年就科學地預見抗日戰爭的一般形勢、發展規律，預見了在戰爭前期、中期、後期不同的戰略戰術以及敵我力量的消長變化和最後結局。後來他在《論持久戰》中把這三個時期更為精確地概括為三個階段：戰略防禦、戰略相持和戰略反攻階段。而貫穿於上述談話的基本精神，就是動員全民族抗戰，即全面抗戰的思想。抗日戰爭的進程證實了毛澤東預言的準確性。

談話就是這樣一夜又一夜地繼續著。

斯諾在保安的日子裏，都是晚上去毛澤東的住處談話。通過這種交往，斯諾對毛澤東的認識逐漸加深，他看到了一位共產黨領袖生活的各個側面。他在書中這樣寫道：

> 毛澤東和他的夫人住在兩間窰洞裏，四壁簡陋，空無所有，只掛了一些地圖。……毛氏夫婦的主要奢侈品是一頂蚊帳。除此之外，毛澤東的生活和紅軍一般戰士沒有什麼兩樣。
>
> 毛澤東的伙食也同每個人一樣，但因為是湖南人，他有著南方人"愛辣"的癖好。他甚至用辣椒夾著饅頭吃。除了這種癖好之外，他對於吃的東西就很隨便。有一次吃晚飯的時候，我聽到他發揮愛吃辣椒的人都是革命者的理論。

自斯諾訪問陝北，把根據地的新鮮氣息傳播出去後，外國友人紛紛前來參觀訪問。繼斯諾和馬海德來陝北後，史沫特萊、尼姆·威爾斯、厄爾·利夫、托馬斯·阿瑟·畢森、拉鐵摩爾、菲力普·賈菲等新聞界人士也相繼來到陝北，斯諾也於 1939 年再一次來到延安。中共中央領導人接見他們，向他們廣泛宣傳中國共產黨關於抗日民族統一戰線的主張，闡述中共對國際國內形勢的看法，預見抗日戰爭的規律。

紅色區域的大門終於打開了。

和平解決西安事變

1936 年 12 月 12 日西安事變發生後，南京政府在如何對待事變問題上出現了兩種主張。軍政部部長何應欽等主張討伐，調動軍隊準備進攻西安；以宋子文、宋美齡為首的一派主張和平解決，積極謀劃營救蔣介石的辦法。中國共產黨事先並不知曉。事變發生後，張學良連夜電告中共中央。毛澤東和周恩來立即覆電，表示擬派周恩來前往西安商量大計。

12 月 13 日，中共中央舉行政治局會議。毛澤東在發言中指出：

這次事變是革命的，是抗日反賣國賊的，它的行動、它的綱領，都有積極的意義。它沒有任何帝國主義的背景，完全是站在抗日和反對“剿匪”的立場上。它的影響很大，打破了以前完全被蔣介石控制的局面，有可能使蔣介石的部下分化轉到西安方面來。我們對這次事變，應明白表示擁護。同時，也要估計到蔣介石的部下，如劉峙等可能進攻潼關，威脅西安，胡宗南也可能向南移動。在蘭州、漢中這些戰略要點，我們應即部署。我們在政治上的步驟，應使張學良、楊虎城這些人物在行動上和組織上與我們一致，要派重要的同志去做工作。我們應以西安為中心，以西北為抗日前線，來影響和領導全國，形成抗日戰線的中心。圍繞這一環，我們要向人民揭露蔣介石的罪惡，穩定黃埔系、CC派，推動元老派、歐美派以及其他雜派贊助西安事變。對英美應很好聯絡，使它們對西安事變在輿論上表示贊助。我們的政治口號是召集救國大會，其他口號都是附屬的。中共中央暫不發表宣言，但在實際行動上應積極去做。

在與會者發言後，毛澤東作結論說：“現在處在一個歷史事變新的階段，前面擺著很多道路，也有許多困難。為了爭取群眾，我們對西安事變不輕易發言。我們不是正面反蔣，而是具體指出蔣介石個人的錯誤，不把反蔣抗日並列。應該把抗日援綏的旗幟突出起來。”[1]

17日，應張學良邀請，周恩來作為中共中央代表到達西安。在弄清情況後，中共中央以中華民族利益的大局為重，獨立自主確定了用和平方式解決西安事變的方針。根據這一方針，周恩來與張學良、楊虎城共同努力，經過談判，迫使蔣介石作出了“停止剿共，聯紅抗日”的承諾。

西安事變的和平解決，成為時局轉換的樞紐，促進了中共中央逼蔣抗日方針的實現。從此，十年內戰的局面基本結束，國內和平初步實現。在抗日的前提下，國共兩黨實行第二次合作已成為不可抗拒的大勢。

[1]　中共中央文獻研究室編：《毛澤東年譜》（1893—1949）（修訂本）上卷，中央文獻出版社2013年版，第622頁。

1937

制定黨的全面抗戰路線，毛澤東與王明的鬥爭

—— 全民族抗日戰爭開始

★

1937 年七七事變（又稱盧溝橋事變）後，中國進入全民族抗戰階段，並開闢了世界反法西斯戰爭的東方主戰場。眾所周知的是，1935 年遵義會議"開始了以毛澤東同志為首的中央的新的領導"[①]。直到 1938 年 9 月至 11 月召開的中共中央擴大的六屆六中全會，進一步鞏固了毛澤東在全黨的領導地位。但從遵義會議到六屆六中全會，"中間也遭過波折"[②]，毛澤東後來在延安整風時說：王明回國後，"進攻中央路線"，1937 年十二月中央政治局會議"我是孤立的"。從這張毛澤東與十二月會議與會者的合影中，能感覺到些什麼：王明意氣風發狀端坐前排正中；毛澤東站在後排最邊上，表情相當嚴肅。

① 《關於若干歷史問題的決議》（1945 年 4 月 20 日中國共產黨第六屆中央委員會擴大的第七次全體會議通過），轉引自《毛澤東選集》第 3 卷，人民出版社 1991 年版，第 969 頁。
② 轉引自中共中央文獻研究室編：《毛澤東傳》（1893—1949），中央文獻出版社 2004 年版，第 524 頁。

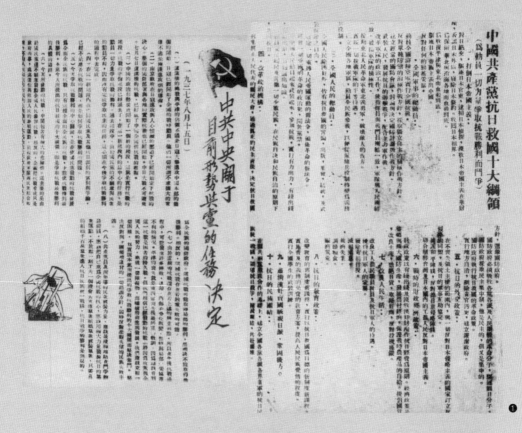

❶1937 年洛川會議通過的《中共中央關於目前形勢與黨的任務決定》和
《中國共產黨抗日救國十大綱領》。❷ 洛川會議舊址。

③

④

③1937年11月7日成立了晉察冀軍區。圖為軍區司令員兼政治委員聶榮臻（左二）在前線指揮作戰。④1937年十二月會議與會者合影（前排從左至右：項英、何凱豐、王明、陳雲、劉少奇；後排從左至右：康生、彭德懷、張聞天、張國燾、林伯渠、博古、周恩來、毛澤東）。

1937 年 8 月 10 日，共產國際執委會書記處在莫斯科召開專門會議，討論中國抗戰形勢和中共的任務。季米特洛夫擔心中國共產黨能否適應新的環境和新的任務。他說："關於（中國共產黨 ——引者注）黨中央，它的組成人員，它的機構以及它周圍的人還能否進行工作的問題，這是一個十分嚴肅的問題。"對於這些問題，"我們從這裏糾正的可能性十分有限制。為達到這一目的，需要有對國際形勢很有研究的新人來幫助中共中央。中央本身也需要幫助。尤其是在戰爭進行的時候"。正是基於上述考慮，共產國際選中王明和康生，派他們回國。

黨的全面抗戰路線的制定

在全國抗日救亡運動不斷高漲和共產黨倡議國共合作抗戰的推動下，國共雙方達成紅軍主力改編、在國民黨統治區若干城市設立八路軍辦事處和出版《新華日報》等協議。1937 年 8 月 22 日，國民政府軍事委員會發佈紅軍改組命令。25 日，中共中央革命軍事委員會發佈命令，宣佈紅軍改名為國民革命軍第八路軍（簡稱八路軍），全軍約 4.6 萬人。9 月，八路軍番號改為第十八集團軍，以朱德、彭德懷為正、副總司令。但人們仍習慣地把它稱為八路軍。同月，陝甘寧根據地改稱陝甘寧邊區，仍是中共中央所在地。接著，共產黨在南方八省紅軍游擊隊（瓊崖紅軍游擊隊除外），改為國民革命軍陸軍新編第四軍（簡稱新四軍），葉挺、項英任正、副軍長。

9 月 22 日，國民黨中央通訊社發表《中共中央為公佈國共合作宣言》；23 日，蔣介石發表實際上承認共產黨合法地位的談話。中共中央的《宣言》和蔣介石談話的發表，宣告國共兩黨重新合作和中國抗日民族統一戰線的形成。圍繞著抗日戰爭，國內外形勢仍然是相當錯綜複雜的。與國民黨實行的片面抗戰路線不同，中國共產黨一開始就主張實行全面抗戰的路線，即人民戰爭路線。

1937 年 8 月 22 日至 25 日，中共中央在陝北洛川城郊召開政治局擴大會議（即洛川會議），討論制定黨在抗日戰爭時期的方針、任務和政策。洛川會議是在全國抗戰剛剛爆發的歷史轉折關頭召開的一次重要會議。會議通過《中共中央關於目前形勢與黨的任務決定》，指出：中國的抗戰是一場艱苦的持久戰。爭取抗戰勝利的關鍵，在於使已經發動的抗戰發展為全面的全民族的抗戰。《決定》與《中國共產黨抗日救國十大綱領》的通過，標誌著黨的全面抗戰路線的正式形成。

為貫徹全面抗戰的路線，必須正確處理民族鬥爭和階級鬥爭的關係，以及統一戰線中統一和獨立、團結和鬥爭的關係。然而，在黨內的一些人中，對這些重大問題還缺乏清醒的認識。第二次國共合作建立之後，"統一戰線中遷就國民黨的無原則傾向"便開始出現，並對實際工作產生了一些不良的影響。諸如對國民黨的壓制和干涉政策的無原則的遷就讓步，軍隊中個別人員以受國民黨政府的委任為榮，不願嚴格接受黨的領導，有的人對國民黨特務在根據地進行破壞活動不敢進行堅決鬥爭，等等。

1937 年 11 月 12 日，毛澤東在延安黨的活動分子會議上作《上海太原失陷以後抗日戰爭的形勢和任務》報告。報告提出在黨內、在全國都必須反對投降主義的任務。報告指出：第一，"在黨內，反對階級對階級的投降主義"。第二，"在全國，反對民族對民族的投降主義"。最後，報告指出："在抗日民族革命戰爭中，階級投降主義實際上是民族投降主義的後備軍，是援助右翼營壘而使戰爭失敗的最惡劣的傾向。""必須反對共產黨內部和無產階級內部的階級的投降傾向，要使這一鬥爭開展於各方面的工作中。"[1] 這樣，中共中央在實際工作的指導上，已經對右傾錯誤傾向進行了必要的批評和糾正。

王明回國

中國的抗日戰爭是世界反法西斯戰爭的重要組成部分，一直受到共產國際的關注。當時，蘇聯正面對著德國來自西面的嚴重威脅，同時擔心日本從東面向它發起進攻，使它陷於兩面作戰的困難境地，因此十分希望中國的抗日戰爭儘可能多地拖住日本的軍事力量，減輕它在東面的危機。

在共產國際執委會書記處 1937 年 8 月 10 日會議上，決定成立由季米特洛夫、鄧發、康生、庫西寧、特里利塞爾、王稼祥和王明等人組成的專門委員會，王明為負責人，會議責成該委員會在五天內制訂出具體建議。[2] 王明 1931 年赴莫斯科後一直留在共產國際工作，並在 1935 年共產國際第七次代表大會上當選為共產國際執委會主席團委員和政治書記處候補書記。康生則是中共駐共產國際代表、共產國際執委會候補委員。該建議制定後，於 1937 年 10 月 10 日被共產國際執行委員會書記處批准通過。《共產國際執行委員會書記處關於中國問題的決議》共計八項內容。決議特別強調："尤其重要的是應當堅定不移、始終不渝地執行抗日民族統一戰線政策和盡一切努

① 以上參見《毛澤東選集》第 2 卷，人民出版社 1991 年版，第 387—396 頁。
② 中共中央黨史研究室第一研究部譯：《共產國際、聯共（布）與中國革命檔案資料叢書》第 18 卷，中共黨史出版社 2012 年版，第 2—5 頁。

力全面鞏固統一戰線，因為它是戰勝日本軍國主義最重要的條件。"③

1937 年 10 月 21 日，即將回國的王明和康生專門給斯大林寫了一封求見信，內容如下："最近我們要去中國。臨行前我們懇請您接見我們，以便得到您對一系列重大問題的建議。這不僅對於我們，對於我們今後的工作具有極大的意義，而且對於中國共產黨的整個活動和全中國人民的解放鬥爭也具有極大的意義。"王明寫信過後 20 天，即動身離開莫斯科的前三天，1937 年 11 月 11 日，斯大林在克里姆林宮召集季米特洛夫、王明、康生和王稼祥進行座談。斯大林指出："現在對於中國共產黨來說，最基本的是融入全民族的浪潮並參與領導。"他還說："現在最主要的是戰爭，而不是土地革命，不是沒收土地。""口號就是一個：為中國人民的獨立進行必勝的戰爭"，"爭取自由的中國，反對日本佔領者"。斯大林還強調："中國人應當用什麼方法與外部敵人進行戰鬥，這是決定性的問題。當這場戰鬥結束時，就會出現他們應該用什麼方法進行內戰的問題！"

斯大林說：中國"必須建立自己的軍事工業"，"如果中國有自己的軍事工業，[那麼]任何人都不能戰勝它"。在談到八路軍的問題時，他說："八路軍應該有 30 個師，而个是 3 個師。""這可以通過組建預備團來充實現有師的形式做到。""必須組建新的團。"至於作戰策略，斯大林說："既然八路軍沒有炮兵，他的戰術就不應該是正面進攻，而應該是迷惑敵人，誘敵深入，從後方襲擊敵人。應該炸毀日軍的交通線、鐵路橋。"

鑒於中共準備在 1938 年召開黨的第七次全國代表大會（後因故推遲至1945 年召開），斯大林指示："在中國黨的代表大會上，不宜進行理論上的爭論。理論問題應該[放到]較晚時期，等到戰爭結束之後。"他說，"與過去相比，現在很少有機會談論中國非資本主義發展道路的問題"，因為"資本主義在中國已經在發展"。斯大林還談到"在烏魯木齊需要有合適的八路軍代表和黨的代表"等問題。④

1937 年 11 月 13 日，季米特洛夫與王明、康生和王稼祥進行了"最後一次談話"⑤。在王明動身回國前，季米特洛夫大概意識到了王明可能遇到的困難，囑咐他說："回到中國後，您應該同中國同志搞好關係，您不大了解中國的同志們。如果他們提出由您擔任（中共中央）總書記的職務，您不要

③　中共中央黨史研究室第一研究部譯：《共產國際、聯共（布）與中國革命檔案資料叢書》第 17 卷，中共黨史出版社 2012 年版，第 512 頁。
④　以上參見中共中央黨史研究室第一研究部譯：《共產國際、聯共（布）與中國革命檔案資料叢書》第 18 卷，中共黨史出版社 2012 年版，第 12—15 頁。
⑤　[保]季米特洛夫著，馬細譜、楊燕傑、葛志強等譯，馬細譜統校：《季米特洛夫日記選編》，廣西師範大學出版社 2002 年版，第 62 頁。

接受這一建議。"⑥ 11 月 14 日,季米特洛夫在共產國際執委會書記處會議的發言中著重提出:由於共產黨力量弱小,因此在國共統一戰線中不要提誰佔優勢,誰領導誰的問題。應當運用法國共產黨組織人民陣線的經驗,遵循"一切服從統一戰線""一切經過統一戰線"的原則,努力從政治上影響國民黨,做到共同負責、共同領導、共同發展,不要過分強調獨立自主。

總之,在共產國際和斯大林、季米特洛夫看來,中國共產黨和中國工人階級的力量比較弱小,中國的抗戰要依靠蔣介石為首的國民黨。中國共產黨應竭力促成在國民政府基礎上的全國的團結統一。

就在 11 月 14 日這一天,被共產國際選中的王明、康生啟程回國,以期貫徹共產國際的上述"新政策","加強黨的領導",並幫助中共中央"糾正某些東西"⑦。王明、康生等 29 日抵達延安。

十二月會議的召開及影響

王明回國後只隔了 10 天,1937 年 12 月 9 日至 14 日,中共中央召開政治局會議。這是共產國際派回的"欽差大臣"王明第一次與政治局同志見面並作報告。會議由張聞天主持,會議日程有三項:一是政治報告;二是組織問題;三是南方游擊戰爭。出席會議的有:張聞天、毛澤東、王明、康生、陳雲、周恩來、博古、林伯渠、彭德懷、凱豐、劉少奇、項英、張國燾。

12 月 9 日,會議開始由張聞天作政治報告。報告分析了國民黨中的左中右派,指出,"現在克服危機的出路,只有抗日左中派的聯合","我們的中心便是要聯合中派蔣介石的力量"。報告在列舉了抗戰以來黨所取得的成績之後說:這些成績"證明我們上次政治局會(指洛川會議——引者注)的決定是正確的"。報告重申:"我們在統一戰線中須要保持我們的獨立自主性。"⑧

隨後,王明作題為《如何繼續全國抗戰與爭取抗戰勝利呢?》的報告。他講了要堅持抗戰、鞏固和擴大以國共合作為中心的抗日民族統一戰線等正確意見,但重點是對洛川會議以來中共中央在統一戰線問題上的許多正確的觀點和政策提出批評。他認為,過去對國民黨的根本轉變認識不夠,對國民

⑥ 轉引自中共中央黨史研究室第一研究部譯:《共產國際、聯共(布)與中國革命檔案資料叢書》第 18 卷,中共黨史出版社 2012 年版,前言第 10 頁注釋 1。
⑦ 中共中央黨史研究室第一研究部譯:《共產國際、聯共(布)與中國革命檔案資料叢書》第 18 卷,中共黨史出版社 2012 年版,第 3 頁。
⑧ 中共中央黨史研究室張聞天選集傳記組編:《張聞天年譜》上卷(1900—1941),中共黨史出版社 2000 年版,第 528 頁。

政府開始起到全國統一的國防政府的作用，以及對國民革命軍開始起到全國統一的國防軍的作用估計不夠；過去太強調解決民主、民生問題，沒有把握住"抗日高於一切""一切服從抗日"的原則；過分強調獨立自主，沒有採取"一切通過統一戰線""一切服從統一戰線"的工作方法。他指名批評劉少奇在《抗日游擊戰爭中的若干基本問題》一文中所提的要求過高、過多，認為不應提改造舊政府機關，在山西等地區仍應維持舊縣政府和舊縣長，不能成立抗日人民政府。

由於王明聲稱他的發言是傳達了共產國際和斯大林指示，那時共產國際在中國共產黨內有很高的威望，對與會者自然產生了很大的影響。全民族抗戰爆發後，國民黨的軍隊又在上海地區進行了三個月的抵抗。會議期間，正好是日本侵略軍包圍和攻陷南京的時候，正面戰場的戰局處於危急階段。會議討論中，許多同志在一時難以分辨是非的情況下，不同程度地同意和擁護了王明的主張，對洛川會議以來的統一戰線工作做了"自我批評"，承認有"狹隘觀念"和"不策略"的地方。

1937

11 日、12 日，毛澤東在會上作了兩次發言，重申並堅持洛川會議確定的方針和政策。他說：統一戰線的總方針要適合於團結禦侮。在統一戰線中，"和"與"爭"是對立的統一。八路軍與游擊隊是全國軍隊的一部分，但是要在政治工作上、官兵團結上、紀律上、戰場上起模範作用。過去我們反對國民黨派大官來是必要的，因為西安事變後國民黨要派大批人來侮辱和破壞紅軍，應該拒絕。國民黨與共產黨誰吸引誰這個問題是存在的，不是說要將國民黨吸引到共產黨，而是要國民黨接受共產黨的政治影響。如果沒有共產黨的獨立性，便會使共產黨降低到國民黨方面去。我們所謂獨立自主是對日本作戰的獨立自主。戰役戰術是獨立自主的。抗日戰爭總的戰略方針是持久戰。紅軍的戰略方針是獨立自主的山地游擊戰，在有利條件下打運動戰，集中優勢兵力消滅敵人一部。獨立自主，對敵軍來說我是主動而不是被動的，對友軍來說我是相對的集中指揮，對自己來說是給下級以機動。總的一句話：相對集中指揮的獨立自主的山地游擊戰。洛川會議決定的戰略方針是對的。⑨

11 日，周恩來就抗戰問題和統一戰線問題發表意見，認為從山西的情況來看由於沒有實行抗日高於一切的原則，而把獨立自主提得太高，所以黨內、軍內和各地都有不利於抗戰，不利於統一戰線的思想、言論及行動。會議結束時，周恩來就準備同蔣介石、蔣鼎文和閻錫山會談的具體問題作了說

---

⑨　以上參見中共中央文獻研究室編：《毛澤東年譜》（1893—1949）（修訂本）中卷，中央文獻出版社 2013 年版，第 42 頁。

明，並代表中共中央宣佈中央的幾個組織機構和派往各地的工作人選。⑩

12 日、13 日、14 日，劉少奇在會上先後三次發言，結合華北的情況，闡述了在統一戰線中堅持獨立自主原則的重要性，指出：我們所說的獨立自主，不是破壞統一戰線，而是儘量爭取合法地位去進行工作。發展民眾運動，動員千百萬群眾參加抗日，是爭取抗戰勝利的基本條件。我們要經過統一戰線去進行群眾工作，直接動員群眾，領導群眾，擴大民族革命統一戰線運動。⑪由於毛澤東、張聞天等在根本路線、方針問題上的抵制，這次政治局會議對抗日民族統一戰線和戰略方針問題沒有重作新的決議。

陳雲在 10 日、12 日的會上也先後發言，詳細介紹了西路軍餘部在新疆學習軍事技術的安排和盛世才的情況。對抗戰形勢，陳雲指出："目前抗戰是暫時的部分的失敗，這是因為中國軍事技術不如日本，同時我們又有許多弱點，這部分的失敗是不可避免的。"他提出："對於思想鬥爭，要正確的執行，不要過分，可以避免時，要避免在群眾中公開損害黨的威信。對於犯錯誤的同志，要減少戴大帽子（多穿衣服），使每個同志不要怕講話。這樣，黨的生活健全起來，建立真正的集體領導。"⑫

12 日，由主持會議的張聞天作總結性發言。由於他一時也沒有看清王明鼓吹的右傾錯誤的本質，所以，在發言中承認了王明所指摘的某些所謂"錯誤"。但是，張聞天在總的路線、方針上沒有動搖。他在總結性發言中肯定："對統一戰線問題，自西安事變以來，統一戰線基本上是正確的，並獲得很多成績。"他又肯定："洛川會議的方針用〔動員〕一切力量爭取抗戰勝利是正確的。"⑬

13 日，十二月會議通過《中共中央政治局關於中共駐共產國際代表團工作報告的決議》。決議指出：在王明同志領導之下的代表團，"是滿意的完成了黨中央與共產國際所給與他們的任務"。⑭

此外，會議還通過關於近期召開黨的第七次全國代表大會的決議，增補王明、陳雲、康生為中央書記處書記，決定由周恩來、王明、博古、葉劍英組成中共代表團，負責與國民黨談判。會後，王明等即去武漢中共代表團

⑩　中共中央文獻研究室編：《周恩來年譜》（1898—1949）（修訂本），中央文獻出版社 1998 年版，第 401 頁。

⑪　以上參見中共中央文獻研究室編：《劉少奇年譜》（1898—1969）上卷，中央文獻出版社 1996 年版，第 200—201 頁。

⑫　中共中央文獻研究室編：《陳雲傳》上，中央文獻出版社 2005 年版，第 230—231 頁。

⑬　轉引自程中原著：《張聞天傳》，當代中國出版社 2000 年版，第 460 頁。

⑭　中共中央文獻研究室、中央檔案館編：《建黨以來重要文獻選編》（1921—1949）第 14 冊，中央文獻出版社 2011 年版，第 734 頁。

和長江局工作。應該說明的是，共產國際和斯大林強調中國各民族團結、國共兩黨團結和中國共產黨全黨團結，這些方面同中共中央是沒有分歧的。但是在如何實現團結抗日，如何鞏固和擴大抗日民族統一戰線方面是存在分歧的。在保持共產黨組織上的獨立性方面，意見是一致的，而在如何堅持政治上的獨立自主方面則存在分歧。這次會議沒有展開對這些分歧的討論，由於毛澤東等的抵制，王明的錯誤意見沒有形成會議決議，會後，中共中央仍按照原來的方針進行工作。

關於十二月會議的影響，毛澤東後來在中共七大上也談過。他說："十二月會議的情形，如果繼續下去，那將怎麼樣呢？有人（指王明──引者注）說他奉共產國際命令回國，國內搞得不好，需要有一個新的方針。所謂新的方針，主要是在兩個問題上，就是統一戰線問題和戰爭問題。在統一戰線問題上，是要獨立自主還是不要或減弱獨立自主；在戰爭問題上，是獨立自主的山地游擊戰還是運動戰。" [15]

正如參加會議的彭德懷回憶所講："我認真聽了毛主席和王明的講話，相同點是抗日，不同點是如何抗法。王明講話是以國際口吻出現的，其基本精神是抗日高於一切，一切經過統一戰線，一切服從統一戰線。""對無產階級在抗日民族戰爭中如何爭取領導權的問題，他是忽視的。""假如真的按照王明路線辦事，那就保障不了共產黨對八路軍、新四軍的絕對領導，一切事情都得聽從國民黨反動集團所謂合法政府的命令；就不可能有敵後抗日根據地和民主政權的存在；同時也區別不開誰是統一戰線中的領導階級，誰是無產階級可靠的同盟軍，誰是消極抗日的右派，誰是動搖於兩者之間的中間派。這些原則問題，在王明路線中是混淆不清的。""王明所說的內容，沒有解決具體問題。" [16]

彭德懷的感受很具有代表性。事實上，儘管王明的錯誤影響了一些與會者，對工作帶來一些干擾，但從全局來看，它在黨內並沒有取得統治地位。從這個意義上看，確實如毛澤東所講，十二月會議是黨的歷史上的"一次波折"。由於經過十多年成功和失敗鍛煉的中國共產黨已經逐步成熟起來，使得王明提出的那些不符合中國國情的錯誤主張在實際工作中因為行不通而遭到抵制，中國共產黨很快度過了"一次波折"，經受了挑戰和考驗。

⑮　中共中央文獻研究室編：《毛澤東在七大的報告和講話集》，中央文獻出版社1995年版，第231頁。
⑯　《彭德懷自述》，國際文化出版公司2009年版，第232─233頁。

1938

提出持久戰，
萬眾向延安

★

1938 年，愛德華率印度援華醫療隊赴延安途中，看到崎嶇山路上一隊隊奔向延安的人流時，不禁讚歎道："奇跡，奇跡。這簡直是奇跡！這是 20 世紀中國的耶路撒冷！"

❶

❶ 毛澤東撰寫《論持久戰》及《論持久戰》的部分版本。❷1938 年毛
澤東在延安和當年參加井岡山鬥爭的部分同志合影。❸ 愛國青年奔赴延
安途中。❹ 延安寶塔山。

全民族抗日戰爭爆發前，由於國民黨當局的封鎖和"圍剿"，共產黨在很大程度上被迫處於同外界隔斷的狀況。全國抗戰爆發後，中國共產黨提出全面抗戰路線，八路軍、新四軍和其他人民武裝，深入敵後，開展游擊戰爭，建立抗日民主根據地。這樣，中國共產黨及其所領導的人民軍隊成為抗戰勝利的希望。延安和陝甘寧邊區代表著未來中國發展的方向，成為萬人矚目的紅色大本營。

《論持久戰》在延安誕生

早在 1936 年 7 月，毛澤東在同美國記者埃德加·斯諾的談話中，已經科學地預見抗日戰爭的發展態勢，提出了通過持久戰取得勝利的方針。全國抗戰開始以後，1937 年 8 月 11 日，周恩來、朱德在國民政府軍事委員會軍政部談話會上，進一步闡述了中國共產黨關於持久抗戰的思想。中國共產黨於 8 月下旬在洛川政治局擴大會議上正式確立了持久戰的戰略總方針。在此前後，朱德、張聞天、劉少奇、彭德懷等相繼發表文章，論述持久戰問題。

1938 年 5 月，毛澤東集中全黨智慧，發表《論持久戰》，對持久戰問題進行了全面、系統、深刻的論述，指出抗日戰爭將經過戰略防禦、戰略相持和戰略反攻三個階段。中國的抗戰是持久的，最後的勝利是中國的。持久戰是中國人民抗日戰爭的戰略總方針。

1938 年 10 月日軍佔領武漢、廣州後，已無力再發動大規模的戰略進攻。共產黨領導的敵後抗日游擊戰爭的發展，使日軍在其佔領區內只能控制主要交通線和一些大城市。經過戰略防禦階段，國民黨軍隊在正面戰場上節節後退，人民抗日力量雖有發展，但仍遠沒有達到足以進行戰略反攻的程度。為了準備戰略反攻的條件，中國人民還需要經過長期的艱苦鬥爭。這樣，抗日戰爭便由戰略防禦階段進入戰略相持階段。

在戰略相持階段，日軍逐步將主要兵力用於打擊敵後戰場的人民軍隊，以保持和鞏固其佔領地。由此，敵後游擊戰爭成為主要的抗日作戰方式。

六屆六中全會在延安召開

1938 年中共中央三月政治局會議後，任弼時被派往蘇聯，向共產國際交涉"軍事、政治、經濟、技術人才"等問題,說明中國抗戰和國共兩黨關係的情況,這對共產國際正確認識中國的實際狀況和中國共產黨的主張,起了重要的作用。

1938 年 7 月初,王稼祥回國前夕,共產國際領導人季米特洛夫在接見他和任弼時(已接替王稼祥擔任的中共駐共產國際代表的工作)時明確表示,在中共中央內部應支持毛澤東的領導地位。王明缺乏實際工作經驗,不應爭當領袖。王稼祥回國後,在 9 月 14 日至 27 日的中央政治局會議上傳達了共產國際的指示和季米特洛夫的意見。這為較快地糾正王明的右傾錯誤創造了有利條件,為六屆六中全會的順利召開做了重要準備。

1938 年 9 月 29 日至 11 月 6 日,擴大的六屆六中全會在延安舉行。毛澤東代表中央作《論新階段》的政治報告,這是會議的中心議題。毛澤東指出:中國抗日戰爭將進入一個新階段。"抗日戰爭發展的新階段同時即是抗日民族統一戰線發展的新階段。"為了使全黨切實擔當起歷史重任,毛澤東號召共產黨員要在民族戰爭中起模範作用。他強調:共產黨員應是實事求是的模範,因為只有實事求是,才能完成確定的任務。他明確提出:"馬克思主義的中國化,使之在其每一表現中帶著中國的特性,即是說,按照中國的特點去應用它,成為全黨亟待了解並亟待解決的問題。"①

11 月 5 日和 6 日,毛澤東作會議總結,著重講了統一戰線及戰爭和戰略問題。他批評王明"一切經過統一戰線"的口號,是"自己把自己的手腳束縛起來,是完全不應該的"。他論述了民族鬥爭和階級鬥爭的一致性,強調"我們的方針是統一戰線中的獨立自主,既統一,又獨立"。這個獨立自主的問題,在本質上就是統一戰線中無產階級領導權的問題。

許多同志圍繞毛澤東的報告和總結抗戰以來的經驗作了發言。毛澤東從抗戰以來一直堅持的正確主張,在全會上得到絕大多數同志的理解和擁護。

全會確定敵後抗戰總的戰略部署是"鞏固華北,發展華中"。為此,全會決定撤銷長江局,設立南方局(書記周恩來)和中原局(書記劉少奇),東南分局改為東南局(書記仍為項英);決定充實北方局,由朱德、彭德懷、楊尚昆組成常務委員會,書記楊尚昆。

---

① 中央檔案館編:《中共中央文件選集》第 11 冊,中共中央黨校出版社 1991 年版,第 594、658—659 頁。

中共擴大的六屆六中全會是一次具有重大歷史意義的會議。它正確地分析了抗日戰爭的形勢，規定了黨在抗戰新階段的任務，為實現黨對抗日戰爭的領導進行了全面的戰略規劃。它基本上糾正了王明的右傾錯誤，進一步鞏固了毛澤東在全黨的領導地位，統一了全黨的思想和步調，推動了各項工作的迅速發展。毛澤東後來在中共七大上說："六中全會是決定中國之命運的。"

千萬青年向延安

以延安為中心的陝甘寧邊區包括陝北、隴東和寧夏南部，近29個縣，面積不過10萬平方公里。此時的延安城，破舊不堪，連一棟整潔的好房子也難以找到，日軍的飛機有時還要飛臨上空進行騷擾。然而，這一切都沒能阻止人們衝破國民黨頑固派的重重封鎖和阻撓，從四面八方像潮水般地湧來，由此形成了"天下人心歸延安"的壯觀景象。"到延安去"，尤其成為一大批有志青年和知識分子的共同選擇。

據統計，僅1938年5月至8月間，經八路軍西安辦事處赴延安的知識青年就達2288人。到1938年底，赴延安的知識分子達10萬多人。他們中，有的來自國民黨統治區，有的來自淪陷區，還有來自南洋和歐美國家的華僑。他們中，有文學家、音樂家、戲劇家、電影明星、新聞記者、律師、科學家、醫生、教員等，許多人在赴延安前就已經是名人、名家了。如一二九運動的學生領袖黃華、姚依林、蔣南翔等。文學藝術界、教育界的人士更是不勝枚舉，如周揚、高士其、徐懋庸、柳青、蕭軍、丁玲、歐陽山、吳伯簫、艾青、何其芳、蕭三、賀敬之、冼星海、陳荒煤、吳雪、馬可、秦兆陽、齊燕銘、郭小川、李季、楊朔、沙汀、呂驥、賀綠汀、周立波、趙樹理、劉白羽、柯仲平、戈壁舟、艾思奇、范文瀾、馬健翎、何幹之、吳亮平，等等。真可謂人才薈萃，群星燦爛。[②]

1938年3月，幾經顛沛的青年作家蕭軍從山西吉縣前往五台山時，繞道延安，住在南門外龍灣山下的西北旅行社。毛澤東聽到蕭軍到延安的消息，派秘書邀請他面談。年輕氣傲的蕭軍竟直率地說："我打算去五台山打

② 以上參見中國延安幹部學院編：《黨在延安時期局部執政的歷史經驗》（試用本），2009年10月，第31頁。

游擊，路過延安住不了幾天，毛主席公務繁忙，還是不打擾的好！"秘書走後，丁玲勸蕭軍，既然毛主席熱情相邀，還是應該主動拜訪的好。蕭軍也感到自己的言語有些欠妥，準備前去拜見毛澤東。誰知，蕭軍尚未成行，毛澤東已來到他下榻之處，看望這位 30 歲出頭的青年人。毛澤東禮賢下士的風範使蕭軍感到異常慚愧。

許多人一到延安，立刻被這個充滿生機和活力的新天地所吸引、所震撼。攝影家吳印咸後來回憶道："這裏的人們個個顯得十分愉快"，"我看到毛澤東主席、朱德總司令等人身穿粗布制服出現在延安街頭，和戰士、老鄉嘮家常，談笑風生。""我被深深地感動了。我覺得我已經到了另一個世界，這正是我夢寐以求的理想所在。"③

名流學者慕名訪問延安

除了大量的青年知識分子外，還有不少名流學者和民主人士來延安訪問。

中國鄉村建設派領導人梁漱溟回憶 1938 年 1 月去延安訪問的動機時說："現在國民黨方面令人失望了，共產黨方面又怎麼樣呢？百聞不如一見。"五四時期梁漱溟是北京大學教師，與毛澤東的岳父楊懷中（昌濟）是同事，關係甚好。毛澤東在楊懷中的引薦下認識了梁漱溟。這次到延安訪問，與毛澤東也算是老朋友重逢。

梁漱溟到延安的當天晚上，毛澤東同他進行長談，中心話題是抗日前途問題。梁漱溟根據他在國民黨統治區的所見所聞，表示出失望和悲觀的情緒。毛澤東表示不能苟同梁的觀點。他廣徵博引，十分肯定地說，對中國抗戰前途大可不必悲觀，最終中國必勝，日本必敗，只能是這個結局，而不是其他結局。在延安期間，梁漱溟同毛澤東交談八次，有時甚至通宵達旦地暢談。梁漱溟驚歎於毛澤東"有這麼大的吸引力和說服力"④。後來，梁漱溟回憶起與毛澤東的這段交往，深有感慨地說，毛澤東不落俗套，沒有矯飾，從容、自然而親切，彼此雖有爭辯，而心裏沒有不舒服之感。

1938 年 4 月 17 日，衛立煌率第二戰區前方總部人員來到延安。毛澤東

---

③ 艾克恩編：《延安文藝回憶錄》，中國社會科學出版社 1992 年版，第 267、268 頁。
④ 轉引自汪東林：《梁漱溟問答錄》，湖南人民出版社 1988 年版，第 61—62 頁。

接見衛立煌一行並同他們交談。毛澤東稱讚衛立煌抗日堅決，和八路軍友好。毛澤東的談鋒極健，首先談到國共合作的重要性，繼而談到反對投降主義的問題。他說，目前在山西的抗戰非常重要，如果不是我們大家都在山西拖住日軍的尾巴，日軍從風陵渡渡過黃河，奪取潼關，掐斷隴海線，就能截斷中國和蘇聯的國際路線，進一步壓迫中國投降。毛澤東入情入理的分析，使衛立煌等人極其欽佩。接著，毛澤東談到，八路軍深入敵後，存在許多困難，彈藥消耗很大，沒有子彈怎麼打敵人？需要得到補充，特別是醫藥衛生器材缺乏，希望衛立煌幫助向主管部門催促。衛立煌到西安後，立刻下令："即發十八集團軍步槍子彈100萬發，手榴彈25萬枚"，還發給了180箱牛肉罐頭。

凡是來延安訪問的知名人士和社會賢達，毛澤東總是設法擠時間同來訪者見見面，或敘舊，或交換觀點，有時一談就是三四個小時，客人還捨不得告辭，毛澤東也暢談不倦。毛澤東在細微之處體現真誠。一次，一位著名教授來訪，毛澤東拿煙待客，恰恰煙盒裏只剩下一支煙。把這支煙給客人，自己不吸不好，自己吸不給客人也不好。毛澤東把煙折成兩半，一半給教授，一半留給自己。那位教授看在眼裏，記在心裏，為毛澤東沒有把自己當外人而激動不已，心悅誠服地認為中國共產黨才是抗戰勝利的希望。

延安"窯洞大學"育英才

全國抗戰爆發後，各抗日根據地包括陝甘寧邊區最缺乏的是幹部和各方面人才。毛澤東在中共擴大的六屆六中全會上指出："中國共產黨是在一個幾萬萬人的大民族中領導偉大革命鬥爭的黨，沒有多數才德兼備的領導幹部，是不能完成其歷史任務的。""我們黨已經培養了不少的領導人材"，"但是，現有的骨幹還不足以支撐鬥爭的大廈，還須廣大地培養人材"。[5]

隨著大批革命青年、愛國知識分子和進步人士來到延安，改變了延安和陝甘寧邊區原來的幹部和人才結構，為黨大量培養幹部提供了條件。

中共中央和邊區政府先後開辦了中國人民抗日軍政大學、陝北公學、青年幹部訓練班、魯迅藝術學院、馬列學院、中共中央黨校、中國女子大學等學校，對幹部進行培訓。

---

⑤《毛澤東選集》第2卷，人民出版社1991年版，第526頁。

中國人民抗日軍政大學簡稱"抗大"，是黨在延安時期創辦的培養高級軍政幹部的最高軍事學府。毛澤東親筆題詞，規定抗大的教育方針是：堅定正確的政治方向，艱苦奮鬥的工作作風，機動靈活的戰略戰術。毛澤東還題寫了八個字，作為抗大的校風，即團結、緊張、嚴肅、活潑。

抗大的前身是 1936 年 6 月 1 日在陝北保安成立的中國抗日紅軍軍政大學。全國抗戰開始時已經舉辦兩期，培養了 3800 多名軍事、政治幹部，輸送到抗日的各條戰線。隨著全國抗戰形勢的發展，一所抗大已經難以滿足需要，於是，除總校外，又在延安和敵後抗日根據地陸續增設了 14 所分校。1939 年 6 月，抗大總校奉命遷往晉東南辦學，留下的一部分師生在延安組成抗大第三分校。抗大在陝北的 3 年多時間，共培養學員 1.5 萬餘人。截至 1945 年 8 月，抗大總校共辦了 8 期，培養學員 2900 多人，連同各分校共培養了 10 萬多名軍政幹部。[6]

延安和陝甘寧邊區是革命的大熔爐，是學習馬列主義的大學校，也是培育革命幹部的大搖籃。幹部學校的教員，分專職和兼職兩種。由於教員缺乏，許多中央領導人與各部門負責人都是學校的兼職教員，"以窯洞為教室，石頭磚塊為桌椅，石灰土糊的牆為黑板，校舍完全不怕轟炸的這種'高等院校'，全世界恐怕就只有這麼一家。"然而，正是這一座窯洞大學，正是如此艱苦的學習生活環境，磨礪了熱血青年的意志，培養了他們艱苦奮鬥的精神，造就了一批又一批的抗日力量。一位外國朋友稱讚說："共產黨真了不起，吃小米飯，啃《資本論》。"

進步人士和青年知識分子通過教育培訓和社會實踐，大多數人逐步實現了世界觀的轉變，成為堅定的革命者，其中許多人加入了中國共產黨。如抗大第二期共吸收外來青年知識分子 609 人，畢業時有 427 人加入了黨組織。陝北公學從 1937 年至 1939 年 6 月間共培養學員 6000 餘人，其中約有 3000 人加入了黨組織。

廣大學員在延安的"窯洞大學"中，迅速成長為英勇的抗日戰士。學業期滿後，他們高唱《畢業歌》，告別延安，奔赴敵後抗日根據地。

⑥ 參見中國延安幹部學院編：《黨在延安時期局部執政的歷史經驗》（試用本），2009 年 10 月，第 34—35 頁。

1939

加強黨的建設
"偉大的工程"

★ ━━━━━━━━━━━━━━━━━━━━

1939 年 10 月，中共中央主辦的黨內刊物《共產黨人》創刊，毛澤東發表《〈共產黨人〉發刊詞》，指出統一戰線、武裝鬥爭、黨的建設是中國共產黨在中國革命中戰勝敵人的三件法寶，而黨的組織則是掌握統一戰線和武裝鬥爭這兩個武器以實行對敵衝鋒陷陣的英勇戰士。為了更好地發揮中國共產黨在抗日戰爭中的中流砥柱作用，毛澤東強調要"建設一個全國範圍的、廣大群眾性的、思想上政治上組織上完全鞏固的布爾什維克化的中國共產黨"，並將這一任務稱為"偉大的工程"。1941 年皖南事變後，中共中央作出《關於增強黨性的決定》。抗日戰爭期間，中國共產黨的建設按照"偉大的工程"的要求，得到了充分的發展和加強。

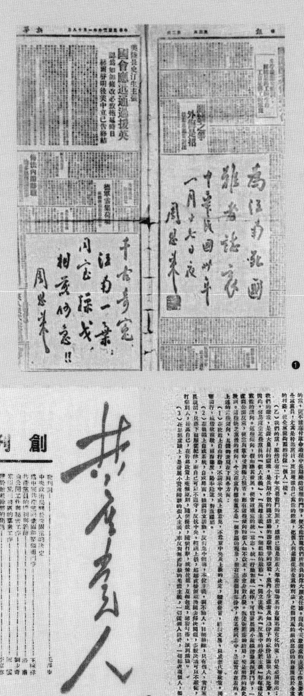

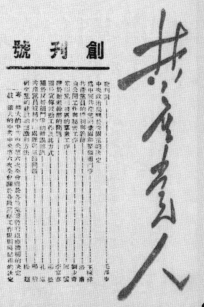

❶1941 年 1 月 18 日重慶《新華日報》刊登的周恩來的題詞，抗議國民黨當局製造皖南事變。❷1939 年 10 月《共產黨人》創刊號。❸1941 年 7 月 1 日中共中央發佈《關於增強黨性的決定》。

在艱苦的抗戰環境中，以毛澤東為主要代表的中國共產黨人，緊緊圍繞團結抗戰的中心任務，從提出黨的建設"偉大的工程"的歷史命題和歷史任務，到皖南事變後作出《關於增強黨性的決定》，逐步採取一系列加強黨的建設的重大舉措，力爭永遠保持黨的先進性和純潔性。

"偉大的工程"的提出

洛川會議強調黨對抗戰的領導責任和黨在抗日民族統一戰線中的獨立自主問題，不僅為爭取抗日戰爭的勝利奠定了政治思想基礎，而且為黨的自身建設指明了方向。隨著國共合作的建立，敵後游擊戰爭的廣泛開展，黨的力量遠不能滿足各方面工作的需要。

1938 年 3 月 15 日，中共中央作出《關於大量發展黨員的決議》。決議指出："為了擔負起擴大與鞏固抗日民族統一戰線以徹底戰勝日本帝國主義的神聖的任務，強大的黨的組織是必要的"。"目前黨的組織力量，還遠落後在黨的政治影響之後，甚至許多重要的地區尚無黨的組織，或非常狹小。因此，大量的、十百倍的發展黨員，成為黨目前迫切與嚴重的任務"。決議精神很快得到貫徹執行。到 1938 年底，全國的中共黨員人數從全國抗戰爆發時的 4 萬多人增加到 50 多萬人。黨組織和黨員隊伍的迅速發展與壯大，為抗戰初期黨的政治任務的完成和後來奪取抗戰的全面勝利提供了強有力的保障。

1938 年 9 月至 11 月召開的中共擴大的六屆六中全會，在黨的自身建設方面取得了重大進展。這一方面體現在黨的思想路線上，會議第一次提出了馬克思主義中國化的歷史任務。另一方面體現在黨的組織路線上：強調組織工作要中國化；制定了"任人唯賢"的黨的幹部路線和政策；提出發展黨組織的方針是"大膽發展而不讓一個壞分子侵入"；號召共產黨員要起"先鋒作用和模範作用"；等等。擴大的六屆六中全會闡述的建黨原則和思想，標誌著黨的建設學說逐步走向成熟。

六屆六中全會前後，黨又面臨著新的嚴峻考驗。一方面，日軍把進攻的重點轉向共產黨領導的敵後戰場和抗日根據地，國民黨也越來越不能容忍共產黨的發展與壯大。另一方面，在大量發展黨員過程中出現了不少新問題。新黨員革命積極性很高，但絕大多數出身於農民和小資產階級，缺少系統的馬克思列寧主義教育；一些異己分子、投機分子以及奸細也乘機混入黨內；許多新組織還不夠鞏固。

在嚴峻而又複雜的形勢面前，從思想上政治上組織上鞏固黨，已成為完成黨的政治任務的決定因素。1938 年 8 月，中共中央政治局作出《關於鞏固黨的決定》。決定指出："黨的發展一般的應當停止，而以整理緊縮嚴密和鞏固黨的組織工作為今後一定時期的中心任務。"中央組織部於 10 月 7 日發出了《關於執行中央鞏固黨的決定的指示》。此後，鞏固黨的工作全面展開。

加強對黨員的培訓教育，提高黨員素質，是鞏固黨的中心一環。一方面，廣泛開展學習運動。在擴大的六屆六中全會上毛澤東就號召全黨學習馬克思列寧主義理論，學會把馬列主義的一般原理應用於中國的具體環境。毛澤東代表中共中央向全黨發出了開展學習競賽的號召。他說："如果我們黨有一百個至二百個系統地而不是零碎地，實際地而不是空洞地學會了馬克思列寧主義的同志，就會大大地提高我們黨的戰鬥力量，並加速我們戰勝日本帝國主義的工作。"會後，中共中央先後發出關於加強黨員幹部學習教育的一系列指示決定，掀起了學習的熱潮；還把每年的 5 月 5 日——馬克思誕辰日定為"幹部學習節"。儘管當時條件艱苦，但人們都隨時隨地、見縫插針地學習，可謂："認字就在背包上，寫字就在大地上，課堂就在大路上，桌子就在膝蓋上。"在黨員學習中，教師和教材的需要特別迫切。1940 年 6 月朱德談到這個問題。他說："最近延安給山東送去一二百本聯共黨史，但是他們只收到了七本。為什麼呢？半途上你一本我一本地被搶光了。"[①] 各地學習的高漲熱情由此可見一斑。

另一方面，加強對黨員尤其是在職幹部進行以理想信念、遵守紀律和團結精神為主要內容的思想政治教育。中央注意從抓典型事件入手，對全體黨員進行普遍教育。中央黨校學員劉力功 1939 年上半年學習畢業後，不服從組織分配，拒絕去基層鍛煉。中央黨務委員會決定開除他的黨籍，並向全黨公佈。圍繞劉力功的問題，延安各機關、各學校開展了一場大討論，大家思想觸動很大。對於各類幹部隊伍中存在的各種不團結現象，尤其是新老幹部的不團結，中央進行了大量的教育工作。許多新老幹部對自身長處和短處有了比較清醒的認識，相互之間增進了了解，逐步形成團結互助的新局面。接著，5 月 30 日，中央組織部部長陳

---

① 李維漢：《回憶與研究》（上），中共黨史出版社 2013 年版，第 333—334 頁。

雲撰寫了《怎樣做一個共產黨員》的文章。7月，劉少奇在延安馬列學院作《論共產黨員的修養》的演說。9月起，張聞天連續發表《共產黨員的權利與義務》《略談黨與非黨員群眾的關係》等六篇文章。這些論著所闡發的思想觀點，是對馬列主義黨建學說及毛澤東建黨思想的豐富和發展，對加強黨的建設具有重要而深遠的指導意義，也豐富了黨員的學習教材。

審查黨員幹部，整頓健全黨的組織，是鞏固黨的必要環節。各根據地組織審查黨員成分，清洗混入黨內的叛變、階級異己和投機分子，並建立健全各種制度。審幹工作的開展，使黨本身的純潔性有了保障。

鞏固黨在國民黨統治區和淪陷區的秘密組織，是鞏固黨的重要方面。當時主要採取了四項措施：肅清內奸和防止內奸；保證領導機關的安全；黨員的質量重於數量；把嚴密黨的內部與開展黨外群眾工作聯繫起來。這些措施都獲得了實效。

在鞏固黨的同時，中共中央於1939年12月正式作出了由毛澤東起草的《大量吸收知識分子的決定》，使黨的知識分子政策趨於完備，黨員構成中知識分子比例逐步得到提高。這個時期，軍隊幹部和地方幹部還進行了互相交流，取得了較好效果。

總之，通過廣泛的學習、深入的思想政治教育和認真的幹部審查工作等，使黨員的素質得到很大提高，黨組織的戰鬥力得到很大增強。

在此期間，1939年10月，毛澤東發表了《〈共產黨人〉發刊詞》。這是一篇加強黨的自身建設的光輝文獻，也是毛澤東建黨思想成熟的一個重要標誌。該文把馬克思列寧主義黨的建設基本原理與中國共產黨的建設實際相結合，創造性地作了多方面的發展：提出了黨的建設的總目標、總任務，即"建設一個全國範圍的、廣大群眾性的、思想上政治上組織上完全鞏固的布爾什維克化的中國共產黨"；指出黨的建設要緊密圍繞黨的政治路線進行，首次提出黨的建設與統一戰線和武裝鬥爭是黨戰勝敵人的三個法寶；總結18年黨的建設的基本經驗，得出了必須按照馬列主義普遍真理和中國革命具體實際相結合的原則來建設黨的科學結論；科學分析了黨在中國革命中的領導地位和任務。這些論述由點到面，由淺入深，層層推進，進一步豐富和拓展了毛澤東黨建思想，為黨領導中國革命走向勝利提供了理論指導。

在《〈共產黨人〉發刊詞》中，毛澤東首次把一直"進行之中"的黨的建設稱為"偉大的工程"。把黨的建設提高到"偉大的工程"的高度，表明中國共產黨對於加強自身建設重要性的認識更加自覺和深刻。

皖南事變的爆發和中共中央《關於增強黨性的決定》的出台

在中國共產黨的歷史文獻中，1941 年之前，黨性一詞很少出現。而在 1941 年之後，在黨的文獻和黨的建設事業中屢次出現。因為這年 7 月，中共中央作出了《關於增強黨性的決定》。這個《決定》出台的直接原因，則是 1941 年 1 月爆發的皖南事變。

1941 年 1 月，國民黨頑固派製造震驚中外的皖南事變。新四軍軍部及所屬皖南部隊 9000 餘人，在遵照國民黨軍事當局的命令向北轉移途中遭到國民黨軍 8 萬多人圍攻，除 2000 多人突圍外，一部被打散，大部壯烈犧牲或被俘，軍長葉挺在同國民黨軍進行戰場談判時被扣押，副軍長項英在突圍過程中遇害。

面對嚴重形勢，中國共產黨仍然以抗日的大局為重，在軍事上嚴守自衛，在政治上堅決反擊。1 月 20 日，中共中央軍委發佈重建新四軍軍部的命令，陳毅任代軍長，劉少奇任政治委員。3 月，打退了國民黨頑固派的第二次反共高潮。

皖南事變爆發後，中共中央政治局多次召開會議，研究事變後的局勢與對策，總結其中的歷史教訓。中央認為："一切有個人英雄主義思想即是說黨性不純的同志，特別是軍隊的領導人員，必須深自省察。須知有槍在手的共產黨員，如果不服從中央領導與軍委指揮，不論其如何自以為是與有何等能力，結果總是要失敗的。"中央強調，"全黨特別是軍隊中幹部與黨員的黨性教育與黨性學習，決不可輕視"。這是中共中央第一次向全黨提出加強黨性教育的問題。

為增強全黨對於黨性問題的認識，1941 年 3 月 26 日，中共中央政治局召開會議，決定由王稼祥負責起草關於增強黨性的決定。7 月，中共中央政治局召開會議，討論並通過了《決定》。《決定》指出，黨內在黨性方面存在的問題主要表現在以下三個方面：一是在政治上自由行動；二是在組織上自成系統，自成局面；三是在思想意識上發展小資產階級的個人主義，反對無產階級的集體主義。

《決定》指出，為了糾正上述違反黨性的傾向，必須採取以下辦法：一是應當在黨內更加強調全黨的統一性、集中性和服從中央領導的重要性。不

經過整編的新四軍第三師第七旅。

允許任何黨員與任何地方黨部有標新立異、自成系統及對全國性問題任意對外發表主張的現象。二是更嚴格地檢查一切決議決定之執行，堅決肅清陽奉陰違的兩面性的現象。三是即時發現，即時糾正，不縱容錯誤繼續發展，對於屢說不改者，必須及時預防，加以紀律制裁。四是在全黨加強紀律的教育，嚴格遵守個人服從組織，少數服從多數，下級服從上級，全黨服從中央的基本原則。無論是普通黨員和幹部黨員，都必須如此。五是用自我批評的武器和加強學習的方法，來改造自己使之適合於黨與革命的需要。六是從中央委員以至每個黨部的負責領導者，都必須參加支部組織，過一定的黨的組織生活，虛心聽取黨員群眾對於自己的批評，增強自己黨性的鍛煉。

任弼時撰寫《增強黨性問題的報告大綱》

1941 年下半年，中共中央秘書長任弼時撰寫《增強黨性問題的報告大綱》，對中共中央為什麼要作出關於增強黨性的決定及如何增強黨性鍛煉、加強黨性修養等作了闡述。

《報告大綱》指出，黨中央提出關於增強黨性的決定，要求全黨加緊黨性鍛煉，決不是偶然的。因為"我們的黨生存在一個半封建半殖民地的社會中"，"各階級、各階層的複雜的不同的思想意識，不能不影響我們黨和我們的黨員"；"我們黨的組織基礎的特徵，是小資產階級成份——農民和知識分子出身的佔了較大的比重"，"他們會把資產階級和小資產階級的意識帶進黨內來"，"中國無產階級本身的意識還未完全無產階級化，還常常受到小資產階級意識甚至資產階級意識的影響"；由於現階段革命性質和任務的要求，無產階級需要與包括資產階級、地主階級組織廣泛的民族統一戰線，"這就給資產階級和其他非無產階級的意識侵蝕我黨及影響我們的黨員，又增加了一個可能性"。

如何增強黨性鍛煉，加強黨性的修養？《報告大綱》認為：（一）首先必須具有無產階級的高度的階級覺悟性和階級意識，使得"為無產階級利益、黨的利益服務的精神完全出自於覺悟性、自動性和積極性"；（二）要在領悟馬列主義理論方面修養自己，培植自己，堅定自己，"要以馬列主義的原則，以馬列主義的立場去觀察問題、處理問題"，"靈活地、切乎實際地去運用馬列主義"；（三）"要把黨的利益放得高於一切"，"個人利益服從於全黨的利益"，為黨的統一、團結而鬥爭；（四）要服從黨的組織，遵守黨的紀律；（五）要與群眾建立真正的密切的聯繫。[②]

由此，《關於增強黨性的決定》成為加強黨的建設的重要文獻，在後來的整風運動中，也是幹部整風學習的必讀文件之一。

② 參見中共中央文獻研究室編：《任弼時年譜》(1904—1950)，中央文獻出版社 2014 年版，第 416—417 頁。

1940

"三三制"

—— 建設模範的抗日民主根據地

★

1940 年 3 月 6 日，中共中央發出《抗日根據地的政權問題》指示，指出我們在華北、華中等地建立的抗日民主政權，是統一戰線性質的政權，即幾個革命階級聯合起來對於漢奸和反動派的民主專政。指示規定，在政權工作人員中，"共產黨員" "非黨的左派進步分子" "不左不右的中間派" 各佔三分之一，實行 "三三制"。"三三制" 調動了各方面的積極性，推動了抗日根據地的民主政治建設和經濟文化等各項事業的發展。朱德總司令曾寫詩讚揚當時的黨政軍民關係："歷年征戰未離鞍，贏得邊區老少安。耕者有田風俗厚，仁人施政法刑寬。實行民主真行憲，只見公僕不見官。陝北齊聲歌解放，豐衣足食萬家歡。"

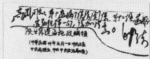

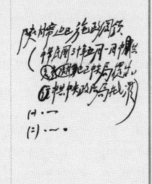

❶ 抗日根據地人民行使當家作主權利，在選舉民主政府中投上自己的一票。❷1940 年 3 月 6 日中共中央發出由毛澤東起草的《抗日根據地的政權問題》指示。❸1941 年 5 月毛澤東審閱修改的《陝甘寧邊區施政綱領》和給任弼時等的信。

"三三制"是中國共產黨在抗日民主根據地發展和鞏固抗日民族統一戰線的一項重要原則。在全民族抗日戰爭時期，中國共產黨先後領導建立了19個抗日民主根據地（其間有過名稱和隸屬關係的變化），即陝甘寧、晉察冀、晉冀豫、冀魯豫、晉綏、山東、冀熱遼、蘇北、蘇中、蘇浙皖、淮北、淮南、皖江、浙東、河南、鄂豫皖、湘鄂、東江、瓊崖。抗日民主根據地面積達到近100萬平方公里，人口近1億。

　　抗日根據地的建設，首要的是政權建設。陝甘寧邊區的政權建設起了示範作用。

　　1939年初在延安召開的陝甘寧邊區第一屆參議會，通過《陝甘寧邊區抗戰時期施政綱領》。《施政綱領》是在《抗日救國十大綱領》和毛澤東有關邊區建設思想的指導下制定的，事實上規定了中國共產黨在各抗日根據地內實行的基本政策。1941年5月1日，陝甘寧邊區中央局又發佈經中共中央政治局批准的《陝甘寧邊區施政綱領》（簡稱"五一施政綱領"）。這一綱領與1939年的綱領相比，增加了許多新內容，更加全面也更加鮮明地體現了中國共產黨團結抗戰的基本路線和邊區建設新民主主義社會的基本方針，對"三三制"、人權保障、司法、農業、土地、工商、民族等政策，都一一做了明確的規定。

　　實施"三三制"政策，是在政權建設中實行民主政治的重要內容，也是為了更好地爭取中間勢力參加抗戰。中間勢力是指中等資產階級、開明紳士和地方實力派。爭取中間勢力，尊重他們抗日參政的權利，在抗日民主政權中給他們三分之一的位置，是孤立頑固派的一個重要步驟，體現了抗日民族統一戰線的策略原則。

　　1941年11月6日至21日，陝甘寧邊區第二屆參議會第一次大會在延安召開。大會在選舉中，貫徹落實了"三三制"原則，開明紳士李鼎銘當選為邊區政府副主席。在選舉的18名邊區政府委員會委員中，共產黨員7名，超過了三分之一。當選的邊區政府委員徐特立（共產黨員）立即聲明，請求"退出"，得到大會的贊同，並按原選得票多少，遞補了一位非黨人士，使邊區政府委員會中的共產黨員人數完全符合"三三制"原則。

　　李鼎銘先生是一位熱衷於陝甘寧邊區建設、積極擁護共產黨領導的愛國民主人士。面對抗日根據地所遇到的嚴重困難，他在這次會議上提出了精兵簡政的提案，正好切中了邊區內兵多糧乏、政繁負重的現象，大會以165票多數通過並交政府速辦。

邊區曾發生一件事：一位幹部在一次打雷中被意外劈死，當時有人講，怎麼不把毛澤東劈死？毛澤東聽說後，不但不去追究，反而去研究為什麼有這種意見。原來是吃財政飯的人多了，群眾交公糧的負擔過重，引起老百姓的不滿。也因此，毛澤東對李鼎銘提出的精兵簡政的建議十分認同。1941 年 12 月 6 日，《解放日報》發表了《精兵簡政》的社論，認為精兵簡政"不僅在解放區，即在各敵後抗日根據地，也是非常恰合適宜的主張"，要求全黨普遍執行精兵簡政。這樣，精兵簡政作為陝甘寧邊區的中心工作之一實施起來。

　　同時，為密切軍政、軍民關係，邊區還開展了"擁政愛民"和"擁軍優屬"運動，都取得了良好效果。

　　"三三制"等的實行，使邊區新民主主義的政權建設發展到一個新階段，成為全國最進步的地方。毛澤東曾總結過陝甘寧邊區的"十沒有"：一沒有貪官污吏，二沒有土豪劣紳，三沒有賭博，四沒有娼妓，五沒有小老婆，六沒有叫花子，七沒有結黨營私之徒，八沒有萎靡不振之氣，九沒有人吃摩擦飯，十沒有人發國難財。這是對陝甘寧邊區社會風貌的真實寫照和熱情稱讚。

陝甘寧邊區參議員合影。前排左三為開明紳士李鼎銘。

1941

艱苦卓絕的
敵後抗戰

★ ─────────────────────────────

1941 年，抗日戰爭進入最艱苦的歲月。面對根據地的困難局面，鄧小平發表了《反對麻木，打開太行區的嚴重局面》一文，號召團結一致，正視困難，以武裝鬥爭為核心展開全面的對敵鬥爭，反擊日軍的"掃蕩"和"蠶食"。9 月 25 日，在冀西狼牙山地區，八路軍戰士馬寶玉、胡德林、胡福才、宋學義、葛振林，為掩護黨政領導機關和群眾轉移，主動把日、偽軍吸引到自己身邊，一步步退到懸崖絕壁，據險抵抗。在打完最後一粒子彈後，他們毅然砸槍跳崖。人們稱他們為"狼牙山五壯士"。

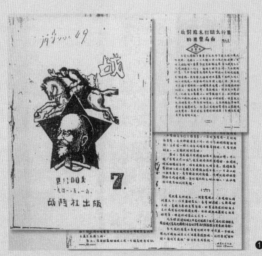

❶ 鄧小平：《反對麻木，打開太行區的嚴重局面》（刊載於中共中央太行
分局 1941 年 5 月 15 日出版的《戰鬥》增刊第 7 期）。❷ 八路軍晉察
冀軍區第一分區司令員楊成武為"狼牙山五壯士"之一的宋學義佩戴獎
章。❸ 大青山游擊隊員們以野菜充飢。❹ 抗日根據地群眾在山洞中躲避
日、偽軍的"掃蕩"。

1941 年 6 月，德國進攻蘇聯。12 月，日本偷襲美國海軍基地珍珠港，挑起太平洋戰爭。日本侵略者為了把中國變成其進行太平洋戰爭的後方基地，在佔領區實行殘暴的殖民統治和經濟掠奪，並且集中日、偽軍對共產黨領導的敵後抗日根據地進行"掃蕩"和"蠶食"，實行極其野蠻的燒光、殺光、搶光的"三光"政策，製造無人區。敵後軍民進行了艱苦卓絕的鬥爭。

敵後軍民反"掃蕩"、反"蠶食"鬥爭

1941 年至 1942 年，日本侵略軍在"掃蕩"華北的根據地時，一次使用兵力在千人以上到萬人的達 130 多次，萬人以上至 7 萬人的近 30 次。在同一地區有時反覆"掃蕩"達三四個月之久。

1941 年 1 月下旬，日軍"掃蕩"冀東豐潤潘家峪時，槍殺、刀砍、放火焚燒，共屠殺群眾約 1300 人，殺絕 30 多戶，燒毀房屋 1000 多間，製造了駭人聽聞的潘家峪慘案。

1941 年秋，日、偽軍 7 萬多人多路出動，對晉察冀根據地北岳、平西地區進行"掃蕩"，企圖對邊區黨政軍領導機關和主力部隊進行"鐵壁合圍"。邊區部隊留一部兵力同民兵結合，在內線遲滯、消耗敵人，邊區黨政軍領導機關迅速轉移到安全地區，主力部隊則按計劃進到鐵路沿線和日、偽軍的側後，打擊敵人，使"掃蕩"之敵連連撲空，疲於奔命。在日、偽軍轉入分區"清剿"後，抗日軍民又內外線策應，頻頻打擊敵人。

在此期間，晉西北、太行、太岳、冀南、冀中等區軍民也積極對各自的當面之敵發動攻擊，配合北岳和平西軍民的反"掃蕩"鬥爭。

1941 年 10 月，"掃蕩"太岳根據地的日、偽軍企圖在沁源建立所謂"山岳剿共實驗區"。沁源抗日軍民以主力部隊、地方武裝、民兵和群眾相結合，組成 13 個游擊集團，對敵人進行反圍困鬥爭。他們在以沁源城為中心的主要道路兩旁，組織 20 多個村鎮 3200 多戶 1.6 萬人轉移，對敵實施斷糧、斷水、斷交通。經過較長時間的圍困，迫使日、偽軍不得不退出抗日根據地。

1942 年 5 月，日軍對冀中抗日根據地進行野蠻的"五一大掃蕩"，共捕殺群眾 5 萬多人，還施放毒氣，毒死定縣北疃村地道裏的 800 多軍民。

對華中、華南敵後抗日根據地，日軍也發動了大規模進攻，敵後軍民英勇抵抗。

讓日本侵略者陷入人民戰爭的汪洋大海之中

1941 年至 1942 年，敵後抗戰遭遇了極其嚴重的困難。在反 "掃蕩"、反 "蠶食" 的鬥爭實踐中，敵後軍民創造了很多極為有效的殲敵方法，發展了人民戰爭的戰略戰術。

在華北的平原和山區，廣大軍民創造了地道戰、地雷戰和麻雀戰等戰法。平原地區的抗日軍民首先在道路上挖溝，使日軍的機械化部隊難以行進。在一家一戶挖的土洞、地窖的基礎上，建成戶戶相通、村村相連，能打、能藏、能機動轉移的巨大地道網。有些地區還把發展地道同改造地形和村落結合起來，構成房頂、地面、地道三層交叉火網，形成立體作戰陣地，人自為戰，村自為戰，有效地打擊敵人、保存自己。

無論山區和平原，都普遍運用地雷戰。群眾自己動手，就地取材，製成各式各樣的地雷，埋在村口、路口、門庭院落，使日、偽軍進村入戶就有觸雷喪命的危險。敵後軍民還把地雷埋到敵人的碉堡下，常常把日、偽軍炸得血肉橫飛。

麻雀戰主要在山區實行。當日、偽軍進入根據地後，熟悉當地情況的人民自衛武裝（民兵）像麻雀一樣滿天飛翔，時聚時散，到處打擊敵人。

在華中的水網地帶，軍民利用河湖港汊廣泛展開水上游擊戰。軍民利用河湖港汊的複雜地形，採用攔河築壩、設置水下障礙等辦法，使日軍汽艇難以行駛，而自己的小木船則出沒自如，尋找機會打擊日、偽軍。

武工隊是軍隊、政府和人民相結合的精幹的戰鬥組織，是根據地軍民為深入到敵人的心臟地區活動而創造的新的鬥爭方式。武工隊深入到敵佔區，軍事鬥爭同政治鬥爭相結合，公開鬥爭同隱蔽鬥爭相結合，廣泛發動群眾，搜集情報，鋤奸反特，破壞日、偽統治秩序，爭取並瓦解偽軍和偽組織，建立兩面政權（這是黨為堅持抗日根據地的對敵鬥爭而建立的一種特殊的基層政權，它在表面上採用偽政權的形式和做法，但在實質上、在人民群眾心目中仍然是抗日的政權組織。當時，把這種基層政權形容為 "白皮紅心"），把日、偽統治的心臟地區變成打擊敵人的前沿陣地。

1941 年至 1942 年，八路軍、新四軍和游擊隊、民兵共作戰 4.2 萬多次，斃傷俘日、偽軍 33.1 萬多人。敵後軍民的反 "掃蕩"、反 "蠶食" 鬥爭，牽制、消滅了大量日軍，成為堅持中國長期抗戰最重要的因素，也是對世界反法西斯戰爭的巨大支持。

冀中抗日根據地民兵在白洋淀組織了水上抗日游擊隊 —— 雁翎隊。

地雷戰。

麻雀戰中民兵飛簷走壁，進入高房工事。

不畏強暴，英雄輩出

共產黨領導的敵後軍民團結一致反抗侵略的革命英雄主義氣概，是反"掃蕩"鬥爭勝利的力量源泉。在敵後軍民艱苦抗戰中，湧現出成千上萬"狼牙山五壯士"式的民族英雄。

1941 年 8 月 27 日，偽軍包圍冀中獻縣東辛莊，採用拷打和屠殺的辦法，威逼群眾交出回民支隊司令員馬本齋的母親。許多人被打得死去活來，仍守口如瓶，當場數人被殺。馬母見情不忍，挺身而出。敵人對她威脅利誘，要她寫信勸兒子投降。馬母痛斥敵人說："我是中國人，一向不知有投降二字。"她堅貞不屈，最後絕食而死。

日軍"掃蕩"冀中深縣王家舖子時，群眾為掩護子弟兵表現出了崇高的革命氣節。日軍逼迫被抓的 20 多人說出八路軍藏在哪裏，殺一個不說，又殺一個還是不說，連續殺了 14 人，群眾仍然沒有吐露一個字。

河北省平山縣擁軍模範戎冠秀，在反"掃蕩"戰鬥中，不避艱險，奮不顧身地安置救護傷員，被譽為"子弟兵的母親"。

1941 年冬，大批日、偽軍包圍了駐山東沂南馬牧池村的八路軍山東縱隊司令部。八路軍一名小戰士在反"掃蕩"突圍中身負重傷，被 2 歲時因病致啞的村婦明德英救下，並為小戰士包紮傷口。當搜捕的日軍走後，小戰士因失血過多，缺水休克。正在哺乳期的明德英毅然用乳汁餵受傷的小戰士，救活了他。隨後，她又和丈夫李開田精心照顧小戰士半個多月，使其康復歸隊。1943 年，明德英又從日軍的槍林彈雨中搶救出八路軍山東縱隊軍醫處香爐石分所 13 歲的看護員莊新民。明德英救護八路軍戰士的情節，後被寫入小說《紅嫂》，編入京劇《紅雲崗》、舞劇《沂蒙頌》。沂蒙紅嫂用乳汁救八路軍傷員的故事隨之傳遍全國。

1942 年 5 月 25 日，八路軍副參謀長左權在駐遼縣八路軍總部遭到敵人合圍的緊急情況下，不顧個人安危指揮部隊突圍，不幸中彈，壯烈殉國。

同年冬，日軍對魯中根據地進行"掃蕩"，山東軍區特務營奉命掩護軍區機關和群眾突圍，先後斃傷敵軍 600 多人。全營最後只剩 14 名戰士，被敵人壓縮在對崮山東端，在彈盡糧絕的情況下，跳崖殉國。

晉察冀邊區民兵爆炸英雄李勇領導的游擊小組，以步槍結合地雷作戰，創造了斃傷日、偽軍 364 名，炸毀汽車 25 輛的戰果。

抗日英雄獻身民族解放事業，表現出不畏強暴的偉大民族精神，值得人們永遠銘記。

1942

整風運動
—— 延安文藝座談會召開

★

1942 年 2 月，毛澤東先後作《整頓黨的作風》和《反對黨八股》的講演。整風運動在全黨普遍展開。4 月間，毛澤東約請著名詩人艾青交談。毛澤東說："現在延安文藝界有很多問題，很多文章大家看了有意見，有的文章像是從日本飛機上撒下來的；有的文章應該登在國民黨的《良心話》上。你看怎麼辦？"艾青回答說："你出來講講話吧！"毛澤東又問："我說話有人聽嗎？"艾青說："至少我是愛聽的。"過了幾天，艾青將毛澤東委託他收集的文藝方面的意見材料交給毛澤東，並經修改成文發表在《解放日報》上。

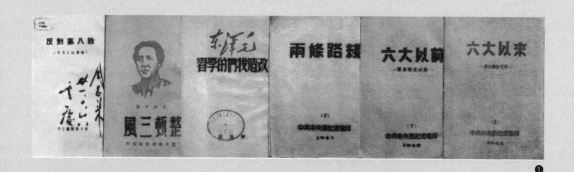

❶

❷

❸

❹

❺

❶ 延安整風期間，毛澤東作整頓三風報告，並主持編輯黨的歷史文獻。圖為當時出版的整風文獻和編印的歷史文獻集。❷ 毛澤東等與參加延安文藝座談會的代表們合影。❸1942 年 4 月 27 日毛澤東、凱豐邀請胡一川參加延安文藝座談會的請柬。❹❺ 文藝工作者在延安為群眾演出《兄妹開荒》《白毛女》等。

1942 年 2 月至 1945 年 4 月，中國共產黨以延安為中心，在全黨範圍內開展了一次整風運動，主要內容是反對主觀主義以整頓學風，反對宗派主義以整頓黨風，反對黨八股以整頓文風，基本方針是"懲前毖後，治病救人"。

　　針對延安文藝界在整風運動中暴露的問題，中共中央於 1942 年 5 月召開延安文藝座談會。毛澤東在會上發表講話並作總結，闡明了革命文藝為人民群眾、首先是為工農兵服務的根本方向，系統地回答了文藝運動中許多有爭論的問題，強調革命文藝工作者必須從根本上解決立場、態度的問題。會後，文藝界開始整風學習。

延安 "魯總司令" 的 "文化軍隊"

　　延安和各抗日根據地的文藝界是宣傳群眾、組織群眾、戰勝敵人的一個方面軍。毛澤東曾風趣地說，我們有兩支軍隊，一支是朱總司令的，一支是魯總司令的。這裏的 "魯總司令" 是指偉大的文學家、思想家、革命家魯迅。他早在全國抗戰爆發前的 1936 年 10 月已病逝於上海。鑒於魯迅是五四新文化運動的偉大旗手和中國文化革命的主將，所以，毛澤東把根據地的文化大軍稱作 "魯總司令" 的部隊。

　　延安成為 "紅都" 後，像一塊磁石一樣，產生了巨大的吸引力，全國各地的文藝工作者通過不同的渠道奔向這裏。在延安，他們呼吸著自由和民主的空氣，煥發出巨大的創作衝動。到延安來的文藝工作者幾乎都有一個共同的心願，就是想見見毛澤東，親耳聆聽毛澤東的教誨。毛澤東日理萬機，日夜操勞，但仍擠出時間來滿足大家的要求。1935 年 5 月被國民黨特務秘密綁架後關押在南京的著名女作家丁玲，在 1936 年被釋放後輾轉到達保安。中央宣傳部在一座大窰洞裏開會歡迎她。毛澤東也來了。會後，毛澤東問丁玲打算做什麼，丁玲回答："當紅軍。" 隨後，她到前方總政治部工作。毛澤東填寫《臨江仙》詞一首送給丁玲：

壁上紅旗飄落照，　　　　　　纖筆一枝誰與似？
西風漫捲孤城。　　　　　　　三千毛瑟精兵。
保安人物一時新。　　　　　　陣圖開向隴山東。
洞中開宴會，　　　　　　　　昨天文小姐，
招待出牢人。　　　　　　　　今日武將軍。

全國抗戰爆發後，到延安的文藝工作者越來越多，不少作家、詩人回憶當年與毛澤東相見和交談的情景，無不引為自豪。

著名詩人何其芳於 1938 年 8 月底同作家沙汀、卞之琳等到達延安。何其芳回憶說：9 月初的一天，我和同來的幾位同志到毛澤東的住地鳳凰山下的窰洞裏。毛澤東說，文藝工作者應該到前方去。他說，從城市來的人上前方去，走路很可能成為一個困難，但不要緊，很快就會習慣。他把自己的親身經歷告訴我們，他在武漢時，也是每天出門就坐車，後來上井岡山了，沒有車子坐，只好用兩隻腳走路了，很快就學會了走路。毛澤東再次鼓勵大家到前線去。我們根據他的要求，到了前方，寫出了反映根據地軍民鬥爭生活的詩歌和文章。詩人臧雲遠大約是 1938 年秋天到達延安的。到達延安的第二天，毛澤東就接見了他。那時毛澤東正為中共擴大的六屆六中全會做準備。臧雲遠走進毛澤東住的窰洞時，他正在伏案寫作。見有客人進來，毛澤東放下毛筆，同客人握手。雖然他們是第一次見面，卻一見如故。毛澤東詢問了文藝界的情況，臧雲遠一一作答，並告訴毛澤東，在武漢有人提出，戰爭期間能否寫出偉大作品。毛澤東深有感觸地說，過去十年內戰，革命文藝的中心在上海，革命武裝鬥爭的中心在瑞金，中間叫國民黨反動派割斷了，沒有革命的鬥爭生活，怎樣寫革命的文藝呀。現在統一戰線，舉國一致打日寇，文藝跟革命生活相結合，反映偉大的人民革命鬥爭生活，在戰爭年代是可以寫出偉大的作品來的。

毛澤東同文藝界交往的另一條渠道，就是同文藝界人士建立廣泛的通信聯繫。在毛澤東給文藝界人士的信中，既有體現個人情誼的私事，也有涉及文藝創作、文藝理論方面的意見。老同學蕭三寫信問可否提供一匹馬作交通工具。毛澤東在回信中，一方面表示代他“查問一下”，同時答應，如果蕭三“在邊區範圍內行動，那我可以拿我的馬給你用一下”。

1944 年 11 月 21 日，毛澤東在給郭沫若的信中，告訴郭已將《甲申三百年祭》當作整風文件。他說：“小勝即驕傲，大勝更驕傲，一次又一次吃虧，如何避免此種毛病，實在值得注意。”他希望郭沫若運用大手筆寫一篇太平軍經驗教訓的文章。他誠懇地告訴郭沫若：“我雖然兢兢業業，生怕出岔子，但說不定岔子從什麼地方跑來；你看到什麼錯誤缺點，希望隨時示知。”

毛澤東同文藝界人士的書信往來，溝通了思想，交流了觀點，建立了友誼，成為了解文藝界情況、指導文藝界鬥爭的重要形式。

1942

抗日的現實主義，革命的浪漫主義

　　文藝在抗日救亡和爭取民主的鬥爭中具有重要地位，但是，單靠外地來的文藝工作者是難以完成應承擔的責任的，必須培養和造就更大的隊伍。1938年1月，為了紀念一‧二八抗戰，一些過去在上海活動、全國抗戰爆發後來到延安的戲劇工作者演出了一齣抗日題材的戲劇。毛澤東看完演出後說：戲演得好，這些人不要散了。最初打算辦一戲劇訓練班，後來辦了一個藝術學校，這就是魯迅藝術學院（後改稱魯迅藝術文學院，簡稱魯藝）。

　　1938年4月10日，魯迅藝術學院舉行成立典禮，毛澤東參加了這個典禮。5月中旬的一天下午，毛澤東再次來到這裏，作了一次重要講話。

　　他說，我們的兩支文藝隊伍，上海亭子間的隊伍和山上的隊伍，匯合到一起來了。這就有一個團結問題。要互相學習，取長補短。要很好地團結起來，進行創作、演出。要下去，要到人民生活中去，走馬看花，下馬看花，起碼是走馬觀花，下馬看花更好。我們要有大樹，也要有豆芽菜。沒有豆芽菜，怎麼能有大樹呢？我不懂得文藝。文藝是團結人民、教育人民、打擊日本帝國主義的武器。創作像廚子做菜一樣，有的人作料放得好，菜就好吃。

　　他說，無產階級的文學藝術工作者要到革命鬥爭中去，同時學習人民的語言。要從革命鬥爭中學習的東西多得很。你們看法捷耶夫的小說《毀滅》，描寫騎馬，平時上馬是怎麼上的，緊急時候上馬是怎麼上的，都不一樣。如果作者沒有參加過戰鬥生活，怎麼能夠寫得這樣真實呢？綏拉菲摩維支寫了《鐵流》。我們的二萬五千里長征也是“鐵流”，可惜還沒有人寫。

　　毛澤東還問，“陽春白雪”和“下里巴人”哪一種好？他自己回答說：“下里巴人”也不錯，全國人都會唱。

　　毛澤東的講話，給魯藝確定了教學方針，指明了辦學方向。魯藝先後設立了文學、戲劇、音樂、美術等系。1939年魯藝成立一週年時，毛澤東親筆題辭：抗日的現實主義，革命的浪漫主義。1940年秋天，毛澤東親筆為魯藝寫了八個字的校訓：緊張，嚴肅，刻苦，虛心。魯藝為根據地培養了一批傑出的文藝人才，師生們的努力豐富了根據地軍民的文化生活，他們中的許多人後來成為新中國文學藝術工作中的骨幹。

延安文藝座談會

　　1942年，整風運動逐漸在延安各單位開展。而這時的延安文藝界出現了"暴露黑暗"等問題。毛澤東感到有必要解決這些問題，通過文藝界的整風，澄清一些是非。為此，他做了大量的調查研究工作。

1942 年 4 月間，毛澤東約請艾青談話後，又三次約請劉白羽談話，還約請在魯藝任教的何其芳、嚴文井、周立波、曹葆華、姚時曉到楊家嶺交談。毛澤東在這段時間裏，共約請了幾位文藝界人士談心。通過交談，毛澤東對中國革命文藝的方向、道路和未來，有了完整的構想。

1941 年在延安楊家嶺建成的飛機型中共中央辦公廳樓，是延安第一幢三層建築，在眾多土窯洞的陪襯下，顯得有點鶴立雞群。三樓是政治局會議室，許多重大決定在這裏作出，許多重要文件從這裏發出，毛澤東稱它為"政治工廠"。1942 年 5 月 2 日下午 1 時半，延安文藝座談會第一次會議就在辦公廳樓下會議室召開。會場氣氛十分活躍，大家爭相發言。5 月 16 日召開了第二次討論會。5 月 23 日下午召開第三次會議。最後請毛澤東作總結講話。由於聽報告的人越聚越多，室內十分擁擠，便將會場移到室外廣場，臨時用三根木椽支個架子，吊上一盞汽燈。報告結束時，已是深夜。

1942

延安文藝座談會後，廣大文藝工作者紛紛奔向抗戰前線，深入工廠、農村、部隊，接觸群眾，體驗生活，創作了《白毛女》《兄妹開荒》《夫妻識字》《逼上梁山》《王貴與李香香》等一大批反映現實生活的群眾喜聞樂見的好作品，發揮了文藝在革命鬥爭中應有的作用。《白毛女》是由延安魯藝的藝術家們在深入生活的基礎上，集體創作的中國第一部新歌劇，突出表現了"舊社會把人逼成'鬼'，新社會把'鬼'變成人"這一鮮明而又富有傳奇色彩的主題。1945 年 4 月中共七大召開期間，該劇在延安中央黨校禮堂舉行首場演出，大獲成功。"口含黃連度日月"的佃戶楊白勞女兒喜兒，高唱"我要報仇！我要活！"深深感染和震撼了觀眾。當時有戰士在台下看到惡霸地主黃世仁的醜惡嘴臉，當即激動地拔出槍要衝上去斃了他。許多看過《白毛女》的戰士高喊著"為千千萬萬個喜兒報仇"而奔赴戰場，英勇殺敵。全國解放後，這一歌劇在全國城鄉廣泛演出，並被拍成電影，改編為芭蕾舞劇。許多人說，看了這個劇，更深刻地體會到"沒有共產黨就沒有新中國"的道理。

根據地政府還組織知識分子克服各種困難，發展國民教育，因陋就簡地創辦中、小學校和開展社會教育，努力提高廣大群眾的文化素質。中共中央很重視在根據地發展科學技術事業。1940 年 2 月在延安成立自然科學研究會。8 月創辦的自然科學院成為中共歷史上第一個培養科學技術人才的陣地。

1943

大生產運動

—— 破解根據地生存困局

★

1941 年和 1942 年，是各敵後抗日根據地物質困難空前嚴重的時期。面對嚴重的經濟困難，毛澤東說：怎麼辦？餓死呢？解散呢？還是自己動手呢？餓死是沒有一個人贊成的，解散也是沒有一個人贊成的，還是自己動手吧！這就是我們的回答。1943 年毛澤東為大生產運動題詞："自己動手，豐衣足食"。

❷

❶ 八路軍駐延安部隊召開生產動員大會。❷1943 年 12 月 9 日毛澤東和
陳雲、林伯渠參觀陝甘寧邊區第三屆生產展覽會。

國民黨頑固派推行消極抗日、積極反共的政策，掀起一次又一次的反共高潮，對解放區的封鎖也一日緊似一日。國民黨軍胡宗南部 30 萬人集結在陝甘寧邊區周圍，構築了三道封鎖線，修建了一萬多個碉堡，對邊區實行嚴密的軍事包圍和經濟封鎖，揚言"不讓一粒糧、一尺布進入邊區"。加上自然災害的侵襲，非生產人員的大量增加，使邊區的財政經濟遇到極大困難。"當時邊區只有一百四五十萬人口，又是土瘠地薄的高原山區。在國民黨頑固派的封鎖下，要擔負數萬名幹部、戰士以及全國不斷奔赴革命聖地的青年學生的吃穿住用，實在成了一個大問題。在一段時間裏，我們財政經濟極其困難，幾乎沒有衣穿，沒有鞋襪穿，冬天沒有被子蓋，沒有菜吃，沒有油吃，甚至吃糧也很困難。"[1]

毛澤東、朱德等狠抓邊區財政經濟工作

1940 年 5 月朱德從華北回到延安後，在協助毛澤東指揮各敵後抗日根據地軍事鬥爭的同時，十分關心陝甘寧邊區財政經濟工作情況。他看到，邊區的"財政經濟建設雖有某些成績，實在是入不敷出，以致幾月來未發一文零用，各機關、學校、軍隊幾乎斷炊"，他深感如不採取重大措施，就很難扭轉局面。

經過調查，朱德把注意力集中到陝甘寧邊區蘊藏量很大、又是人們生活必需品的食鹽上來。邊區境內有五個鹽池，邊區內部消費不了。當時，大家都沒有想到用鹽去換錢以積累資金。朱德想，如果把鹽銷到附近需要食鹽的陝西、山西、河南各地，不是可以換回大量資金嗎？朱德明確提出："現在，自力更生是目前全黨全軍之極重大任務。""我的意見先從鹽下手。""定邊鹽池為陝北經濟策源地。""我們下緊急令，派軍隊全體動員。首先從鹽井來衝鋒，衝破這些困難。"毛澤東贊成朱德等提出的積極發展生產的方針，主要是投資鹽業的發展。他說："鹽的第一個好處是解決出入口平衡問題。出入口問題一解決，則物價、幣價兩大問題即解決了。"

除食鹽外，朱德認為羊毛也是邊區的一大優勢。全邊區有羊 200 萬隻以上，單綿羊產的羊毛，每年就有 250 萬斤以上，紡成毛線、織成呢子，不但

---

[1] 王恩茂：《南泥灣精神永遠激勵我們奮勇前進》，《陝甘寧邊區抗日民主根據地·回憶錄卷》，中共黨史資料出版社 1990 年版，第 203 頁。

可以自用，還可以出口。邊區不宜植棉，棉花較少，可以用毛、棉或毛、麻混紡來解決穿衣問題。他提出：“目前只應以鹽及羊毛為重心來建設，以後當以次第及於他種工業。”[②]

毛澤東、朱德雷厲風行地抓經濟工作，措施有力，很快推動邊區經濟工作出現了新的面貌。

進軍南泥灣

當困難剛剛露頭的時候，1939 年 2 月 2 日，延安舉行了黨政軍生產動員大會，毛澤東在會上發出“自己動手”的號召。

1941 年，為克服經濟上的嚴重困難，中共中央再次強調走生產自救的道路。各抗日根據地掀起了大規模的生產運動。其後，中共中央確定了“發展生產，保障供給”的經濟工作和財政工作總方針。為保證這個總方針的實現，中共中央從當時抗日根據地以個體經濟為基礎、被敵人分割，又處於游擊戰爭的農村的具體情況出發，制定了五條具體方針：（1）在各項生產事業中實行農業、畜牧、工業、手工業、運輸業和商業全面發展，而以農業為主；（2）在公私關係上，實行“公私兼顧”和“軍民兼顧”；（3）在上下級關係上，實行統一領導，分散經營；（4）在生產和消費關係上，實行努力生產，厲行節約；（5）組織起來。

邊區經濟困難中最緊迫的是吃飯問題。為了解決這個問題，朱德提出一個重要主張，就是在不妨礙部隊作戰和訓練的前提下，實行屯田軍墾。當時擔任陝甘寧邊區政府秘書長的李維漢回憶說：“軍隊實行屯田是朱德倡導的。他從前線回延安後，非常關心部隊的生產，主張以部隊強壯眾多的勞動力，投入到生產運動中去，以減輕人民的負擔，密切軍民關係，同時幫助邊區的建設，也改善部隊本身的生活。”朱德夫人康克清也回憶說，“南泥灣政策是朱總先提出，毛主席、黨中央同意了的。朱總原來就有軍墾屯田的思想”。[③]

為此，朱德選擇一大片荒地，準備把部隊開去大幹一番 —— 這就是南

② 以上參見中共中央文獻研究室編：《朱德傳》（修訂本），中央文獻出版社 2006年版，第 606—609 頁。
③ 轉引自中共中央文獻研究室編：《朱德傳》（修訂本），中央文獻出版社 2006 年版，第 610、612 頁。

論

積極推行「南泥灣政策」！

朱德司令從軍事方面總結後，努力提倡邊區軍隊厲行工業、農業、運輸各方面的生產工作，以豐富的勞動力，投入有用的活動，改善部隊生活，密切軍民關係，幫助邊區建設。朱德司令在延安克服物資困難，支持長期抗戰的意義重大的方針。為了實行這一正確主張，朱總司令不但苦口婆心，作了許多解釋，並且以身作則，有些人是不了解的。為了實行延安工作。當時，南泥灣是荒無人煙的地方，荒山縱橫，蒿草蔓生，沒有居民的蹤跡，晚上只能找到一個蒿草住宿。這是路斷狼叫豺嚎，今天的南泥灣，已成了「陝北江南」。於是「南泥灣政策」成了屯田政策的模範，而這個名永遠為朱總司令的名字聯在一起。

三五九旅，是執行朱總司令屯田政策的模範。在旅長兼政委 王震同志領導之下，全旅的生產熱潮是達到了空前的高度，上自旅長下至勤務員伙伕每人生產全組，積極參加勞動。蔚然成風，莖無敢治委員所領導的一個小組，在競賽中創造了每天每人平均開墾六分的全勤，這種名字都合在每探中參照的記錄。能到勝手飽足的各部探中湧現了無數的勞動英雄，這種名字都合在的各部探中湧現了無數的勞動英雄，開墾了一萬二千畝的荒地，補種了糧食、蔬菜和棉花，省了公家的費用。今年護期的收穫是驚人的，全旅收穫細糧五千四百五十一石，細菜十萬斤，瓜菜萬倒，菜蔬一千八百餘擔，羊七四〇〇隻，豬一〇七隻，並且還在牧牧的後，準備了多年用的木炭和柴，預計每盆生產不菜一萬斤。

1942 年 12 月 12 日延安《解放日報》發表積極推行朱德提倡的 "南泥灣政策" 的社論。

泥灣。他帶上秘書、參謀等身邊工作人員和農業技術員，一起去南泥灣實地調查勘探。

從延安到三十里舖這一段路騎馬還比較好走，可是從三十里舖折向東南到南泥灣的 60 多里崎嶇山路就很不好走了。到南泥灣後，根本沒有路，有的地方只能靠砍刀、斧子砍出一條路來。朱德感到，開發南泥灣，交通是個大問題，必須從三十里舖修築一條平坦的大道到南泥灣，以便運輸。他把這項任務交給炮兵團三營九連。在邊區政府建設廳的指導下，九連指戰員克服重重困難，高質高效地完成了任務。

到南泥灣前，聽說南泥灣的水有毒，不能喝，於是，朱德一行人自己隨身帶著水。臨走時，他們取走當地的水樣和土樣。由於延安化驗條件差，就把這些樣品送到重慶周恩來處，請他找人化驗。最後，弄清楚了，原來是當地有些水由於長年經過腐化爛葉的浸泡，喝了有害健康，採取適當措施就可以解決。這為不久後的開墾大軍前來創造了條件。

第三五九旅是八路軍的一支主力作戰部隊。遵照中共中央的命令，1941年3月，王震率第三五九旅官兵高唱"一把钁頭一支槍，生產自給保衛黨中央"的戰歌，浩浩蕩蕩開進荒無人煙的南泥灣。七一八團團長陳宗堯率領全團走幾百里路去背米，他不騎馬，自己背米，馬也背米，全團指戰員為他的精神所感動，人人力量倍增。七一八團政委左齊在戰爭中失去了一隻手，開荒時拿不起鋤頭，就在營裏給戰士做飯，挑上山去給戰士們吃。七一八團模範班長李位，在開荒大競賽中一直處於領先地位。在一次全團組織的175名突擊手的開荒競賽中，他揮舞著一把4斤半重的大板钁，每分鐘落地48次，經11個小時的激烈"戰鬥"，創造了日開荒三畝六分七的最高紀錄，被人們稱為"氣死牛"的英雄。

戰士們用歌聲喚醒沉睡的土地，用汗水澆出萬頃良田，把南泥灣變成了"糧食堆滿倉，麥田翻金浪，豬牛羊肥壯"的"陝北的好江南"。到1944年，第三五九旅除吃用全部自給外，達到了"耕一餘一"（即耕種一年莊稼，除消耗外，可剩餘一年吃的糧食），成為全軍大生產運動的模範。一曲動人的《南泥灣》流傳至今，久唱不衰。

> 花籃的花兒香，聽我來唱一唱，唱一唱。
> 來到了南泥灣，南泥灣好地方，好地方。
> 好地方來好風光，好地方來好風光，
> 到處是莊稼，遍地是牛羊。
>
> 往年的南泥灣，處處是荒山，沒呀人煙。
> 如今的南泥灣，與往年不一般，不一般。
> 如呀今的南泥灣，與呀往年不一般，
> 再不是舊模樣，是陝北的好江南。

中央領導同志帶頭參加大生產運動

毛澤東既是大生產運動的組織者、領導者，又是大生產運動的參加者。他參加警衛班召開的生產動員會議，並且要求戰士們在訂計劃時，給他分一塊耕地。他告訴戰士，我不能走遠，你們在近處給我分一塊。戰士們勸毛澤東不要參加勞動。他堅決說，不行，大生產是黨的號召，我應該和同志們一樣響應黨的號召。毛澤東在自己住的窯洞周圍開了一畝多荒地，播種、栽植、施肥、除草和收穫都自己動手。對一些不懂的農業技術，就拜懂行的戰士和農民為師。毛澤東衣著樸素，粗茶淡飯，經常廢寢忘食，忘我工作。他使用的鉛筆往往用到手都捏不住了還不忍丟棄，思考問題時總把小煤油燈的燈芯撥小，節省煤油。警衛人員見毛澤東總是穿著打著補丁的舊棉衣，就利用雪天打了一些銀狐，做了一件狐皮大衣給他，而他卻婉言謝絕，並建議把珍貴的大衣賣到國統區，為延安換回一些緊缺的物品。

年近花甲的朱德處處以身作則。他紡的毛線質量很好，還和身邊幾個勤務員一起組成生產小組，在王家坪開墾三畝菜地，種上白菜、水蘿蔔、菠菜、蔥、蒜、韭菜、南瓜、黃瓜等十幾種蔬菜。他每天清早和工作之餘，就到菜地裏澆水、施肥、鋤草。朱德是個種菜能手，幾位勤務員年紀輕，沒有種過菜，他就手把手地教他們，還經常背著筐拾糞積肥。朱德種的菜質量好，產量高，品種又多，在當地很有名。朱德種的菜吃不完，經常用來送人。老部下去看望他時，他常留他們吃飯，用自己種的蔬菜招待大家。

1943 年，中央直屬機關和中央警衛團舉行紡線比賽，任弼時奪得第一名，周恩來被評為紡線能手。中央領導人的身體力行，給參加大生產運動的幹部戰士以很大鼓舞。

《為人民服務》——毛澤東為張思德犧牲發表講話

1944 年初，中央警衛團戰士張思德響應大生產運動的號召，主動報名參加中央機關組織的生產小分隊，到離延安 70 多里的安塞縣生產農場，被選為農場副隊長。同年 7 月，進安塞縣山中燒木炭。他處處起模範帶頭作用，哪裏最苦最累，他就出現在哪裏，每到出炭時總是最先鑽進窯中作業。9 月 5 日，天下著雨，張思德帶著突擊隊的戰友們照常進山趕挖新窯。中午時分，炭窯在雨中發生崩塌。危急時刻，張思德一把將戰士小白推出窯口，自己卻被埋在坍塌的土裏，戰友得救了，張思德卻獻出了年僅 29 歲的生命。

9 月 8 日，中央直屬機關和中央警衛團 1000 多人，在延安鳳凰山下棗園溝口的操場上舉行張思德追悼會。毛澤東親自參加追悼會，獻了花圈，親筆題寫 "向為人民利益而犧牲的張思德同志致敬" 的輓詞，並發表悼念講話。他說："我們的共產黨和共產黨所領導的八路軍、新四軍，是革命的隊伍。我們這個隊伍完全是為著解放人民的，是徹底地為人民的利益工作的。張思德同志就是我們這個隊伍中的一個同志。" "人總是要死的，但死的意義有不同。" "為人民利益而死，就比泰山還重；替法西斯賣力，替剝削人民和壓迫人民的人去死，就比鴻毛還輕。張思德同志是為人民利益而死的，他的死是比泰山還要重的。" 這篇講話經過整理後收入《毛澤東選集》，題為《為人民服務》，這也是中國共產黨和人民軍隊的根本宗旨，是共產黨區別於其他任何政黨的顯著標誌。堅持這個宗旨，是我們黨和軍隊戰勝一切敵人、克服一切困難的力量源泉。

陝甘寧邊區和晉察冀、晉冀魯豫、晉綏、山東等敵後抗日根據地開展大生產運動後，人民負擔人人減輕，軍民生活明顯改善。1942 年到 1944 年的 3 年中，陝甘寧邊區共開墾荒地 200 多萬畝。到 1945 年，邊區農民大部做到 "耕三餘一"（即耕種三年莊稼，除消耗外，可剩餘一年吃的糧食），部分做到 "耕一餘一"；農民所交公糧佔總收穫量比重逐年下降。從 1943 年起，敵後各根據地的機關一般能自給兩三個月甚至半年的糧食和蔬菜，人民負擔也只佔總收入的 14% 左右，按當時的生活水平，實現了 "自己動手，豐衣足食" 的要求。

大生產運動是自力更生的一曲凱歌。它不僅支持了敵後的艱苦抗戰，而且積累了一些經濟建設的經驗，培養了一批經濟工作幹部。

1944

讓世界了解延安

—— "半獨立性的外交"

★

1944 年，中外記者團、美軍觀察組（迪克西使團）等紛紛來到延安。多年後，美軍觀察組組長包瑞德回憶說："許多人，包括我本人，對延安共產黨政權基本上持讚賞態度的一個原因是，那裏的一切事物所具有的外表是絕大多數美國人都傾向於讚同的。在重慶，我們所到之處都能看見警察和衛兵；在延安，我所見到的任何地方，包括第十八集團軍總司令部，都沒有一個衛兵。在毛澤東樸素簡陋的住處前面，即或有什麼人在站崗，這對於一個偶然的過路人來說，也是不顯眼的。"①

---

① ［美］D. 包瑞德著，萬高潮等譯：《美軍觀察組在延安》，濟南出版社 2006 年版，第 152 頁。

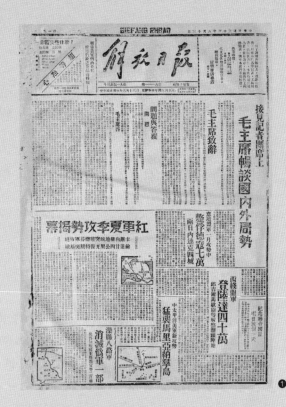

1944

❶1944 年 6 月 13 日《解放日報》關於毛澤東接見中外記者團的報道。
❷1944 年 6 月毛澤東、朱德等在延安會見中外記者。

由於國民黨頑固派的長期封鎖，中外記者很難進入陝甘寧邊區。隨著中國共產黨力量的增長，英、美等國在華人士特別是一些新聞記者對了解抗日根據地的真實情況產生了越來越濃厚的興趣。1944 年，他們紛紛來到了延安。

中外記者團到延安

1944 年 2 月 16 日，駐華外國記者聯盟直接上書蔣介石，要求國民政府允許外國記者到陝北及延安訪問。幾天之後，蔣介石出人意料地批准了外國記者的請求。3 月 4 日，重慶八路軍辦事處給延安發來一份電報，詳細報告了有關情況。

對於外國記者的來訪，黨中央和毛澤東從一開始就很重視。收到八路軍辦事處的來電後，毛澤東當即批給十幾位同志傳閱。4 月 30 日，記者團的行程大體確定，毛澤東又特地致電董必武，請他轉告外國記者："諸位來延，甚表歡迎。"

在外國記者起程之前，有一段小插曲，從一個側面反映出共產黨與國民黨在宣傳領域的尖銳鬥爭。蔣介石批准這次訪問實際上是迫於國內外輿論的壓力，因此竭力想把這次訪問控制起來。按照蔣介石的佈置，原定的外國記者旅行團由國民黨官員帶隊並安排一些中國記者參加。國民黨當局還規定，旅行團要先到西北國民黨統治區考察，然後再到共產黨邊區訪問，期限是 3 個月，寫出的報道必須送交國民黨宣傳部審查之後才能發表。

中外記者團 5 月 17 日離渝，於 6 月 9 日抵達延安。記者團共有 21 名成員，實際只有 6 名外國記者。這 6 人之中，一人是蘇聯塔斯社記者，名叫普羅岑柯；其餘人差不多每人都兼任英美等國二三家有影響的報社記者。

10 日，朱總司令設歡迎晚宴。晚宴後舉行了盛大的音樂會，演出以雄壯的《同盟國進行曲》開始，以氣勢磅礴的《黃河大合唱》結束。這些隆重的活動，一方面是為了歡迎記者團的到來，另一方面則是為了慶祝盟軍在歐洲開闢了第二戰場。

12 日下午，毛澤東會見中外記者並解答他們提出的問題。毛澤東暢談國際國內形勢，並對記者們說，要戰勝日本法西斯，中國必須實行民主。之後，毛澤東還抽空與一些外國記者進行深入的個別交談。在談話中，毛澤東除比較詳細地介紹中國的抗戰形勢和中共的各項基本政策外，還根據每個記者的不同情況，有針對性地講了一些問題。例如，向蘇聯記者普羅岑柯談了中共的組織和發展等；向美國記者史坦因闡述了中國共產黨的外交方針，主張中國與美蘇都保持友誼的關係，以便使中國在戰後能成為美蘇之間的一座橋樑。毛澤東有一段著名的話 ——"我們的權力是人民給的"，也是在同史坦因談話時講的。

通過與中共領導人的交談，外國記者對共產黨的各項政策有了比較深入的認識。同時，中共領導人也通過他們了解到一些比較重要的情況。例如，英美人士對國共兩黨的觀感和對中國局勢的看法，盟軍有可能向八路軍提出配合作戰的請求，美國政府已開始考慮戰後對華政策，等等。有的外國記者還十分友好地向共產黨領導人提出一些改進對外宣傳的建議和辦法。[①]

外國記者還到晉綏抗日根據地和其他一些地方考察採訪。經過幾個月的訪問，記者們發現邊區是一個與國民黨統治區完全不同的新天地。根據親身經歷，他們每人都寫了不少描述根據地鬥爭生活的生動報道。特別是福爾曼寫的《來自紅色中國的報道》和史坦因寫的《紅色中國的挑戰》，是兩部在當時產生了很大影響的書。夏南汗神甫也認為邊區是好的，國民黨想利用他反共，沒有成功。

外國記者訪問的結果完全出乎蔣介石的意料，國民黨當局重新對邊區實行了新聞封鎖。

迪克西使團飛抵延安

1944 年七八月，中緬印戰區美軍司令部分兩批派遣美軍觀察組 18 人抵達延安。

7 月 22 日，一架美國空軍 C-47 型客機正向中國陝西省的延安進發。在此之前，美國軍用飛機從來沒有抵達過延安。飛機上載著第一批美軍觀察組成員，這個觀察組非正式的名稱是"迪克西使團"，團長是駐華美軍司令部的包瑞德上校。飛機在延安機場降落時，發生了一點小事故。飛機緩緩滑行時，由於"地上看不見它的任何標誌"，左輪陷進了一座舊墳墓中，引起飛機的晃動和向左傾斜。但慶幸的是，"迪克西使團到了，很幸運，所有的人都活著且沒有受傷"。

1944

---

① 以上參見《胡喬木回憶毛澤東》，人民出版社 1994 年版，第 331—333 頁。

1944年10月毛澤東、朱德等出席美軍中緬印戰區統帥部授予美軍觀察組組長包瑞德勳章的儀式。

1944年12月晉綏六分區武工隊和民兵中的英雄模範出席邊區群英大會的合影。

　　美軍觀察組在延安期間，毛澤東、周恩來、朱德等親自接見並設宴招待。美軍觀察組有關人員通過訪問，寫了許多調查報告，比較客觀地反映了抗日民主根據地的政治、經濟、軍事等方面情況。美軍觀察組這樣評價延安人："延安使得美國人不可思議的有三點。一是延安人對金錢不感興趣，美國飛機經常往返印度、重慶和延安，延安沒有一個人託過飛機乘務員帶外面花花世界的任何東西。二是延安人待人接物不尚虛文，和一般中國人愛講面子的傳統不一樣。三是延安人沒有開口要美援。"

　　抗戰後期，到延安來的外國人很多，有的來參觀訪問，有的來建立聯繫，除了臨時來往的，如上述的外國記者團和美軍觀察組，還有在此長住的，他們中有蘇聯塔斯社記者弗拉季米洛夫（中國名字叫孫平），他實際上是共產國際派來的聯絡員。日共領袖野阪參三（當時叫岡野進）也住在延安，他領導著一個日本人反戰同盟和一個主要由被俘虜的日軍官兵組成的日本工農學校。

延安的外事工作，對溝通中國共產黨與外部世界的聯繫，更廣泛地宣傳黨的主張起了積極作用。

"半獨立性的外交"

為了更好地適應擴大對外交往的需要，1944 年 8 月 18 日，中共中央發出《關於外交工作指示》，指出黨的外交政策是在國際統一戰線的思想指導之下，以共同抗日和爭取民主、擴大黨的影響為中心內容；目前，我們的外交還是 "半獨立性的外交"；我們辦外交必須站穩民族立場，反對百年來在民族問題上存在的排外和懼外媚外的錯誤觀念。

同年 9 月，美國總統私人代表赫爾利（後被任命為美駐華大使）來華。赫爾利來華初期，美國政府的政策是防止國民黨政府的崩潰，並讓赫爾利居中調處國共關係。因為美國政府開始感到，"中國共產黨已變成中國最有動力的力量"，"國民黨與國民政府日趨崩潰"，共產黨還領導著一支有著很強戰鬥力的軍隊。美國希望蔣介石開放一點民主，而使共產黨把軍隊交出來。11 月 7 日赫爾利飛抵延安，表示贊同中共關於廢除國民黨一黨專政、成立民主聯合政府的主張。經過三天談判，赫爾利和中共領導人共同擬定了《中國國民政府、中國國民黨與中國共產黨協定（草案）》，並在草案上簽字。但是，蔣介石完全拒絕這個 "協定"，赫爾利也背棄他在延安贊同建立民主聯合政府的主張，公開站到蔣介石一邊。他甚至把中共同封建軍閥相提並論，聲稱美國的政策是 "承認中國的國民政府"，不同共產黨合作。美國扶蔣反共政策逐步公開化。中國共產黨同美國的扶蔣反共政策進行了堅決的鬥爭，呼籲美國人民和各界人士，積極起來糾正赫爾利式的錯誤政策。

抗日戰爭時期，中國共產黨堅持獨立自主的方針，形成 "半獨立性的外交"，逐步學會運用馬克思主義立場觀點方法認識和處理對外關係和對外工作問題，初步積累了有關外交工作的經驗。

1944

1945
中共七大勝利召開
—— 確立毛澤東思想為黨的指導思想

★

"山一程，水一程，萬里長征足未停。太行笑相迎。晝趕行，夜趕行，敵偽關防穿插勤。到處有軍屯。"陳毅《長相思·冀魯豫道中》一詞，所寫的是他赴延安參加七大途中的真情實感。

❶ 毛澤東中共七大代表證。 ❷ 毛澤東在抗日戰爭時期撰寫的主要著作。
❸ 中共七大會場現場圖。 ❹ 中共七大代表進入會場。

在中國抗日戰爭接近勝利的前夜，在中國人民面臨著光明和黑暗兩種命運和前途抉擇的關鍵時刻，1945 年 4 月 23 日至 6 月 11 日，中國共產黨第七次全國代表大會在延安隆重舉行。

七大的準備

七大在黨的歷史上創造了諸多個第一和紀錄。七大是承前啟後歷史跨度最長的一次代表大會，承前（距 1928 年召開的中共六大）17 年，啟後（距 1956 年召開的中共八大）11 年。七大會期最長，開了 50 天，這在黨的全國代表大會史上又是一個紀錄。七大召開時共產國際已解散，七大是黨成立以來第一次完全依靠自身力量召開並獨立自主解決所有重大問題的代表大會。

七大的召開，經過了長時間的醞釀和籌備。早在 1931 年 1 月，黨的六屆四中全會將召開七大作為全黨"最不可延遲的任務"之一提出。之後，中央又多次提出並決定召開七大，但都未能按計劃實施。除了因戰爭環境和代表集中不易外，實際上還反映了當時黨內思想上的不一致和對黨的領導核心認識上的不同。尤其怎樣看待六大以來黨的路線是非，更是召開七大繞不開的問題。

在這個過程中，經過艱難曲折，黨的力量有了很大發展，毛澤東在抗戰時期以及在此之前撰寫的大量文章和中共中央發佈的許多文件，已經對黨的歷史經驗從各個方面進行了總結。整風運動的開展，使黨進一步成熟起來。特別是黨的六屆七中全會的召開和《關於若干歷史問題的決議》的通過，肯定了以毛澤東為代表的正確路線，增強了全黨在毛澤東思想基礎上的團結，對中國共產黨歷史上若干重大問題，特別是土地革命戰爭時期以王明為代表的"左"傾教條主義錯誤作了分析和結論，為七大的召開創造了充分的條件。

1945 年春末，延安城內，陌生的面孔日漸增多起來。召開七大的籌備工作已近尾聲，仍有代表風塵僕僕繼續向延安趕來。鑒於形勢的變化和黨員隊伍的發展壯大，中共中央於 3 月初再一次調整、增補了出席七大的代表名額。

召開黨的七大，代表們期盼已久。自 1939 年中央明確要求各地代表選出待命後，不久，代表們即陸續從各抗日根據地、國民黨統治區和淪陷區向延安集中。"西邊的太陽快要落山了，微山湖上靜悄悄……"唱起這首歌時，你可能會記起鐵道游擊隊故事中的這樣一個情節：游擊隊接受了一項政治任務，護送胡服同志穿越敵人的封鎖線。這位胡服同志就是劉少奇。他跨越津浦鐵路，就是前往延安籌備和參加七大。代表們穿越封鎖線，通過敵佔區，有的輾轉數月至一年，還有多名代表在途中犧牲。代表們歷經艱險，分批從四面八方匯集到寶塔山下。

1945 年 4 月，春風和煦，陽光明媚。延安楊家嶺中央大禮堂在陽光的照耀下顯得格外醒目。這座集西式風格與陝北窯洞為一體的建築，是中央決定特為召開七大而修建的，佔地面積千餘平方米。偶爾的汽車喇叭聲，打破往日的寂靜。一隊隊人群歡聲笑語，滿懷喜悅地邁進中央大禮堂。七大的預備會議就要在這裏舉行。

來自各地的代表，精英薈萃，有著廣泛的代表性。根據中共中央的要求，經各級黨組織層層推選、審查，最後確定出席七大的代表共 755 名，其中正式代表 547 名，候補代表 208 名，代表著全黨 121 萬名黨員。代表的平均年齡 36.5 歲，年齡最大的 69 歲，最小的 23 歲。他們中幾乎包括了黨創建以來所有知名的革命家、軍事家，除各地區黨政軍各級領導人外，還有來自基層的戰鬥英雄、生產模範和國民黨統治區、淪陷區黨的秘密工作者等。

七大的召開

1945 年 4 月 23 日下午，七大在延安楊家嶺中央大禮堂開幕。大禮堂的會場，佈置得莊重、簡樸、喜慶。主席台正中，矗立著毛澤東、朱德的巨幅畫像，六面鮮紅的黨旗分插兩旁。主席台上方，懸掛著紅底白字的"中國共產黨第七次全國代表大會"會標，格外醒目。會標上方的正中，掛著一幅馬克思、恩格斯、列寧、斯大林的畫像。主席台最上方的石拱上，"在毛澤東的旗幟下勝利前進"十二個紅色美術字，與會場後面毛澤東題寫的"同心同德"四個大字，烘托出大會的主題。主席台兩側，分別掛著綴字紅色燈芯絨布幛："以馬列主義理論與中國革命實踐之統一的毛澤東思想作為黨的一切工作的指導方針"；"為群眾謀利益、謀解放是黨的根本宗旨，一切為群眾、走群眾路線是黨的一切工作的出發點"。台前還擺放著多盆從山裏採集來的野生花草。會場兩邊的牆上，各安裝著 3 個"V"字形的旗座，每個旗座插有 4 面共 24 面黨旗。"V"字形表示革命勝利之意，24 面旗幟象徵中國共產黨 24 年的奮鬥歷程。同時每個旗座上還釘有一個標語牌，上書："堅持真理，修正錯誤。"會場內一排排條形木椅擺放整齊，代表們隨意坐滿各處。

第二天，毛澤東向大會作政治報告。他會前發給代表一個書面報告，即《論聯合政府》。報告提出當前最重要、最迫切的任務是立即廢止國民黨一黨專政，建立民主聯合政府。報告對新民主主義國家在政治、經濟、文化各方面的綱領和外交政策的基本原則，作了全面具體的說明。關於新民主主義的一般綱領，報告強調，在新民主主義的社會制度下，在發展國家經濟、合作經濟的同時，要讓那些不是操縱而是有利於國民生計的私人資本主義有發展的便利，保障一切正當的私有財產。七大關於發展資本主義的論述，是對新民主主義理論的重大發展。報告還首次明確提出要以生產力標準來評判一個政黨的歷史作用。

會上，毛澤東沒有照讀書面報告，而是就其中一些問題及其他問題作了口頭報告，主要涉及三個方面：

第一，路線問題，就是黨的政治路線，即放手發動群眾，壯大人民力量，在我黨的領導下，打敗日本侵略者，解放全國人民，建立一個新民主主義的中國。在此，毛澤東從歷史和現實的角度，反覆強調農民的重要作用。他說："忘記了農民，就沒有中國的民主革命"，"也就沒有一切革命"。第二，政策方面的幾個問題。毛澤東滿懷激情地說："我們要做好準備，由小麻雀變成大鵬鳥，一個翅膀掃遍全中國，讓日本帝國主義滾蛋。"第三，黨內的幾個問題。關於個性與黨性，毛澤東說：黨性就是普遍性，個性就是特殊性。黨員是有各種不同的個性，誰要抹煞各種不同的個性是不行的。他最後強調，要講真話，就是"不偷、不裝、不吹"，每個普通的人都應該如此，每個共產黨人更應該如此。[1] 毛澤東的口頭報告內容豐富，深入淺出，詼諧幽默，不時引起陣陣笑聲和掌聲，使大家加深了對《論聯合政府》報告精神的理解和把握。

接下來，朱德作《論解放區戰場》的軍事報告，劉少奇作《關於修改黨章》的報告，周恩來作《論統一戰線》的發言。各次報告之後，各代表團進行分組討論，20 多位代表在全體大會上發言。

---

[1] 《毛澤東文集》第 3 卷，人民出版社 1996 年版，第 305、332、340、349 頁。

大會的每一個報告、決議、文件，都經過全體代表、各代表小組、各代表團會議和大會反覆討論，提出意見，加以補充修改。大會主席團盡一切可能讓每個代表發表自己的意見。許多代表在發言中表示，我們黨今天有了自己的馬克思主義 ——毛澤東思想，我們黨今天有了自己的領袖 ——毛澤東同志，"這實是我黨二十五年來的最大勝利"。[②] 還有一些代表或者具體地總結本地區、本部門、本單位在長期革命鬥爭中積累起來的經驗教訓，或者對過去黨內所犯的錯誤，特別是以王明為代表的"左"傾教條主義錯誤，從團結的願望出發，深入開展批評。會上會下，代表們開誠佈公，坦誠相待，在此基礎上，形成了新的團結和新的力量。七大是執行黨的民主集中制原則的典範，開啟了充分發揚黨內民主的一代新風。

在大會對三個報告的討論行將結束前，中央委員會的選舉工作便開始醞釀了。這也是與會代表普遍關心、議論最多的一個問題。經過反覆討論，最終確定和堅持了三個原則：（1）對過去犯過錯誤的同志，不要一掌推開；（2）對於中國革命在長期分散的農村環境中形成的"山頭"，既要承認和照顧，又要縮小和消滅，要把各個地方、各個方面的先進代表人物都選進來；（3）不要求每一個中央委員都通曉各方面知識，但要求中央委員會通曉各方面知識，因而要把有不同方面知識和才能的同志選進來。

選舉過程中，在小組會上，代表團會上，任何代表都可以提名候選人，沒有任何指定，沒有任何限制。對候選名單中的任何一個人有不同意見，可以提；有不了解的地方，可以問。[③] 選舉時，好多人不願意選王明等人，中央做說服工作，結果王明當選為中央委員的最後一名。海納百川，有容乃大。這就是中國共產黨人的宏大氣魄，也是中國共產黨不斷發展壯大的內在因素。

最終，七大選舉中央委員 44 人，候補中央委員 33 人。6 月 19 日，七屆一中全會選出 13 名中央政治局委員，選舉毛澤東、朱德、劉少奇、周恩來、任弼時為中央書記處書記，毛澤東為中央委員會主席。由此形成了黨的第一代中央領導集體。

②　《張聞天文集》（三），中共黨史出版社 1994 年版，第 263 頁。
③　鄭天翔：《盛會相逢喜空前》，中共中央黨史研究室第一研究部編：《七大代表憶七大》上，上海人民出版社 2006 年版，第 545—546 頁。

確立毛澤東思想為黨的指導思想

6 月 11 日，七大舉行閉幕式，通過了新黨章。確立毛澤東思想為黨的指導思想並寫入黨章，是七大的歷史性貢獻。劉少奇在關於修改黨章的報告中指出："毛澤東思想，就是馬克思列寧主義的理論與中國革命的實踐之統一的思想，就是中國的共產主義，中國的馬克思主義。"

毛澤東思想這一科學概念的形成，經歷了一個過程。1941 年 3 月，黨的理論工作者張如心用了 "毛澤東同志的思想" 的提法。1942 年 7 月 1 日，朱德發表文章指出："我們黨已經積累下了豐富的鬥爭經驗，正確的掌握了馬列主義的理論，並且在中國革命的實踐中創造了指導中國革命的中國化的馬列主義的理論。" [4] 陳毅則在文章中比較全面論述了黨運用馬克思主義解決中國革命問題的新創造，指出毛澤東在革命實踐中創立了 "正確的思想體系" [5]。1943 年 7 月 5 日，王稼祥在《中國共產黨與中國民族解放的道路》一文中，首先使用 "毛澤東思想" 這個概念，指出 "毛澤東思想就是中國的馬克思列寧主義" [6]。與此同時，劉少奇號召全黨 "用毛澤東同志的思想來武裝自己" [7]。

中共七大確立毛澤東思想為黨的指導思想，是近代中國歷史和人民革命鬥爭發展的必然選擇。正確認識和確立毛澤東的歷史地位和毛澤東思想的指導作用，是中國共產黨人和中國人民在長期鬥爭中的巨大收穫。

七大的歷史功績是多方面的。它確定了黨的政治路線，使全黨有了前進方向的指引和正確方針的遵循；它把毛澤東思想確立為黨的指導思想，使全黨有了在政治上、思想上取得一致的牢固的理論基礎；它把黨在長期奮鬥中形成的優良作風概括為理論和實踐相結合、和人民群眾緊密聯繫在一起、自我批評的三大作風，使黨的路線方針得以順利貫徹有了根本的保證；它選舉產生以毛澤東同志為核心的黨的第一代中央領導集體，使全黨在組織上達到空前的團結。

七大是黨在民主革命時期召開的一次極其重要的全國代表大會。它以 "團結的大會，勝利的大會" 載入黨的史冊。

④ 朱德：《紀念黨的二十一週年》，1942 年 7 月 1 日《解放日報》。
⑤ 陳毅：《偉大的二十一年 —— 建黨感言》，1942 年 7 月 1 日《鹽阜報》。
⑥ 1943 年 7 月 8 日《解放日報》。
⑦ 劉少奇：《清算黨內的孟什維主義思想》，1943 年 7 月 6 日《解放日報》。

七大後，世界反法西斯戰爭的勝利推進，中國軍民的全面反攻，決定了日本侵略者的失敗命運。1945 年 8 月 6 日、9 日，美國在日本廣島、長崎投擲原子彈，震動日本朝野。8 月 8 日，蘇聯對日宣戰，次日出兵中國東北，加速了日本失敗的進程。8 月 15 日正午，日本天皇裕仁以廣播《終戰詔書》的形式，宣佈接受《波茨坦公告》，日本無條件投降。9 月 2 日上午，在東京灣的美國 "密蘇里" 號戰列艦上，同盟國舉行了日本正式投降的簽字儀式。日本方面的外相重光葵和參謀總長梅津美治郎，同盟國方面美國、中國、英國、蘇聯、澳大利亞、加拿大、法國、荷蘭和新西蘭諸國代表，分別在日本投降書上依次簽字。至此，中國人民經過 14 年不屈不撓的浴血奮戰，取得了中國抗日戰爭的偉大勝利，世界反法西斯戰爭也勝利結束。

　　中國人民抗日戰爭是近代以來中國人民反抗外敵入侵持續時間最長、規模最大、犧牲最多的民族解放鬥爭，也是第一次取得完全勝利的民族解放鬥爭。這個偉大勝利，是中華民族從近代以來陷入深重危機走向偉大復興的歷史轉折點，也是世界反法西斯戰爭勝利的重要組成部分，是中國人民的勝利，也是世界人民的勝利。

1945

1946

"一切反動派都是紙老虎"

—— 從自衛戰爭到解放戰爭

★

1945 年 8 月 15 日日本無條件投降後，8 月下旬，中共中央提出"和平、民主、團結"三大口號，並接受蔣介石邀請，派毛澤東、周恩來、王若飛等人赴重慶與國民黨代表進行和平談判。但蔣介石決不甘心放棄他的獨裁統治，一意孤行，加緊全面內戰的準備。1946 年 6 月 26 日，蔣介石國民黨發動全面內戰。蔣介石之所以敢這麼做，是依恃看起來似乎是不可戰勝的美國政府的支持，以及佔有絕對優勢的軍事力量和經濟力量。在敵我力量對比懸殊的情況下，我們有沒有戰勝敵人的膽識和信心？這是中國共產黨必須首先回答的問題。8 月 6 日，毛澤東和美國記者安娜·路易斯·斯特朗談話指出："一切反動派都是紙老虎。看起來，反動派的樣子是可怕的，但是實際上並沒有什麼了不起的力量。""蔣介石和他的支持者美國反動派也都是紙老虎。"這個談話極大鼓舞了中國人民勝利的信心。1947 年 4 月，《美亞雜誌》用英文發表了毛澤東與斯特朗的談話。5 月，上海出版的《文萃》第 6 輯譯載了這篇談話。

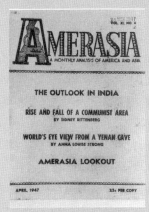

❶"一切反動派都是紙老虎"。❷1946 年 6 月 19 日中共中央關於大打
後我軍部署的指示。❸1946 年 6 月 23 日上海各界 5 萬多人在北火車站
廣場召開歡送赴南京請願代表的大會,呼籲和平,反對內戰,並舉行了
示威遊行。

抗日戰爭勝利後，中國人民熱切希望實現和平、民主，建設新中國。中國共產黨反映人民的要求，積極參加重慶談判，作出同意撤退南方八個解放區的部隊、大幅縮編人民軍隊等重大讓步；參加政治協商會議，為爭取和平民主進行了種種努力。

　　1946 年 6 月 19 日，中共中央關於大打後我軍部署的指示："劉鄧薄、賀李、聶劉，並告陳舒：（一）觀察近日形勢，蔣介石準備大打，恐難挽回。大打後，估計六個月內外時間，如我軍大勝，必可議和；如勝負相當，亦可能議和；如蔣軍大勝，則不能議和。因此，我軍必須戰勝蔣軍進攻，爭取和平前途。"

　　國民黨當局卻倒行逆施，在搶佔抗戰勝利果實、完成戰爭準備後，即撕毀停戰協定和政協協議，1946 年 6 月，悍然向解放區發動全面進攻。國民黨軍隊 22 萬人圍攻鄂豫邊境的中原解放區。中原軍區主力由司令員李先念、政治委員鄭位三率領，於 6 月 26 日晚分兩路突圍。接著，國民黨軍隊更大舉進攻華東、晉冀魯豫、晉綏、東北以及海南島等解放區。全面內戰由此爆發。

　　在國際上，當時美國正在加緊準備 "冷戰"。"美蘇必戰" "第三次世界大戰即將爆發" 的聲浪一時甚囂塵上。蘇聯領導人對形勢作了悲觀的估計，認為中國如果打內戰，美蘇可能捲入，中國將成為世界大戰的戰場，中華民族有毀滅的危險。當時國民黨軍隊的總兵力約 430 萬人，其中正規軍約 200 萬人，人民解放軍總兵力只有約 127 萬人，其中野戰軍 61 萬人。雙方總兵力對比為 3.4：1。國民黨政府統治著約佔全國 76% 的面積、3.39 億人口的地區，控制著幾乎所有大城市，解放區的土地面積只約佔全國的 24%，人口約1.36 億，大部分為鄉村。

　　在中國革命的緊要關頭，毛澤東堅定地指出：我們必須打敗蔣介石，因為蔣介石發動的戰爭，是一個在美帝國主義指揮之下的反對中國民族獨立和中國人民解放的反革命的戰爭；我們能夠打敗蔣介石，因為人民解放軍的戰爭所具有的愛國的正義的革命的性質，必然要獲得全國人民的擁護。這就是戰勝蔣介石的政治基礎。尤其是革命力量在抗戰中取得的巨大發展，已遠非土地革命戰爭時期可比。

　　1946 年 8 月，毛澤東在同美國記者安娜·路易斯·斯特朗的談話中，明確指出：

原子彈是美國反動派用來嚇人的一隻紙老虎，看樣子可怕，實際上並不可怕。當然，原子彈是一種大規模屠殺的武器，但是決定戰爭勝敗的是人民，而不是一兩件新式武器。

……從長遠的觀點看問題，真正強大的力量不是屬於反動派，而是屬於人民。在 1917 年俄國二月革命以前，俄國國內究竟哪一方面擁有真正的力量呢？從表面上看，當時的沙皇是有力量的；但是二月革命的一陣風，就把沙皇吹走了。歸根結蒂，俄國的力量是在工農兵蘇維埃這方面。沙皇不過是一隻紙老虎。希特勒不是曾經被人們看作很有力量的嗎？但是歷史證明了他是一隻紙老虎。墨索里尼也是如此，日本帝國主義也是如此。相反的，蘇聯以及各國愛好民主自由的人民的力量，卻是比人們所預料的強大得多。

……提起美國帝國主義，人們似乎覺得它是強大得不得了的，中國的反動派正在拿美國的 "強大" 來嚇唬中國人民。但是美國反動派也將要同一切歷史上的反動派一樣，被證明為並沒有什麼力量。在美國，另有一類人是真正有力量的，這就是美國人民。

拿中國的情形來說，我們所依靠的不過是小米加步槍，但是歷史最後將證明，這小米加步槍比蔣介石的飛機加坦克還要強些。雖然在中國人民面前還存在著許多困難，中國人民在美國帝國主義和中國反動派的聯合進攻之下，將要受到長時間的苦難，但是這些反動派總有一天要失敗，我們總有一天要勝利。這原因不是別的，就在於反動派代表反動，而我們代表進步。

1946

這是毛澤東在第二次世界大戰結束不久，關於國際形勢和國內形勢的一篇很重要的談話。在這篇談話裏，毛澤東提出了 "一切反動派都是紙老虎" 的著名論斷。這個論斷，武裝了中國人民的思想，加強了中國人民的勝利信心，在人民解放戰爭中，起了極其偉大的作用。

從 1946 年 6 月至 1947 年 6 月，人民軍隊處於戰略防禦階段。戰爭主要在解放區進行。其中，前八個月粉碎了國民黨軍隊的全面進攻；後四個月努力打破國民黨軍隊的重點進攻。在一年的內線作戰中，人民軍隊平均每月殲敵 8 個旅，共殲敵 112 萬人；自己的總兵力發展到 190 多萬人。正是在這種情況下，人民軍隊結束戰略防禦階段，以新的態勢跨入人民解放戰爭的第二個年頭。

1947

"打倒蔣介石，
解放全中國"

—— 人民解放軍轉入戰略進攻

★

1947 年 6 月，劉鄧大軍強渡黃河天險，千里躍進大別山，揭開了中國人民解放軍戰略進攻的序幕。10 月 10 日，中國人民解放軍總部發表《中國人民解放軍宣言》，宣佈解放軍即共產黨的八項基本政策，公開提出"打倒蔣介石，解放全中國"。

中國人民解放軍宣言

中國人民解放軍 總司令 朱 德
　　　　　　　副總司令 彭德懷

中華民國三十六年（一九四七年）十月十日

❶1947 年劉鄧大軍千里躍進大別山。❷1947 年 10 月 10 日中國人民解放軍宣言。❸1947 年毛澤東轉戰陝北行軍途中。❹1947 年 12 月 8 日劉鄧關於大別山敵情致中央軍委的電報。

1947 年 7 月 7 日，中共中央在抗日戰爭 10 週年的紀念口號中，向全國人民公開宣佈了堅決、徹底、乾淨、全部地消滅一切蔣介石進犯軍，反對蔣介石的內戰、獨裁、賣國政策，成立民主聯合政府，以及沒收官僚資本、實行土地制度改革、保護民族工商業等主張。9 月，提出了"全國大反攻、打倒蔣介石"的口號。

10 月 10 日，中國人民解放軍總部發表宣言，提出"打倒蔣介石，解放全中國"的口號，宣佈了人民解放軍也就是中國共產黨的八項基本政策，其中包括：打倒蔣介石獨裁政府，成立民主聯合政府；沒收官僚資本，發展民族工商業；廢除封建剝削制度，實行耕者有其田的制度；各少數民族有平等自治權利；廢除一切賣國條約，同外國訂立平等互惠的通商友好條約，等等，從而給全國人民指明了徹底解放全中國的總目標。

10 月 27 日，中共中央發出必須將革命進行到底的指示，要求徹底揭露美蔣組織以中間派別面目出現的"和平陰謀"，做好爭取和團結各民主黨派的工作。指示還強調："必須徹底宣傳新民主主義的思想和政綱，反對一切不徹底的資產階級妥協思想和改良主義政綱。只有動員全中國絕大多數人民站在我解放軍雙十宣言的主張上，並徹底實行之，才能真正摧毀大地主大資產階級的反動統治和消除帝國主義的侵略。"

各戰場人民解放軍在內線和外線的配合作戰，構成人民解放戰爭全國規模的戰略進攻的總形勢。在半年的作戰中，人民解放軍共殲敵 75 萬多人。到 1947 年底，戰爭已經主要的不是在解放區內進行，而是在國民黨統治區內進行了。國民黨軍隊被迫由戰略進攻轉變為全面防禦，從而結束了長期以來人民軍隊在革命戰爭中所處的戰略防禦地位。這一偉大勝利，標誌著戰爭形勢的根本改變，標誌著中國革命新高潮的到來，標誌著中國革命戰爭已經達到一個新的歷史轉折點。

當解放區軍民在自衛戰爭中取得重大勝利的同時，在國民黨統治區，在共產黨領導和推動下，以 1946 年 12 月底爆發的抗議美軍暴行運動（即抗暴運動）為標誌，到 1947 年五二〇運動進一步發展為"反飢餓、反內戰、反迫害"運動，席捲 60 多個大中城市，以學生群眾為先鋒的愛國民主運動同國民黨反動政府之間的鬥爭，逐步形成配合人民解放戰爭的第二條戰線。

同時，各解放區更加普遍深入地開展土地制度改革運動。繼 1946 年 5 月中共中央發佈"五四指示"後，1947 年 10 月 10 日中共中央批准公佈《中國土地法大綱》，規定廢除封建性及半封建性的土地剝削制度。解放區掀起土地改革熱潮。經過土改運動，到 1948 年秋，在 1 億人口的解放區消滅了封建的生產關係，廣大農民政治覺悟和組織程度空前提高。

為了制定"打倒蔣介石，解放全中國"的具體行動綱領，1947 年 12 月 25 日至 28 日，中共中央在陝北米脂縣楊家溝召開擴大會議，毛澤東在會上作《目前形勢和我們的任務》的報告。在軍事方面，毛澤東總結人民革命戰爭特別是 18 個月以來解放戰爭的經驗，提出了十大軍事原則，核心是打殲滅戰，不斷殲滅敵人的有生力量；在經濟方面，明確宣佈新民主主義革命的三大經濟綱領；在政治方面，重申《中國人民解放軍宣言》中提出的黨的最基本的政治綱領，即"聯合工農兵學商各被壓迫階級、各人民團體、各民主黨派、各少數民族、各地華僑和其他愛國分子，組成民族統一戰線，打倒蔣介石獨裁政府，成立民主聯合政府"。

毛澤東指出："這是一個歷史的轉折點。這是蔣介石的二十年反革命統治由發展到消滅的轉折點。這是一百多年以來帝國主義在中國的統治由發展到消滅的轉折點。""這個事變一經發生，它就將必然地走向全國的勝利。"[①]

1947

① 《毛澤東選集》第 4 卷，人民出版社 1991 年版，第 1244 頁。

1948

"為了新中國，衝呀！"

—— 將革命進行到底

★

解放戰爭進行到第三個年頭，1948 年 5 月 25 日，在解放隆化的戰鬥中，19 歲的解放軍戰士董存瑞捨身炸毀敵暗堡。"為了新中國，衝呀！"成為全體解放軍指戰員的戰鬥號角。三大戰役的勝利，是人民戰爭的偉大勝利，國民黨政府在長江以北的力量全線崩潰。1948 年 12 月 30 日，毛澤東在為新華社所寫的新年獻詞中發出了"將革命進行到底"的偉大號召："用革命的方法，堅決徹底乾淨全部地消滅一切反動勢力！"1949 年 1 月 1 日《人民日報》頭版發表新年獻詞。

1948

❶ 三大戰役期間中共中央、中央軍委與前線的部分電報手稿。❷ 董存瑞
（塑像）。❸ 三大戰役得到了東北、華北、華東、中原等各解放區億萬人
民的支援。圖為擔架隊整裝待發。

❹1949 年 1 月 1 日《人民日報》頭版刊登《將革命進行到底 ——
一九四九年新年獻詞》。

1948年，人民解放戰爭進入奪取全國勝利的決定性階段。人民革命即將迎來新世界的曙光。

一貫表現突出的班長董存瑞捨身炸敵暗堡

在河北省隆化縣城北郊，長眠著模範共產黨員、全國著名戰鬥英雄董存瑞的英靈。在蒼松翠柏中矗立著一座雄偉的紀念碑，碑上銘刻著朱德總司令的題詞：“捨身為國，永垂不朽！”

1929年董存瑞出生於河北省懷來縣。13歲時曾機智地掩護中共龍（關）延（慶）懷（來）聯合縣第三區區委書記躲過日軍的追捕，被譽為“抗日小英雄”。1943年春，被選為懷來縣南山堡村第一任兒童團團長，積極參加抗日活動。1945年春參加抗日自衛隊，7月參加八路軍。1947年初的一次戰鬥中，在班長犧牲、副班長身負重傷的情況下，他挺身而出代理班長，帶領戰友們出色完成作戰任務。同年3月加入中國共產黨。後任東北民主聯軍某部副址長。1948年1月，在延慶縣人勝嶺戰鬥中，他奮勇當先，追擊中隻身俘敵10餘人。董存瑞軍事技術過硬，作戰機智勇敢，先後立大功3次、小功4次，獲3枚“勇敢獎章”和1枚“毛澤東獎章”。3月，董存瑞所在連隊編為東北人民解放軍第11縱隊第32師第96團第6連，他被任命為六班班長。隨後，部隊進行了50天的大練兵運動。因為訓練成績優異，六班被授予“董存瑞練兵模範班”，他本人被授予“模範爆破手”光榮稱號。

1948年5月1日，第11縱隊從朝陽地區西進，直抵承德北部屏障隆化城。25日，隆化戰鬥打響。董存瑞所在連隊擔負攻擊國民黨守軍防禦重點隆化中學的任務，他擔任爆破組長。在全連戰鬥動員會上，董存瑞代表全班表決心：“我就是死後化成泥土，也要填到隆化中學的外壕裏去，讓大家踩著我們把隆化拿下來。”戰鬥開始後，他帶領戰友們接連炸毀4座炮樓、5座碉堡，勝利完成了規定的任務。連隊隨即發起衝鋒，突然遭敵一隱蔽的橋型暗堡猛烈火力的封鎖。部隊受阻於開闊地帶，二班、四班接連兩次對暗堡爆破均未成功。此時，離發起總攻僅15分鐘。在這關鍵時刻，董存瑞挺身而出，向連長請戰：“我是共產黨員，請准許我去！”毅然抱起炸藥包，衝向暗堡。前進中他左腿負傷，仍頑強堅持衝至橋下。由於橋型暗堡距地面超過身高，兩頭橋台又無法放置炸藥包，他毫不猶豫地用左手托起炸藥包，右手拉燃導火索，高喊“為了新中國，衝呀！”將暗堡炸毀。董存瑞以自己的生命為部隊開闢了前進的道路，年僅 19 歲。

"為了新中國，衝呀！"人民解放軍奮勇向前，誓"將革命進行到底"！

抓住戰略決戰的有利時機

1948 年秋，全國解放戰爭進入決定性階段。這時，人民解放軍已由戰爭開始時的 127 萬人發展到 280 萬人，其中野戰軍 149 萬人；在裝備上已有很大改善，新增的裝備許多是從敵方繳獲來的，可以說是由美國經過國民黨軍隊供應的。各解放區相繼連成一片，面積 235.5 萬平方公里，佔全國總面積的 24.5%，人口 1.68 億，佔全國總人口的 35.3%。解放區內基本上完成土地制度改革，廣大農民革命和生產積極性空前高漲，解放軍的後方進一步鞏固。

與此相反，國民黨軍隊已由內戰開始時的 430 萬人下降為 365 萬人，且士氣低落，戰鬥力不強，其 5 個戰略集團（即胡宗南集團、白崇禧集團、劉峙集團、傅作義集團、衛立煌集團）已被解放軍分割在西北、中原、華東、華北、東北 5 個戰場上，已經沒有完整的戰線。可以說，國民黨的統治正面臨瀕於崩潰的局勢。

毛澤東和中共中央科學分析戰爭形勢，當機立斷，及時抓住戰略決戰的有利時機，從 1948 年 9 月 12 日開始，至 1949 年 1 月 31 日結束，歷時 4 個月零 19 天，連續發起遼瀋、淮海、平津三大戰役，共殲滅國民黨軍隊 154 萬多人，使國民黨賴以維持其反動統治的主要軍事力量基本上被摧毀，為中國革命在全國的勝利奠定了基礎。

粉碎國民黨統治集團"劃江而治"的圖謀

經過三大戰役，國民黨政府在長江以北的力量已全線崩潰，在長江以南也難組織起系統的防禦。在三大戰役進行期間和結束以後，國民黨統治集團在美國駐華大使司徒雷登的支持和策劃下，發動了一場"和平攻勢"。他們企圖利用和平談判的手段，達到"劃江而治"的目的，以便爭取喘息時間，保存殘餘的反革命勢力，伺機捲土重來。

蔣介石由於受到內部和外部的壓力，不得不於 1949 年元旦發表"求和"聲明。但他在聲明中提出要保存國民黨製造的從來不為人民承認的"憲法"，保存他的所謂"法統"，保存反動軍隊等，否則就要同共產黨"周旋到底"。顯然，這不是和平的條件，而是繼續戰爭的條件。

針對這種情況，毛澤東在 1948 年 12 月 30 日為新華社所寫的新年獻詞中發出了"將革命進行到底"的偉大號召。社論強調，必須"不動搖地堅持打倒帝國主義，打倒封建主義，打倒官僚資本主義，在全國範圍內推翻國民黨的反動統治，在全國範圍內建立無產階級領導的以工農聯盟為主體的人民民主專政的共和國"，並由此向社會主義社會發展；而決不允許使革命半途而廢，讓反動派養好創傷，捲土重來，使中國重新回到黑暗世界。在這個問題上，一切願意參加當前的革命事業的人們要一致，要合作，而不是建立什麼"反對派"，也不是走什麼"中間路線"。

1949 年 1 月 21 日，蔣介石宣告"引退"後，4 月 1 日，以周恩來為首席代表的中國共產黨代表團開始同以張治中為首席代表的國民黨政府代表團在北平舉行談判。經雙方多次交換意見、多方協商後，中共代表團在 4 月 15 日將《國內和平協定最後修正案》送交國民黨政府代表團，並限國民黨政府在 4 月 20 日前就協定表明態度。國民黨政府代表團一致同意接受這個和平協定。但國民黨當局拒絕在《國內和平協定》上簽字，談判宣告破裂。經中共方面真誠挽留，在北平的國民黨政府代表團成員仍留下，多數隨後參加了籌建新中國的人民政治協商會議。

1949 年 4 月 21 日，毛澤東主席和朱德總司令發佈向全國進軍的命令。4 月 20 日夜至 21 日，由以鄧小平為書記的總前委統一指揮，第二、第三野戰軍（原中原野戰軍和華東野戰軍）在第四野戰軍先遣兵團和中原軍區部隊配合下，在江北人民的支援和江南游擊隊的策應下，發起渡江戰役。在西起湖口、東至江陰的千里戰線上，百萬雄師分三路強渡長江。國民黨苦心經營三個半月的長江防線頃刻瓦解。

當解放軍突破長江防線時，南京國民黨政府慌忙逃往廣州。4 月 23 日，解放軍佔領國民黨的統治中心南京，宣告了延續 22 年的國民黨反動統治的覆滅。

隨後，5 月 27 日，解放軍攻佔中國最大的城市——上海，並分路繼續向中南、西北、西南各省勝利大進軍，分別以戰鬥方式或和平方式，迅速解決殘餘敵人，解放廣大國土。國民黨蔣介石集團從大陸逃往台灣。

新世界的曙光已經來臨！

1949

擘畫新世界，
建立新中國
—— 開始社會主義革命和建設時期

★

面臨籌建新中國的歷史任務，1949 年 3 月 5 日至 13 日，中共七屆二中全會在西柏坡召開。全會規定了取得全國勝利後黨在政治、經濟、外交方面應當採取的基本政策，指出了中國由農業國轉變為工業國、由新民主主義社會轉變為社會主義社會的發展方向。全會討論了黨的工作重心由鄉村轉移到城市的問題。10 月 1 日 15 時，新中國開國大典隆重舉行。

❶　　　　　　　　　　　　　　❷

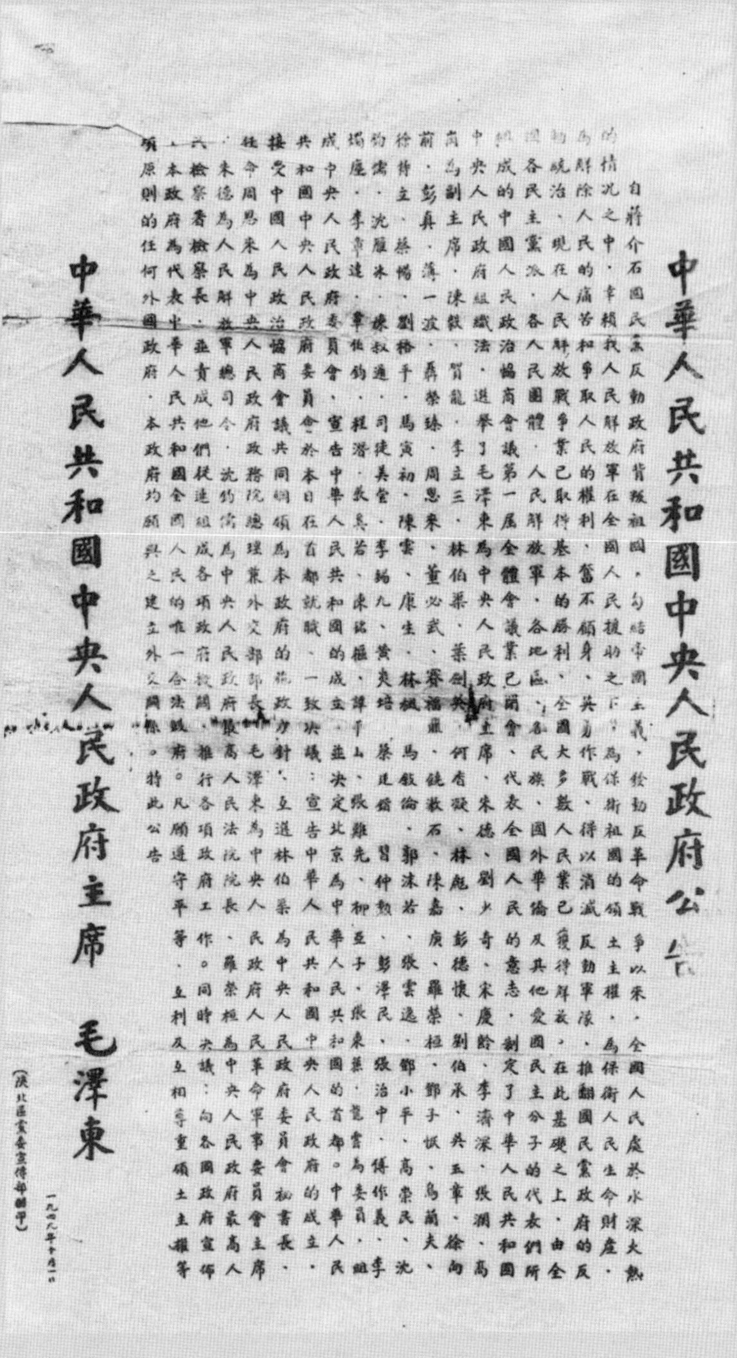

中華人民共和國中央人民政府公告

自蔣介石國民黨反動政府背叛祖國，勾結帝國主義，發動反革命戰爭以來，全國人民處於水深火熱的情況之中。幸賴我人民解放軍在全國人民援助之下，為保衛祖國的領土主權，為保衛人民生命財產，為解除人民的痛苦和爭取人民的權利，奮不顧身，英勇作戰，得以消滅反動軍隊，推翻國民黨反動統治。現在人民解放戰爭業已取得基本的勝利，全國大多數人民業已獲得解放。在此基礎之上，由全國各民主黨派、各人民團體、人民解放軍、各地區、各民族、國外華僑及其他愛國民主分子的代表們所組成的中國人民政治協商會議第一屆全體會議業已開會，代表全國人民的意志，制定了中華人民共和國中央人民政府組織法，選舉了毛澤東為中央人民政府主席，朱德、劉少奇、宋慶齡、李濟深、張瀾、高崗為副主席，陳毅、賀龍、李立三、林伯渠、葉劍英、何香凝、林彪、彭德懷、劉伯承、吳玉章、徐向前、彭真、薄一波、聶榮臻、周恩來、董必武、賽福鼎、饒漱石、陳嘉庚、羅榮桓、鄧子恢、烏蘭夫、徐特立、蔡暢、劉格平、馬寅初、陳雲、康生、林楓、馬敘倫、郭沫若、張雲逸、鄧小平、高崇民、沈鈞儒、沈雁冰、陳叔通、司徒美堂、李錫九、黃炎培、蔡廷鍇、習仲勳、彭澤民、張治中、傅作義、李燭塵、李章達、章伯鈞、程潛、張奚若、陳銘樞、譚平山、張難先、柳亞子、張東蓀、龍雲為委員，組成中央人民政府委員會，宣告中華人民共和國的成立，並決定北京為中華人民共和國的首都。中華人民共和國中央人民政府委員會於本日在首都就職，一致決議：宣告中華人民共和國中央人民政府的成立，接受中國人民政治協商會議共同綱領為本政府的施政方針，互選林伯渠為中央人民政府委員會秘書長，任命周恩來為中央人民政府政務院總理兼外交部部長，毛澤東為中央人民政府人民革命軍事委員會主席，朱德為人民解放軍總司令，沈鈞儒為中央人民政府最高人民法院院長，羅榮桓為中央人民政府最高人民檢察署檢察長，並責成他們從速組成各項政府機關，推行各項政府工作。同時決議：向各國政府宣佈，本政府為代表中華人民共和國全國人民的唯一合法政府。凡願遵守平等、互利及互相尊重領土主權等項原則的任何外國政府，本政府均願與之建立外交關係。特此公告

中華人民共和國中央人民政府主席　毛澤東

一九四九年十月一日

（陝北區黨委宣傳部翻印）

❸

❶1949 年 3 月中共七屆二中全會在西柏坡召開。❷1949 年 3 月中共七屆二中全會召開期間鄧小平、陳毅、張鼎丞等同志在一起。❸ 中華人民共和國中央人民政府公告。

❹ 首都 30 萬軍民在天安門廣場參加開國大典活動，歡慶新中國的誕生。❺❻ 中華人民共和國開國紀念郵票。

1949 年 3 月 25 日，七屆二中全會結束後第 13 天，毛澤東等中共中央領導人與中央機關、人民解放軍總部進駐北平。1949 年 10 月 1 日，中華人民共和國宣告成立。

七屆二中全會為新中國繪製藍圖

　　1948 年 3 月，在結束轉戰陝北到達山西臨縣後，毛澤東曾對中國局勢作出判斷：同蔣介石的這場戰爭可能要打 60 個月，60 個月者，5 年也。這 60 個月又分成兩個 30 個月，前 30 個月是我們 "上坡" "到頂"，也就是說戰爭打到了我們佔優勢；後 30 個月叫作 "傳檄而定"，那時候我們是 "下坡"，有的時候根本不用打仗，喊一聲敵人就投降了。同年 9 月，在西柏坡召開的中央政治局擴大會議正式提出，從 1946 年 7 月起大約 5 年左右時間內，從根本上打倒國民黨的反動統治。

　　時局發展的迅猛出乎所有人的預料。解放戰爭的進程比毛澤東的預想還要快。1949 年 3 月，中共七屆二中全會召開時，中國革命已經到了 "傳檄而定" 的關頭。一年時間裏，軍事方面，人民解放軍先後發動遼瀋、淮海、平津三大戰役，國民黨賴以維持其反動統治的主要軍事力量基本被摧毀；政治方面，中共中央提出的召集新政治協商會議的號召，得到各民主黨派、人民團體和無黨派民主人士的響應和支持，蔣介石集團已經是四面楚歌；經濟方面，國民黨政府用政治手段強制推行金圓券改革遭受失敗，在屬行暴力限價的經濟中心上海，從 1948 年 8 月底到 1949 年 4 月底，物價指數竟上升 135742 倍。

　　面對新的形勢，帶著籌建新中國的歷史任務，經過充分準備，1949 年 3 月 5 日至 13 日，中共七屆二中全會在西柏坡召開。全會討論了黨的工作重心由鄉村轉移到城市的問題，指出用鄉村包圍城市這樣一種時期已經完結，從現在起開始了由城市到鄉村並由城市領導鄉村的時期。必須用極大的努力去學會管理城市和建設城市。在領導城市工作時，黨必須全心全意地依靠工人階級，吸收大量工人入黨，團結其他勞動群眾，爭取知識分子，爭取儘可能多的能夠同共產黨合作的民族資產階級及其代表人物，以便向帝國主義者、國民黨統治集團、官僚資產階級作政治鬥爭、經濟鬥爭和文化鬥爭，並向帝國主義者作外交鬥爭。要將恢復和發展城市中的生產作為中心任務。城市中的其他工作，都必須圍繞著生產建設這個中心工作並為這個中心工作服務。

"兩個務必"的提出

　　與七屆二中全會一起載入史冊、成為黨最可寶貴精神財富的，還有毛澤東提出的"兩個務必"。他在全會的報告中深刻指出："奪取全國勝利，這只是萬里長征走完了第一步。如果這一步也值得驕傲，那是比較渺小的，更值得驕傲的還在後頭。在過了幾十年之後來看中國人民民主革命的勝利，就會使人們感覺那好像只是一齣長劇的一個短小的序幕。劇是必須從序幕開始的，但序幕還不是高潮。"為此，毛澤東提出："務必使同志們繼續地保持謙虛、謹慎、不驕、不躁的作風，務必使同志們繼續地保持艱苦奮鬥的作風。"

　　毛澤東在七屆二中全會上提出"兩個務必"，既有鮮明的現實指向，體現出毛澤東對即將勝利了的中國共產黨前途命運的高度憂思，又有深厚的歷史文化積澱，反映出毛澤東對歷史經驗教訓的敏銳洞察和對黨的性質宗旨的深刻認識。

　　與中國革命勝利形勢同時並存的，還有大量不利和困難的因素。一是即將誕生的人民政權面對國民黨留下的千瘡百孔的爛攤子，面對帝國主義的經濟封鎖和軍事包圍，面對反革命分子的暗中破壞，"殘餘的敵人尚待我們掃滅。嚴重的經濟建設任務擺在我們面前。我們熟習的東西有些快要閒起來了，我們不熟習的東西正在強迫我們去做"。二是從國際環境看，新中國將面臨以美國為首的西方反華勢力的敵視和包圍，以及經濟封鎖和武裝威脅。這是形勢嚴峻的一面。而最讓毛澤東和中共中央擔憂的是，中國共產黨進城執掌全國政權後會不會腐化，能不能經受執政考驗、鞏固國家政權。在解放戰爭後期的城市接管中，確實也出現過一些令人憂心的混亂現象。例如，1948年12月《中共中央關於城市公共房產問題的決定》開篇指出：在解放城市過程中，"許多機關團體和部隊，在城市中佔領與爭奪公共房屋和家具，或一個小機關佔據極大極多的房屋，任意糟蹋毀壞，不負任何責任；許多幹部擅自在城市的公共房屋中設立私人的公館，取用家具，或以家具贈人，搬入鄉村"。

　　正如毛澤東所說："因為勝利，黨內的驕傲情緒，以功臣自居的情緒，停頓起來不求進步的情緒，貪圖享樂不願再過艱苦生活的情緒，可能生長。

因為勝利，人民感謝我們，資產階級也會出來捧場。敵人的武力是不能征服我們的，這點已經得到證明了。資產階級的捧場則可能征服我們隊伍中的意志薄弱者。可能有這樣一些共產黨人，他們是不曾被拿槍的敵人征服過的，他們在這些敵人面前不愧英雄的稱號；但是經不起人們用糖衣裹著的炮彈的攻擊，他們在糖彈面前要打敗仗。"

正因為如此，在中國革命即將取得全國勝利的前夜，毛澤東無比欣喜和興奮，也十分清醒和憂慮。他思考最多的問題是：中國共產黨如何經受住從革命到建設、從奪取政權到執掌政權這樣一個全新的考驗？中國共產黨如何才能永不變色、新生的人民政權如何才能長治久安？在他看來，最根本的一點要看中國共產黨人能否始終保持強烈的宗旨意識和博大的為民情懷，這恰恰是"兩個務必"提出的初衷。

"中國人從此站立起來了"

1949 年 9 月 21 日，中國人民政治協商會議第一屆全體會議在北平隆重開幕。參加會議的代表共 662 人。人民政協的召開，標誌著中國的新型政黨制度——中國共產黨領導的多黨合作和政治協商制度的確立。

新政協籌備會常務委員會主任、中共中央主席毛澤東在開幕詞中向全世界豪邁地宣告："我們的工作將寫在人類的歷史上，它將表明：佔人類總數四分之一的中國人從此站立起來了。""我們的民族將從此列入愛好和平自由的世界各民族的大家庭，以勇敢而勤勞的姿態工作著，創造自己的文明和幸福，同時也促進世界的和平和自由。我們的民族將再也不是一個被人侮辱的民族了，我們已經站起來了。"

會議通過了在一個時期內起著臨時憲法作用的《中國人民政治協商會議共同綱領》。會議通過了中央人民政府組織法，一致選舉毛澤東為中央人民政府主席，朱德、劉少奇、宋慶齡、李濟深、張瀾、高崗為副主席，陳毅等56 人為中央人民政府委員。10 月 1 日，由中央人民政府委員會任命周恩來為政務院總理兼外交部長。

會議通過北平為中華人民共和國首都，將北平改名為北京；決定採用公元紀年；以《義勇軍進行曲》為代國歌；國旗為五星紅旗，象徵全國人民在共產黨領導下的大團結。

9 月 30 日，中國人民政治協商會議第一屆全體會議勝利閉幕。

人民英雄永垂不朽

1949 年 9 月 30 日下午 6 時許，距離鳴響新中國誕生的禮炮還有 21 個小時，毛澤東、朱德、周恩來、劉少奇和出席新政協會議的代表們來到天安門廣場，執鍬鏟土，為人民英雄紀念碑埋下了第一塊基石。

戰功卓著的開國元勳們，在共和國成立的前一個夜晚，用他們最純摯的心血鑄起了這座高聳入雲的英雄的豐碑，她告誡所有新中國的人民——

請記住，是無數先烈用血肉之軀把我們多災多難的民族帶出了地獄之苦難，送上了幸福的康莊大道；

請記住，是無數先烈用拳拳赤子之心抹去了祖國母親的悽悽眼淚，換來了朝霞般的燦爛笑容；

請記住，……

太多太多的"請記住"。

周恩來在抄錄由毛澤東起草的人民英雄紀念碑碑文時，幾易其稿，寫了幾幅都不滿意。

是這位學貫中西的五四先鋒才學荒疏了嗎？不，不是的，是人民總理的心在顫抖。他的耳邊又響起了記憶深處傳來的隆隆炮聲，眼前又呈現出並肩戰鬥於血火中的戰友離去的身影……

三年以來，在人民解放戰爭和人民革命中犧牲的人民英雄們永垂不朽！

三十年以來，在人民解放戰爭和人民革命中犧牲的人民英雄們永垂不朽！

由此上溯到一千八百四十年，從那時起，為了反對內外敵人，爭取民族獨立和人民自由幸福，在歷次鬥爭中犧牲的人民英雄們永垂不朽！

回顧中華民族的歷史，在中國人民追求解放之路上，數以萬計仁人志士失去了寶貴生命。

十年內戰，中國共產黨人和革命人民被殺達百萬！

抗日戰爭，中國軍民傷亡 3500 多萬！

解放戰爭，中國人民解放軍將士傷亡達 130 餘萬！

為了國家的獨立和民族的解放，為了共產主義的遠大理想，成千上萬的中華兒女，進行了不屈不撓、艱苦卓絕的鬥爭。在光明與黑暗的殊死搏鬥中，他們高舉革命火炬，傳播革命火種；在硝煙滾滾的戰場上，他們衝鋒陷陣，為國捐軀；在刀槍林立的刑場上，他們大義凜然，視死如歸。

這些犧牲的英烈們，一樣有著金子般的青春年華，一樣充滿活力，一樣有事業的追求，一樣有惦念的親人。但是，在捨身取義還是棄義求生面前，他們毅然選擇了死亡，選擇了生命的終結。

為什麼？這是為什麼呢？

讓我們聽聽他們莊嚴的誓言："砍頭不要緊，只要主義真；殺了夏明翰，還有後來人。""我死國生，我死猶榮，身雖死精神長生，成功成仁，實現大同。""我應該在烈火與熱血中得到永生！""身死警醒全國夢，血流溉放英雄花。"……

在中華人民共和國成立的前夜，在即將擁抱新世界的時刻，人們沒有忘記你們，人民英雄們！你們的身影與山河同在！你們的名字已經刻進了人民英雄紀念碑的碑文中……

中華人民共和國宣告成立

1949 年 10 月 1 日 15 時，30 萬軍民在天安門前隆重舉行開國大典。伴隨著代國歌《義勇軍進行曲》激昂奮進的旋律，毛澤東親手按動電鈕，升起中華人民共和國第一面五星紅旗。接著，毛澤東以他那濃重的湖南口音向全世界莊嚴宣告："中華人民共和國中央人民政府今天成立了！"這聲音傳遍天涯海角，震撼神州大地。

中華人民共和國成立了！

新世界誕生了！

歷史掀開了新的一頁！

1949

1950

"抗美援朝，保家衛國"

—— 艱難抉擇，出擊必勝

★

"在朝鮮的每一天，我都被一些東西感動著，我的思想感情的潮水，在放縱奔流著。它使我想把一切東西，都告訴給我祖國的朋友們。但我最急於告訴你們的，是我思想感情的一段重要經歷，這就是，我越來越深刻地感覺到誰是我們最可愛的人！""我們以我們的祖國有這樣的英雄而驕傲，我們以生在這個英雄的國度而自豪！"——這是著名作家魏巍撰寫的《誰是最可愛的人》，最先發表於 1951 年 4 月 11 日《人民日報》，後收入中學語文課本，影響和教育了幾代中國人。該文描寫的是偉大的抗美援朝戰爭以及志願軍指戰員。1950 年 10 月初，毛澤東主持中共中央政治局會議，作出抗美援朝、保家衛國的決策。

抗美援朝保家衛國

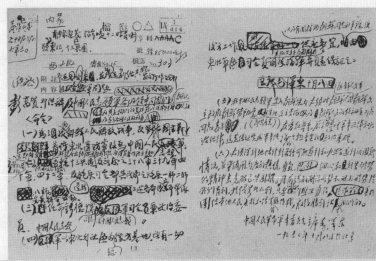

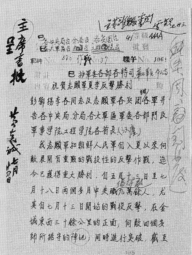

❶ 中國人民志願軍某部和朝鮮人民軍並肩開赴前線。❷1951 年元旦志願軍戰士以雪水代酒，為勝利乾杯。❸1950 年 10 月 8 日毛澤東以中國人民革命軍事委員會主席的名義發佈組成志願軍的命令。❹1953 年 7 月 25 日毛澤東簽發電報祝賀志願軍在抗美援朝戰爭最後一戰中取得重大勝利，並要求全軍在停戰協議簽字生效後仍要提高警惕。

新中國成立伊始，正當中國人民為爭取財政經濟狀況的全面好轉而鬥爭的時候，1950 年 6 月，朝鮮戰爭爆發。美軍不顧中國政府的多次警告，越過三八線，直逼中朝邊境的鴨綠江和圖們江。面對嚴重威脅，應朝鮮勞動黨和朝鮮政府請求，毛澤東和中共中央以巨大的膽識和氣魄，作出抗美援朝、保家衛國重大決策。10 月 8 日，毛澤東發佈命令，組成中國人民志願軍。19 日，中國人民志願軍入朝作戰。25 日，志願軍與敵軍遭遇，打響出國作戰的第一次戰役。全國掀起大規模的抗美援朝運動。

朝鮮戰爭爆發，美國立即進行武裝干涉

1945 年 8 月，在第二次世界大戰中結為反法西斯聯盟的美國和蘇聯，在朝鮮問題上達成妥協，確定以三八線為界分別進入朝鮮接受日軍投降，三八線以南為美軍受降區，三八線以北為蘇軍受降區。

蘇軍和美軍於 1948 年底和 1949 年 6 月先後撤出朝鮮後，朝鮮北南兩個政權、兩種制度在朝鮮統一問題上的鬥爭日趨尖銳，終於發展到了不可調和的地步。1950 年 6 月 25 日，朝鮮內戰爆發了。

朝鮮內戰剛一爆發，美國當局便從其全球戰略利益出發，立即進行了武裝干涉。6 月 26 日，美國即派出其駐日本的空軍和海軍部隊，支援南朝鮮李承晚軍隊作戰。同時，美派遣海軍第七艦隊侵入台灣海峽，嚴重侵犯中國的主權和領土完整。7 月上旬，又派出其地面部隊進入朝鮮。

與此同時，美國在聯合國積極活動，為其武裝干涉朝鮮尋求 "合法" 外衣，於 7 月 7 日操縱聯合國通過決議，組成以美國為首的所謂 "聯合國軍"（朝鮮戰爭期間，先後共有 16 個聯合國成員國派出軍隊參加 "聯合國軍"）。7 月 8 日，美國任命其駐遠東軍總司令、五星上將道格拉斯·麥克阿瑟為 "聯合國軍" 總司令。7 月中旬，南朝鮮李承晚集團也將南朝鮮軍交 "聯合國軍" 司令部指揮。

中國人民在抗議和譴責美國侵略行徑的同時，同愛好和平的世界各國人民一樣，一再主張和平解決朝鮮問題。美國對此不予理睬，繼續增兵朝鮮。至 8 月中旬，美國入朝的地面部隊已達 4 個師和 1 個旅，共 7 萬多人，由美第八集團軍司令部指揮。但是，美國在戰場上仍連遭失敗。朝鮮人民軍英勇作戰，於 7 月 20 日攻佔大田。至 8 月中旬，解放了三八線以南 90% 的地區，把美軍和南朝鮮軍壓縮到洛東江以東僅 1 萬平方公里的狹小地域內。

美國為了挽回在朝鮮的敗局，又抽調兩個師組成第十軍，加上南朝

鮮一些部隊共 7 萬多人，在 260 多艘軍艦和 500 架飛機支援下，於 9 月 15 日，在朝鮮西海岸的仁川港實施大規模登陸進攻，截斷了朝鮮人民軍的後路。在洛東江正面戰線的美第八集團軍和南朝鮮軍於 9 月 16 日發起反攻，致使前線的人民軍部隊腹背受敵，被迫實施戰略撤退。朝鮮戰局發生逆轉。

9 月 28 日，美第十軍攻佔漢城；29 日，美第八集團軍進抵三八線。

中國被迫介入衝突，毛澤東四次下決心出兵入朝

1949 年中華人民共和國成立後，中國政府面臨著迅速醫治戰爭創傷，恢復正常的生產和生活以及穩定全國政治局勢的繁重任務。就全國範圍內的工作來說，大規模戰爭已經不在中國領導人議事日程之中了。1950 年 6 月 6 日，毛澤東在中共七屆三中全會的書面報告中指出："帝國主義陣營的戰爭威脅依然存在，第三次世界大戰的可能性依然存在。但是，制止戰爭危險，使第三次世界大戰避免爆發的鬥爭力量發展得很快，全世界大多數人民的覺悟程度正在提高。""新的世界戰爭是能夠制止的。國民黨反動派所散佈的戰爭謠言是欺騙人民的，是沒有根據的。"[①] 就在朝鮮戰爭爆發的前一天，《人民日報》刊登了毛澤東在全國政協第二次會議上的閉幕詞，宣佈"戰爭一關，已經基本上過去了"。

公平地說，中國對朝鮮爆發的戰爭沒有政治準備、軍事準備和心理準備。

但是，1950 年 9 月 15 日美軍在仁川登陸成功後，朝鮮局勢急轉直下，出兵朝鮮問題也作為應急方案擺在中國領導人面前了。

9 月 17 日，中央軍委決定立即派遣一個五人先遣小組赴朝熟悉情況，勘察地形，做戰場準備。這一建議本是東北邊防軍在此前提出的，但周恩來一直壓下未批，這時才以增派武官的方式派出先遣小組，隨中國駐朝鮮大使館參贊柴成文趕赴平壤。

由於戰爭局勢惡化，金日成不得不向蘇聯求救，並且通過蘇聯請求中國派兵赴朝作戰。9 月 27 日，斯大林派往朝鮮的私人軍事代表馬特維耶夫給斯大林發了一份絕密電報，匯報了朝鮮的嚴重局勢："人民軍損失慘重"，"裝備彈藥嚴重供應不足，燃料缺乏，運輸差不多已完全癱瘓。兵員與彈藥

1950

---

① 中華人民共和國外交部、中共中央文獻研究室編：《毛澤東外交文選》，中央文獻出版社 1994 年版，第 136 頁。

補充的組織工作很差。部隊指揮系統從上到下一團糟"。正是在這種情況下，金日成和時任朝鮮勞動黨中央委員會副委員長兼朝鮮人民軍總政治局主任的朴憲永於 9 月 29 日聯名給斯大林寫信，懇求斯大林給予"特別援助"，即"直接得到蘇聯的軍事援助"。金日成還要求斯大林："如果由於某種原因做不到這一點，那麼請幫助我們建立一支由中國和其他民主國家組成的國際志願部隊。"

對金日成的請求，斯大林推到了中國身上。他說，"給予武裝援助的問題，我們認為更可以接受的援助形式是組織人民志願部隊。關於這個問題，我們必須首先同中國同志商量"。在此之前，斯大林顯然已經有所考慮。師哲在回憶錄中提到，仁川登陸以後，斯大林曾來電詢問中國在瀋陽到丹東一線部署的兵力有多少，能否出兵援助朝鮮。

10 月 1 日，南朝鮮軍越過三八線。當天，斯大林來電要求中國立即派出五六個師到三八線，以便讓朝鮮組織起保衛三八線以北地區的戰鬥。深夜，金日成緊急約見中國駐朝鮮大使倪志亮，向中國政府提出出兵支持的請求。10 月 2 日晨，毛澤東審閱修改周恩來致倪志亮即轉金日成電。電報全文如下：

9 月 30 日經志亮同志電告情況已悉。一方面軍 8 個師既被敵隔斷，請考慮有無可能將該 8 個師分為兩部分，以 4 個師將笨重武器破壞，分為許多小的支隊從敵人間隙中分路撤至三八線以北，而以 4 個師在南朝鮮分散為許多小支隊，倚靠人民堅持敵後游擊戰爭，牽制大股敵人使其不能北進。二方面軍所率五六個師現已撤至什麼位置，是否可以於數日內全部撤至三八線以北？總之，你們的軍隊必須迅速北撤，愈快愈好，如遇敵人攔阻，亦應破壞笨重武器，分路從敵人間隙中插過來，不能撤者則留在敵後堅持分散游擊。以上建議，妥否，請立覆，並盼以具體情況見告。

2 日晚，毛澤東審閱修改周恩來致倪志亮的電報稿，又加寫一段話："請告金日成同志，除照今晨電儘可能將被敵切斷的軍隊分路北撤外，凡無法撤退的軍隊應在原地堅持打游擊，切勿恐慌動搖，如此就有希望，就會勝利。"幾天之內，形勢劇變，情況危急，蘇聯的鼓動和朝鮮的請求，加上中國對戰局發展前景的擔憂，迫使毛澤東當機立斷，作出決定。10 月 2 日凌晨 2 時，毛澤東以中央軍委名義給時任中共中央東北局書記、東北軍區司令員兼政治委員高崗和第十三兵團司令員鄧華發電，要高崗立即來京開會，

"請鄧華同志令邊防軍提前結束準備工作，隨時待命出動，按原定計劃與新的敵人作戰"。同一天，毛澤東擬就了給斯大林的電報稿。因這份電報稿真實體現了毛澤東和中國政府對出兵朝鮮的前景預測、初步部署、擔心事項等諸多考慮，所以有必要全文引錄如下：

　　（一）我們決定用志願軍名義派一部分軍隊至朝鮮境內和美國及其走狗李承晚的軍隊作戰，援助朝鮮同志。我們認為這樣做是必要的。因為如果讓整個朝鮮被美國人佔去了，朝鮮革命力量受到根本的失敗，則美國侵略者將更為猖獗，於整個東方都是不利的。（二）我們認為既然決定出動中國軍隊到朝鮮和美國人作戰，第一，就要能解決問題，即要準備在朝鮮境內殲滅和驅逐美國及其他國家的侵略軍；第二，既然中國軍隊在朝鮮境內和美國軍隊打起來（雖然我們用的是志願軍名義），就要準備美國宣佈和中國進入戰爭狀態，就要準備美國至少可能使用其空軍轟炸中國許多大城市及工業基地，使用其海軍攻擊沿海地帶。（三）這兩個問題中，首先的問題是中國的軍隊能否在朝鮮境內殲滅美國軍隊，有效地，解決朝鮮問題。只要我軍能在朝境內殲滅美國軍隊，主要地是殲滅其第八軍（美國的一個有戰鬥力的老軍），則第二個問題（美國和中國宣戰）的嚴重性雖然依然存在，但是，那時的形勢就變為於革命陣線和中國都是有利的了。這就是說，朝鮮問題既以戰勝美軍的結果而在事實上結束了（在形式上可能還未結束，美國可能在一個相當長的時期內不承認朝鮮的勝利），那麼，即使美國已和中國公開作戰，這個戰爭也就可能規模不會很大，時間不會很長了。我們認為最不利的情況是中國軍隊在朝鮮境內不能大量殲滅美國軍隊，兩軍相持成為僵局，而美國又已和中國公開進入戰爭狀態，使中國現在已經開始的經濟建設計劃歸於破壞，並引起民族資產階級及其他一部分人民對我們不滿（他們很怕戰爭）。（四）在目前的情況下，我們決定將預先調至南滿洲的 12 個師（五六個不夠）於 10 月 15 日開始出動，位於北朝鮮的適當地區（不一定到三八線），一面和敢於進攻三八線以北的敵人作戰，第一個時期只打防禦戰，殲滅小股敵人，弄清各方面情況；一面等候蘇聯武器到達，並將我軍裝備起來，然後配合朝鮮同志舉行反攻，殲滅美國侵略軍。（五）根據我們所知的材料，美國一個軍（兩個步兵師及一個機械化師）包括坦克炮及高射炮在內，共有 7 公分至 24 公分口徑的各種炮 1500 門，而我們的一個軍（3 個師）只有這樣的炮 36 門。敵有制空權，而我們開始訓練的一批空軍要到 1951 年 2 月才有 300 多架飛機可以用於作戰。因此，我軍目前尚無一次殲滅一個美國軍的把握。而既已決定和美國人作戰，就應準備當著美國統帥部在一個戰役作戰的戰場上集中它的一個軍和我軍作戰的時候，我軍能夠有 4 倍於敵人的兵力（即用我們的 4 個軍對付敵人的 1 個軍）和一倍半至兩倍於敵人的火力（即用 2200 門至 3000 門 7 公分口徑以上的各種炮對付敵人同樣口徑的 1500 門炮），而有把握地乾淨地徹底地殲滅敵人的一個軍。（六）除上述 12 個師外，我們還正在從長江以南及陝甘區域調動 24 個師位於隴海、津浦、北寧諸線，作為援助朝鮮的第二批及第三批兵力，預計在明年的春季及夏季，按照當時的情況逐步使用上去。

這是毛澤東第一次明確表示派兵入朝作戰的意思，但是，這封連夜起草的電報卻並沒有發出，原因可能是在當天下午召開的中央書記處會議上，大家意見很不一致。毛澤東認為出兵朝鮮已是萬分火急，但會上多數人不贊成出兵。

10 月 4 日，在中南海豐澤園召開的中央政治局擴大會議意見分歧仍然很大，許多人不贊成出兵。由於天氣原因，彭德懷於 10 月 4 日下午才飛抵北京。趕到會場後，彭德懷 "發現會議的氣氛很不尋常"，意見分歧很大。當天下午，彭德懷沒有發言。5 日上午 9 時左右，鄧小平受毛澤東委託專程到北京飯店接彭德懷去中南海談話。顯然，毛澤東有意通過彭德懷扭轉會議的僵持局面。毛澤東說，我們確實存在嚴重困難，但是我們還有哪些有利條件呢？彭德懷說：昨天晚上我反覆考慮，贊成你出兵援朝的決策。毛澤東問：你看，出兵援朝誰掛帥合適？彭德懷反問：中央不是已決定派林彪同志去嗎？毛澤東談了林彪的情況後說：我們的意見，這擔子，還得你來挑，你思想上沒有這個準備吧？彭德懷表示：我服從中央的決定。毛澤東說：這我就放心了。現在美軍已分路向三八線冒進，我們要儘快出兵，爭取主動。今天下午政治局繼續開會，請你擺擺你的看法。

10 月 5 日下午中央政治局擴大會議繼續對是否出兵援朝問題進行討論時，仍有兩種意見。周恩來支持出兵援朝的主張。這時，彭德懷發言堅決支持毛澤東的主張。彭德懷說：出兵援朝是必要的，打爛了，等於解放戰爭晚勝利幾年。如美軍擺在鴨綠江岸和台灣，它要發動侵略戰爭，隨時都可以找到藉口。毛澤東針對林彪提出的美軍高度現代化，還有原子彈等觀點，說：它有它的原子彈，我有我的手榴彈，我相信我的手榴彈會戰勝它的原子彈，它無非是個紙老虎。經過會上的充分討論，大家統一了認識，會議最後作出 "抗美援朝，保家衛國" 的戰略決策。會議還決定由彭德懷率志願軍入朝作戰，並決定派周恩來、林彪去蘇聯同斯大林會談。

10月8日，毛澤東發佈了關於組成中國人民志願軍的命令，任命彭德懷為志願軍司令員兼政委，率第十三兵團及所屬4個軍和邊防炮兵司令部及所屬3個炮兵師，待命出動。後勤供應事宜，統由高崗調度。同日，毛澤東發電將這一決定通知金日成。這是毛澤東第二次作出派兵入朝的決定。

中國決定出兵朝鮮的確是有很大困難的，其中軍事方面的問題主要在於中國軍隊裝備落後，而且沒有進行現代化戰爭必備的空軍。然而，就是在出動空軍的問題上，斯大林瞻前顧後，出爾反爾，以致中國在下決心出兵朝鮮的問題上再次出現波折。

周恩來是10月8日離開北京的，10日到達莫斯科，11日在布爾加寧陪同下乘專機飛到黑海之濱斯大林的休養地，當天下午舉行雙邊會談。

10月12日，毛澤東收到斯大林和周恩來聯名電報。電報說，蘇聯可以完全滿足中國提出的飛機、大炮、坦克等軍事裝備，但蘇聯空軍尚未準備好，須待兩個月或兩個半月後才能出動支援志願軍的作戰。得知蘇聯已確定暫不出動空軍的消息後，毛澤東緊急發出兩封電報，指示東北的彭德懷、高崗以及華東的饒漱石、陳毅：“命令暫不實行，十三兵團各部仍就原地進行訓練，不要出動。”“宋時輪兵團亦仍在原地整訓。”同時，請高崗和彭德懷“來京一談”。代總參謀長聶榮臻擔心電報輾轉延誤時間，又於當晚7時許匆忙趕到軍委作戰部值班室，直接用電話找到正在安東察看渡口的彭德懷，告訴他情況有變化，回北京當面談。

10月13日中午，彭德懷和高崗抵達北京。下午，毛澤東在中南海頤年堂主持召開中央政治局會議，再討論中國出兵援朝問題。毛澤東說，雖然蘇聯空軍在戰爭開始階段不能進入朝鮮，但斯大林已答應對中國領土實行空中保護，並向中國提供大量軍事裝備。會議最後決定，即使暫時沒有蘇聯空軍的支援，在美軍大舉北進的情況下，不論有多大困難，也必須立即出兵援朝。隨後，毛澤東與彭德懷、高崗詳細研究了志願軍入朝後的作戰方案。會議結束後，毛澤東即給周恩來去電：“與高崗、彭德懷二同志及其他政治局同志商量結果，一致認為我軍還是出動到朝鮮為有利。”在談到出兵的意義時，毛澤東在電報中指出：

我們採取上述積極政策，對中國，對朝鮮，對東方，對世界都極為有利；而我們不出兵讓敵人壓至鴨綠江邊，國內國際反動氣焰增高，則對各方都不利，首先是對東北更不利，整個東北邊防軍將被吸住，南滿電力將被控制。

......

　　總之，我們認為應當參戰，必須參戰。參戰利益極大，不參戰損害極大。

　　第二天毛澤東又致電周恩來，通報了具體的作戰部署和方案，並說明"我軍決於 10 月 19 日開動"。這是毛澤東第三次下決心出兵朝鮮。

　　10 月 15 日，平壤告急，金日成派朴憲永到瀋陽會見彭德懷，要求中國儘快出兵。彭德懷告訴他，中國已作出最後決定，預定 10 月 18 日或 19 日部隊分批渡江。同日，毛澤東致電高崗和彭德懷，要求志願軍出動日期提前。電報說："我軍先頭軍最好能於 17 日出動"，"第二個軍可於 18 日出動，其餘可在爾後陸續出動，10 天內外渡江完畢"。

　　然而，就在中國軍隊箭已上弦，不得不發之時，莫斯科方面的情況又有變化。斯大林得知中國的決定後，於 10 月 14 日給蘇聯駐朝鮮大使什特科夫發出急電說，"經過一段猶豫不決，中國人已最後作出向朝鮮派出他們的軍隊的決定。我很滿意這個有利於北朝鮮的決定。在這個問題上，您不必考慮以前我們的高級官員與中國領導人會談時作出的建議"。這個"建議"顯然是指在此之前蘇聯與中國達成的一旦中國軍隊介入戰爭，蘇聯就將提供空中支援的協議。斯大林既已達到目的，自然要把蘇聯所承擔的風險降低到最小程度。然而，中國方面對此還寄予著很大希望。

　　幾經努力和斡旋，10 月 14 日，蘇聯政府承諾對援助中國的軍事裝備將採取信用貸款的方式，以及將出動 16 個團的噴氣式飛機掩護中國志願軍入朝作戰。周恩來又致電在療養地的斯大林，進一步提出蘇聯除戰鬥機外，可否出動轟炸機配合中國軍隊作戰；除出動空軍入朝作戰外可否加派空軍駐紮在中國近海各大城市；以及除提供武器裝備外，可否在汽車、重要工兵器材方面也給予信用貸款訂貨的條件；等等。這時，斯大林卻改變了主意，他給莫斯科的外交部長莫洛托夫打電話說，蘇聯空軍只能到鴨綠江邊，不能配合志願軍入朝作戰。周恩來無可奈何，只得於 16 日離開莫斯科回國。

　　蘇聯的決定意味著中國軍隊在朝鮮戰場根本無法得到有力的空中支援。這不能不使中國重新考慮出兵問題。於是，毛澤東在 17 日下午 3 時再次急電彭德懷和高崗改變計劃。原定先頭部隊 17 日出動，現改為"準備於 19 日出動"，並說，18 日"當再有正式命令"，電報還要彭、高二人 18 日再乘飛機來京一談。

　　18 日，毛澤東再次主持召開中央政治局會議，研究出兵朝鮮問題。會上，剛回北京的周恩來介紹了幾天來同斯大林、莫洛托夫等人會談的情況，彭德懷介紹了志願軍出國前的準備情況。毛澤東最終決斷說："現在敵人已圍攻平壤，再過幾天敵人就進到鴨綠江了。我們不論有天大的困難，志願軍渡江援朝不能再變，時間也不能再推遲，仍按原計劃渡江。"會後，毛澤東於晚9時給鄧華等志願軍領導去電，命令部隊按預定計劃，自10月19日晚從安東和輯安兩地渡過鴨綠江入朝作戰。這是毛澤東第四次，也是最後一次下定決心出兵朝鮮。[2]

出擊必勝

出兵朝鮮是中國在極其困難的條件下被迫作出的決定，也是一個大無畏的決定。這時，中國的經濟力量和軍隊裝備均無法同美國相比。中國戰爭創傷剛剛進行治理，財政經濟狀況相當困難，而美國是資本主義的頭號強國。1950年中國鋼產量60.6萬噸，而同時期美國鋼產量8772萬噸，是中國的144倍。在軍隊裝備上，美軍是世界上第一流水平的，地面部隊全部機械化，其一個步兵師即裝備有坦克140多輛，70毫米以上口徑火炮330多門，火力、機動力均強，並有強大的海軍和空軍，掌握制空權和制海權。

中國空軍和海軍剛剛組建不久，短時間內不可能參戰，根本談不上制空權和制海權。我軍的地面部隊只有少量機動火炮，坦克部隊也剛剛組建，每個步兵軍只有70毫米以上口徑火炮190多門，還沒有美軍一個師裝備得多，並且，多是在抗日戰爭和解放戰爭時期繳獲的舊裝備，火力和機動力均很弱。中國出兵參戰困難太多。儘管困難重重，但中國人民有堅強的決心，有戰無不勝的勇氣。

從10月19日起，中國人民志願軍陸續跨過鴨綠江，進入朝鮮境內。

1950年10月25日到1951年6月10日的七個多月裏，志願軍根據中央軍委提出的作戰方針，結合朝鮮戰場的形勢，同朝鮮人民軍密切配合，首戰兩水洞、激戰雲山城、會戰清川江、鏖戰長津湖等，連續進行了五次戰役，殲敵23萬多人，將以美軍為首的聯合國軍和南朝鮮軍趕回到三八線附近。此後，戰爭進入相持階段，雙方在三八線附近地區對峙。

1950

②　以上參見中共中央文獻研究室編：《毛澤東年譜》（1949—1976）第1卷，中央文獻出版社2013年版，第200—216頁。

美國和南朝鮮軍隊在遭受慘重打擊後，被迫於 1951 年 7 月接受停戰談判。在談判過程中，美國企圖以"軍事壓力"配合談判，達到其不合理的要求。美軍和南朝鮮軍發動了夏季攻勢和秋季攻勢，在戰爭中使用了滅絕人性的化學武器和細菌武器。他們還憑藉空中優勢實行了"絞殺戰"。志願軍根據毛澤東提出的"持久作戰，積極防禦"的戰略方針，以大規模的陣地戰頑強堅守，粉碎了美軍和南朝鮮軍的進攻，並於 1953 年發動強大的夏季反擊戰役，殲滅美軍和南朝鮮軍 12 萬多人，迫使其恢復談判和接受停戰。7 月 27 日，雙方在停戰協定上簽字，朝鮮戰爭宣告結束。

在長達 3 年 1 個月的朝鮮戰爭中，在幅員狹小的半島上，雙方投入戰場的兵力最多時達 300 多萬，兵力密度、敵方空中轟炸密度和許多戰役戰鬥的火力密度在世界戰爭史上都是空前的。從 1950 年 6 月 25 日至 1953 年 7 月 27 日，中國人民志願軍與朝鮮人民軍共斃傷俘敵 109.3 萬多人，其中美軍 39.7 萬多人。志願軍在 2 年 9 個月的抗美援朝戰爭中，共斃傷俘敵 71 萬多人，自身作戰減員 36.6 萬多人。美國開支戰費 400 億美元，消耗作戰物資 7300 多萬噸。中國開支戰費 62.5 億元人民幣，相當於當時的 25 億美元，幾乎等於中國 1950 年全年的財政收入（1950 年中國的財政收入相當於 26 億美元），消耗各種作戰物資 560 多萬噸。

1958 年 10 月，中國人民志願軍全部撤出朝鮮回國。在這場戰爭中先後參加志願軍的部隊累計共達 290 萬人。毛澤東說："抗美援朝戰爭是個大學校，我們在那裏實行大演習，這個演習比辦軍事學校好。"③

"最可愛的人"

志願軍廣大指戰員在極為艱難的條件下，以大無畏的英雄氣概，同當時世界上最強大的軍隊進行艱苦卓絕的作戰，不畏強暴，不怕犧牲，敢於鬥爭，敢於勝利，打出了新中國的國威軍威，被譽為"最可愛的人"。抗美援朝期間，志願軍湧現出近 6000 個功臣集體和 30 多萬名英雄功臣，其中許多戰鬥英雄聞名全國。19.7 萬多名英雄兒女為了祖國、為了人民、為了和平獻出了寶貴生命。

③ 以上參見軍事科學院軍事歷史研究所著：《抗美援朝戰爭史》（第 3 版）下卷，軍事科學出版社 2014 年版，第 520—521、681—683 頁。

楊根思，江蘇省泰興市人，志願軍第 20 軍 58 師 172 團 3 連連長。1950 年 11 月，在小高嶺戰鬥中，他和戰友頑強堅守陣地，最後只剩他一人時，他抱起炸藥包衝向敵群，與敵人同歸於盡。

黃繼光，四川省中江縣人，志願軍第 15 軍 45 師 135 團 2 營通信員。1952 年 10 月，在上甘嶺戰役中，用盡彈藥的黃繼光用胸膛堵住美軍掃射的火力點，壯烈犧牲。

邱少雲，四川省銅梁縣（今屬重慶）人，志願軍第 15 軍 29 師 87 團 9 連戰士。1952 年 10 月，在執行潛伏任務時，被敵燃燒彈燒中，為不暴露部隊，他以驚人毅力忍受烈火和劇痛，一動不動，直至壯烈犧牲。

羅盛教，湖南省新化縣人，志願軍第 47 軍 141 師直屬偵察連文書。1952 年 1 月 2 日，他為搶救落入冰河的朝鮮少年而壯烈犧牲。

還有毛澤東的長子毛岸英，第一批入朝參戰，遭美軍飛機轟炸犧牲。他們是志願軍英雄功臣群體中的模範代表，他們以對理想信念的堅定、堅守和勇敢、堅毅、頑強、無畏、忘我、無私成為全國人民崇敬和學習的楷模。

朝鮮戰爭是美國自獨立戰爭以來歷史上第一次沒有勝利班師的戰爭。毛澤東說："這一次，我們摸了一下美國軍隊的底。對美國軍隊，如果不接觸它，就會怕它。我們跟它打了 33 個月，把它的底摸熟了。美帝國主義並不可怕，就是那麼一回事。我們取得了這一條經驗，這是一條了不起的經驗。"[④] 彭德懷也說：這場戰爭"雄辯地證明：西方侵略者幾百年來只要在東方一個海岸上架起幾尊大炮就可霸佔一個國家的時代是一去不復返了，今天的任何帝國主義的侵略都是可以依靠人民的力量擊敗的"[⑤]。

抗美援朝戰爭的偉大勝利具有深遠的歷史意義：不僅支援了朝鮮人民，同朝鮮人民結下了濃厚友誼，更重要的是打破了美國不可戰勝的神話，大大提高了新中國的國際地位和聲望，特別是給許多弱小的國家做出了不畏強權的榜樣；極大地提高了中國共產黨在全國人民心目中的威信，提高了中國人民的民族自信心和民族自豪感；錘煉了人民軍隊，人民軍隊建設向國防現代化方向邁出了一大步；頂住了美國侵略擴張的勢頭，打亂了帝國主義擴張勢力範圍的部署，維護了亞洲和世界和平，為我國的經濟建設和社會發展贏得了一個相對穩定的和平環境。

④ 《毛澤東軍事文集》第 6 卷，軍事科學出版社、中央文獻出版社 1993 年版，第 355 頁。
⑤ 《彭德懷軍事文選》，中央文獻出版社 1988 年版，第 445 頁。

1950

1951

西藏和平解放

★

為了打擊西藏地方政府中的頑固勢力，爭取西藏和平解放，1950 年 10 月，人民解放軍進行昌都戰役。1951 年 5 月 23 日，中央人民政府和西藏地方政府代表在北京簽訂關於和平解放西藏的"十七條協議"。

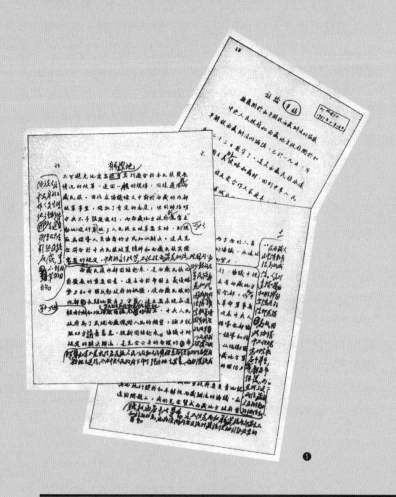

❶

1951

❶ 毛澤東修改的《人民日報》社論《擁護關於和平解放西藏辦法的協議》（節錄）（1951 年 5 月 26 日）。❷1950 年 11 月 2 日《遼西日報》號外《解放西康軍事重鎮昌都》。❸ 為貫徹民族平等團結政策，加強同各民族人民的聯繫，中央人民政府於 1950—1952 年先後派出 4 個訪問團，分赴西北、西南、中南、東北和內蒙古等地區慰問各民族人民。圖為毛澤東為中央民族訪問團的題詞。❹ 人民解放軍抵達拉薩，實現了西藏和平解放。至此，中國大陸全部解放。

中華人民共和國成立時，地處祖國西南邊陲的西藏仍未獲得解放。中國共產黨和中央人民政府考慮到西藏地區的具體情況，確定了和平解放西藏的方針。此後，成功的和平談判，使雪域高原迎來了歷史上的春天。

西藏是中國領土不可分割的一部分

早在13世紀40年代，從元代開始，西藏地區就正式成為中國的一個行政區域，成為中國版圖的組成部分。從唐代以來，西藏地區和祖國內地的政治關係日益密切，經濟文化交流越來越頻繁，逐步建立起血肉相連不可分割的聯繫。元代以後，儘管王朝更替，但無論明代還是清代，及至中華民國時期，都對西藏行使者領土主權。其間，西藏地方政權也幾經更替，但是西藏與中央政府的政治隸屬關係從未間斷。

正如周恩來指出的：

西藏在古時候曾是一個獨立王朝，但七百年來，已經成為中國大家庭的一員了。十三世紀時，元朝蒙古族上層統治中國，西藏已經成為中國的一部分。西藏現在盛行的喇嘛教派（黃教），就是在蒙古族上層統治中國時成為主要的教派的。達賴成為西藏的統治者是十七世紀時清朝冊封的。"達賴"這個詞不是藏語，而是蒙古語，是大海的意思。七百年來，西藏屬於中國領土的一部分，這是一個歷史事實。[①]

19世紀末20世紀初，帝國主義劃分勢力範圍，英帝國主義勢力侵入西藏。帝國主義者為達到其長期侵略的目的，在西藏上層培植了一些分裂勢力，埋下了製造動亂、分裂的禍根。

西藏解放前是一個政教合一的封建農奴制社會。約佔西藏人口5%的農奴主階級，即官家、貴族、寺院上層僧侶三大領主，佔有西藏的全部土地、草場和絕大部分牲畜，而佔西藏人口90%以上的農奴階級，依附於三大領主，沒有自己的土地，也沒有人身自由。三大領主把農奴視為私有財產，當做會說話的牲口，可以隨意買賣、抵押或作為禮品相互轉讓，就連婚姻生育

① 中華人民共和國外交部、中共中央文獻研究室編：《周恩來外交文選》，中央文獻出版社1990年版，第269頁。

也要受農奴主干預，稍不如意，立刻遭到嚴刑毒打。三大領主完全具有對農奴的生殺予奪大權。這種社會制度是西藏地區貧窮落後和遭受帝國主義侵略壓迫的根源。

人民解放軍進藏

根據國際國內形勢發展，1949 年底，毛澤東在訪蘇前往莫斯科的途中，發出了"進軍西藏宜早不宜遲"的號召。在此之前，毛澤東曾致電彭德懷，提出以西北局為主經營西藏。

彭德懷回信提出，從北路進藏困難很大，短期內難以克服。經過十分慎重的思考和權衡，1950 年 1 月 2 日，毛澤東從莫斯科致電中共中央、彭德懷並轉鄧小平、劉伯承、賀龍，確定進軍西藏和經營西藏的任務由西南局擔任。電報專門指出："西藏人口雖不多，但國際地位極重要"，"由青海及新疆向西藏進軍，既有很大困難，則向西藏進軍及經營西藏的任務應確定由西南局擔負"。這樣，一項光榮而艱巨的任務歷史地落到了劉伯承司令員和鄧小平政委率領的第二野戰軍的肩上，一場偉大的舉世矚目的進軍西藏的壯舉揭開了歷史的序幕。

接到中央的電報之後，西南局、西南軍區首先考慮的是確定進藏幹部和部隊。

1951

十八軍軍長張國華被選定具體執行進軍西藏的任務。這不僅因為年僅 36 歲的張國華是紅軍時期入伍的高級指揮員，勤奮好學，指揮作戰有方，具有掌握政策好、善做政治工作等一些長處，更重要的是他具有開闢新區鬥爭的豐富經驗。

1 月 8 日，劉伯承和鄧小平從西南軍區所在地重慶向黨中央和毛澤東發去電報，表示堅決執行中央的指示，並報告由十八軍擔任進藏任務，同時提請"在康藏兩側之新、青兩省及雲南鄰省各駐防兄弟部隊，如可能時則予以協助"。1 月 10 日，毛澤東覆電同意，並指示："經營西藏應成立一個黨的領導機關。""迅即確定，責成他們負責籌劃一切，並定出實行計劃，交西南局及中央批准。"[②]

---

② 以上參見中共中央文獻研究室編：《毛澤東年譜》（1949—1976）第 1 卷，中央文獻出版社 2013 年版，第 68—69、75 頁。

1月15日，劉伯承和鄧小平向張國華、譚冠三及十八軍軍、師領導傳達中央及毛澤東關於進藏問題的指示，研究工作部署。1月18日，西南局即向中央報告了進藏工作計劃及西藏工委組成名單。1月24日，中央贊同十八軍為進軍西藏的主力，以及劉、鄧"由青海新疆及雲南各出一支部隊向西多路向心進兵"的提議，並批准了由張國華任書記，譚冠三為副書記，王其梅、昌炳桂、陳明義、劉振國、天寶（後又補充平措汪傑）為委員的中共西藏工委組成名單。

從此，十八軍的數萬官兵以及他們的後代永遠與西藏這片古老神聖的土地緊緊聯繫在一起了。進軍西藏、建設西藏這一光榮艱巨的重擔落在了他們的肩上。

政治先行，和平為上

在當時西藏這塊情況異常複雜，矛盾縱橫交錯，壓迫剝削殘酷，僧侶貴族統治黑暗，沒有黨的組織活動基礎的少數民族地區，完成進軍任務，進行革命和建設事業，是前無古人的，也沒有什麼現成的經驗可以借鑒。鄧小平作為西南局第一書記，作為中央解決西藏問題的直接執行者、第一線指揮員，始終站在歷史的前台，按照毛澤東和黨中央的指示精神，把解放西藏的籌碼擺到和平的天平上。

1950年1月，劉伯承和鄧小平向十八軍傳達毛澤東關於進藏問題的指示時，就非常重視從政策上來解決問題。他們指示部隊"成立政策研究室"，大力開展關於西藏政策制定方面的調查研究，並進一步提出了"政治重於軍事、補給重於戰鬥"的重要原則。還語重心長地告誡進藏部隊：堅決執行黨的方針、政策，對我們進軍西藏、解放西藏是有決定意義的。政策就是生命。必須緊密聯繫群眾，依靠群眾，要用正確的政策去掃除中外反動派的妖言迷霧，去消除歷史上造成的民族隔閡和成見，去把西藏的廣大僧俗人民和愛國人士團結到反帝愛國的大旗下來。為了使進藏部隊模範地執行黨的政策，遵守紀律，尊重藏胞的風俗習慣，鄧小平指示起草進軍守則，並要求部隊學習藏語。

2月25日，劉少奇代表黨中央電示西南局並西北局："我軍進駐西藏計劃，是堅定不移的，但可採用一切方法與達賴集團進行談判，使達賴留在西藏並與我和解。"③ 這一電報具體提出了爭取和平解放西藏的方針，並指示西南局、西北局認真研究西藏情況，物色適當人選去拉薩做爭取工作，並擬定與西藏當局談判的條件。

西南局堅決貫徹執行黨中央關於和平解決西藏問題的方針，立即組織得力人員，全面貫徹落實，緊緊抓住和平這個根本問題。

按照黨中央的指示精神，鄧小平親自起草了解決西藏問題十項政策：

（一）西藏人民團結起來，驅逐英美帝國主義侵略勢力出西藏，西藏人民回到中華人民共和國祖國的大家庭來。（二）實行西藏民族區域自治。（三）西藏現行各種政治制度維持原狀，概不變更。達賴活佛之地位及職權不予變更。各級官員照常供職。（四）實行宗教自由，保護喇嘛寺廟，尊重西藏人民的宗教信仰和風俗習慣。（五）維持西藏現行軍事制度不予變更，西藏現有軍隊成為中華人民共和國國防武裝之一部分。（六）發展西藏民族的語言文字和學校教育。（七）發展西藏的農牧工商業，改善人民生活。（八）有關西藏的各項改革事宜，完全根據西藏人民的意志，由西藏人民及西藏領導人員採取協商方式解決。（九）對於過去親英美和親國民黨的官員，只要他們脫離英美帝國主義和國民黨的關係，不進行破壞和反抗，一律繼續任職，不咎既往。（十）中國人民解放軍進入西藏，鞏固國防。人民解放軍遵守上列各項政策。人民解放軍的經費完全由中央人民政府供給。人民解放軍買賣公平。④

1951

鄧小平主持起草的這份歷史性的文件，由西南局報到中央後，立即受到了黨中央、毛澤東的充分肯定和高度讚揚。這十條，既充分照顧到西藏各族各階層人民的利益，又維護了祖國的統一和民族的大團結；既成為和平解放西藏、同西藏談判的基礎條件，又是我們進藏部隊開展政治爭取工作的基本依據和必須遵守的基本準則。後來中央人民政府同西藏地方政府簽訂的和平解放西藏辦法十七條協議，就是以鄧小平和西南局提出的十條為基礎，在這大框架上發展起來的。西南局的這個十條，後稱十大政策，在藏區廣泛、

③ 中共中央文獻研究室、中央檔案館編：《建國以來劉少奇文稿》第 1 冊，中央文獻出版社 2005 年版，第 534 頁。
④ 中共中央文獻研究室編：《鄧小平文集》（1949—1974 年）上卷，人民出版社 2014 年版，第 85—86 頁。

深入地宣傳後，受到了藏區廣大人民群眾的普遍歡迎，包括一些上層人士，都認為十條充分地考慮到了西藏社會的現實，照顧到了各階層的利益，非常符合西藏的實際情況。甚至有的藏族代表人士還覺得這十條太寬了些。對此，鄧小平在 1950 年 7 月歡迎赴西南地區的中央民族訪問團大會上，專門對西藏以及各少數民族的政策問題作了深刻的論述。他說，我們對西藏的十條，就是要寬一點，這是真的，不是假的，不是騙他們的，所以這個政策的影響很大，其力量不可低估。他還提出，不要把漢人區域的一套搬到少數民族區域裏去，要誠心誠意為少數民族服務。

儘管黨中央、毛澤東對西藏的和平解放傾注了大量心血，制定了一系列方針政策，西南局、西北局都為此作出了積極努力，十八軍全體指戰員始終站在和平的大門前，等待西藏地方政府的醒悟，但是，在帝國主義和外國反動勢力的慫恿支持之下，以達扎為首的噶廈當局利令智昏，錯誤估計形勢，關閉了和平談判的大門，妄圖用戰刀來阻擋和平之盾。他們調集藏軍，佈防於昌都以東金沙江一帶和昌都附近地區，企圖扼守天險，阻止人民解放軍和平進藏。在此情況下，一場以打促和的仗非打不可了。

1950 年 10 月 6 日，著名的昌都戰役全面拉開序幕。十八軍五十二師全部，五十三師、五十四師、軍直各一部，在青海騎兵支隊、雲南一二六團和一二五團的直接參加和新疆騎兵師先遣連的戰略配合下，對昌都實施了大的迂迴包圍和正面攻擊相結合的作戰，一舉解放昌都，爭取了藏軍第九代本（相當於團）起義，取得了昌都戰役的全勝。

西藏實現和平解放

昌都戰役為最終實現和平解放西藏創造了條件，奠定了和平談判的基礎。

昌都解放後，中央人民政府和人民解放軍並不以勝利者自居，仍然堅持和平解放西藏的一貫方針。中央督促西藏當局，周恩來總理直接通過印度給西藏地方政府做工作，我進駐昌都的部隊和工作人員大力開展統戰、宣傳工作，以實際行動影響群眾，繼續爭取和談。在我黨我軍影響下，昌都總管阿沛·阿旺晉美和西藏地方政府在昌都的其他官員，兩次上書達賴喇嘛，力主和平談判。事實再一次說明，中國共產黨和平解決西藏問題是真誠的。在政策的感召和從各方面進行大量工作的情況下，達賴喇嘛終於面對現實，拋棄了幻想，以西藏人民的利益為上，派出了以阿沛‧阿旺晉美為首的西藏地方政府和談代表團。

1951 年 4 月 16 日，西藏和談代表阿沛‧阿旺晉美一行到達重慶後，受到各界代表和群眾的熱烈歡迎。5 月 23 日，中央人民政府和西藏地方政府代表在北京簽訂《關於和平解放西藏辦法協議》（簡稱 "十七條協議"）。10 月 26 日，人民解放軍進藏部隊進駐拉薩。

和平解放使西藏擺脫了帝國主義侵略勢力的羈絆，打破了西藏社會長期封閉、停滯的局面，為西藏的民主改革和發展進步創造了條件。

1959 年 3 月 20 日，人民解放軍駐藏部隊奉命進行平叛作戰。22 日，中共中央發出在平叛中實行民主改革的指示。到 1960 年底，西藏民主改革基本完成，徹底摧毀了政教合一的封建農奴制度，實現百萬農奴和奴隸翻身解放。

1965 年 9 月 9 日，西藏自治區成立。

1951

1952

土地改革

—— 農民盼了幾輩子的事情終於實現了

★

到 1952 年底，除部分少數民族地區外，土地改革在中國大陸基本完成，封建土地所有制被徹底摧毀。土地改革，使全國 3 億多無地少地的農民（包括老解放區農民在內）無償獲得約 7 億畝土地和大量生產資料，免除了過去每年向地主交納約 700 億斤糧食的苛重地租。這不僅是中國歷史上，而且是世界歷史上規模最大的土地改革運動。

❶1951 年 10 月 1 日熱河省建平縣政府發給崔景福的房屋執照。❷ 四川金堂縣農民歡迎土改工作隊進村。❸1950 年 7 月西北軍政委員會第二次會議召開，著重討論並通過習仲勳關於土地改革計劃的報告，並推選習仲勳為西北土地改革委員會主任。圖為彭德懷（右一）、習仲勳（右四）等步出會場。

1950 年 6 月，中共七屆三中全會在北京召開。會議分析國際國內形勢，總結七屆二中全會以來即新中國成立前後一年多的工作。毛澤東向全會作《為爭取國家財政經濟狀況的基本好轉而鬥爭》報告，代表中央向全黨和全國人民提出當前階段中心任務，指出，要獲得財政經濟狀況根本好轉，要用三年左右時間，創造三個條件，即土地改革的完成，現有工商業的合理調整，國家機構所需經費的大量節減。

　　毛澤東在七屆三中全會報告中指出："我們對待富農的政策應有所改變，即由徵收富農多餘土地財產的政策改變為保存富農經濟的政策，以利於早日恢復農村生產，又利於孤立地主，保護中農和保護小土地出租者。"毛澤東強調，要"有步驟有秩序地進行土地改革工作"。七屆三中全會還聽取劉少奇關於土地改革問題報告，通過《中華人民共和國土地改革法》（草案）。6 月 14 日，政協第一屆全國委員會第二次會議召開，主要議題是土地改革，劉少奇在會上作《關於土地改革問題的報告》，全面闡述土地改革政策基本內容和進行土地改革具體辦法。在閉幕會上，毛澤東進一步指明土地改革偉大意義，號召一切革命的人，都要站在革命人民一邊，過好土地改革這一關。

　　6 月 28 日，中央人民政府委員會第八次會議討論並通過了《中華人民共和國土地改革法》，30 日公佈施行。它總結了黨過去領導土地改革的經驗和教訓，又適應新中國成立後新形勢確定新政策，成為指導土地改革的基本法律依據。

　　新中國成立後的土地改革運動，是在人民革命戰爭已經取得全國勝利，統一的人民政權已經建立的條件下進行的。黨面臨的最迫切的任務，是恢復和發展國民經濟。黨制定的各項政策和進行的各項工作，都應當圍繞著這個中心並為它服務。土地改革的目的也在於此。《土地改革法》第一條總則便是："廢除地主階級封建剝削的土地所有制，實行農民的土地所有制，藉以解放農村生產力，發展農業生產，為新中國的工業化開闢道路。"

　　根據歷史經驗和當時的實際，中國共產黨制定了一條較為完整，具有中國特色的土地改革總路線，並制定了相應的各項政策、法令、方針和措施。

　　——制定了土地改革總路線，即"依靠貧、僱農，團結中農，中立富農，有步驟有分別地消滅封建剝削制度，發展農業生產"。這條總路線是多年來黨進行土地改革運動經驗的繼承和總結，是符合新中國成立後農村實際的，又是土地改革中各項具體政策和措施的總依據。

——在政策上，對富農，由過去徵收富農多餘的土地財產改為保存富農經濟，即保護富農所有自耕和僱人耕種的土地及其他財產；富農出租的小量土地一般也保留不動；半地主式富農出租大量土地，超過其自耕和僱人耕種的土地數量者，徵收其出租的土地。對地主，限制了沒收其財產的範圍。對小土地出租者，提高了保留其土地數量的標準。實行這些政策，是為了更好地保護中農，有利於分化地主階級，減少土改運動的阻力，還有利於穩定民族資產階級。歸根到底，是為了有利於生產的恢復和發展。

——在工作方法上，強調土地改革要有領導、有計劃、有秩序地進行。土地改革是一場激烈的階級鬥爭，必須貫徹黨的群眾路線，依靠貧農、僱農，團結中農，把廣大農民充分發動起來，使他們在打倒地主階級的鬥爭實踐中提高覺悟程度和組織程度，真正相信自己的力量，實現當家作主。土地改革運動中，反對不發動群眾，用行政命令方法把土地"恩賜"給農民的"和平土改"。同時，又強調，對群眾運動不能放任自流，必須把放手發動群眾同用黨的政策去武裝群眾，引導群眾結合起來。為了加強領導，訓練了大批幹部，組成土改工作隊，深入到農村工作。還在城鄉各界人民中進行宣傳教育，並吸收許多民主黨派人士和知識分子參加或參觀土地改革，形成城鄉最廣泛的反封建統一戰線。

到 1952 年底，土地改革在中國大陸基本完成，在中國延續了幾千年的封建制度的基礎——地主階級的土地所有制，至此被徹底消滅了，真正實現了耕者有其田。

農民盼了幾輩子的事情終於實現了。

1952

1953

三大改造

★

1953 年 6 月 15 日，毛澤東在中央政治局會議上第一次比較完整地闡述了黨在過渡時期總路線和總任務的基本內容，即"從中華人民共和國成立，到社會主義改造基本完成，這是一個過渡時期。黨在這個過渡時期的總路線和總任務，是要在一個相當長的時期內，逐步實現國家的社會主義工業化，並逐步實現國家對農業、對手工業和對資本主義工商業的社會主義改造"。這是"一化三改""一體兩翼"的總路線，其主體任務是逐步實現社會主義工業化，兩翼分別是對個體農業、手工業的社會主義改造以及對資本主義工商業的社會主義改造。主體和兩翼是不可分離的整體。

❶

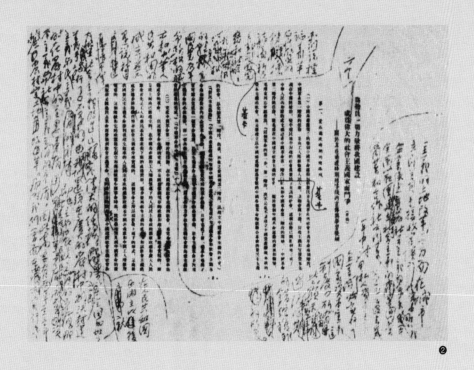

❶ 社員入社除交納一定數量的入社基金外，並將自己的生產工具、設備全部折價入社。圖為上海市裝訂生產合作社社員入股的股金證。❷ 1953年 12 月毛澤東修改的《為動員一切力量將我國建設成為（一個）偉大的社會主義國家而鬥爭（草稿）—— 關於黨在過渡時期總路線的宣傳與學習提綱》。❸ 廣大農村通過各種形式向農民宣傳過渡時期總路線。圖為河南安陽縣郭王度村舉辦展覽會，向農民宣傳合作化的優越性。❹ 天津盛錫福帽廠公私合營後掛上了新廠牌。

伴隨著第一個五年計劃的實施和社會主義工業化的起步，伴隨著過渡時期總路線的提出和宣傳，1953 年，國家對農業、手工業和資本主義工商業有計劃、成系統的社會主義改造，也邁開了步伐。

農業合作化運動的初步展開

在農業社會主義改造方面，中共中央於 1951 年 9 月制定了《關於農業生產互助合作的決議（草案）》。針對當時老解放區農村互助組織出現渙散，不少中農嚮往單幹，也有許多幹部、貧農抱有"農業社會主義"思想，盼著早日實現大家生活"一拉齊"等情況，決議草案提出：要重視農民在土地改革基礎上發揚起來的個體經濟和勞動互助兩種生產積極性；批評了農業互助合作問題上存在的消極態度和急躁態度這兩種錯誤傾向，要求根據生產發展的需要和可能，引導個體農民沿著互助合作的道路前進。這個決議草案經過一年多的試行，於 1953 年 2 月由中共中央作為正式決議下發。

由於工業建設的全面鋪開，從 1952 年下半年起，全國糧食購銷開始呈現緊張形勢。1953 年，糧食緊張情況有增無減，哄抬物價的風潮隨時可能發生。面對這種嚴峻情況，10 月，中共中央緊急作出一項重大決策：在農村實行糧食徵購，在城市實行糧食配給，嚴格管制糧食私商。這一政策簡稱"統購統銷"。具體政策為：計劃收購，計劃供應，由國家嚴格控制糧食市場和中央對糧食實行統一管理。

10 月，中共中央制定《關於實行糧食的計劃收購與計劃供應的決議》。統購統銷政策的實行，很快緩解了糧食供求緊張的矛盾，但不能根本改變農業生產落後於工業發展的狀況。中央認為，解決糧食緊張的根本出路在於依靠農業合作化，並在此基礎上適當進行技術改革。此外，實行糧食統購統銷，國家要同上億戶農民直接打交道，核定各戶餘糧，動員各戶交售，工作非常繁難。這也要求"把太多的小辮子梳成較少的大辮子"，把農民進一步組織到合作社裏來。

為進一步推動農業合作化運動的發展，12 月中共中央又公佈了《關於發展農業生產合作社的決議》，從克服農業同工業發展不相適應的矛盾出發，把逐步實行農業合作化作為農村工作中最根本的任務，提出初級社是引導農民過渡到完全社會主義的高級社的適當形式，要求把發展初級社作為領導互助合作運動繼續前進的重要環節。執行這個決議，1954 年農業互助合作工作獲得很大發展。1954 年底，全國互助組增加到近 1000 萬個，初級社增加到 48 萬個，參加互助合作的農戶增加到 7000 萬戶，佔全國農戶總數的 60.3%。在這裏，互助組是建立在農民小私有基礎上，因實行生產互助而具有社會主義萌芽性質。初級社是生產資料部分公有，屬於半社會主義性質，其特點是土地入股，實行按勞動力分配和一定比例的土地分紅，比較適合當時中國農村生產力的狀況，較容易為貧農、中農兩部分農民群眾所接受。高級社則是生產資料完全歸集體所有，實行統一經營、統一分配。這種高級形式的合作社，當時僅在個別地方進行試點工作，尚不宜推廣。

到 1955 年春，全國初級社迅速發展到 67 萬個。由於發展過猛，一些地方出現侵害農民 —— 主要是中農利益的偏向，造成農村關係的緊張。為此，中央發出《關於整頓和鞏固農業生產合作社的通知》等一系列指示，強調農村工作的一切措施，都必須圍繞發展生產這一環節，必須從小農經濟的現狀出發，在糧食方面採取 "定產、定購、定銷" 措施，安定農民的生產情緒；在擴展合作社方面，實行 "停、縮、發" 方針，一般停止發展，適當收縮，全力鞏固農業合作社。經過整頓，全國共收縮了 2 萬個社，鞏固下來的 65 萬個社，當年夏收有 80% 增產，開始轉入健康發展軌道。

糧食實行統購統銷以後，接著實行油料的統購和食油的統銷，1954 年又實行棉花的統購和棉布的統銷。統購統銷政策與農業互助合作相互聯繫、相互促進，實際上使國家掌握了私營工商業的原料供給和銷售市場，從而直接推動了對資本主義工商業的社會主義改造進程。

圍繞農業合作化速度問題，中央領導層發生嚴重爭論

1953

1955 年夏季以後，圍繞農業合作化速度問題，中央領導層發生了一場嚴重的爭論。在此之前，整個社會主義改造總的來說是按計劃、有步驟地穩步前進的，爭論之後，社會主義改造的步伐猛烈地加快了。

根據局部農村整社後的形勢，中央農村工作部提出農業合作社到 1956 年春發展到 100 萬個的計劃，得到中央政治局批准。但 1955 年 6 月毛澤東從南方視察回到北京後，對農業合作化發展作出了新的觀察和判斷，主張修改計劃，發展到 130 萬個。國務院副總理、中央農村工作部部長鄧子恢認為不妥，力主合作社要穩步發展。他提出：合作化運動應與工業化進度相適應，發展不宜過快；群眾覺悟水平和幹部領導能力需要逐步提高，要求不能過急；目前合作化發展已經很快，存在的問題很多，應該著重做好鞏固工作，為下一步的發展打好基礎。後來的實踐表明，鄧子恢的意見是正確的，

是符合農村實際情況的。但在當時，毛澤東認為鄧子恢的思想右了，是對合作化不積極。

1955 年 7 月 31 日，毛澤東在中共中央召集的省委、市委、區黨委書記會議上作了《關於農業合作化問題》的報告。報告嚴厲批評了鄧子恢和他領導的中央農村工作部的所謂"右的錯誤"，認為"在全國農村中，新的社會主義群眾運動的高潮就要到來"，而我們的某些同志卻落後於群眾，"像一個小腳女人，東搖西擺地在那裏走路"，對合作化運動有"過多的評頭品足，不適當的埋怨，無窮的憂慮，數不盡的清規和戒律"，這是"錯誤的方針"。報告強調農村中"將出現一個全國性的社會主義改造的高潮"，為此，必須實行"全面規劃，加強領導"的方針。[①] 這次會議定下了加快農業合作化步伐的基調，助長了在農業合作化問題上的急躁冒進情緒，成為農業社會主義改造進程的一個轉折點。

10 月，中共擴大的七屆六中全會在北京召開。全會討論和通過了《關於農業合作化問題的決議》。《決議》把鄧子恢和中央農村工作部的"錯誤"性質進一步升級，確定為"右傾機會主義"；並對不同地區規定了合作化的進度，絕大部分地區都規定了很高的指標。七屆六中全會結束後，各地再次修訂加快合作化步伐的規劃，使合作化運動形成異常迅猛的發展浪潮。

1956 年 1 月，入社農戶由上年 6 月佔全國總農戶的 14.2%，猛增到 80.3%，基本上實現了初級社化。許多單幹農民直接參加高級社，被喻為"一步登天"。到 1956 年底，加入合作社的農戶已達全國總農戶的 96.3%，其中入高級社的農戶佔 87.8%。在短短幾個月的群眾運動高潮中，驟然完成由半社會主義合作社到全社會主義合作社的轉變，全國基本上實現了高級社化。

對手工業和資本主義工商業的社會主義改造

手工業的合作化，在總路線提出以後採取"積極領導、穩步前進"的方針。組織形式是手工業生產合作小組、手工業供銷合作社和手工業生產合作社，步驟是從供銷入手，由小到大，由低到高，逐步實行社會主義改造和生產改造。農業合作化的猛烈發展，也影響了手工業的合作化速度。1955 年底中央提出要求：在兩年內基本完成手工業合作化。實際上，到 1956 年

① 中共中央文獻研究室編：《建國以來重要文獻選編》第 7 冊，中央文獻出版社 2011 年版，第 49—71 頁。

底，參加合作社的手工業人員已佔全體手工業人員的 91.7%。

1953 年 6 月，中央確定通過國家資本主義改造資本主義工商業的方針。

國家資本主義的初級形式，一是國家委託私營工廠加工訂貨，對其產品統購包銷，工業資本家獲取一定的工繳費，企業利潤實行 "四馬分肥"（即國家所得稅、企業公積金、工人福利費、資方紅利四個部分），企業雖然仍由資本家管理，但基本上是為國計民生服務，具有一定的社會主義性質。二是國家委託私營商店經銷和代銷商品，商業資本家獲取合理的批零差價和代銷費。這些形式屬於國家同資本家在企業外部的合作，並不觸及生產資料的資本家所有制。

國家資本主義的高級形式是公私合營，即國家通過注入資金和委派幹部，使社會主義成分同資本主義成分在企業內部合作，企業由私有變為公私共有，公方代表和工人群眾結合在一起掌握企業的領導權，資本家失去原有的支配地位，生產關係發生重要變化，便於勞資矛盾、公私矛盾朝著有利於勞方和公方的方向解決，有利於改進生產，納入國家計劃。

在 1953 年底以前，以加工訂貨、經銷代銷為主的初級國家資本主義形式，在私營工商業中已有較大發展。隨著糧棉油統購統銷制度的實行，從 1954 年起，國家轉入重點發展公私合營這種高級形式的國家資本主義。私營工商業由國家資本主義的低級形式向高級形式的發展，事實上也就是逐步改造其生產關係，使企業逐步走向社會主義的過程。1954 年到 1955 年，擴展公私合營的工作取得很大進展，公私合營企業數量不斷增加。1954 年 12 月，中央提出統籌兼顧、歸口安排、按行業改造的方針。1955 年，北京、上海、天津等地一部分行業先後實行了全行業公私合營。

在農業合作化運動迅猛發展的推動下，資本主義工商業全行業公私合營的浪潮也很快席捲全國。1956 年 1 月底，全國 50 多個大中城市相繼宣佈實現全市的全行業公私合營。1956 年底，全國私營工業戶數的 99%、私營商業戶數的 82.2%，分別納入了公私合營或合作社的軌道。原定用 3 個五年計劃基本完成資本主義工商業社會主義改造的計劃一再提前，結果在 1956 年內就實現了。

1955 年夏季以後，農業合作化以及對手工業和私營工商業的改造要求過急，工作過粗，改變過快，形式也過於簡單劃一，以致遺留了一些問題。1956 年資本主義工商業改造基本完成後，對一部分原工商業者的使用和處理也不很適當。但整體說來，在一個幾億人口的大國比較順利地實現了如此複雜、困難和深刻的社會變革，促進了工農業和整個國民經濟的發展，這的確是偉大的歷史性勝利。

1954

初步提出 "四個現代化" 戰略目標

★

　　"我們的事業是正義的。正義的事業是任何敵人也攻不破的。""領導我們事業的核心力量是中國共產黨。""指導我們思想的理論基礎是馬克思列寧主義。"……"我們正在做我們的前人從來沒有做過的極其光榮偉大的事業。""我們的目的一定要達到。""我們的目的一定能夠達到。"①——這耳熟能詳的話語，這堅定揮手的形象，是 1954 年 9 月 15 日毛澤東在中華人民共和國第一屆全國人民代表大會第一次會議上作開幕詞。也是在這次會議上，周恩來在《政府工作報告》中對中國實現 "四個現代化" 的戰略目標作了最初概括。1975 年 1 月，周恩來在四屆全國人大一次會議上重申了實現 "四個現代化" 的戰略目標。

---

① 中共中央文獻研究室編：《毛澤東文集》第 6 卷，人民出版社 1999 年版，第 350 頁。

向四个现代化的宏伟目标前进 *

(一九七五年一月十三日)

遵照毛主席的指示，三届人大的政府工作报告曾经提出，从第三个五年计划开始，我国国民经济的发展，可以按两步来设想：第一步，用十五年时间，即在一九八〇年以前，建成一个独立的比较完整的工业体系和国民经济体系；第二步，在本世纪内，全面实现农业、工业、国防和科学技术的现代化，使我国国民经济走在世界的前列。

我们要在一九七五年完成和超额完成第四个五年计划，这样就可以为在一九八〇年以前实现上述的第一步设想打下更牢固的基础。从国内国际的形势看，今后的十年，是实现上述两步设想的关键的十年。在这个时期内，我们不仅要建成一个独立的比较完整的工业体系和国民经济体系，而且要向实现第二步设想的宏伟目标前进。国务院将按照这个目标制订十年长远规划、五年计划和年度计划。国务院各部、委，地方各级革命委员会，直到工矿企业和生产队等基层单位，都要发动群众，经过充分讨论，制订自己的计划，争取提前实现我们的宏伟目标。

* 这是在第四届全国人民代表大会第一次会议上所做的《政府工作报告》中的一段话。报告全文刊载于一九七五年一月二十一日《人民日报》。

1954

❶1954年9月一届全国人大一次会议在北京召开。❷1954年9月26日毛澤東在一届全国人大一次会议上提名周恩来為中華人民和國國務院總理的提名書。❸1975年1月周恩来在四届全国人大一次会议上重提"四個現代化"宏偉目標。

④

⑤

④ 到 1952 年底，全國農業總產值達 4839 億元，比 1949 年增長 48.5%，主要農產品產量均超過歷史最高水平。圖為農民積極向國家售糧。⑤ 新中國成立初期福建東山婦女掃盲班學文化。

新中國成立初期，在抗美援朝戰爭進行的同時，黨除了領導進行大規模的土地改革運動，還領導進行了其他各項新民主主義改革和建設。從1949年10月到1952年底，經過全國人民3年多的艱苦奮鬥，解放前遭到嚴重破壞的國民經濟得到全面恢復，並有了初步發展。這一切為大規模有計劃的經濟建設準備了條件。

　　"四個現代化"是中國社會主義建設過程中提出的經濟社會發展的戰略目標。

　　早在20世紀40年代，毛澤東就提出"我們共產黨是要努力於中國的工業化的"。新中國成立後，1954年9月，毛澤東在第一屆全國人民代表大會第一次會議上致開幕詞說：準備在幾個五年計劃之內，將我國"建設成為一個工業化的具有高度現代化程度的偉大的國家"。周恩來在會上作《政府工作報告》，提出："建設起強大的現代化的工業、現代化的農業、現代化的交通運輸業和現代化的國防"。

　　以後，"四個現代化"的內涵不斷調整和充實。1964年12月，第三屆全國人民代表大會第一次會議明確提出實現國家的"四個現代化"。周恩來在《政府工作報告》中指出："要在不太長的歷史時期內，把我國建設成為一個具有現代農業、現代工業、現代國防和現代科學技術的社會主義強國，趕上和超過世界先進水平。"

　　1975年1月，四屆全國人大一次會議召開，周恩來在《政府工作報告》中提出了為實現"四個現代化"發展國民經濟的兩步設想：第一步，在1980年以前，建成一個獨立的比較完整的工業體系和國民經濟體系；第二步，在本世紀內，全面實現農業、工業、國防和科學技術的現代化，使中國經濟走在世界的前列。

　　"四個現代化"是一個凝聚了近代中國所有仁人志士，特別是中國共產黨人心血和願望的戰略目標。中國共產黨領導全國各族人民，為實現"四個現代化"戰略目標而不懈奮鬥，取得了舉世矚目的成就。中國共產黨關於"四個現代化"戰略目標的提出和實踐，為新時代開啟全面建設社會主義現代化國家新征程提供了理論準備和實踐經驗，在實現中華民族偉大復興的歷史征程中具有重要地位。

1955

成功出席亞非會議

—— 打破中國外交困局

★

1955 年 4 月 18 日至 24 日，周恩來率中國代表團出席在印度尼西亞萬隆舉行的有 29 個國家參加的亞非會議。這是第一次由亞非國家發起和參加的大型國際會議。1955 年 4 月 5 日，距離亞非會議召開還有 13 天。此時，全世界僅有 23 個國家與中國建交。如何通過這次會議，打開中國與亞非乃至世界各國普遍交往的大門？中國將以何種姿態出現在會議上？發出何種聲音？提出何種主張和立場？……為了在會議前圓滿解決這一系列問題，周恩來總理夙興夜寐。他在這段時間的工作台曆，記錄的便是這份忙碌。

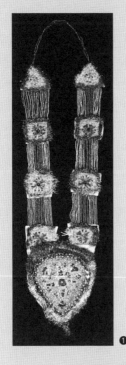

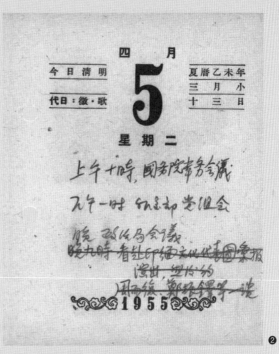

❶1956 年 12 月，巴基斯坦人民贈給周恩來的金銀線編花環。❷ 周恩來工作台曆 1955 年 4 月 5 日。❸ 首都市民遊行慶祝萬隆會議勝利召開。

1954 年 4 月，印度尼西亞、印度、巴基斯坦、緬甸、錫蘭（今斯里蘭卡）五國總理在錫蘭首都科倫坡舉行會議，倡議召開亞非會議，討論亞非地區各國共同關心的問題。12 月底，五國總理再次在印度尼西亞茂物舉行會議，決定正式邀請包括中國在內的 29 個亞非國家，於 1955 年 4 月在印度尼西亞萬隆舉行亞非會議。周恩來總理帶領中國代表團，本著 "求同存異" 方針，同其他與會國家一起，為會議的成功作出了貢獻，倡導形成了 "萬隆精神"。

"克什米爾公主號" 事件，台灣特務企圖謀害周恩來

萬隆會議是由亞非國家發起，沒有西方國家參加的第一次大型國際會議。它反映了在 20 世紀殖民主義制度總崩潰的趨勢下，亞非人民維護民族獨立和世界和平、促進各國友好合作的共同願望和要求。中國是亞非地區最大國家，本著為 "爭取擴大世界和平統一戰線，促進民族獨立運動，並為建立和加強我國同若干亞非國家的事務和外交關係創造條件" 的原則，接受了五國總理的邀請。

中國政府還看到，在這些國家中，除了一些周邊國家同中國有外交關係或貿易關係外，另有 22 個國家或與台灣當局保持著所謂的 "外交關係"，或在美國的影響和控制下對中國存在著很大的誤解和疑慮，特別是某些在朝鮮戰爭中與美國結盟的國家對中國的對立情緒更大。從這個意義上說，中國出席這次會議，以最大的誠意和耐心去尋求與這些國家的共同點，消除它們的疑慮，爭取它們的信任，使它們逐步理解並支持中國，也是十分必要的。

然而，中國參加這次會議並不順利。首先，出行就出了麻煩。

周恩來一行原準備租用印度 "克什米爾公主號" 飛機，屆時前往萬隆。是時，台灣特務準備謀害周恩來。1955 年 4 月，應緬甸總理的邀請，周恩來一行臨時改機，取道先赴仰光。台灣特務不知。11 日，中國和越南民主共和國參加亞非會議的先行人員以及十餘名中外記者，乘 "克什米爾公主號" 從香港飛往萬隆。台灣特務事先在飛機上放置了定時炸彈，飛機途經沙撈越西北海面上空時，爆炸墜海，除機組個別人員外，其餘人員均遇難。這就是震驚中外的 "克什米爾公主號" 事件。4 月 12 日，中國政府就此事件發表鄭重聲明："這一不幸事件絕非一般的飛機失事，而是美國和蔣介石特務機關蓄意製造的謀殺。"

據時任外交部新聞司副司長的熊向暉回憶，1955 年 3 月中旬，我情報

部門偵悉，由蔣介石親自批准，台灣"安全局局長"鄭介民指令所屬"保密局局長"毛人鳳，策劃在中國香港、印尼暗害周總理。毛人鳳即命香港情報站負責在香港執行。主管情報工作的中國人民解放軍副總參謀長李克農立即指示所屬儘快探明蔣特的具體計劃。

從表面來看，台灣特務的這次炸機似乎也達到了一些目的，如事後台灣的特務機關與港督達成口頭協議，即以後港方對台灣特務不准判刑，出事應交台灣當局自行處理，作為交換，台灣特務亦保證不再在香港搞炸機、殺人、放火等恐怖行動，等等。"克什米爾公主號"事件在一些亞非國家中也引起了一定程度上的思想混亂，有的國家擔心亞非會議是否還能開成；有的國家擔心會議能否開好；有的國家領導人甚而勸說周恩來不要參加這個會議了。

然而，從大處來看，台灣當局在政治上也並沒有佔到什麼"便宜"，中國共產黨人並沒有因此而"士氣受挫"。這次事件的第二天，中國外交部便嚴正聲明："中華人民共和國代表團一定要同與會各國代表團一起，為遠東和平和世界和平而堅決奮鬥。美國和蔣介石匪幫的卑劣行為，只能加強亞洲、非洲和全世界人民爭取和平和自由的共同行動。"當時，越南民主共和國、波蘭、奧地利、印度等許多國家紛紛起來譴責炸機惡行，台灣當局從此更是大失人心。

周恩來與好事多磨的亞非會議

1955年4月17日，周恩來率中國政府代表團飛抵萬隆，受到了極為熱烈的歡迎。4月18日，亞非會議隆重開幕。

在會議進行中也波折頗多，不斷出現反華風潮。

會議是分兩個階段進行的，第一階段是各國代表發言。大多數國家的代表在發言中，都譴責殖民主義和種族主義，並表示要加強亞非國家之間的團結。但是，正如中國原先所預料的，18日下午，會議開始就掀起了一股反華風潮。先是伊拉克代表法迪爾·賈馬利發言，稱共產主義是"獨裁"，是"新殖民主義"，"在其他國家搞顛覆活動"，從而要"反對共產主義"。緊接著，一些國家也對中國表示了程度不同的不信任，甚至攻擊中國信仰的共產主義，指責中國沒有宗教自由，懷疑中國對鄰國實行顛覆活動，等等。

在19日上午會議上，針對出現的新情況，周恩來臨時決定將原來的發言稿改為書面發言散發，而在下午會議上作補充發言。周恩來從容不迫地走上大會講壇，誠懇地說：中國代表團參加會議的目的，"是來求團結而不是來吵架的"，"是來求同而不是來立異的"，"我們的會議應該求同而存異"。"我們共產黨人從不諱言我們相信共產主義和認定社會主義制度是好的。但是，在這個會議上用不著來宣傳個人的思想意識和各國的政治制度，雖然這種不同在我們中間顯然是存在的。""會議應將這些共同願望和要求肯定下來。這是我們中間的主要問題。"

周恩來的發言態度誠懇，尤其是"求同而存異"的提法使與會者感到親切而又入情入理，那股清新的和解之風，贏來了會場上熱烈的掌聲和讚許，會場上原來那令人緊張和不安的氣氛，頓時被一掃而光。

會議的第二階段，是分組討論起草關於促進世界和平與合作的宣言。

4月21日，錫蘭總理科特拉瓦拉節外生枝，突然舉行記者招待會，公開干涉中國內政，要在會上討論台灣問題。他主張台灣要由聯合國託管，然後建立"獨立國家"。處理對外關係，"存異"並不難，難的是在複雜的情況下，特別是在對立的狀態中"求同"。周恩來高超的外交鬥爭藝術，也正體現在這裏。周恩來一方面在會上明確表示，中國不同意科特拉瓦拉的主張；另一方面，周恩來在會下又分別同許多國家的代表接觸，耐心地向他們闡述中國的立場和政策，爭取這些國家的理解。周恩來還主動找科特拉瓦拉單獨談話，向他介紹台灣的歷史和我方對台灣問題的一貫立場。經過誠懇坦率的交談，科特拉瓦拉說，他只是想說出心裏話，無意引起爭論，更無意把會議引向失敗。

在第二階段討論中，會議還在兩個問題上發生了爭論。一是殖民主義問題。有的國家代表攻擊社會主義國家的外交政策，誣衊社會主義是另一種形式的殖民主義，從而要求譴責一切形式的殖民主義。中國代表團堅持原則，明確指出，人們可以喜歡或不喜歡某一社會制度，但是違反事實的說法中國是堅決不能接受的；中國也不會因為這些國家反對過中國，而放棄支持它們要求關於宗主國對殖民地和附屬國的獨立給予支持的主張。二是和平共處五項原則的提法問題，大多數國家代表同意這一提法，認為它並不違背聯合國憲章的精神，但是有的國家代表仍表示反對，認為這是共產黨名詞。對此周恩來提出，既然對這一提法的實質沒有異議，我們可以換一個名詞，用聯合國憲章中"和平相處"一詞來表述。有的國家代表還反對和平共處五項原則的數目和措辭，周恩來表示，"寫法可以修改，數目也可以增減，因為我們尋求的是把我們的共同願望肯定下來，以利於保障集體和平"。

通過會議最後公報和宣言

4月24日，全體會議通過了《亞非會議最後公報》。可以想象，這麼多不同國家的代表在一起，擬定著眼於"求同"的公報是何等的困難，這不僅要對每一句話，甚至對每一個詞和字都要進行仔細的推敲。如原稿中"反對一切形式的殖民主義"一句，容易被歪曲為"共產主義也是新形式的殖民主義"之類的錯誤解釋，在周恩來及一些國家代表的努力下，最後在《公報》上表達為"反對殖民主義的一切表現"，這樣就準確多了。因為社會主義從本質來說，根本不會有殖民主義的一切表現。

同一天，大會還通過了《關於促進世界和平和合作宣言》，提出了"尊重一切國家的主權和領土完整"，"不干預和不干涉他國內政"，"承認一切種族的平等"，"承認一切大小國家平等"等十項原則。其實，這十項原則就是和平共處五項原則的引申和發展，兩者在內容上並沒有大的差別。

1955年4月24日，周恩來在亞非會議閉幕會上發言指出："會議的成就是開始了，或者增進了亞非各國之間的了解，並在某些主要問題上達成了協議，這對於我們在反對殖民主義、擁護世界和平、增進彼此之間友好合作的共同任務上將有很大幫助。這個會議相當地滿足了亞非人民和世界人民的願望。"①

總之，儘管亞非會議從一開始就不順利，然而許多國家至今仍不能不承認，由於周恩來的努力，使會議得以圓滿地結束了。據著名的加拿大學者羅納德·基斯說，當時"甚至連美國國務院的情報機構也承認，共產主義中國在萬隆會議上所留下來的良好印象應該歸功於周恩來嫻熟的外交技巧。在萬隆會議上，美國的外交又輸掉了具有重大意義的一仗，敗在了一個共產主義者的手下"。

周恩來在萬隆會議上的表現，使得很多亞非國家了解了社會主義的中國。在亞非會議後，中國的和平外交不斷取得新的進展。至1959年，中國先後與挪威、荷蘭、南斯拉夫、阿富汗、尼泊爾、埃及、敘利亞、也門、錫蘭等國建立了大使級外交關係，同芬蘭、瑞士、丹麥由公使級升格為大使級外交關係。從日內瓦到萬隆會議表明，新中國在國際上的地位日益提高，在世界舞台上扮演著越來越重要的角色。

① 中共中央文獻研究室、中央檔案館編：《建國以來周恩來文稿》第12冊，中央文獻出版社2018年版，第162頁。

1956

中共八大
政治報告起草

★

1956 年 9 月 15 日至 27 日，中共八大在北京全國政協禮堂舉行。這是中國共產黨在全國範圍執政後召開的第一次全國代表大會。劉少奇在八大作政治報告。八大政治報告反覆修改達 80 餘稿。這是毛澤東對中共八大政治報告的修改稿。9 月 26 日是八大閉幕的前一天，這是周恩來總理台曆的當天記錄。

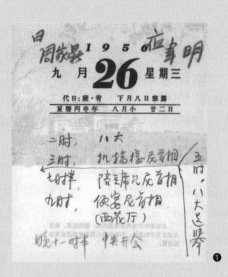

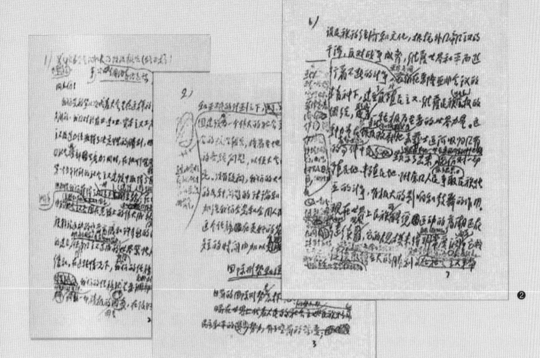

❶ 周恩來工作台曆 1956 年 9 月 26 日。❷ 毛澤東對中共八大政治報告的修改稿。❸1956 年 9 月 27 日中共八大閉幕。圖為全體代表起立鼓掌，祝賀八大勝利閉幕。

1956 年 9 月，中共八大舉行。八大正式代表 1026 人，候補代表 107 人，代表全國 1073 萬名黨員。應邀參加大會的有 54 個國家的共產黨和工人黨代表團，還有中國各民主黨派和無黨派人士的代表。在十五大之前，八大是歷史上唯一一次有民主黨派參加的黨代會。

八大上，毛澤東致開幕詞，劉少奇作政治報告，周恩來作關於國民經濟"二五"計劃的建議的報告，鄧小平作關於修改黨章的報告。大會宣佈：對農業、手工業和資本主義工商業的社會主義改造已取得決定性勝利，社會主義的社會制度在我國已經基本建立起來；國內主要矛盾是人民對於經濟文化迅速發展的需要同當前經濟文化不能滿足人民需要的狀況之間的矛盾；黨和全國人民當前的主要任務，就是要集中力量來解決這個矛盾，把我國儘快地從落後的農業國變為先進的工業國。大會著重提出加強執政黨建設的問題，通過了《中國共產黨章程》，還通過《關於發展國民經濟的第二個五年計劃（1958—1962）的建議》。八大描繪了中國共產黨人的強國夢想，顯示出黨的團結和黨的事業興旺發達。

起草政治報告，是八大準備工作的重中之重。中共八大報告起草者之一鄧力群，在《我為少奇同志說些話》一書中，對八大政治報告的起草過程有很詳盡的回憶。

劉少奇、毛澤東先後進行深入的調查研究

要召開八大的問題提上了日程，怎樣籌備八大自然就成為中央領導層考慮的主要問題。

八大的準備，在毛澤東的主持下，政治報告起草委員會由劉少奇、陳雲、鄧小平、王稼祥、陸定一、胡喬木、陳伯達 7 人組成；修改黨章和修改黨章報告起草委員會由鄧小平、楊尚昆、安子文、劉瀾濤、宋任窮、李雪峰、馬明方、譚震林、胡喬木 9 人組成。

1955 年 12 月 5 日，中共中央政治局在中南海西樓召開座談會。出席者包括在京的中共中央委員、中央黨政軍各部門和各省市的負責人，共 120 多人。這個會議就是佈置召開八大的籌備事宜。會議由劉少奇主持。他首先傳達了毛澤東關於要召開八大的指示：毛主席講，我們要利用目前國際休戰時間，利用這個國際和平時期，再加上我們的努力，加快我們的發展，提早完成社會主義工業化和社會主義改造。他說：毛主席指出，八大的準備工作，

中心思想是要講反對右傾思想，反對保守主義。可以設想，如果不加快建設，農業和私營工商業未改造，工業未發展，將來一旦打起仗來，我們的困難就會更大。

在傳達了毛澤東的重要指示之後，劉少奇要求全黨準備和迎接八大，要使八大的準備工作和各地各部門的工作結合起來。根據分工，劉少奇負責準備八大的政治報告，所以在這個會上，他先打招呼，準備最近找各部門的一些負責同志作個別談話，請各部門的同志預先做好準備。

劉少奇抓得很緊，只隔了一天，從 12 月 7 日開始找國家機關、中央各部委的負責同志到他那裏去匯報，一個部一個部地聽。他是邊聽邊記，時而插話、提問，畫龍點睛地講一些話。一直到 1956 年 3 月上旬，連續聽了三十幾個部門負責同志的匯報。一般情況下，一個部門談一天，個別部門也有談上兩天的，經常從白天一直談到深夜。這樣一天連著一天談，進行七到十天，算一個段落，然後間隔個把星期，再談七八個部門。總之，劉少奇是集中心思來進行這項調查研究工作。

劉少奇聽匯報將近完成的時候，毛澤東從外地視察回到北京。聽說劉少奇正在召集中央各部委逐個聽取匯報的事，毛澤東說這個方法很好，請人幫助他也來組織這樣的匯報。於是，毛澤東也一連聽了三十多個單位的匯報。毛澤東聽匯報，開始得比劉少奇晚一點，結束得也比劉少奇晚一點。在毛澤東聽一些部門如林業部、國家氣象局、中共中央財政貿易工作部、商業部、財政部、中國人民銀行等單位負責人的匯報過程中，劉少奇也一塊去聽了。這充分說明毛澤東和劉少奇兩人工作很協調。劉少奇是認真貫徹執行毛澤東的交代和指示的，毛澤東也是認真借鑒劉少奇的工作方法的，目的都是要調查清楚中國的實際情況，探求一條符合中國實際的社會主義建設道路，寫出一個好的八大政治報告來。

1956

劉少奇先後指定陳伯達、胡喬木起草八大政治報告初稿

1956 年初，劉少奇指定陳伯達起草八大政治報告初稿，同時找了鄧力群、胡繩等幾個助手，幫助陳伯達收集意見，準備材料。

應該說，陳伯達在起草報告中間是用了心思的，花了一個多月時間，搞出了一個初稿，馬上送給劉少奇審閱。劉少奇看了以後不滿意，把這個稿子送給胡喬木看，問有什麼意見。胡喬木看過後，向劉少奇匯報，說陳伯達

起草的報告不像一個黨中央向第八次全國代表大會所作的政治報告，倒像一個學術報告。陳伯達聽了當然不是滋味，很生氣。劉少奇認為胡喬木的評價是正確的，便說：那好啊，他寫得不行，你來搞一個。這樣，就轉而要胡喬木負責起草。

政治報告的指導思想是什麼？劉少奇一直在思考。1956 年 4 月 25 日，毛澤東在中央政治局擴大會議上作《論十大關係》報告後，劉少奇隨之決定：八大政治報告的起草以《論十大關係》為指導思想。他說，有了毛主席的這個講話，我們這個報告的主調就有了。起草八大的報告要以毛主席講的這個十大關係為綱，這樣把八大報告和十大關係就聯為一體了。對此，鄧力群曾回憶說：

"……這點，給我的印象特別深刻，看少奇同志當時是顯得那樣地高興，那樣地興奮，因為可以說是這一下子找到了門道，找到了起草八大的政治報告的路子了。"

"所以那些謠言講，八大和毛主席想的完全是兩回事，是什麼對著幹的，那毫無根據，完全是在胡說八道。"[1]

7 月，胡喬木起草的八大政治報告第一稿出來了。7 月下旬、8 月中旬中央領導去北戴河後，毛澤東親自找有關同志談了一次對稿子的意見。隔了幾天，劉少奇又找起草組同志到他住處開會，主要是討論有人提出的，說這個報告裏只反右傾保守，不反急躁冒進，是片面的，應該既反右傾保守，又反急躁冒進。起草組吸取了該意見，最後通過的時候也是這兩方面都照顧到了。這一次報告裏面加了反急躁冒進，毛澤東當時沒有講話，沒表示反對。

到了 1957 年，周恩來、胡喬木、彭真到杭州，毛澤東才對他們講，1956 年反急躁冒進，他的心情受到壓抑，整個一年心情不舒暢。直到 1957 年，毛澤東把他的意見說出來了，他不贊成反冒進。11 月中旬毛澤東要去參加莫斯科會議，恰好《人民日報》起草了一篇社論，題目是《多快好省地建設社會主義》。這個提法在寫農業四十條的時候就提出來了。毛澤東把稿子帶到莫斯科，修改時在題目上加了四個字，原來他加的是"鼓起幹勁"，中國著名學者、復旦大學教授周谷城認為"鼓起幹勁"不響亮，建議把"起"字改成"足"字。毛澤東從莫斯科回來後，《人民日報》發表了這篇社論：《鼓足幹勁，多快好省地建設社會主義》。這時已是 1958 年初。後來召開的

---

[1] 鄧力群著：《我為少奇同志說些話》，當代中國出版社 1998 年版，第 62 頁。

南寧會議，就把 1956 年 6 月間反冒進那篇社論批了一通，當時沒點劉少奇的名字，被批評得最尖銳的一個是周恩來，一個是陳雲。

問題在於，為什麼 1956 年 6 月間提出反冒進，毛澤東心情不舒暢；八大的政治報告既反右傾又反冒進，加進反冒進的內容，毛澤東沒有表示不同意，而到了 1958 年 1 月南寧會議，毛澤東又專門就反冒進提出尖銳的批評。對於毛澤東的這樣一個反覆過程，究竟怎樣理解？

作為黨的全國代表大會的政治報告，是要管總的和一個較長的歷史時期，所以，需要各方面都考慮到。在實行社會主義建設總路線的過程中，總的來講，兩種傾向都要反對，所以總的政治報告反右、反"左"都應該說到。而具體到哪個時候主要是反什麼，和總報告應加以區別。情況在變，黨內的思想認識也在變。雖然兩種傾向都要反，但不同的歷史時期，主要反什麼，重點反什麼，應該是不同的，要根據不同時期的主要傾向來決定。這樣來理解毛澤東的反覆，恐怕是能夠解釋得通的。

劉少奇密切配合毛澤東，反覆修改八大政治報告初稿達 80 餘稿

胡喬木按照劉少奇以十大關係為綱的意見起草了八大政治報告最初稿。其後，共計修改達 80 餘稿，而毛澤東自始至終主持討論和修改。劉少奇作為起草工作的負責人，同毛澤東密切配合，協同工作。報告起草的每一稿幾乎都送毛澤東審定。兩人在這期間信函往來十分頻繁，很多問題都經過共同商量才最後確定下來。

劉少奇的秘書劉振德曾回憶說，劉少奇對政治報告的起草和修改特別認真仔細，一直到離開會時間很近了，還在逐段逐句逐字斟酌，甚至對每一個標點符號，都要反覆琢磨。當時任中央辦公廳主任的楊尚昆曾幾次打電話對劉振德說："你要催催少奇同志，請他儘快定稿。因為他不定稿，我們大會秘書處的許多工作就無法進行。"秘書報告後，劉少奇才說："那就這樣定稿吧！"[2]

直到 1956 年 9 月 14 日，即政治報告在大會宣講的前一天，毛澤東還審閱修改了劉少奇送來的"國際關係"和"黨的領導"部分的清樣，並在給劉

1956

---

② 參見劉振德著、王春明整理：《我為少奇當秘書》（增訂本），中央文獻出版社 2003 年版，第 41 頁。

少奇的信中說：“你在其餘地方有修改，請直付翻譯，並打清樣，不要送我看了。”③

應當看到，從新中國成立初期到中共八大，毛澤東和劉少奇在一些重大問題上是有過分歧的。1956年，在反冒進問題上他們之間也是有分歧的。但這主要是具體工作層面上的分歧，在主導思想和主要方面劉少奇與毛澤東是一致的，劉少奇是尊重和服從毛澤東的。正如鄧力群回憶的：

> 不少人說毛主席早就要把劉少奇搞倒，或者劉少奇早就對毛主席有這個意見、那個意見。事實完全不是這樣。從我經歷的這些事情看，他們兩個之間，整個中央集體之間，可以說是互相學習，互相尊重的。毛主席看到了少奇同志做調查就跟著做調查，還說這個辦法好，我也學嘛。毛主席講了十大關係以後，少奇同志又覺得毛主席講得好，尊重毛主席的意見，要按主席的意見來寫報告。他們之間的關係非常和諧，非常密切，整個中央領導集體在八大開會之前、之後，都是緊密團結的。當然這並不是說，就沒有不同意見的討論。④

一天晚上，11點鐘左右，劉少奇找起草小組的同志到他住的地方去談。他說，對黨的領導部分加了一段意見，就是講毛主席的正確在大革命時期就證明了。對蔣介石搞的中山艦事件、整理黨務案，毛主席一開始就主張進行抵制和反抗，同國民黨作鬥爭。陳獨秀不贊成，使蔣介石的陰謀一步步得逞，實現了他對國民黨的直接控制，把共產黨從蔣直屬的部隊中排擠出去。到後來秋收起義，井岡山上插紅旗，中央蘇區的建立，都證明毛主席的正確。可是儘管毛主席是正確的，如果黨內的多數不認識他的正確，不選擇他作為我們黨的領袖，還是不行。毛主席的路線是對的，臨時中央去蘇區以前，第一、二、三次反“圍剿”，軍隊幹部、地方幹部都在毛主席的領導下，執行他的路線取得了勝利。臨時中央在上海站不住腳，到了中央蘇區，在第四次反“圍剿”時，把毛主席從領導中排擠出去了，但執行的軍事戰略戰術還是他的路線，所以第四次反“圍剿”還是取得了勝利。第五次反“圍剿”就一反毛主席的路線，執行的完全是博古、李德的那一套，結果失敗

---

③ 中共中央文獻研究室編：《劉少奇傳》下，中央文獻出版社2008年版，第729頁。
④ 鄧力群著：《我為少奇同志說些話》，當代中國出版社1998年版，第64—65頁。

了。經過失敗的比較，不但原來跟著毛主席一起幹的人更進一步認識了毛主席的正確，連反對過毛主席的人也認識到毛主席正確了，這才開成遵義會議。由此證明有毛主席、有毛主席的正確還不夠，還得要有全黨的正確選擇。劉少奇說他在政治報告黨的領導中，把這個意思加了一段文字，要有全黨的覺悟，特別是全黨重要幹部的覺悟，到了遵義會議才解決這個問題。這證明劉少奇在整個八大期間是信服毛澤東的，是衷心地擁護毛澤東的。他和毛澤東在感情上、思想上不存在什麼大的原則性分歧。

劉少奇的上述意思，後來經過起草小組文字上的提煉，寫在八大的政治報告中：

……從我們黨的歷史可以得出這樣的結論：黨的經驗多少和黨的領導人選對於黨是否犯錯誤有重要的關係，但是關係更重要的，是各個時期廣大黨員首先是黨的高級幹部是否善於用馬克思列寧主義的立場、觀點和方法去總結鬥爭中的經驗，堅持真理，修正錯誤。這是考驗黨的幹部的馬克思列寧主義覺悟水平高低的主要標誌。⑤

這是劉少奇特意加上去的話。劉少奇說自己一直在想這個問題，這個問題沒想好，想睡也睡不著。這個問題想好了，寫出稿子來了，就可以睡覺了。

另外，在八大籌備過程中，曾設想過黨的中央委員會設主席一人、副主席一人（這個設想已寫進新黨章草案），由毛澤東擔任主席，劉少奇擔任副主席。也是劉少奇提議多設幾位副主席。經過慎重研究，七屆七中全會接受了劉少奇的建議，將新黨章草案的有關條款改成"選舉中央委員會主席一人，副主席若干人和總書記一人"。毛澤東在七屆七中全會的講話中對這個改動作了說明："一個主席、一個副主席，少奇感到孤單，我也感到孤單。一個主席，又有四個副主席，還有一個總書記，我這個'防風林'就有好幾道。"

1956

⑤　中共中央文獻研究室編：《建國以來重要文獻選編》第9冊，中央文獻出版社2011年版，第91頁。

1957

社會主義工業化建設

—— 超額完成第一個五年計劃

★

新中國成立和國民經濟恢復之後，在黨中央直接領導下，由政務院總理周恩來和政務院副總理兼財政經濟委員會（中財委）主任陳雲具體負責，中國開始制定和實施發展國民經濟的第一個五年計劃（1953—1957）。到 1957 年，"一五"計劃的各項指標大幅超額完成。"一五"計劃是中國從一窮二白的戰爭廢墟走向工業化和現代化的第一張藍圖。從那時起，一張藍圖接著一張藍圖，中國的五年計劃（規劃）前後相連，構成中國經濟發展進程的一條鮮明主線，可謂舉世罕見。

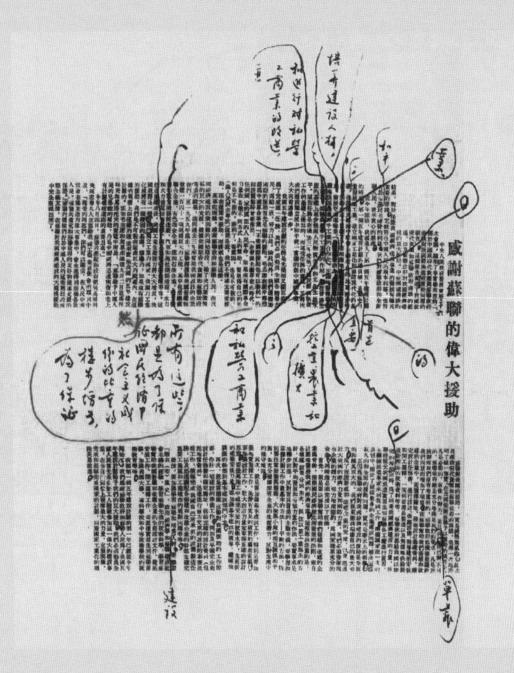

❷

❶1955 年 3 月陳雲起草的關於發展國民經濟的第一個五年計劃的報告
部分修改稿。❷1953 年 9 月 16 日《人民日報》社論《感謝蘇聯的偉大
援助》。圖為周恩來對社論送審稿的修改稿。

❸ ❹

❸1956 年 7 月 13 日第一批國產 "解放" 牌汽車在長春第一汽車製造廠
試製成功，結束了中國不能製造汽車的歷史。圖為 7 月 14 日 "解放"
牌汽車開下生產線。❹ "一五" 計劃期間，婦女和兒童的生活得到多方
面的照顧。上圖為生活在幼兒園的孩子們，下圖為女工們上下班乘坐的
母子車。

1953 年到 1957 年中國發展國民經濟的第一個五年計劃，是在中共中央直接領導下，由周恩來、陳雲等主持制定的。"一五"計劃的編制，從 1951 年開始醞釀，由於缺乏經驗和必要的資料準備，特點是邊編制邊實行。到 1955 年 7 月第一屆全國人民代表大會第二次會議正式通過，1957 年超額完成。

陳雲與第一個五年計劃的編制

萬事開頭難。"一五"計劃從 1951 年開始醞釀，前後歷時四年，五易其稿。

第一次是 1951 年五六月間。為落實中央"三年準備、十年計劃經濟建設"的方針，在周恩來、陳雲、薄一波、李富春、聶榮臻、宋劭文六人小組領導下，由財政經濟委員會對第一個五年計劃進行粗線條的試編。陳雲領導中財委試編了"一五"計劃的粗略綱要。因為抗美援朝戰爭還在進行，執行的是"邊抗、邊穩、邊建"的方針，經濟建設的大局還很難定下來。

第二次是 1952 年 6 月到 8 月。7 月 10 日，周恩來致信毛澤東並劉少奇等，提出："在 7 月份我擬將工作重心放在研究五年計劃和外交工作方面。其他工作當儘量推開。"為出訪蘇聯作準備，由陳雲、李富春組織編寫了 20 多本小冊子，再由周恩來主持起草《中國經濟狀況和五年建設的任務》，對五年計劃的方針、各項主要指標和主要項目、長期建設的準備等作了系統闡述。

第三次是 1953 年一二月間。陳雲等根據在蘇聯商談情況，對第一個五年計劃輪廓草案重新計算了一次。

第四次是 1953 年 6 月。蘇聯對設計 141 個建設項目作出答覆後，李富春結束在蘇聯的商談回國，國家計委結合蘇方的意見和他們援助的情況，對第一個五年計劃輪廓草案中規定的各項具體任務以及存在的主要問題進行了初步總結和修改。

第五次是 1954 年。毛澤東下了"軍令狀"，要求從 2 月 15 日起，用一個月時間拿出五年計劃綱要草案初稿。陳雲、李富春等覺得時間太緊，壓力太大，請求延長一些時間。"後來請示主席決定可以 20 日交。"這次編制工作是在前四次基礎上進行的，又有了四個有利條件：一是第一個五年計劃建設是以蘇聯援助的重點建設項目為中心展開的。此時，蘇聯援助的 141 個項

1957

目已經確定，每個項目的建設時間也已大體上安排好。二是朝鮮戰爭已經停止，財政上的意外變數減少，可以集中財力、物力、人力進行第一個五年計劃的建設。三是黨在過渡時期總路線已經宣佈，通過在人民中間的廣泛動員，實現國家工業化和對農業、手工業、資本主義工商業進行社會主義改造的目標和任務已深入人心。四是第一個五年計劃的大規模經濟建設，經過1953年的實施，已取得一年多的實踐經驗，經濟生活中存在的主要問題已暴露得比較明顯。但是，由於經驗很少，資料不足，帶有控制數字性質的計劃只能邊做邊改，計劃的出台仍需要做大量的艱苦細緻的工作。[①]

1954年2月，中央成立以陳雲為組長的八人工作小組，不久，八人工作小組編制出五年計劃綱要初稿。經過多次審議修改，1955年3月，中國共產黨全國代表會議原則通過五年計劃草案。7月，一屆全國人大二次會議正式審議並通過《中華人民共和國發展國民經濟的第一個五年計劃（1953—1957）》。

現實情況決定中國必須採取優先發展重工業的戰略

"一五"計劃的指導方針和基本任務首要的是集中主要力量發展重工業，建立社會主義工業化的初步基礎。而實現國家工業化，是近代中國仁人志士共同的追求和理想，是中國人民不再受帝國主義欺負，不再過窮困生活的基本保證。根據黨在過渡時期總路線，中國將在一個相當長時期內逐步實現社會主義工業化。基於中國工業基礎極其薄弱的現實，黨中央和毛澤東又確定中國優先發展重工業的戰略。這是基於新中國成立初期的現實作出的戰略決斷。

1950年至1953年，中國財政收入共計600多億元，如果平均使用，試圖百廢俱興，必然一事無成。而沒有重工業，就不可能大量供應化肥、農業機械、柴油、水利工程設備，就不可能大量修建鐵路，製造機車車輛、汽車、飛機、輪船、燃料和各種運輸設備。同時，要改善人民生活，必須擴大輕工業，大量生產日常生活必需品。但這些，也需要來自重工業的機器設備和現代技術裝備，以及來自農業的原材料。當時新中國還處在帝國主義包圍和威脅之中，保衛新生政權，需要強大的現代化國防及現代化國防工業。這

---

① 以上參見中共中央文獻研究室編：《陳雲傳》下，中央文獻出版社2005年版，第873—876頁。

一切，決定了中國必須採取優先發展重工業的戰略。

但建設重工業不僅需要資金量大，建設週期長，而且產品不能直接滿足人民的消費需求。這就要求在國家工業化的起步階段，全體人民需要艱苦奮鬥，節衣縮食。當時，社會上有一種觀點認為，中國窮，要與民休息，不宜搞重工業，應發展輕工業，並呼籲政府"施仁政"。對此，毛澤東曾有過深刻論述。1953年9月，他在中央人民政府委員會會議上分析說：所謂仁政有兩種，一種是為人民的當前利益，是小仁政；另一種是為人民的長遠利益，是大仁政。重點應當放在大仁政上。他指出，現在，我們的重點應當放在建設重工業上。要建設，就要資金。所以，人民的生活雖然要改善，但一時又不能改善很多。就是說，不可不照顧，不可多照顧。不能照顧小仁政，妨礙大仁政。

除了以主要力量發展重工業，"一五"計劃的指導方針和基本任務還包括相應地發展交通運輸業、輕工業、農業和商業；培養建設人才；有步驟地促進農業、手工業的合作化；繼續對資本主義工商業進行改造；保證國民經濟中社會主義成分的比重穩步增長，同時正確地發揮個體農業、手工業與資本主義工商業的作用；保證在發展生產的基礎上逐步提高人民物質生活和文化生活水平。

"156項工程"

要在經濟極端落後的基礎上儘快把中國建設成為一個社會主義工業化強國，首先必須充分利用本國財力、物力、人力，調動一切積極因素，艱苦奮鬥。同時，還要根據需要與可能爭取外援。而當時的客觀條件決定了這種外援只能來自蘇聯等人民民主國家。

可以說，建國初期毛澤東訪蘇，標誌著中蘇兩國開始了蜜月時期，"學習蘇聯"成為最火爆的標語口號。在此時期，蘇聯老大哥給予中國人民的一份"大禮"就是著名的"156項工程"。它是同中國國民經濟建設第一個五年計劃分不開的。

從1950年開始，中國同蘇聯簽訂了第一批委託蘇聯設計和成套供應設備的蘇聯援助中國建設的中蘇協議書。根據國民經濟恢復和建設的需要，第一批蘇聯供應成套設備的建設項目，主要是煤炭、電力等能源工業，鋼鐵、有色金屬、化工等基礎工業和國防工業項目，共50項。抗美援朝戰爭爆發後，為了鞏固國防，取得戰爭勝利，1953 年 5 月，中國以國防軍事工業及其有關配套項目為重點，與蘇聯簽訂第二批蘇聯供應成套設備建設項目中蘇協議書，共 91 個項目，即 2 個鋼鐵聯合廠，16 個動力機器及電力機器製造廠，8 個有色冶金企業，8 個礦井，1 個煤炭聯合廠，3 個洗煤廠，1 個石油煉油廠，32 個機器製造廠，7 個化學廠，10 個火力電站，2 個生產磺胺、盤尼西林和鏈黴素的醫藥工業企業和 1 個食品工業企業。1954 年 10 月，中國又與蘇聯簽訂第三批蘇聯供應成套設備建設項目中蘇協議書，引進能源工業和原材料工業等項目共 15 項，並決定擴大原定 141 項成套設備項目供應範圍。至此，與蘇聯簽訂的援建項目共計 156 項，這就是以後通稱的 "156 項工程"。

1955 年 3 月，中國又與蘇聯簽訂了新的中蘇協定，包括軍事工程、造船工業和原材料工業等建設項目，共 16 項；隨後，通過口頭協議，又增加 2 個項目。由於對項目進行增減和拆並等調整，到 "一五" 計劃末期，蘇聯援建項目共計為 166 項，但習慣上仍稱為 "156 項工程"，這當中實際進行施工的為 150 項。

與此同時，中國和東歐各國也先後簽訂協定，引進成套設備建設項目。這些項目合計也有 100 多項。

"156 項工程" 的主要項目有：鞍山、武漢、包頭三大鋼鐵聯合企業，長春第一汽車製造廠，武漢重型機床廠，哈爾濱汽輪機廠，蘭州煉油化工設備廠，洛陽第一拖拉機製造廠等。此外，規模比較大的外援項目還有：德意志民主共和國幫助建設的西安儀錶廠、鄭州砂輪廠，捷克斯洛伐克幫助建設的遼寧電站、影片洗印廠，波蘭幫助建設的新中國糖廠和佳木斯糖廠等。

引進的這些成套設備都是當時比較先進的。例如，蘇聯在幫助建設長春第一汽車製造廠的過程中，曾動員好幾個設計部門專家，綜合蘇聯國內各廠的建設經驗，並結合中國具體情況，設計出最新的汽車製造廠。該廠許多設備，當時在蘇聯也是最先進的。陳雲曾經這樣說過："蘇聯是社會主義國家，那時他們對我們的援助是真心誠意的。比方說，蘇聯造了兩台機器，他們一台，我們一台。" 能做到這樣，確實是盡到了他們的國際主義義務。

蘇聯和東歐各國幫助中國建設的工業項目，不僅提供了企業所需的機器設備，而且從勘察地質、選擇廠址、收集設計資料、進行設計、指導建築、安裝和開工運轉、供應新產品的技術資料，一直到新產品製造完成，都給予了全面的、系統的幫助。蘇聯和東歐各國都派遣了優秀的技術專家，來中國實地收集設計基礎資料，並且具體指導建築安裝，同時還接受中國實習生前往學習先進技術和現代化企業的管理經驗。在此期間，蘇聯和東歐各國到中國工作的技術專家達 8000 多人，為中國培養的技術人員和管理幹部達 7000 人。而在建設過程中，凡是中國能夠生產的設備，能夠進行的設計，都主動提出由中國自行解決，以促進中國設計能力的提高和生產進一步發展。

中國 "一五" 計劃期間施工建設的 700 多個大中型工業項目中，從蘇聯引進的 147 個，加上與之配套建設的國內設計的 140 多個項目，五年內實際完成投資佔全部工業基本建設投資的 50% 左右。同期，東歐各國幫助中國建設的 108 個成套設備項目中，有 64 個開始動工興建。

到 1957 年止，蘇聯和東歐各國幫助中國建設的項目，全部和部分投產的分別為 68 個和 27 個。隨著這些項目的建成投產，形成了中國第一批大型現代化企業，大大增強了中國重工業和國防軍事工業的能力，填補了一批生產技術領域的空白，初步建立了獨立自主、自力更生發展國民經濟的工業技術基礎，並且取得了建設大型現代化項目的初步經驗。

當然，國與國之間的經濟關係，應當是互利的。1953 年 5 月 15 日中蘇兩國簽訂的協定中，就規定在 1954 年至 1959 年間，中方向蘇方提供鎢砂 16 萬噸、銅 11 萬噸、銻 3 萬噸、橡膠 9 萬噸等戰略物資，作為蘇聯援建項目的部分補償。

1981 年 3 月，中共中央起草《關於建國以來黨的若干歷史問題的決議》時，陳雲特意對文件的起草人之一鄧力群說："第一個五年計劃的 156 項，那確實是援助，表現了蘇聯工人階級和蘇聯人民對我們的情誼。這樣一些問題，《決議》應該如實地按照事情本來面貌寫上去。要通過這些歷史問題的論斷，再一次說明中國共產黨人是公正的。"

"一五" 計劃的各項指標大幅度地超額完成。到 1957 年，工農業總產值達到 1241 億元，按可比價格計算，比 1952 年增長 67.8%。五年間，全國實際完成基本建設投資總額 588.47 億元，形成中國近代以來引進規模最大、效果最好、作用最大的工業化浪潮，工業生產能力和技術水平前進了一大步；交通、教育、科學、文藝、醫療衛生等各項事業獲得較快發展；全國物價基本穩定，人民生活水平逐步提高。"一五" 計劃時期是新中國經濟效益最好的時期之一。就是與同期世界發達國家的增長速度相比，中國也不遜色。"一五" 計劃取得巨大成就，為中國社會主義工業化奠定了基礎，為社會主義建設積累了寶貴經驗。

1958

"大躍進"和
人民公社化運動

★

1958 年 5 月，中國共產黨第八次全國代表大會第二次會議正式通過
"鼓足幹勁、力爭上游、多快好省地建設社會主義"的總路線。這條總
路線反映了廣大人民群眾迫切要求改變中國經濟文化落後狀況的普遍
願望，但忽視了客觀經濟規律。會後，以片面追求工農業生產和建設
的高速度，不斷大幅度地提高和修改計劃指標為標誌的"大躍進"運
動在全國範圍內展開。8 月，中央政治局在北戴河召開擴大會議，作
出《關於在農村建立人民公社問題的決議》。會後，以高指標、瞎指
揮、浮誇風、"共產風"為主要標誌的"左"傾錯誤嚴重氾濫開來。與
此同時，以"一大二公"、政社合一為主要特點的人民公社在全國農
村普遍建立起來。

❶1958 年 1 月 1 日《人民日報》。❷ 人民公社實行"組織軍事化,行動戰鬥化,生活集體化"。圖為人民公社辦的公共食堂。❸ 全國掀起空前規模的全民大煉鋼鐵運動。❹1958 年在河北省抗旱運動中,豐潤縣的一群年輕姑娘曾幾次到數百里以外去支援外縣抗旱,被人們稱為"現代穆桂英"。圖為她們在休息時表演節目。❺ 慶祝建國 10 週年時北京郊區農民舉著總路線、"大躍進"、人民公社"三面紅旗"標語遊行。

"大躍進"和農村人民公社化兩大運動的發動,有著共同的急於求成和誇大主觀能動性等思想根源,在運動進程、發動方式、影響和後果等方面,也有著不可分割的關係。但二者性質有所不同,前者主要表現在生產力發展方面的盲目冒進,而後者則主要表現在生產關係和社會制度的變革等方面的盲目冒進。

"大躍進"出現在 1958 年,不是偶然的

　　在新中國成立之時,中國人民政治協商會議制定的起臨時憲法作用的《共同綱領》,沒有把中國的社會主義前途寫進去。當時黨中央認為:先經過一段新民主主義建設時期,再實行資本主義工商業的國有化和個體農業的集體化,這至少要十年到十五年,然後視情況而定。

　　隨著土地改革的基本完成和國民經濟的迅速恢復,黨認為解決工人階級與資產階級的矛盾,在農村和城市開始逐步進行社會主義改造的步驟,已經成為必要並有現實可能,於是提出向社會主義過渡的問題。

　　1952 年 9 月,在中共中央書記處會議上,毛澤東說:我們現在就要開始用十年到十五年的時間基本上完成到社會主義的過渡,而不是十年或者更長時間以後才開始過渡。

　　但從 1955 年夏開始,毛澤東首先改變了這個時間表,提出要加快步伐。毛澤東認定,主持中央農村工作的鄧子恢犯了右傾錯誤,而事實上,鄧子恢一直按正常部署進行著工作。

　　在這種思想影響下,各地爭先恐後地用過高標準向下佈置工作,各地各部門也都希望在較短的時間內做出大的成績來,以免被說成右傾保守。1956 年的經濟冒進,就是在這種情況下發生的。

　　1957 年 11 月,毛澤東赴蘇參加十月革命 40 週年慶典,並參加各國共產黨和工人黨代表會議。會議的盲目自信氣氛也感染了毛澤東。這時,蘇聯已發射了兩顆人造衛星。赫魯曉夫 11 月 6 日在蘇聯最高蘇維埃會議上宣佈同發達資本主義國家進行經濟競賽,說 "在以後的 15 年中,蘇聯不僅能夠趕上,並且能夠超過美國目前的重要產品的產出量"。毛澤東也不甘示弱。11 月 18 日,他在各國共產黨和工人黨代表會議上說:"赫魯曉夫同志告訴我們,15 年後,蘇聯可以超過美國。我也可以講,15 年後我們可能趕上或者超過英國。""到那個時候,我們就無敵於天下了,沒有人敢同我們打了,

世界也就可以得到持久和平了。"①12月2日，劉少奇在工會第八次大會上公開宣佈了"15年在鋼鐵和其他重要工業產品的產量方面"趕上或者超過英國的口號。

這樣，關於經濟建設要"加速"的思想，在強烈的趕超意識推動下，逐步轉化為"大躍進"的實踐行動。

"大躍進"的推行表明，黨力圖在探索中國自己的建設社會主義的道路中打開一個新的局面。它能夠發動起來，反映了曾長期遭受帝國主義和封建主義欺凌的中國人民，擺脫壓迫之後求強求富的強烈渴望。從新中國成立到社會主義改造基本完成，短短幾年內一連串接踵而至的勝利，使人們相信中國富強的目標可能在一個較短的時間內實現。

毛澤東在發動"大躍進"時曾說過："中國經濟落後，物質基礎薄弱，使我們至今還處在一種被動狀態，精神上感到還是受束縛，在這方面我們還沒有得到解放。要鼓一把勁。"這段話道出了全黨大多數人的共同感受。大家都願意相信，我們既然已經在社會關係方面得到解放，做了主人，那麼，在經濟建設上再來一個大躍進，徹底改變中國的落後面貌，已經不是什麼遙遠的事情，而是指日可待，能夠爭取的。

把"大躍進"和人民公社化運動推向高潮

高指標帶來高估產。1958年夏收期間，各地興起一陣虛報"高產"風，競放高產"衛星"浪潮。小麥"衛星"和水稻"衛星"分別為畝產8585斤、畝產130434斤。報刊輿論為這些不切實際的虛報數字大加鼓吹。什麼"地的產是人的膽決定了的"，"人有多大膽，地有多大產"。

伴隨著這種在生產上的高指標和浮誇風的興起，推動著生產關係方面急於向所謂高級形式過渡。在大搞農田水利基本建設的過程中，進行生產協作，有的超越了社界、鄉界，甚至縣界的範圍，認為農業生產合作社的規模越大，公有化程度越高，就越能促進生產。於是中共中央發出關於把小型的農業生產合作社適當地併為大社的意見，各地試辦了一些一千戶以至幾千戶的大社。《紅旗》雜誌、《人民日報》公開宣傳毛澤東關於把工農商學兵組成

1958

① 中共中央文獻研究室編：《毛澤東年譜》（1949—1976）第3卷，中央文獻出版社2013年版，第251頁。

一個大公社，以便構成中國社會的基本單位的思想。隨即人民公社開始在農村建立、發展。

1958 年 8 月，中共中央政治局在北戴河召開擴大會議。這次會議對實際生活中已經出現的虛假風和浮誇風的現象，不僅沒有進行冷靜分析和糾正，而是加以支持。會議在討論 1959 年國民經濟計劃時，提出了不切實際的估計和超乎尋常的指標。會議預計 1958 年糧食產量可達 6000 億斤—7000 億斤（1957 年為 3700 億斤），要求 1959 年達到 8000 億斤—10000 億斤。會議正式決定 1958 年鋼產量要比 1957 年翻一番，達到 1070 萬噸，1959 年達到 2700 萬噸—3000 萬噸。

北戴河會議後，為了在餘下的 4 個月時間裏，完成追加的鋼產量當年翻番的任務，在全國城鄉掀起了全民大煉鋼鐵的群眾運動。到年底，全國生產鋼 1073 萬噸，其中 300 萬噸土鋼基本不能使用。

在大煉鋼鐵的同時，人民公社在全國農村普遍建立。到 10 月底，全國 75 萬個農業生產合作社改組成 2.6 萬個人民公社，入社的有 1.2 億戶、5.6 億多人口，佔農村人口總數的 99% 以上。人民公社特點叫"一大二公"，實際上就是搞"一平二調"，颳起"共產風"，提出吃飯不要錢，大辦集體食堂。這種嚴重的平均主義和無償調撥，實際上是對農民的剝奪，使農民驚恐和不滿，殺豬宰羊、砍樹伐木，造成生產力的很大破壞，給農業生產帶來災難性的後果。

初步糾"左"

毛澤東始終是"大躍進"和人民公社化運動的積極倡導者和推動者，同時，他也是較早地通過調查研究覺察到運動中出現嚴重問題並努力加以糾正的黨的主要領導人。

1958 年秋冬，"大躍進"和人民公社化運動的惡果已經凸顯出來。黨中央和毛澤東開始覺察到經濟生活中出了不少亂子，開始嘗試努力通過調查研究加以解決。1958 年 11 月至 12 月，黨中央先後在鄭州、武昌召開工作會議、政治局擴大會議和八屆六中全會。毛澤東強調需要讓大家冷靜下來，聯繫中國社會主義經濟革命和經濟建設的實際，去讀一些馬克思主義的理論著作。八屆六中全會通過的《關於人民公社若干問題的決議（草案）》強調指出，不能混淆集體所有制和全民所有制的界限，不能混淆社會主義和共產主義的界限，人民公社目前基本上仍然是集體所有制。決議還強調，今後一個時期內，商品生產和商品交換必須有一個很大的發展。

八屆六中全會後，各地普遍對人民公社進行整頓，急急忙忙向全民所有制過渡、向共產主義過渡的勢頭剎住了。1959年二三月間，黨中央在鄭州召開政治局擴大會議，根據前段整頓中提出的問題，從公社內部所有制分級的問題入手，進一步糾正"共產風"。根據毛澤東的提議，會議形成14句話作為整頓人民公社的方針，即"統一領導，隊為基礎；分級管理，權力下放；三級核算，各計盈虧；分配計劃，由社決定；適當積累，合理調劑；物資勞動，等價交換；按勞分配，承認差別"。各省、市、自治區分別召開五級或六級幹部會，落實會議精神。在貫徹會議精神的過程中，又根據社員群眾的要求，把以公社為基本核算單位改為以生產隊為基本核算單位，把不算舊賬的決定改為清算公社成立以來的賬目、退賠平調的資金物資。這受到社員群眾的極大歡迎。

在解決農村人民公社化運動問題的同時，黨中央還注意解決工農業生產高指標的問題。到1959年第一季度，高指標引起的比例失調，原材料供應緊張的問題，更加嚴重地困擾國民經濟各行業。4月，八屆七中全會在上海召開，將當年的基建投資再作壓縮。此後，中央決定進一步降低生產高指標，把當年鋼產量指標降到1300萬噸，大力抓農業生產，恢復社員自留地，允許社員飼養家畜家禽，同時大抓副食品和日用工業品的生產。為了落實上述一系列政策措施，中共中央還決定於7月在江西廬山召開政治局擴大會議，以很好地總結"大躍進"以來的經驗教訓，統一思想，提高認識。

從1958年秋冬開始，到1959年7月中央政治局廬山會議前期，黨中央和毛澤東曾經努力領導全黨糾正已經覺察到的錯誤。經過九個月的緊張努力，"共產風"、浮誇風、高指標、強迫命令、瞎指揮等得到初步遏止，形勢開始向好的方向轉變。這一段的初步糾"左"，是全黨"從自己的錯誤中學習"的過程，也是對建設社會主義道路進行一些新的探索的過程，這期間提出的一些正確的理論觀點和政策主張具有長遠意義。但是，對總路線、"大躍進"、人民公社還是根本肯定，所以糾"左"還是局限在堅持"大躍進"和人民公社的"左"傾指導思想的大框架內。因此，形勢遠沒有根本好轉。

1959年廬山會議後期錯誤地發動了對彭德懷等的批判，進而在全黨開展"反右傾"鬥爭，在政治上使黨內從中央到基層的民主生活遭到嚴重損害，在經濟上打斷了糾正"左"傾錯誤的進程，使錯誤延續了更長時間。

1959

"工業學大慶" 和 "農業學大寨"

★

1959 年 9 月，中國在松遼盆地找到工業性油流，進而發現油田。因臨近國慶 10 週年，被命名為 "大慶油田"。同年，《山西日報》發表《大寨年年有個新套套》通訊，介紹了大寨的先進事跡。這是大慶和大寨首次進入人們視野。1964 年 2 月 5 日，中共中央發出《關於傳達石油工業部〈關於大慶石油會戰情況的報告〉的通知》。2 月 10 日，《人民日報》發表長篇通訊《大寨之路》，同時配發社論《用革命精神建設山區的榜樣》。此後，"工業學大慶" 和 "農業學大寨" 運動在全國展開。

❶ 工業學大慶章和農業學大寨章。❷ 大慶油田 "鐵人" 王進喜和工人用身體攪拌水泥，制服井噴。❸ 山西昔陽大寨大隊幹部群眾面對惡劣的自然條件，開山造田，發展生產。

20 世紀 50 年代後期 60 年代前期，中國處於一個艱辛探索和意氣風發的年代。全國上下掀起的“工業學大慶”和“農業學大寨”熱潮，就是帶有那個時代特色的社會風尚和精神面貌的集中體現。

“工業學大慶”：“有條件要上，沒有條件創造條件也要上”

新中國成立前，中國石油工業基礎十分薄弱，國內消費的石油基本上靠從外國進口。新中國成立後，中國投入大量人力物力進行石油勘探開發。1955 年，開始對東北松遼盆地進行地質勘查。1959 年 9 月，在松遼盆地發現“大慶油田”。1960 年 2 月，中央決定在黑龍江省的大慶地區進行石油勘探開發大會戰。會戰得到全國各方面的大力支援。

在大慶油田的開發建設中，以“鐵人”王進喜為代表的大慶石油工人、科技人員和廣大幹部，以“寧肯少活 20 年，拚命也要拿下大油田”的英雄氣概，以“有條件要上，沒有條件創造條件也要上”的奮鬥決心，以“對待事業，要當老實人，說老實話，辦老實事”“對待工作，要有嚴格的要求、嚴密的組織、嚴肅的態度、嚴明的紀律”“白天和黑天幹工作一個樣，壞天氣和好天氣幹工作一個樣，領導在不在場幹工作一個樣，有沒有人檢查幹工作一個樣”等“三老”“四嚴”“四個一樣”的工作作風，吃大苦，耐大勞，為中國石油工業發展頑強拚搏，創造出輝煌業績，再現出偉大的奉獻精神，培養和錘煉了一支敢打硬仗、勇創一流的英雄隊伍。

在極端困難的條件下，廣大職工懷著為祖國爭光、為民族爭氣的遠大胸懷，克服重重困難，創造了極不平凡的業績。經過 3 年多的奮戰，到 1963 年，中國高速度、高水平地探明和建設了一個年產 600 萬噸原油的大油田。12 月 2 日，周恩來在二屆全國人大四次會議上莊嚴宣佈：“我國需要的石油，現在可以基本自給了。”到 1965 年底，中國實現了國內消費原油和石油產品的全部自給。其中，大慶油田提供的高產原油，起到了決定性作用。

1964 年，黨中央和毛澤東向全國發出工業學大慶的號召。大慶經驗的傳播和推廣，對振奮全國人民自力更生、奮發圖強的精神，對推進社會主義建設事業的發展，起到了積極作用。在開發大慶油田過程中，培育了“愛國、創業、求實、奉獻”的大慶精神，成為激勵各族人民意氣風發投身社會主義建設的強大精神力量。

1959

273

此外，中國還相繼開發建設玉門油礦、大港油田、勝利油田等石油企業。

"農業學大寨"：向"七溝八樑一面坡"的貧瘠土地開戰

大寨是山西省昔陽縣一個山村。這裏自然條件惡劣，土地貧瘠，全村耕地被溝壑切割成無數小塊，分散在七溝、八樑、一面坡上。從1952年底到1956年，大寨響應"組織起來"的號召，走過了農業合作社初級社到高級社的道路，依靠集體的力量做到糧食生產自給有餘。1958年，在全國大辦人民公社的熱潮下，大寨成為一個生產大隊，隸屬於大寨公社。大寨大隊的黨支部書記陳永貴，是一位既有政治頭腦、又有組織能力，而且能夠嚴以律己的領頭人。他帶領群眾艱苦奮鬥，向"七溝八樑一面坡"的貧瘠土地開戰。

繼1959年《山西日報》介紹大寨的先進事跡後，1960年2月，山西省委向全省農村基層幹部發出了"學習模範支部書記陳永貴"的號召。《山西日報》、省廣播電台等新聞機構也加大了對大寨的宣傳力度。陳永貴的事跡開始在山西各地引起轟動。此後，山西媒體一直跟蹤報道。特別是1963年8月初，大寨遭受特大洪災時，陳永貴正在縣裏參加人代會。他知道後，立即繞山路回到村裏，把全村動員起來，不分男女老少，齊心協力，夜以繼日，戰天鬥地，果真創造出了驚人的奇跡。結果，除少量完全被沖垮了的梯田絕收外，糧食畝產獲得700多斤的高產紀錄。接著，他們研究洪水為害的規律，修訂第二個十年造地規劃，建設抗禦旱澇能力更強的穩產高產新梯田。他們以白天治坡、夜裏治窩的驚人毅力，建起了煥然改觀的新大寨，僅僅半年多時間，半數社員就歡欣鼓舞地搬進了新居。大災之年奪得大豐收，更是被稱為"創造了一個奇跡"！在抗洪鬥爭中，陳永貴總結出"自力更生十大好處"，硬是不要國家一分錢，自力更生重建家園，發展生產。

1964年2月10日，《人民日報》發表長篇通訊和社論號召全國"每一個地方，不論是山區還是平原，都要很好地學習大寨的經驗"。

毛澤東曾多次在講話中提到要注意依靠農村、農民，要學習大寨和陳永貴。他深有感觸地說："我們這一輩子忘不了貧下中農""要自力更生，要像大寨那樣。""幹部不參加勞動，永遠四不清，懶、饞、佔、貪，都是由懶而來。"①

1964 年 12 月，周恩來在三屆全國人大一次會議《政府工作報告》中，發出了"工業學大慶，農業學大寨，全國學人民解放軍"號召，並把大寨精神概括為"政治掛帥、思想領先的原則，自力更生、艱苦奮鬥的精神，愛國家愛集體的共產主義風格"。從此，農業學大寨運動在全國開展起來。

毛澤東邀請"鐵人"王進喜、農民代表陳永貴等共進 71 歲生日晚餐

1964 年 12 月 21 日至 1965 年 1 月 4 日三屆全國人大一次會議舉行。其間 12 月 26 日是毛澤東 71 歲生日。在人民大會堂 118 廳，毛澤東邀請了參加會議的大慶"鐵人"王進喜、農民代表陳永貴、著名科學家錢學森和知識青年上山下鄉的帶頭人邢燕子、董加耕等勞動模範、科學家和身邊工作人員，還有中央領導人、各大區主要負責人及少數部委負責人共進晚餐。毛澤東說：今天不是請客，更不是祝壽，有工人，有農民，我拿自己的稿費請人家吃頓飯，也算是實行"四同"吧。

1959

① 參見中共中央文獻研究室編：《毛澤東年譜》（1949—1976）第 5 卷，中央文獻出版社 2013 年版，第 348—350 頁。

1960

為了六十一個階級弟兄

—— 北京救命藥神速空投平陸

★

1960 年 2 月 28 日《中國青年報》刊登專版《從"平陸事件"學習和發揚共產主義精神》。

1960 年 2 月 28 日《中國青年報》。

1960 年 2 月 2 日，農曆正月初六，晚上 6 點鐘，山西省平陸縣風南公路張溝段，61 名民工不慎發生食物中毒。

全力籌措藥物

平陸縣一座新落成的紅色大樓裏，燈火輝煌。中共平陸縣委擴大會議，照常進行著。與會者精神振奮，討論的是 1960 年躍進規劃。

7 點鐘時，縣人民委員會燕局長匆匆奔進會議室，找到縣人民醫院王院長報告了平陸民工中毒事件。他們的話還沒說完，坐在主席位置上的中共平陸縣委第一書記郝世山同志，也已知曉這緊急情況。這位 50 來歲的老書記，立刻站了起來，目光炯炯地把會場掃視了一遍。然後，果決地說："同志們，現在要全力處理一件急事，會議暫停！"說完，他披起那件舊棉大衣，立即召集縣委常委會議研究，當機立斷，全力搶救。片刻，大卡車就載著負責同志，載著縣醫院全部最好的醫生，在茫茫的黑夜裏，翻山越嶺，向 61 個階級弟兄身邊奔去。

平陸縣與河南省三門峽市，只隔一條黃河。縣北 50 里外張村一帶，正在修建一條從芮城風陵渡到平陸南溝的省級公路，這條公路是山西全省支援黃河三門峽工程的交通命脈。築路民工都是人民公社社員，幹起活來幹勁衝天。他們展開了對手賽，改革了一系列工具，工效步步提高。更在春節期間，自願少休息，打了個開門紅的大勝仗。誰想竟發生了這偶然的不幸。

縣裏的汽車來到張溝工地以前，張村公社黨委第一書記薛忠令，親率公社醫院 20 多名醫護人員，早已來到。他們正在忙著給病人洗身、洗腳、消毒。縣裏的醫生跳下汽車，立即接手診斷，立即治療。

他們使用了各種辦法：給患者喝綠豆甘草水解毒，無效！給患者注射嗎啡，仍然無效！⋯⋯

在張村公社醫院裏，空氣仍然異常緊張！張村公社的社員們送來了大量豆腐、粉條、蔬菜、糖、細糧⋯⋯這些東西堆在那裏，有誰能吃呢？61 位弟兄還在危險中！山西省人民醫院、臨汾人民醫院聽到消息後，也都迅速派來了醫生。40 多位醫護人員，頭上冒著一串串的汗珠，已經 20 來個小時沒合眼。為了延續這 61 條生命，土法、洋方，各式各樣的招，都使盡了，可是病人還不見有何好轉。

無比的緊張！空氣窒人，醫生、護士揮汗如雨。醫生們經過緊張詳細的會診後，斷定：“非用特效藥‘二巰基丙醇’不可！必須在 4 日黎明前給病人注射這種藥，否則無救！趕快派人去找！”

平陸縣沒有這種藥。冒險夜渡黃河到對岸的三門峽市，還是沒有這種特效藥！這時，已經是 2 月 3 日的中午了。找藥的電話，一個一個地回來了：運城縣沒這種藥！臨汾縣沒這種藥！附近各地都沒這種藥！

下午 3 點，縣委郝世山書記斬釘截鐵地說：“為了 61 位同志的生命，現在我們只好麻煩中央，向首都求援。向中央衛生部掛特急電話！向特藥商店掛特急電話！”

向北京求助特效藥

緊張的搶救戰，在二千里外的首都，接續著開始了……

在衛生部的一所四合院裏，藥政管理局的許多同志都停下了別的工作，忙辦這件刻不容緩的事。藥品器材處同志接到平陸縣委打來的電話後，立刻叫人通知八面槽特種藥品商店趕快準備藥品，並跑去請示局長和正在開黨組會議的幾位部長。部領導指示：一定要把這件事負責辦好，立刻找民航局或請空軍支援送藥！

“明天早晨，才有班機去太原，那太遲了，太遲了！對啦，請求空軍支援！”

空軍熱情支援，保證當夜把藥品空投到平陸縣城！但要求把一千支藥品裝進木箱，箱外要裝上發光設備……

2 月 3 日晚，將近 7 點，北京特藥商店裏，藥品箱都快裝好了，可是發光設備卻還沒個著落。這時，一個戴眼鏡的姑娘，猛地把辮子一甩說：找五洲電料行去！電料行的同志聽說後，急中生智，用 16 節電池、4 個燈泡，把藥箱的四面都裝上燈，空投落地時，這一面的摔滅了，保證另外幾面的還亮著。

衛生部勝利牌轎車載著特藥商店的 1000 支“二巰基丙醇”，在燈火輝煌的大街上，在靜謐的京郊林蔭大道上，響著喇叭，箭似的向機場疾馳。

神藥從天而降

幾乎在北京載藥車急馳機場的同時，平陸縣郵政局的電話鈴聲一陣疾響。從下午 3 點開始，平陸—北京的長途電話已經成為一條極為敏捷的專線電話。又是空軍領導機關打來的。守護在電話機旁的郵政局長急忙把電話接到縣委。

"請趕快物色一塊平坦地帶，要離河道遠些，準備四堆柴草。飛機一到，馬上點火，作為空投標誌！"

"好！立即準備！"

於是，縣委書記、縣長親自指揮。眨眼間，四大堆柴草已經準備好了！幾千人林立在這塊名叫"聖人澗"的空地上。人們滿懷急不可耐的激動心情，望向茫茫的夜空……

21 點 03 分，北京，繁星滿天。一架軍用運輸機，滿載首都人民的深情厚誼，衝向銀光閃閃的夜空，向西南方向風馳電掣地飛去。這是一次十分困難的飛行。夜間空投，在平陸空投場沒有地面指揮和對空聯絡的情況下，加上地形複雜，山巒重重，空投的又是水劑藥品，而且要保證做到萬無一失……部隊領導對這次空投任務極為重視，政委、大隊長、參謀長親自研究，特別選派了最有經驗的機長、領航長、通訊長和機械師，並且是一架飛機，派了兩個機組同時前往。就在起飛之前，他們還選擇了最好的降落傘，把藥箱加了重，一切都籌劃得最有把握，大家滿懷著信心。

一名飛行員十分激動地請示機長："為了使藥箱確保及時送到，我請求批准我跟著藥箱一起下去！"

機長說："首長已經指示，人不要下去，我們要保證把藥品準確投到！"

夜裏 11 點多，"請平陸準備！準備！飛機再有七分鐘就到你縣，馬上點火！"

等待飛機的人群，不知是誰，向柴草上潑了一些煤油，火苗衝天而起，大火把天空和大地都照紅了！

機械師們早就把藥箱上的電燈接亮，只聽電鈴一響，他們嗖地一聲準確地把藥箱推出機艙，1000 支"二巰基丙醇"帶著降落傘，向預定空投地點墜下去。

由縣委打電話向北京求援，到"神藥"從天而降，這其中牽動了多少單位，牽動了多少人。可是這全部複雜輾轉的過程，卻只用了 8 個多小時，這是多麼驚人的高速度！

注射劑十分靈效，立竿見影，病人立時止住了疼痛，恢復了神智。61 個階級弟兄化險為夷了！

1960

1961

實事求是年、調查研究年

—— 正式提出“調整、鞏固、充實、提高”的“八字方針”

★

1961 年 1 月 20 日下午，毛澤東寫信給秘書田家英，請他把一篇“已經 30 年不見了”的名為《調查工作》的文章，分送陳伯達、胡喬木。信寫完後，他又在末尾加了一句：“此信給三組 21 個人看並加討論，至要至要！！！毛澤東又及”。兩個“至要”和三個感歎號，體現了毛澤東的高度重視。這裏說的“三組 21 個人”指的是陳伯達、胡喬木、田家英各自率領的一個 7 人組，三組共 21 人，分赴廣東、湖南和浙江農村開展調查，毛澤東要求他們人手一冊《調查工作》。在這篇文章中，毛澤東首次提出“沒有調查，沒有發言權”。兩天前的 1 月 18 日，中共八屆九中全會在北京閉幕。毛澤東在全會以及為準備這次全會而召開的中央工作會議上多次講話，號召全黨恢復實事求是、調查研究的作風，要求 1961 年成為“實事求是年、調查研究年”。這篇文章失而復得，真可謂適逢其時。隨後，毛澤東、劉少奇、周恩來、朱德、陳雲、鄧小平等紛紛到基層調研。

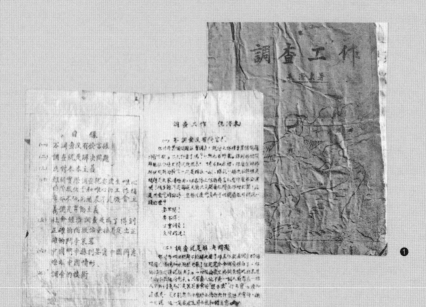

❶ 失而復得的《調查工作》。❷1960 年 11 月 3 日中共中央發出了《關於農村人民公社當前政策問題的緊急指示信》。❸1961 年 1 月 20 日毛澤東就組織調查組一事給田家英的信。

1959 年至 1961 年，由於 "大躍進" 和 "反右傾" 的錯誤，加上自然災害和蘇聯政府撕毀合同，中國國民經濟發生嚴重困難，國家和人民遭到重大損失。

"我們的問題就是搞得太猛了"

在國民經濟嚴重困難時期，農業和農村首當其衝。正如鄧小平 1961 年 1 月 11 日會見南非共產黨代表團時所說，"農業方面，三年來有兩年大自然災害，1959 年和 1960 年的災害是歷史上從未有過的。你們經過的黃河，曾經乾枯到人可以徒步而過，這是從來沒有的事。" 除了自然災害，當然也有人為因素。這年 11 月 1 日，鄧小平在全軍政治工作會議上講話指出："我們的問題就是搞得太猛了。這是人的方面的毛病。" ①

1960 年 8 月，周恩來、李富春主持研究 1961 年國民經濟計劃控制數字時，提出對國民經濟實行 "調整、鞏固、充實、提高" 的 "八字方針"。10 月底，河南信陽地區人批餓死人的情況反映到北京，引起中央的震驚和嚴重關注。危機迫在眉睫，必須立即採取應對措施。11 月 3 日，黨中央發出由周恩來主持起草並經毛澤東改定的《關於農村人民公社當前政策問題的緊急指示信》，邁出了克服嚴重經濟困難的重要一步。《緊急指示信》要求全黨用最大的努力來堅決糾正 "共產風"，並規定了 12 條措施。主要是：重申 "三級所有，隊為基礎"；徹底清理 "一平二調"，堅決退賠；加強生產隊的基本所有制，實行生產小隊的小部分所有制，允許社員經營少量自留地和小規模家庭副業；堅持按勞分配原則；恢復農村集市，等等。《緊急指示信》仍主張堅持部分供給制，堅持辦好食堂。這是兩個不足之處，也是以後實行調整的重點和難點。

毛澤東找到了 30 年失而復得的《調查工作》一文

《調查工作》是毛澤東在 1930 年 5 月所寫，一度遺失。1957 年 2 月，在福建上杭被發現。1959 年 8 月收藏於中央革命博物館。1961 年 1 月，田家英聽說後，把這篇文章借出交給了毛澤東。重讀這篇 30 年前的舊作，毛澤

① 中共中央文獻研究室編：《鄧小平文集》（1949—1974 年）下卷，人民出版社 2014 年版，第 70、116 頁。

東感慨萬分，再次想起了革命戰爭年代進行調查研究的往事，再次感受到實事求是精神的重要，於是就寫了給田家英的那封信。

3月，毛澤東把文章名字修改為《關於調查工作》，批印給在北京召開的北三區會議和在廣州召開的南三區會議與會者閱讀，並在南三區會議上說："今年1月找出了30年前我寫的一篇文章，我自己看看覺得還有點道理，別人看怎麼樣不知道。'文章是自己的好'，我對自己的文章有些也並不喜歡，這一篇我是喜歡的。這篇文章是經過一番大鬥爭以後寫出來的，是在紅四軍黨的第九次代表大會以後1930年寫的……文章的主題是，做領導工作的人要依靠自己親身的調查研究去解決問題。"

3月23日，中共中央發出經過毛澤東審改的《關於認真進行調查工作問題給各中央局，各省、市、區黨委的一封信》，其中附有《關於調查工作》一文，要求縣以上各級領導機關聯繫實際深入學習。在討論這封信的會議上，毛澤東又專門對這篇文章作了逐節講解。可見他對此文的珍愛和重視。1964年，此文編入《毛澤東著作選讀》時，毛澤東將其改名為《反對本本主義》。

信中指出：最近幾年工作中缺點錯誤之所以發生，根本上是由於許多領導人員放鬆了在戰爭年代進行的很有成效的調查研究工作，在一段時間內，根據一些不符合實際的或者片面性的材料作出一些判斷和決定。這是一個主要的教訓。全黨各級領導同志，決不可忽略和忘記這個付出了代價的教訓。信中強調：深入基層調查研究，是領導工作的首要任務。"一切從實際出發，不調查沒有發言權，必須成為全黨幹部的思想和行動的首要準則。""在調查的時候，不要怕聽言之有物的不同意見，更不要怕實際檢驗推翻了已經作出的判斷和決定。"中央發出的這個指示，實際上向全黨幹部提出了端正思想路線的問題。

正式提出"八字方針"，全黨大興調查研究之風

1961

在1961年1月中共八屆九中全會上，毛澤東說，我們黨是有實事求是的傳統的。最近幾年，調查做得少了，不大摸底了，大概是官做大了。我這個人就是官做大了，從前在江西那樣的調查研究，現在就做得很少了。請同志們回去後大興調查研究之風，一切從實際出發。

1月20日《中國共產黨第八屆中央委員會第九次全體會議公報》正式提出對國民經濟實行"調整、鞏固、充實、提高"的"八字方針"。這是一

個關係全局的戰略轉變。正如鄧小平指出的："'八字方針'主要是調整。調整，就是抓質量。我們不追求鋼的數量，主要是把農業搞好，把日用品生產搞好，把設備維修好，把這幾年發展的生產能力鞏固起來，以便繼續前進。"② 此後，中國國民經濟建設由"大躍進"轉入調整時期。

1961年起，全黨上下響應毛澤東的號召，大興調查研究之風，糾正錯誤，調整政策。

中央領導人相繼到基層調查。由於農村的經濟困難最突出，調查的重點放在農村。毛澤東直接組織和指導三個調查組，分赴浙江、湖南、廣東農村進行調查研究。他懷著急於了解農村真實情況的心情，1月25日晚離開北京，經天津、濟南、南京、上海、杭州、南昌、長沙，於2月13日到達廣州，一路考察。劉少奇、周恩來、朱德、陳雲、鄧小平等中央領導人和各省、市、自治區黨委書記也紛紛下到基層。

劉少奇在家鄉湖南的44天調查

1961年4月至5月，劉少奇在家鄉湖南寧鄉縣和長沙縣進行了為期44天的調查研究。劉少奇最渴望聽到人民群眾最真實的心聲。但在調研之初，人們不敢講真話。有一次在炭子沖召開座談會，劉少奇問幾個社員："吃食堂好不好？"大家都吞吞吐吐，既不說好，也不敢說不好。當時誰要敢反對辦食堂，就可能被扣上"反對向共產主義過渡""拆橋"等大帽子。劉少奇在《湖南長沙、寧鄉調研》一文中指出："長期以來，這個大隊的社員和幹部不敢說心裏話，喬木去調查時，大隊已把一些亂說話的人調走。我最初去找幹部和社員談話，大隊幹部都在事先交代過。有些小隊開會，我們工作組的人去參加，說的是一套，工作組的人離開後，他們又再開會說了另一套。因此，我在天華的前十天幾乎不能同大隊的人認真討論問題。"③

為了了解群眾心中真實的想法，在一次座談會上，劉少奇摘下青呢帽，露出滿頭銀髮，用地道的寧鄉腔懇求道："我是向大家求教的。這次中央辦了錯事，我們對不起大家，向大家道歉。但是改正錯誤要了解真實情

---

② 中共中央文獻研究室編：《鄧小平文集》(1949—1974年)下卷，人民出版社2014年版，第118頁。

③ 中共中央文獻研究室編：《毛澤東、周恩來、劉少奇、朱德、鄧小平、陳雲論調查研究》，中央文獻出版社2006年版，第215—216頁。

1961 年 5 月劉少奇和王光美在湖南農村調查途中。

況，希望大家幫助我，向我提供真實情況。”會場上霎時靜了下來，大家看到的是國家主席真誠的臉和渴望得到實情的心。此後，他不讓社隊幹部陪同，帶著秘書徑直來到生產隊，請社員座談。而且每次召集座談會，為了解除大家的顧慮，他總是先耐心地解釋說：“你們隨便講，不要怕，實事求是嘛！好就是好，不好就是不好；白的是白的，黑的是黑的，不要黑白不分。”經過 40 多天與群眾心貼心交流、面對面溝通，劉少奇終於贏得了群眾的信任。大家打消顧慮，紛紛向他反映公社化以來對公共食堂、供給制、自留地、集市貿易等問題的真實看法。由此，劉少奇認識到，造成困難的主要原因並不是天災，而是如農民所說“三分天災，七分人禍”。

　　劉少奇在家鄉湖南進行調研期間，除了聽匯報、請幹部群眾開座談會外，還採取革命戰爭年代的辦法，直接在老鄉家裏，鋪禾草、睡門板，他挨家挨戶摸情況，揭開鍋蓋看到農民吃著糠菜窩頭，打開油鹽壇子發現沒有一滴油，還看到許多社員因為吃代食品得了水腫病。劉少奇對農民生活有了清醒的認識。一次，他在住地附近看到一攤已經風乾的人糞，就過去用腳搓開，仔細檢查了一番，發現裏面沒有什麼糧食，不禁搖頭歎息，說：“你們看，這裏面全是不能消化的粗纖維，說明這人吃的是野菜、草根。農民吃飯已成了大問題啊！”調研結束後他向毛澤東匯報了真實情況：“社員生活不如 1957 年”，“只有大米和小菜，因此明顯感覺不夠吃”，“去年下半年許多社員得了浮腫病”。隨後，他在中央工作會議上作了《當前經濟困難的原因及其克服的辦法》的講話，比較深刻地總結了“大躍進”以來的經驗教訓。劉少奇深入基層的調查研究，促進了中央對農村政策的調整。

1961

1962

七千人大會

—— 在充分發揚黨內民主基礎上聚力調整

★

七千人大會原定 1962 年 1 月底結束，由於與會者紛紛表示還有許多話要說，毛澤東建議延長會期，在北京過春節，"白天出氣，晚上看戲，兩幹一稀，大家滿意"。2 月 3 日，朱德在山東組全體會議上的講話開篇表示："這次會議，暢所欲言，知無不言，言無不盡，上下通了氣，我很滿意。" 這是 2 月 4 日，鄧小平草擬的在七千人大會上的講話提綱。這張我們熟悉的毛澤東、劉少奇、周恩來、朱德、陳雲、鄧小平6 位老一輩革命家的照片，也是在七千人大會上拍攝的。

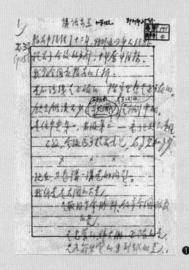

❶1962 年 2 月 4 日鄧小平草擬的在七千人大會上的講話提綱。❷ 毛澤東、劉少奇、周恩來、朱德、陳雲、鄧小平在七千人大會上。

1962 年 1 月 11 日至 2 月 7 日，黨中央在北京召開擴大的中央工作會議。出席會議的有中央和省、地、縣四級主要負責人以及重要廠礦和軍隊的負責幹部，共 7118 人，通常稱為七千人大會。

劉少奇在七千人大會上的書面報告和講話

規模空前的七千人大會，是在經過一年調整、形勢有了轉變，但是困難還很大、黨內外還有很多思想疑慮的情況下召開的。會議目的是進一步總結"大躍進"以來的經驗教訓，統一認識，增強團結，動員全黨更堅決地執行調整方針，為戰勝困難而奮鬥。

按照毛澤東的意見，七千人大會先將劉少奇代表中央提出的書面報告草稿發給參會同志討論，提出意見。又由劉少奇主持，組織 21 個人的起草委員會，其中有各中央局負責同志參加，經過 8 天討論，寫出了書面報告第二稿。

報告包括三個問題．第一，目前形勢和任務；第二，加強民主集中制，加強集中統一；第三，黨的問題。

在"目前形勢和任務"中，報告比較系統地總結建國以來"我們國家的面貌，在各個方面都發生了巨大的變化"，特別是 1958 年以來取得的 12 個方面成就的基礎上，特別指明了"這幾年工作中發生的主要缺點和錯誤"，包括工農業生產計劃指標過高、對建設事業的發展要求過急、國民經濟比例嚴重失調、在農村混淆集體所有制和全民所有制這兩種所有制的界限、急於過渡、颳"共產風"和分散主義嚴重滋長等。報告分析了產生缺點錯誤的原因："一方面，是由於我們在建設工作中的經驗還很不夠；另一方面，是由於幾年來黨內不少領導同志不夠謙虛謹慎，違反了黨的實事求是和群眾路線的傳統作風，在不同程度上削弱了黨內生活、國家生活和群眾組織生活中的民主集中制原則。而指標過高、要求過急等缺點、錯誤，又助長了這種脫離實際、脫離群眾、不民主的錯誤作風。這樣，就妨礙了我們黨及時地、儘早地發現問題和糾正錯誤。"

在"加強民主集中制，加強集中統一"問題中，報告指出，"必須看到，近幾年來，在我們黨的生活和國家生活中，民主集中制受到了很大的削弱，在有些地方甚至受到了粗暴的破壞。"報告主要圍繞"加強集中統一，反對分散主義"展開。報告提出，在中央集權和地方分權的關係方面，需要

1962

287

把加強中央的集中統一的領導同發揮各地方積極性的關係、同各地方因時因地制宜的關係、同分級管理的關係問題這樣幾個問題處理清楚。

關於"黨的問題"，報告主要講了實事求是的作風、群眾路線和黨內生活的幾個問題。"經驗告訴我們，根據假報告、假數字來擬定政策、編制計劃，必然會犯錯誤，必然會對黨、對人民、對國家造成很大損害。"報告指出：

我們要正告那些不老實的人，必須迅速地徹底地改正錯誤，做一個真正有共產主義思想的共產黨員。否則，他們的前途是很危險的。那些不老實的人，雖然在某些時候可能佔點小便宜，但是，在我們黨內，在人民中，終究是要吃大虧的。那些說老實話、做老實事的老實人，雖然在某些時候可能吃點虧，但是，最後是決不會吃虧的，他們一定會取得我們黨和人民群眾的最大的信任。

我們所有的領導幹部，都應該聽老實話，聽老實人的話。同時，必須在黨員中間，大力提倡說老實話、辦老實事、當老實人，堅決反對弄虛作假。對於一貫作假、屢教不改的人，必須給以紀律處分。

1月27日，劉少奇在第一次全體大會上講話，對書面報告作口頭說明。針對黨內思想疑慮最大的幾個問題，他坦誠地指出：

關於目前的國內形勢，實事求是地說，我們在經濟方面是有相當大的困難的。我們應該承認這一點。當前的困難表現在：人民吃的糧食不夠，副食品不夠，肉、油等東西不夠；穿的也不夠，布太少了；用的也不那麼夠。就是說，人民的吃、穿、用都不足。為什麼不足？這是因為 1959 年、1960 年、1961 年這三年，我們的農業不是增產，而是減產了。減產的數量不是很小，而是相當大。工業生產在 1961 年也減產了，據統計，減產了 40%，或者還多一點。1962 年的工業生產也難於上升。這就是說，去年和今年的工業生產都是減產的。由於農業生產、工業生產都是減產，所以各方面的需要都感到不夠。這種形勢，對於許多同志來說，是出乎意料的。兩三年以前，我們原來以為，在農業和工業方面，這幾年都會有大躍進。在過去幾年中，的確有一段時間是大躍進的。可是，現在不僅沒有進，反而退了許多，出現了一個大的馬鞍形。這種情況是不是應該承認呢？我想，要實事求是，應該承認事實就是這樣。

關於對成績和缺點的估計，劉少奇說，過去我們經常把缺點錯誤和成績比作一個指頭和九個指頭的關係，現在恐怕不能到處這樣套。從全國講，恐怕是三個指頭和七個指頭的關係，還有些地區的缺點錯誤不止是三個指頭，也可能是七個指頭。關於造成經濟困難的原因，一方面是由於自然災害，另一方面在很大程度上是由於工作中的失誤，有的地方是"三分天災、七分人禍"。關於"三面紅旗"①，現在都不取消，都繼續保持。有些問題還看得不那麼清楚，經過五年、十年以後，我們再來總結經驗，那時候就可以進一步地作出結論。

劉少奇強調，為了堅持真理，就要說實話。要"五不怕"，即不怕"撤職，開除黨籍，老婆離婚，坐牢，殺頭"。

劉少奇還特別講了指標的高低和人民群眾幹勁大小的關係問題。他說：

問題是在群眾的幹勁鼓起來以後，要使用得當，不要浪費，要把群眾的幹勁長期保持下來。這是不容易的。這就必須嚴格地實行勞逸結合。如果老是"黑夜當白天，月亮當太陽"，搞那麼三五天，幹勁就沒有了。苦戰幾晝夜之後，幹勁就保持不住了。應該使群眾長年累月都保持住幹勁，都有飽滿的情緒。對於群眾的幹勁，一定要使用得當。只要一百人幹的事情，決不要二百人去幹，而應當要一百人幹活，其餘的一百人睡覺，休養生息，睡好了再幹。本來只要一百人幹的事情，為什麼要二百人去幹呢？這幾年不節省群眾的幹勁，浪費了群眾的許多幹勁，是一個很大的錯誤。同志們擔心群眾的幹勁發動不起來，這是目前應該很好地進行研究的一個問題。因為這幾年，群眾的熱情和幹勁受了挫折，在某些地方受了嚴重的挫折。要把群眾的幹勁再度鼓起來，我們就必須在群眾中進行充分的自我批評，在群眾中充分地發揚民主，認真地總結經驗教訓，並且同群眾一起制訂一些切實可行的辦法。最近幾年我們取得的一條重要經驗是：在人民群眾的幹勁發動起來後，如何節省地使用群眾的幹勁，如何經常保持群眾的充足幹勁，這是一件困難的事情。要做到這一點，需要好好學習。

①　"三面紅旗"指總路線、"大躍進"、人民公社。

會後，劉少奇在整理講話稿時曾感情激動地說：“犯了那麼大的錯誤，給人民帶來那麼大的損失，我們這是第一次總結。只一次不行，以後每年要總結，一直到十次、八次，才能深刻地接受錯誤的教訓。”[②]

毛澤東建議延長會期

劉少奇的報告和講話，受到熱烈歡迎。大會進入了充分發揚民主、開展黨內批評的階段。與會者對工作中的缺點和錯誤敢於揭露和批評。黨的各級領導人從毛澤東到省委書記，都主動承擔責任，帶頭進行檢討。這種狀況，在黨的民主生活中是不多見的。

在 1 月 30 日的大會上，毛澤東發表長篇講話，一共講 6 點，中心是講民主集中制問題。他說：

> 我們有些同志，聽不得相反的意見，批評不得。這是很不對的。在我們這次會議中間，有一個省，會本來是開得生動活潑的，省委書記到那裏一坐，鴉雀無聲，大家不講話了。這位省委書記同志，你坐到那裏去幹什麼呢？為什麼不坐到自己房子裏想一想問題，讓人家去紛紛議論呢？平素養成了這樣一種風氣，當著你的面不敢講話，那末，你就應當迴避一下。有了錯誤，一定要作自我批評，要讓人家講話，讓人批評。去年 6 月 12 號，在中央北京工作會議的最後一天，我講了自己的缺點和錯誤。我說，請同志們傳達到各省、各地方去。事後知道，許多地方沒有傳達。似乎我的錯誤就可以隱瞞，而且應當隱瞞。同志們，不能隱瞞。凡是中央犯的錯誤，直接的歸我負責，間接的我也有份，因為我是中央主席。我不是要別人推卸責任，其他一些同志也有責任，但是第一個負責的應當是我。

關於認識客觀世界的問題，毛澤東強調，在社會主義建設上，“我們還缺乏經驗”，“還有很大的盲目性”。社會主義經濟對我們來說還有許多未被認識的必然王國。他說：

② 以上參見《劉少奇選集》下卷，人民出版社 1985 年版，第 349—443 頁；中共中央黨史和文獻研究院、中央檔案館編：《建國以來劉少奇文稿》第 11 冊，中央文獻出版社 2018 年版，第 102 頁；中共中央文獻研究室編：《劉少奇傳》（1898—1969）下，中央文獻出版社 2008 年版，第 822 頁。

社會主義和資本主義比較，有許多優越性，我們國家經濟的發展，會比資本主義國家快得多。可是，中國的人口多、底子薄，經濟落後，要使生產力很大地發展起來，要趕上和超過世界上最先進的資本主義國家，沒有一百多年的時間，我看是不行的。……從現在起，五十年內外到一百年內外，是世界上社會制度徹底變化的偉大時代，是一個翻天覆地的時代，是過去任何一個歷史時代都不能比擬的。處在這樣一個時代，我們必須準備進行同過去時代的鬥爭形式有著許多不同特點的偉大的鬥爭。

……

工、農、商、學、兵、政、黨這七個方面，黨是領導一切的。[3]

周恩來講克服目前困難的主要辦法。他在福建組會上講話要求大家實事求是，即"說真話，鼓真勁，做實事，收實效"。

朱德在山東組全體會議上發言，提出要糾正"左"的偏向，恢復和發展生產。他特別情真意切地指出，既要正確開展批評和自我批評，又要團結和愛護幹部。他說：

這幾年，黨內鬥爭擴大化了，吃了一些虧，運動中打擊面寬了，傷了人。黨內鬥爭有時同對反革命分子的清理混淆了。經過這次會議，我看可以把平反的工作搞好，把更多的人團結起來。

……

反"左"容易出右，反右容易出"左"。這種情況，作為領導者應當注意。有"左"反"左"，有右反右，有啥反啥，沒有就不反。不要一說反什麼就自上而下地來個普遍化。

解決黨內問題還是要和風細雨，正確地開展批評和自我批評。

……

大家對老紅軍為什麼那樣親熱？因為老紅軍講階級團結，講階級友愛嘛！只有團結自己，才能打倒敵人。對群眾我們起碼要團結百分之九十以上，對幹部就不是團結百分之九十，而是要爭取團結百分之百。培養一個幹部，要十年、幾十年，不容易啊！要使他到老、到死始終是個好幹部。我們

③ 以上參見中共中央文獻研究室編：《毛澤東文集》第 8 卷，人民出版社 1999 年版，第 289—311 頁。

對幹部的培養教育，就要從這個目的出發。④

　　陳雲在參加會議的陝西省全體幹部會議上講話，提出了解決"情況和全國差不多"的關中壩子（陝西關中平原地區）當前糧食困難的幾條辦法，包括增產、進口、壓人（機關、學校、工廠）、少吃（少則 3 年，多則 5 年）等。⑤

　　鄧小平主要"講一講黨的問題"。他說："我們黨有五好：有好的指導思想，有好的中央，有大批好的骨幹，有好的傳統，有好的信賴黨的人民。"同時，他指出，近幾年黨的工作"是有嚴重缺點的"，"特別重要的是黨的優良傳統受到了削弱"。鄧小平號召大家把黨的優良傳統恢復起來，加強起來，發揚起來。他特別強調民主集中制、建立經常工作、培養和選擇幹部及學習這四個問題。⑥

　　林彪在大會上也作了發言。除詳細闡述軍事工作外，他說：

　　……如果說有缺點的話，比較起來，是次要的方面。工作中總是不會沒有缺點的，完全沒有缺點的事情是沒有的，永遠也沒有的。

　　……我們在物質方面，工業生產、農業生產方面，減少了一些收入，可是我們在精神上卻得到了很大的收入。

　　……事實證明，這些困難，在某些方面，在某種程度上，恰恰是由於我們沒有照著毛主席的指示、毛主席的警告、毛主席的思想去做。如果聽毛主席的話，體會毛主席的精神，那麼，彎路會少走得多，今天的困難會要小得多。

　　……當時和事後都證明，毛主席的思想總是正確的。⑦

　　林彪的發言帶有濃厚的個人崇拜色彩。這對會議正確總結經驗教訓，克服缺點錯誤產生了消極影響。

④　《朱德選集》，人民出版社 1983 年版，第 387—388 頁。
⑤　參見中共中央文獻研究室編：《陳雲文集》第 3 卷，中央文獻出版社 2005 年版，第 400—403 頁。
⑥　《鄧小平文選》第 1 卷，人民出版社 1994 年版，第 297—317 頁。
⑦　中共中央文獻研究室編：《建國以來重要文獻選編》第 15 冊，中央文獻出版社 2011 年版，第 85—93 頁。

七千人大會的後續功效和歷史意義

七千人大會初步總結了"大躍進"以來社會主義建設的經驗教訓，開展了批評和自我批評，加強了黨的民主集中制。雖然會議仍肯定"三面紅旗"，沒有能從根本指導思想上清理"大躍進"和"反右傾"的錯誤，但對待缺點錯誤比較實事求是的態度，以及發揚民主和進行自我批評的精神，給全黨以鼓舞，增強了黨的凝聚力，對於當時統一全黨思想，進一步貫徹對國民經濟實行調整、鞏固、充實、提高的方針，扭轉經濟困難局面，起了重要作用。

在毛澤東的支持下，劉少奇、周恩來、朱德、陳雲、鄧小平等全面貫徹調整國民經濟的"八字方針"，制定了一系列正確的政策措施，進行了大量艱苦工作，推動國民經濟得到比較順利的恢復和發展，克服了困難局面。

為系統解決農村人民公社存在的問題，毛澤東於 1961 年 3 月在廣州主持起草《農村人民公社工作條例（草案）》。在條例起草、修訂、再修訂的一年零六個月時間裏，全黨的認識在个斷深化，開始一個又一個地糾正 1958 年以來農村工作的錯誤。6 月的修正草案取消了農民強烈反對的公共食堂和部分供給制；9 月，毛澤東提出將人民公社的基本核算單位下放到相當於原來初級社規模的生產隊。

1962 年 2 月 13 日，中共中央發出《關於改變農村人民公社基本核算單位問題的指示》，把人民公社基本核算單位由生產大隊改為生產隊。此後，人民公社"三級所有，隊為基礎"的體制實施了 22 年。

同經濟調整相配合，黨對社會政治關係、知識分子政策、科學教育文化政策也進行了調整，為"反右傾"運動中被錯誤批判的大多數同志進行了甄別平反，還給被劃為"右派分子"的大多數人摘掉了"右派分子"帽子。在全面調整時期，一些地方和部門探索對經濟管理體制進行改革，取得了一定成效。中國共產黨在全面調整時期所取得的成果，為進一步探索中國自己的建設社會主義道路積累了新的經驗。

在黨的歷史上，像七千人大會這樣，黨的高級領導幹部帶頭做自我批評，主動承擔失誤的責任，廣泛地發揚民主和開展黨內批評是從未有過的。從會議的合影照片中，人們都能感受到參會者的坦誠、坦蕩、振奮和信心。正因為如此，七千人大會的意義和作用才這樣屢次被當事人憶起，這樣在人們心中難以忘懷，而且歷時愈久，懷念愈濃，影響愈深。

1962

1963

"向雷鋒同志學習"

—— 在平凡的崗位上"甘當螺絲釘"

★

"如果你是一滴水,你是否滋潤了一寸土地?如果你是一線陽光,你是否照亮了一分黑暗……""人的生命是有限的,可是,為人民服務是無限的,我要把有限的生命,投入到無限的'為人民服務'之中去。"……寫這日記的人叫雷鋒。1963 年 3 月 5 日,首都各報都在頭版顯著位置刊登了毛澤東題寫的"向雷鋒同志學習"手跡。全國掀起學習雷鋒先進事跡的熱潮。此後,每年的 3 月 5 日成為學雷鋒紀念日。雷鋒日記,雷鋒事跡,雷鋒形象,雷鋒精神,成為幾代中國人刻印一生的記憶。

❶

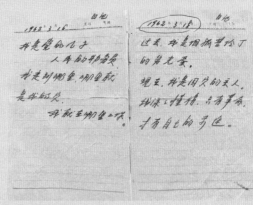

❷

❶ 雷鋒的入伍通知書。❷1962 年 3 月 16 日和 3 月 18 日雷鋒日記。作者攝於 2019 年北京展覽館《偉大歷程　輝煌成就 —— 慶祝中華人民共和國成立 70 週年大型成就展》。❸1963 年 3 月 5 日《人民日報》。

❹ 雷鋒向少先隊員介紹自己的節約箱。

20 世紀 60 年代，中國各行各業、各條戰線湧現出許多英雄模範人物，他們全心全意為人民服務的奉獻精神，鞠躬盡瘁、死而後已的高貴品質，教育了整整一代人，成為社會主義建設時期的精神豐碑。瀋陽軍區工程兵某部運輸連班長雷鋒便是其中的傑出代表。他理想信念堅定，在平凡的工作崗位上"甘當螺絲釘"。周恩來號召："向雷鋒同志學習，憎愛分明的階級立場，言行一致的革命精神，公而忘私的共產主義風格，奮不顧身的無產階級鬥志。"

貧苦孩子出身

1940 年 12 月 18 日，雷鋒出生在湖南省望城縣安樂鄉的一個僱農家裏。爸爸因為參加抗日鬥爭，被日本強盜活埋了。母子四人飢餓難當，媽媽讓剛滿 12 歲的哥哥進工廠當了童工。可是，機器把哥哥的小胳臂軋斷了，資本家一腳把他踢出了工廠。哥哥回家沒錢醫治，活活疼死在媽媽的懷裏。接著，小弟弟也餓死在床上。苦命的媽媽為了保全雷鋒這最後一條命根，忍氣吞聲地給一家姓譚的地主幫工。哪知道，媽媽在這地主家裏，竟被少東家強姦了。這位飽受摧殘的善良婦女，在 1946 年 7 月 15 日的晚上，含恨懸樑自盡。她留給雷鋒兩句遺言：願老天保佑你自長成人，給全家報仇！

這時，雷鋒還不滿 7 歲。在失去所有親人之後，地主還強迫這個孤苦伶仃的孩子放豬，住的是豬欄，吃的是霉米。冬天，衣不遮寒，他擠在豬仔窩裏，偎著母豬肚皮取暖。一天，地主的狗偷吃了他的飯，雷鋒打了這條狗一下，不料惹出大禍，地主譚老三揮起一把剁豬草的刀，朝雷鋒左手連砍三刀，把他趕了出去。

小小年紀的雷鋒並沒有因此而失去生活的勇氣。他用泥土糊住刀傷，逃進深山，拾野果，喝山水，有時用手攀些樹條，到村中換飯吃。夏天被蚊蟲咬爛了全身，冬天在山廟裏凍得難熬，經過兩年非人生活的折磨，他已經枯瘦不堪了。

雷鋒的故鄉解放了。鄉長從深山破廟裏找到了遍體鱗傷的雷鋒，送他進醫院，治好了滿身的膿瘡。從此，雷鋒苦盡甜來。人民政府免費供這個苦孩子上學。他用 6 年時間完成小學到初中 9 年功課時才 16 歲。

立志當兵奉獻青春

1958 年秋天，鞍鋼派人到雷鋒所在的團山湖農場招收青年工人。雷鋒毅然報名應招。到了鞍山，什麼活重幹什麼活，不管多麼艱苦，他都毫不畏懼地迎上前去。這個貧苦農民的兒子，經過工人階級隊伍的鍛煉，視野更加寬闊了，革命責任感更加強烈了。

1959 年 12 月 3 日，雷鋒聽了徵兵報告之後，第二天一大早，就到徵兵站報名應徵。他知道自己的身材太矮，很擔心身體檢查不及格。在兵役局量身高的時候，他偷偷地踮起了腳，軍醫發現了，笑了笑，讓他再量一次，結果只有 152 厘米高。量體重時，儘管他站在磅秤上用力往下壓，也只有 47 公斤。身高、體重都不合格。醫生又發現他身上有許多傷疤。提起這傷疤，他立刻流下了淚水，跟醫生講述了自己的苦難童年。他說："記起過去的仇恨，我非參軍不可。"醫生很同情他，讓他去找兵役局再談談。他跑到兵役局找到了來接新戰士的營長，訴說了自己過去的一切。他講著講著哭了，營長也流下了熱淚。營長以老戰士的名義，收下了這個新兵。

1960 年 1 月 8 日，雷鋒在日記中寫道："今天，是我永遠不能忘記的日子。我穿上了軍裝，光榮地參加了中國人民解放軍，我好幾年的願望在今天實現了，我真感到萬分地高興和喜悅，這是我一生中最大的幸福。""我要堅決發揚革命部隊裏的優良傳統，向董存瑞、黃繼光、安業民等英雄們學習，頭可斷，血可流，在敵人面前決不屈服。我一定要做毛主席的好戰士，我要把我最可愛的青春獻給祖國，獻給人類最壯麗的事業。""今天我太高興太激動了，千言萬語也表不完我的心情。"

把有限的生命投入到無限的 "為人民服務" 中去

作為一個戰士，雷鋒深知戰士的責任。在部隊黨組織的教育下，他光榮地參加了中國共產黨。雷鋒工作勤勤懇懇，吃苦耐勞，刻苦鑽研技術，幹一行愛一行專一行；他艱苦樸素，廉潔奉公，處處為人民的利益著想；他為人民群眾做了數不清的好事，真正做到了毫不利己，專門利人。

有一次，雷鋒到安東去參加軍區體育運動大會，從撫順一上火車，就主動做了義務列車員，擦地板，擦玻璃，幫婦女抱孩子，給老人找座位，沖茶倒水，忙個不停，稍一有空，又拿出報紙，給旅客讀報。

1963

還有一次，雷鋒外出在瀋陽換車時，看見一個從山東來的中年婦女，急著要到吉林去探親，可是車票在中途丟了。他二話沒說，就領著這位大嫂到售票口，自己掏錢買了張車票，又帶著她上了車。

雷鋒每月的津貼除了交黨費、買肥皂、理髮和買書而外，全部存入銀行。班裏有的新戰士問他："你就是一個人，何必這樣熬苦自己呢？"雷鋒回答說："誰說我熬苦自己，現在的生活比我過去受的苦真是好上天了。"雷鋒存那些錢準備幹什麼用呢？原來，他不留姓名，把錢寄給遭受特大洪水災害的遼陽。雷鋒同志的一位同班戰友接到一封奇怪的家信，這位戰友的父親在信中說：寄來的 20 元錢已經收到，我的病已經好轉，望你在部隊安心。後來一打聽，原來是雷鋒做的。為什麼要這樣做？雷鋒在日記上寫道："有些人看我平時捨不得花一個錢，說我是'傻子'。其實，他們是不知道我要把這些錢攢起來，做一點有益於人民、有利於國家的事情。如果說這就是傻子，我甘願做傻子，革命需要這樣的傻子，建設祖國也需要這樣的傻子，我就是長著一個心眼：我一心向著黨，向著社會主義，向著共產主義。"

雷鋒有記日記的習慣。他在日記中寫道：

我覺得要使自己活著，就是為了使別人過得更美好。我要以黃繼光、董存瑞、方志敏……同志為榜樣，做一個熱愛祖國，熱愛人民，永遠忠實於黨、忠實於人民革命事業的人。

每個人每時每刻都在寫自己的歷史，每個共產黨員和共青團員都應好好的想一想，怎樣來寫自己的歷史。……我要永遠保持自己歷史鮮紅的顏色。

我是黨的兒子，人民的勤務員，我走到哪裏，哪裏就是我的家，我就在哪裏工作。

過去，我是個孤苦伶丁（仃 —— 引者注）的窮光蛋。現在，我是國家的主人。我深深懂得，只有革命，才有自己的前途。

我要牢牢記住這段名言：

"對待同志要像春天般的溫暖，

對待工作要像夏天一樣的火熱，

對待個人主義要像秋風掃落葉一樣，

對待敵人要像嚴冬一樣殘酷無情。"

我今天聽一位同志對另一位同志說："人活著就是為了吃飯……"我覺得這種說法不對，我們吃飯是為了活著，可活著不是為了吃飯。我活著是為了全心全意為人民服務，是為了人類的解放事業——共產主義而奮鬥。

……

雷鋒在 1962 年 8 月 10 日的日記中寫道："今天我又認真學習了毛主席在中國共產黨第八次全國代表大會上的開幕詞，其中有兩句話：'虛心使人進步，驕傲使人落後'。這是千真萬確的真理。過去按毛主席的教導做了，所以進步了；現在，我仍要牢記毛主席的這一教導，更好地做到這一點，永遠做群眾的小學生，做人民的勤務員。"①

5 天後的 1962 年 8 月 15 日，雷鋒在執行勤務中，不幸犧牲了。年僅 22 歲。黨和國家主要領導人分別為雷鋒題詞。全國各條戰線、各個行業掀起學習雷鋒的熱潮，雷鋒精神鼓舞和教育了一代又一代的中國人。

1963

---

① 以上參見《毛主席的好戰士——雷鋒》，《雷鋒日記摘抄》，《人民日報》1963年 2 月 7 日；《雷鋒日記選》，《人民日報》1977 年 3 月 6 日。

1964

"兩彈一星"
—— 幹驚天動地事，做隱姓埋名人

★

1964 年 10 月 16 日，是經歷過那個年月的億萬中國人民難以忘懷的一天。當天晚上，中央人民廣播電台連續播發了我國第一顆原子彈爆炸成功的《新聞公報》。無數人湧上街頭，如同慶祝盛大的節日。飽嘗過外國侵略者欺凌的老一代人更是激動得眼含熱淚。他們知道，祖國有了原子彈，意味著這塊歷經滄桑的國土，不會再有八國聯軍入侵、九一八事變、南京大屠殺……此時，寓居美國的李宗仁便向來訪者說："西方人終於將我們視為一個智慧的民族"，他也由此定下了回歸的決心。鄧稼先是"兩彈一星"元勳的傑出典型代表。1985 年 11 月 1 日，61 歲的他工工整整地向組織填寫了一份整黨登記表。1986 年 7 月 17 日，離世前的 12 天，從他留給人世的最後墨跡中，我們看到了鄧稼先對核武器事業的深情執著及對自身貢獻的低調謙遜。

❶

❷

❶1964 年 10 月 16 日《人民日報》號外《我國第一顆原子彈爆炸成功》。❷1985 年 11 月 1 日鄧稼先填寫的整黨登記表。作者攝於 2019年四川綿陽梓潼"兩彈城"鄧稼先舊居。

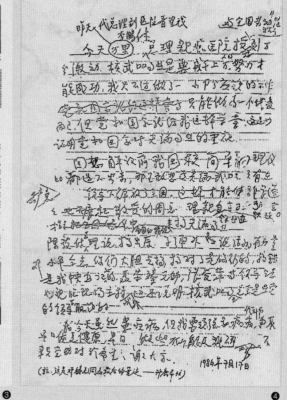

❸1964 年 10 月 16 日《人民日報》頭版消息："赫魯曉夫下台"。
❹1986 年 7 月 17 日鄧稼先留給人世的最後墨跡。作者攝於 2019 年四川綿陽梓潼"兩彈城"鄧稼先舊居。

在調整國民經濟的同時，中國排除萬難奮力提升以研製原子彈、氫彈和人造地球衛星為核心的國防尖端科學技術水平。原子彈的研製起始於1956 年。1959 年，中國決心繼續依靠自己的力量研製原子彈，並將第一顆原子彈以蘇聯毀約的年月 "596" 作為代號。

1964 年 10 月 16 日下午三時，中國在西部地區成功爆炸了第一顆原子彈。同一天，蘇聯塔斯社宣佈，解除赫魯曉夫蘇共中央第一書記、蘇共中央主席團委員和蘇聯部長會議主席的職務，選舉勃列日涅夫為蘇共中央第一書記。10 月 19 日，毛澤東在中南海菊香書屋主持召開中共中央政治局常委會議，聽取 1965 年計劃安排等問題。毛澤東說了兩句結論："無可奈何花落去（指赫魯曉夫下台 ——引者注）；無可奈何花已開（指中國成功爆炸第一顆原子彈 ——引者注）。" 當議論到是否能爭取有 10 年的和平時間時，毛澤東說："有可能，再有 10 年，原子彈、氫彈、導彈我們都搞出來了，世界大戰就打不成了。將來我們要把原子彈試驗轉入地下，不然污染空氣！" [1]

毛澤東："為了防禦，中國也要搞原子彈"

20 世紀五六十年代，面對嚴峻的國際形勢，為了抵禦帝國主義的武力威脅和打破大國的核壟斷和核訛詐，儘快增強國防實力，保衛國家安全，維護世界和平，黨中央和毛澤東毅然作出研製 "兩彈一星"，重點突破國防尖端技術的戰略決策。"毛主席決定，為了防禦，中國也要搞原子彈。我們不首先進攻別人，但不是消極防禦，而是積極防禦。" [2] 這是毛澤東一貫的戰略思想。1964 年 5 月，他在聽取國家計劃委員會領導小組匯報關於第三個五年計劃的初步設想時指出："原子彈要有，但是搞起來也不會多。搞起來只是嚇嚇人，壯壯膽了。有點遠程導彈也好，搞起來後，也有可能我們也不用，敵人也不用。" [3]

當時提出，"兩彈一星" 的研製，要堅持 "自力更生為主，爭取外援為輔" 的方針。那時候中蘇關係比較好，中國想爭取蘇聯給我們一些援助。但

① 參見中共中央文獻研究室編：《毛澤東年譜》（1949—1976）第 5 卷，中央文獻出版社 2013 年版，第 421 頁。
② 張勁夫：《請歷史記住他們 —— 關於中國科學院與 "兩彈一星"》，《人民日報》1999 年 5 月 6 日。
③ 中共中央文獻研究室編：《毛澤東年譜》（1949—1976）第 5 卷，中央文獻出版社 2013 年版，第 349 頁。

這是爭取援助，而不是搞合作、搞共有。也就是說，搞"兩彈一星"的科研單位、工廠、各種設備與技術都是中國自己的。這就是黨中央和毛澤東高瞻遠矚確立的積極防禦的戰略方針。

1956年，中國制定了科學技術發展第一個遠景規劃，把原子能的和平利用列為12項帶有關鍵意義的重點任務的第一項，同時部署了兩個更大的項目：原子彈和導彈。國務院先後成立了研製導彈和原子彈的專門機構，一大批優秀科技工作者，包括許多在國外已經取得傑出成就的科學家，義無反顧地投身到這一偉大事業中。

1957年10月15日，《中華人民共和國政府和蘇維埃社會主義共和國聯盟政府關於生產新式武器和軍事技術裝備以及在中國建立綜合性原子能工業的協定》（簡稱"國防新技術協定"）簽署。此後，蘇聯在原子彈和導彈方面提供的不同程度的技術援助，對中國研製的起步曾起過重要作用。但是，隨著中蘇兩黨兩國關係的惡化，1959年6月20日，蘇共中央致函中共中央，以蘇聯正在與美國等西方國家談判關於禁止試驗核武器協議為理由，宣佈拒絕向中國提供原子彈教學模型和有關技術資料，並於7月16日下令撤走全部在華專家。有人曾因此斷言，中國核工業已經遭到毀滅性打擊，20年也搞不出原子彈。

蘇聯單方面毀約後，中國原子彈、導彈研製進入自力更生、自主研製的新階段。1959年7月，周恩來代表中共中央宣佈：自己動手，從頭摸起，準備用8年時間搞出原子彈。1961年7月16日，中共中央作出《關於加強原子能工業建設若干問題的決定》。《決定》指出："為了自力更生，突破原子能技術，加速我國原子能工作建設，中央認為有必要進一步縮短戰線，集中力量，加強各有關方面對原子能工業建設的支援。"1962年11月3日，對二機部提出的爭取在1964年、最遲在1965年上半年爆炸中國第一顆原子彈的規劃的報告（即"兩年規劃"），毛澤東指示："很好，照辦。要大力協同做好這件工作。"12月14日，中共中央作出《關於成立十五人專門委員會的決定》。十五人專門委員會 ④ 在中共中央直接領導下，以周恩來為主任，以賀龍、李富春、李先念、聶榮臻、薄一波、陸定一、羅瑞卿七位副總理和趙爾陸、張愛萍、王鶴壽、劉傑、孫志遠、段君毅、高揚七位部長為

④　1965年，中央十五人專門委員會改稱中央專門委員會，導彈和人造衛星的研製也被統一納入其領導範圍。全國26個部委、20多個省區市、1000多家單位的科技人員大力協同，在攻克尖端科技難關方面顯示出社會主義制度的優勢。

成員組成，主要任務是加強對原子能工業建設和加速核武器研製、試驗工作以及核科學技術工作的領導。周恩來為此付出大量心血。專委會制定一系列重大方針、原則和政策措施，有力地推動"兩彈一星"研製進程。

"兩彈一星" 的成功研製

原中顧委常委、國務委員張勁夫，1956 年至 1967 年曾任中國科學院黨組書記、副院長，主持中國科學院日常工作。在周恩來總理、聶榮臻元帥領導下，張勁夫組織中國科學院科學家和科技人員參與"兩彈一星"研製工作。1999 年 5 月 6 日《人民日報》刊登 86 歲張勁夫撰寫的《請歷史記住他們——關於中國科學院與"兩彈一星"》回憶文章，披露了很多鮮為人知的內幕細節：

原子彈和氫彈是二機部負責，導彈是國防部五院（後來的七機部）負責。毛主席對原子彈研製有一個批示："要人力協同做好這件工作。"中國科學院就是按照中央確定的"大力協同"和"三家擰成一股繩"的精神，主要承擔原子彈和導彈研製中一系列關鍵性的科學和技術任務，包括理論分析、科學試驗、方案設計、研製以至批量製造所需的各種特殊新型材料、元件、儀器、設備等。至於人造衛星，則從構思到建議，都是由中國科學院提出，先後兩次上馬（1958 年、1965 年）。經以周總理為主任、羅瑞卿為秘書長，具體領導這項工作的中央專門委員會批准後，在國防科委的統一組織下，由中國科學院負責整個系統的技術抓總，並負責研製衛星本體，七機部負責運載工具，科學院和四機部共同負責地面測控系統。

……

我們搞原子彈，怎樣貫徹自力更生為主、爭取外援為輔的方針？

自力更生為主，就是主要靠我國自己的力量開展科研。當時研究核科學與核技術的力量主要集中在中國科學院原子能研究所，還有一些分散在中國科學院的 20 多個研究所和其他部門的研究機構與大專院校。爭取外援為輔，主要是蘇聯答應幫助我們在北京建一個 7000 千瓦的實驗性原子能反應堆。這個反應堆全部歸我們管。此外，在另一個地方建一個濃縮鈾工廠。

製造原子彈的原料是鈾 235。一天，毛主席找到地質學家李四光，他當時是地質部部長，也是中國科學院副院長。毛主席問："中國有沒有造原子彈用的鈾礦石？」李四光說：「有！但是，一般的天然鈾礦石，能作為原子彈原料的成分只含千分之幾。」要從礦石裏把這千分之幾的鈾提出來，再濃縮成為原子彈的原料，最重要的是要搞濃縮鈾工廠。

......

為了搞原子彈，中央專門成立了二機部，宋任窮任部長。我到科學院工作後的一天，宋大哥打電話說要到我家拜訪我。因為搞原子彈，主要靠科學院原子能研究所，為了工作的方便，中央決定把這個所整建制交給二機部，但是對外還叫中國科學院原子能研究所，名義上由科學院和二機部雙重領導。由於研製原子彈的任務繁重，科研力量不夠，於是對任務作了分解，除了原子能所承擔較大一塊任務外，很多重要任務還要由科學院的各研究所來承擔。原子能所整建制轉到二機部後，骨幹力量還不夠，還要科學院支持，我們又從其他所調給他們一批科技骨幹。

宋大哥光顧寒舍，就是要來談科學院怎麼支持二機部，幫助二機部的。他緊緊握住我的手說：「勁夫，這個事太重要了，你要幫我哇！其他部門我也希望他們來支持，主要靠科學院哪！」我說：沒有問題。這是中央的任務，是國家的任務，也是科學院的任務。第一，我把原子能研究所全部交給你。另外，科學院其他各研究所凡是能承擔二機部的研究任務的，我們都無條件地承擔；如果骨幹力量不夠，還需要調一些人去，我們再想辦法。譬如，鄧稼先是學物理的，從美國留學回來，是科學院數理化學部的學術秘書。吳有訓副院長兼數理化學部的主任，日常工作就靠鄧稼先負責，這個同志你要我也給你。

......

宋任窮來訪以後，錢三強從蘇聯訪問回來了。三強沒調二機部以前，當過科學院的學術秘書長。科學院代表團第一次訪問蘇聯，他是代表團團長。錢三強是著名核物理學家，他訪問蘇聯回來很快就找到我。他來的時候氣鼓鼓的，說：「張副院長，我對你有意見！」我說：「什麼意見？」他說：「對你們的科學規劃有意見，你們搞了一個『四項緊急措施』，怎麼沒有原子能措施？這是非常重要的事情啊，你怎麼沒有搞哇！」

我說：「三強，原子能的事，是搞原子彈哪。這是國家最絕密的大事，是毛主席過問的大事啊！另外要搞絕密的單獨規劃。」他當時最關心的是想從科學院調些人去，怕我們不重視，不願意給人。我說：「只要我們能做到的，儘量支持你，你這個原子能研究是中央任務，是第一位的任務，比『四項緊急措施’ 還重要。‘四項緊急措施’ 是為你服務的啊！”

我這一講，他說：“我懂了，我懂了。”

在黨中央堅強領導下，全國 “一盤棋”，協同攻關，保證了中國 “兩彈一星” 事業取得歷史性突破。

1964 年 10 月 16 日 15 時整，中國第一顆原子彈在中國西部羅布泊試驗場爆炸成功。中國政府同時發表聲明，鄭重宣佈：在任何時候、任何情況下，中國都不會首先使用核武器。中國政府一貫主張全面禁止和徹底銷毀核武器，中國進行核試驗，發展核武器，是被迫而為的。中國掌握核武器完全是為了防禦，是為了免受核威脅。

1967 年 6 月 17 日 8 時 20 分，中國第一顆氫彈空爆試驗成功，實測當量 330 萬噸，成為世界上第四個掌握氫彈技術的國家。

1970 年 4 月 24 日 9 時 30 分，中國用 “長征一號” 運載火箭成功發射中國第一顆人造地球衛星 “東方紅一號”。這顆直徑 1 米、重 173 公斤的衛星成功入軌，標誌著中國成為繼美、蘇、法、日之後第五個可以獨立發射人造衛星的國家。

請歷史記住他們 —— 鄧稼先等 “兩彈一星” 元勳

“兩彈一星” 是中國在物質技術基礎十分薄弱的條件下，通過自力更生、自主創新取得的偉大成就。那時開始形成的 “熱愛祖國、無私奉獻，自力更生、艱苦奮鬥，大力協同、勇於登攀” 的 “兩彈一星” 精神，一直是全國科技工作者和全中國人民奮力前行的強大動力。

“兩彈一星” 的研製，匯集了中國一大批傑出的科學家和科研人員、工程技術與管理人員。他們在戈壁荒灘、深山峽谷建立基地，風餐露宿，披星戴月，艱苦創業。出於保密的需要，他們隱姓埋名，斷絕與外界有礙工作的往來，默默無聞地為祖國的國防尖端科技事業作貢獻，有的甚至獻出寶貴的生命，真正是 “幹驚天動地事，做隱姓埋名人”。

鄧稼先就是其中的傑出代表。他甘當無名英雄，默默無聞奮鬥數十年，為中國核武器的研製作出了卓越貢獻。1964 年 10 月，中國成功爆炸的第一顆原子彈，就是由他最後簽字確定了設計方案。他還率領研究人員在試驗後迅速進入爆炸現場採樣，以證實效果。他又同于敏等人投入對氫彈的研究。按照"鄧─于方案"，最後終於製成了氫彈，並於原子彈爆炸後的2年零8個月試驗成功。這同法國用8年、美國用7年、蘇聯用4年的時間相比，創造了世界上最快的速度。1972年，鄧稼先擔任核武器研究院副院長，1979年又任院長。1984年，他在大漠深處指揮中國第二代新式核武器試驗成功。翌年，他的癌擴散已無法挽救。他在國慶節提出的要求就是去看看天安門。

1983年10月中共十二屆二中全會通過《關於整黨的決定》，決定用三年時間分批對黨的作風和黨的組織進行一次全面整頓。整黨到1987年5月基本結束。鄧稼先認真參加了這次整黨。1985年11月1日，61歲的他還工工整整地向組織填寫了一份整黨登記表。他在"本人在整黨中的主要收穫及今後努力方向"中表示：

我今後要努力做到，

1. 努力學習馬克思主義理論，學習黨的文件，學習《鄧小平文選》，按照小平同志的要求，努力做到"根據它的基本原則和基本方針不斷結合變化著的實際，探索解決新問題的答案"。

2. 加強黨性鍛煉。在端正黨風、遵守黨紀方面，從現在做起，從自己做起，保持好革命晚節，為實現共產主義遠大理想貢獻自己的力量。

3. 支持年輕同志走上領導崗位，改革創造，開拓前進。自己雖身患癌症，而矢志不移，儘量做些力所能及的科研工作，為祖國的社會主義現代化事業而努力奮鬥。⑤

這是1986年7月17日，離世的前12天，他留給人世的最後墨跡：

昨天萬里代總理到醫院看望我，今天李鵬副總理親臨醫院授予全國勞動模範稱號，感到萬分激動。核武器事業是要成千上萬人的努力才能成功，我只不過做了一小部分應該的工作，只能做為一個代表而已，但黨和國家就給我這樣榮譽，這足以證明黨和國家對尖端事業的重視。

回想解放前我國較簡單的物理儀器都造不出來，那還敢想造尖端武器。只有在共產黨領導下解放了全國，這樣才能使科學蓬勃地開展起來。敬

---

⑤ 原件展於四川綿陽梓潼"兩彈城"鄧稼先舊居。

愛的周總理親自主持專委會召開專門會議，指示集中全國的精銳來搞尖端事業。陳毅副總理說，搞出原子彈，外交上說話才有力量。鄧小平同志說，你們大膽去搞，搞對了是你們的，搞錯了是我中央書記處的。聶榮臻元帥、張愛萍等領導同志也親臨現場主持試驗，這還說明核武器事業完全是在黨的領導下取得的。

我今天雖然患疾病，但我要頑強和病痛作鬥爭，爭取早日恢復健康，早日做些力所能及工作，不辜負黨對（試 ——引者加注）驗希望。謝謝大家。[6]

堅定的信念、堅強的黨性，寬廣的胸襟、樸實的作風，無私的奉獻、創新的精神，躍然紙上，禁不住讓人淚濕衣襟……

1986 年 7 月 29 日，鄧稼先去世。他臨終前留下的話仍是如何在尖端武器方面努力，並叮嚀：“不要讓人家把我們落得太遠……”

這就是我們“兩彈一星”功勳英雄的真實、生動寫照。

請歷史記住他們：

王淦昌、姚桐斌、郭永懷、趙九章、鄧稼先·錢三強·錢驥（排名按姓氏筆畫為序）[7]；

于敏、王大珩、王希季、朱光亞、任新民、吳自良、周光召、孫家棟、陳芳允、陳能寬、屠守鍔、黃緯祿、程開甲、彭桓武、楊嘉墀、錢學森（排名按姓氏筆畫為序）[8]；

……

關於“兩彈一星”研製成功對中國的重要影響和作用，鄧小平後來的話很深刻。他說：“如果六十年代以來中國沒有原子彈、氫彈，沒有發射衛星，中國就不能叫有重要影響的大國，就沒有現在這樣的國際地位。這些東西反映一個民族的能力，也是一個民族、一個國家興旺發達的標誌。”[9]

---

⑥　原件展於四川綿陽梓潼“兩彈城”鄧稼先舊居。鄧稼先夫人許鹿希注：“這是鄧稼先同志最後的墨跡”。

⑦　1999 年 9 月 18 日，中共中央、國務院、中央軍委作出《關於表彰為研製“兩彈一星”作出突出貢獻的科技專家並授予“兩彈一星功勳獎章”的決定》，追授 7 位同志“兩彈一星功勳獎章”。

⑧　1999 年 9 月 18 日，中共中央、國務院、中央軍委作出《關於表彰為研製“兩彈一星”作出突出貢獻的科技專家並授予“兩彈一星功勳獎章”的決定》，授予 16 位同志“兩彈一星功勳獎章”。

⑨　《鄧小平文選》第 3 卷，人民出版社 1993 年版，第 279 頁。

1964

1965

反對霸權主義，加強三線建設

—— 備戰備荒為人民，好人好馬上三線

★

1964 年 5 月 27 日，毛澤東在中南海菊香書屋主持召開中共中央政治局常委會議，提出目前 "對第三線建設注意不夠" 的問題。他說："在原子彈時期，沒有後方不行的，要準備上山，上山總還要有個地方。" [①] 從 1965 年起，三線建設進入實質性實施階段。這是 1969 年 1 月 28 日上海新添光學儀器廠革命委員會為光學車間工人江鑒康親屬內遷貴州出具的 "遷移證明"："我們偉大的領袖毛主席教導我們說：'現在再不建設三線，就如同大革命時期不下鄉一樣，是革命不革命的問題。' 為堅決貫徹我們偉大領袖毛主席關於 '備戰、備荒、為人民' 的戰略部署，我廠於 1966 年底內遷來至貴陽。江鑒康同志現已光榮參加內地建設工作，為了更好地加強三線建設，該同志提出要將其親屬遷到內地來。經研究同意將其親屬鮑秀華同志等貳人遷筑，以利抓革命、促生產、促工作、促戰備。"

---

① 參見中共中央文獻研究室編：《毛澤東年譜》（1949—1976）第 5 卷，中央文獻出版社 2013 年版，第 354—355 頁。

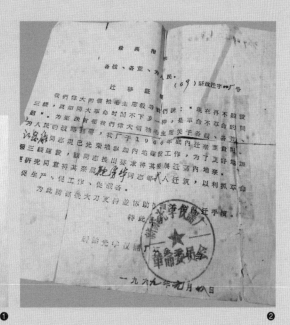

❶

❷

❸

❹

❶《毛澤東年譜》（1949—1976）1964 年 5 月 27 日有關三線建設的內
容。❷ 鮑秀華的遷移證明。❸ 一定要把三線建設好。❹1966 年攀枝花
鐵礦正洞開工建設。

❺1970 年 7 月 1 日成昆鐵路全線通車。❻ 核工業五洲工業總公司鋁廠。

在國際上應對戰爭危險的壓力的同時，從 1961 年到 1965 年，黨中央、國務院對國民經濟和社會政治關係進行了全面調整，相繼制定和試行了關於農業、工業、商業、手工業、教育、科學、文藝等方面的工作條例，在實踐中產生了積極效果。三線建設是在這樣國際國內大背景下佈局和實施的。

面對美蘇的戰爭挑釁和軍事壓力

20 世紀 50 年代中期至 60 年代中期，在美蘇兩個超級大國主導的世界冷戰格局中，國際局勢的發展充滿動蕩和曲折，世界上各種力量出現分化和改組，中國面臨來自多方的公開和潛在的侵略威脅、戰爭挑釁和軍事壓力。

就中美關係而言，這十年間有兩個問題最尖銳：一是美國武裝插足台灣，干涉中國內政；二是美國武裝侵略越南，威脅中國安全。美國堅持對華政策三原則，即不承認中華人民共和國、反對新中國進入聯合國、繼續對中國實行封鎖和貿易禁運。在此背景下，黨中央和毛澤東調整政策，從爭取緩和轉為加強對美鬥爭。1965 年，美國急劇擴大侵略越南的戰爭，嚴重威脅中國安全，中美兩國再次走到熱戰邊緣。中共中央嚴正表明援越抗美的立場，並下達加強備戰工作的指示，要求全國軍民 "對小打、中打以至大打，都有所準備" [1]。應越南民主共和國政府的要求，中方向越南派出防空、工程、鐵道、後勤保障等支援部隊。1965 年 6 月至 1968 年 3 月，先後入越的部隊達 32 萬餘人。援越抗美鬥爭，體現了中國人民反對侵略威脅、維護世界和平的大無畏精神。

在同美國霸權主義展開鬥爭的同時，中國共產黨堅持獨立自主，堅決頂住了來自蘇聯的巨大壓力。從 20 世紀 50 年代後期開始，中蘇之間的矛盾和衝突日漸加劇。這些矛盾和衝突表現在兩個方面：一方面是意識形態的分歧；另一方面是蘇聯黨以 "老子黨" 自居，要求中國共產黨在軍事和外交上服從其蘇美合作主宰世界的戰略。

特別是 1961 年 10 月蘇共二十二大後，兩黨之間意識形態的爭論愈演愈烈。蘇共領導人、蘇聯報刊連篇累牘地發表文章和公開信，攻擊中國共

---

① 中共中央文獻研究室編：《建國以來重要文獻選編》第 20 冊，中央文獻出版社 2011 年版，第 127 頁。

產黨和其他一些黨。從 1963 年 9 月到 1964 年 7 月，中共中央以《人民日報》和《紅旗》雜誌編輯部的名義，相繼發表總稱為《關於國際共產主義運動的總路線的論戰》的九篇評論蘇共中央公開信的文章（通常簡稱 "九評"），全面批評蘇共的對外對內政策，指出蘇聯 "出現了資本主義復辟的嚴重危險"，這是帝國主義推行 "和平演變" 政策的結果。與此同時，蘇聯方面也發表了一系列論戰文章。中蘇論戰達到高潮。1964 年 10 月，赫魯曉夫下台。中共抱著改善關係的願望，派周恩來赴蘇參加十月革命慶祝活動。但勃列日涅夫繼任蘇共中央第一書記後，聲稱蘇聯將繼續堅持原來的立場。其後，還向中蘇邊境不斷增兵，並且向鄰近中國的蒙古派駐蘇軍。1966 年 3 月蘇共召開二十三大，中國共產黨決定不派代表出席，中蘇兩黨關係宣告基本中斷。

面對美國對越南北方的侵略戰爭和蘇聯邊境增兵的不斷擴大，備戰問題擺到黨的重要議程上來。

佈局三線建設

1964 年 6 月 6 日，毛澤東再次強調三線建設和備戰問題。他說：只要帝國主義存在，就有戰爭的危險。我們不是帝國主義的參謀長，不曉得它什麼時候要打仗。我們把三線的鋼鐵、國防、機械、化工、石油、鐵路基地都搞起來，那時打起仗來就不怕了。有了準備就可能不打了。

毛澤東提出的三線建設，即將全國劃分為一、二、三線，其中，一線指東北及沿海各省市；三線指雲、貴、川、陝、甘、寧、青、晉、豫、鄂、湘等 11 個省區，其中西南（雲、貴、川）和西北（陝、甘、寧、青）俗稱大三線；二線是指一、三線之間的中間地區；一、二線地區各自的腹地又俗稱小三線。據此，中央改變 "三五" 計劃的最初設想，作出了開展三線建設、加強備戰的重大戰略部署。10 月，中央下發《一九六五年計劃綱要（草案）》，提出三線建設的總目標是：採取多快好省的方法，在縱深地區建立起一個工農業結合的、為國防和農業服務的比較完整的戰略後方基地。廣袤的三線地區由此在國家計劃中佔據了舉足輕重的地位。

據不完全統計，1964 年下半年至 1965 年，在西南、西北三線部署的新建、擴建和續建大中型項目有 300 多個。日後在國家經濟建設中發揮了重大作用的四川攀枝花鋼鐵工業基地、甘肅酒泉鋼鐵廠、成昆鐵路等鐵路幹線、重慶兵器工業基地、成都航空工業基地、西北航空航天工業基地和電子、光學儀器工業基地、核工業新基地，以及湖北十堰的第二汽車製造廠等，都是其中的重點項目。

從 1965 年起，三線建設進入實質性實施階段，並於 1965 年至 1966 年形成第一個高潮。1966 年 3 月，毛澤東提出的關於 "三五" 計劃的方針任務，後來被概括為 "備戰、備荒、為人民"。這個思想成為 20 世紀六七十年代中國國民經濟發展遵循的重要指導方針。

"文化大革命" 初期，三線建設受到嚴重衝擊。1969 年後，鑒於當時嚴峻的備戰局面，三線建設重新大規模、高速度展開。進入 20 世紀 70 年代，隨著國際關係逐步緩和，中國開始注重三線建設與沿海地區建設的並重發展。從 20 世紀 80 年代初起，中國對三線建設實施全面調整與改造，縮短基本戰線，調整投資方向，停建、緩建一批基建工程，對部分企業實行軍轉民或關、停、併、轉、遷。

參加三線建設的廣大工人、幹部、科技人員和解放軍官兵，堅決響應國家號召，"好人好馬上三線"，告別繁華的大都市，舉家西遷。他們發揚 "一不怕苦、二不怕死" 的創業精神，在異常艱苦的環境中，戰勝種種難以想象的困難，在偏僻的崇山峻嶺中，開山平地，安營紮寨，修鐵路、建工廠、開礦山，默默將青春年華奉獻給了三線建設事業。

三線建設改善了中國的國防工業體系；在西部地區建成一大批機械工業、能源工業、原材料工業的重點企業和基地，極大地改善了中國工業佈局；先後建成一批重要鐵路、公路幹支線，改善了西部地區的交通條件；建成了一批新興工業城市，促進了當地經濟發展和社會進步。但是，由於對戰爭作了立足於 "早打" "大打" 的估計，三線建設在部署上要求過急，鋪開的攤子過大；過分突出戰備要求，過分強調 "靠山、分散、進洞" 原則，忽視經濟規律，增加了建設費用，有些投資效益較差，造成一定浪費，遺留問題較多。儘管如此，三線建設仍然是中國經濟建設史上的空前壯舉。

1965

1966

焦裕祿

—— 縣委書記的榜樣

★

1966 年 2 月 7 日，新華社採寫並播發長篇通訊《縣委書記的榜樣 —— 焦裕祿》，引起社會廣泛反響。隨後，全國掀起學習焦裕祿的熱潮。

人民日报

RENMIN RI BAO

1966年8月15日创刊
第 6422 号

今 日 要 目

第一、二版
县委书记的榜样——焦裕禄

第一版
社论：向毛泽东同志的好学生——
焦裕禄同志学习
周总理主席率中委会负责人发表
谈话，中国人民坚决支持美国人
民反战运动

第三版
建设《大庆报》试办联合正主义者
志为美命情势的独立纵队
坚决拥护党提倡党党，反对拍和度

第四版
苏加诺总统向复远正面发表广
播
西哈努克亲王为不反动攻略者进行"归纳"

第五版
中国人民广记忆威尼正侵略战争

1966年2月

7
星期一

农历丙午年正月十八

今日出版第6时30分

"我们为人民而死，就是死得其所。"

县委书记的榜样——焦裕禄

我保卫世界和平委员会负责人发表谈话
中国人民坚决支持美国人民反战运动

全国少年乒乓球锦标赛举行发奖大会
周总理给一批小选手发"风格奖"
大会向获得各项团体赛前六名的球队发了奖

社论
向毛泽东同志的好学生——焦裕禄同志学习

❶ 焦裕禄。❷1966 年 2 月 7 日《人民日报》。

焦裕祿是中共河南省蘭考縣委書記。蘭考是黃河故道上著名的災區縣，長期遭受風沙、內澇和鹽鹼等"三害"襲擾，經濟發展水平非常低下。在三年困難時期，蘭考人民生產生活更面臨極大困難。1962 年，全縣糧食產量下降到歷史最低水平。正是在災情最嚴重的時候，焦裕祿來到蘭考。

焦裕祿帶領縣委抓住治沙這一關鍵環節，深入實地調查。在一年多的時間裏，他跋涉 5000 餘華里，把全縣 86 個風口、261 個大沙丘、17 條大沙龍全部作了編號，繪製成地圖，形成種植速生泡桐林治理"三害"的方案。

焦裕祿心中裝著蘭考老百姓，唯獨沒有自己。他積勞成疾，患上肝病，在病痛折磨下，仍堅持在治沙第一線。1964 年 5 月 14 日，焦裕祿病逝。1966 年 2 月 7 日，新華社採寫並播發長篇通訊《縣委書記的榜樣 —— 焦裕祿》，《人民日報》等全國各報紙全文刊發，在全國引起強烈反響。

困難，重重的困難，像一副沉重的擔子，壓在這位新到任的縣委書記的雙肩。
……
第二天，當大家知道焦裕祿是新來的縣委書記時，他已經下鄉了。

他到災情最重的公社和大隊去了。他到貧下中農的草屋裏，到飼養棚裏，到田邊地頭，去了解情況，觀察災情去了。他從這個大隊到那個大隊，他一路走，一路和同行的幹部談論。見到沙丘，他說："栽上樹，豈不是成了一片好綠林！"見到澇窪窩，他說："這裏可以栽葦、種蒲、養魚。"見到鹼地，他說："治住它，把一片白變成一片青！"轉了一圈回到縣委，他向大家說："蘭考是個大有作為的地方，問題是要幹，要革命。蘭考是災區，窮，困難多，但災區有個好處，它能鍛煉人的革命意志，培養人的革命品格。革命者要在困難面前逞英雄。"
……
嚴冬，一個風雪交加的夜晚，焦裕祿召集在家的縣委委員開會。人們到齊後，他並沒有宣佈議事日程，只說了一句："走，跟我出去一趟。"就領著大家到火車站去了。

當時，蘭考車站上，北風怒號，大雪紛飛。車站的屋簷下，掛著尺把長的冰柱。國家運送蘭考災民前往豐收地區的專車，正從這裏飛馳而過。也還有一些災民，穿著國家救濟的棉衣，蜷曲在貨車上，擁擠在候車室裏……

焦裕祿指著他們，沉重地說："同志們，你們看，他們絕大多數人，都是我們的階級兄弟。是災荒逼迫他們背井離鄉的，不能責怪他們，我們有責任。黨把這個縣 36 萬群眾交給我們，我們不能領導他們戰勝災荒，應該感到羞恥和痛心⋯⋯」

他沒有再講下去，所有的縣委委員都沉默著低下了頭，這時有人才理解，為什麼焦裕祿深更半夜領著大家來看風雪嚴寒中的車站。

從車站回到縣委，已經是半夜時分了，會議這時候才正式開始。

焦裕祿聽了大家的發言之後，最後說：「我們經常口口聲聲說要為人民服務，我希望大家能牢記著今晚的情景，這樣我們就會帶著階級感情，去領導群眾改變蘭考的面貌。」

⋯⋯

焦裕祿，出生在山東淄博一個貧農家裏，他的父親在解放前就被國民黨反動派逼迫上吊自殺了。他從小逃過荒，給地主放過牛，扛過活，還被日本鬼子抓到東北挖過煤。他帶著家仇、階級恨參加了革命隊伍，在部隊、農村和工廠裏做過基層工作。自從參加革命一直到當縣委書記以後，他始終保持著勞動人民的本色。他常常開襟解懷，捲著褲管，樸樸實實地在群眾中間工作，勞動。貧農身上有多少泥，他身上有多少泥。他穿的襪子，補了又補，他愛人要給他買雙新的，他說：「跟貧下中農比一比，咱穿的就不錯了。」夏天，他連涼席也不買，只花四毛錢買一條蒲席鋪。

有一次，他發現孩子很晚才回家去。一問，原來是看戲去了。他問孩子：「哪裏來的票？」孩子說：「收票叔叔向我要票，我說沒有。叔叔問我是誰？我說焦書記是我爸爸。叔叔沒有收票就叫我進去了。」焦裕祿聽了非常生氣，當即把一家人叫來「訓」了一頓，命令孩子立即把票錢如數送給戲院。接著，又建議縣委起草了一個通知，不准任何幹部特殊化，不准任何幹部和他們的子弟「看白戲」。

⋯⋯

「⋯⋯我死後只有一個要求，要求組織上把我運回蘭考，埋在沙堆上，活著我沒有治好沙丘，死了也要看著你們把沙丘治好！」

焦裕祿是千千萬萬在嚴重自然災害面前，巍然屹立的共產黨員和基層幹部英雄形象的代表。他與當時湧現出的王進喜、王傑、歐陽海、南京路上好八連、草原英雄小姐妹等許多先進人物和模範集體一樣，在各自平凡的生活和工作中創造出了不平凡的業績。他們以自己的理想、信念和價值觀，給中國社會以深刻影響，也塑造了整個時代的社會風尚。

「你沒有死，你將永遠活在千萬人的心裏！」

1966

319

1967

二月抗爭

—— 對"文化大革命"的抵制和抗爭

★

1967 年 2 月 17 日，譚震林在給林彪的信中說：江青等人"有興趣的是打老幹部，只要你有一點過錯，抓住不放，非打死你不可"。"他們能當政嗎？能接班嗎？我懷疑。""我想了好久，最後下了決心，準備犧牲。但我決不自殺，也不叛國，但決不允許他們再如此蠻幹。""這個反，我造定了，下定決心，準備犧牲，鬥下去，拚下去。" 2 月 19 日，林彪將此信呈毛澤東閱，並在附信中寫道："譚震林最近的思想竟糊塗墮落到如此地步，完全出乎意料之外。" 毛澤東批示："已閱。恩來同志閱，退林彪同志。" ①

① 中共中央文獻研究室編：《毛澤東年譜》（1949—1976）第 6 卷，中央文獻出版社 2013 年版，第 56 頁。

字左右的总结，发到全国参考。又大专学校也要作一个总结，发往全国。请酌。"这份材料说：驻京部队最近在北京二中、二十五中分阶段进行集训革命师生的试点，收到了很好的效果。第一阶段以毛主席《中国社会各阶级的分析》一文为主要教材，发动群众分清敌、我、友，达到"既要弄清思想又要团结同志"这样两个目的，消除各群众组织之间的隔阂；第二阶段以毛主席《关于纠正党内的错误思想》一文为主要教材，引导师生深入批判阻碍革命派大联合的各种非无产阶级思想，大破小集团主义、分散主义、山头主义，实行革命组织大联合、大夺权。

2月15日　晚上，在人民大会堂会见由外交、计划部部长瓦尼率领的毛里塔尼亚政府代表团，周恩来、陈毅等在座。在瓦尼谈到这次来中国是学习取经时，毛泽东说：我们解放的时间不久，也是互相交换经验。我们是互相帮助的国家，不是互相仇视的国家。你们的土地广大，将来人口还可以大发展。我们国家人太多了，好处在这里，坏处也在这里。看得起我们的还是很少，你们这么一些人民族看得起我们。什么美国人、法国人，别的一些什么人，他们不可能这样，他们嫌我们落后。我们落后，解决的办法就是沙石峪[1]嘛，那个地方没有机械。中国有很大部分土地是靠天吃饭的，黄河以北水很少。

2月16日　下午，周恩来在中南海怀仁堂主持中共中央政治局常委碰头会。原定议程是谈"抓革命，促生产"问题。谭震林、陈毅、叶剑英、徐向前、李先念、余秋里等在会上对当前文

〔1〕沙石峪，位于河北省遵化县境内，属于石灰岩山区，20世纪50年代至60年代，在沙石峪村党支部书记张贵顺的带领下，村民在青石板上垫土造田，开展生产，以"万里千担一亩田，青石板上创高产"的精神闻名全国。

化大革命的做法表示强烈不满。谭震林责问张春桥为什么不让陈丕显到北京来。张说，我们回去同群众商量一下，谭震林气愤地说：什么群众，老是群众群众，还有党的领导哩。不要党的领导，一天到晚，老是群众自己解放自己，自己教育自己，自己搞革命，这是什么东西？这是形而上学！你们的目的，就是要整掉老干部，你们把老干部一个一个打光。这一次，是党的历史上斗争最残酷的一次，超过历史上任何一次。谭震林站起来要退出会场，周恩来叫他回来。陈毅说：不要走，要跟他们斗争。这些家伙上台，就是他们搞修正主义。又说，延安整风时有些人拥护毛泽东思想最起劲，挨整的是我们这些人。历史上已经证明了到底谁是反对毛主席吗？以后还要看，还会证明。斯大林不也是把班交给了赫鲁晓夫，搞修正主义了吗？余秋里拍桌子说，这样对老干部，今后谁敢做工作！计委不给我道歉，我就不去检讨！李先念说：就是从《红旗》十三期社论开始，那样大规模在群众中搞两条线斗争，还有什么大串连，老干部统统打倒了。散会后，张春桥、王力、姚文元整理出一份会议记录，主要集中了谭震林、陈毅、李先念、余秋里的发言，于当晚十时向毛泽东作口头汇报。毛泽东在张春桥、王力、姚文元整理的怀仁堂会议记录上批示："退陈伯达同志。"

同日　审阅林彪报送的中共中央军委《关于军队夺权范围的规定》稿，批示："已阅，同意。"这个规定指出：一、军队可以夺权的范围，只限于学院学校（机要学校、尖端技术学校、飞行学校和有外训任务的班、系除外）、文艺团体、体工队、医院（只限于解放军总医院，军区、军种总医院，教学医院）、军事工厂（有尖端技术试验任务的工厂、海军基地所属工厂和绝密工厂除外）。二、夺权必须是由本单位真正的无产阶级革命派来进行，不准联合本单位以外的革命组织参加夺权。在夺权过程中，真正的无产阶级革命派组织之间互相发生争执时，要通过民主协商来

❶《毛澤東年譜》（1949—1976）1967 年 2 月 16 日有關二月抗爭的內容。❷ 中南海懷仁堂外景。

❸ "文化大革命"中的部分邮票。

1966 年，當國民經濟的調整基本完成，國家開始執行第三個五年計劃的時候，意識形態領域的批判運動逐漸發展成大規模的政治運動。長達十年的 "文化大革命" 爆發了。

1966 年 5 月至 1976 年 10 月的 "文化大革命"，是一場由領導者錯誤發動，被反革命集團利用，給黨、國家和各族人民帶來嚴重災難的內亂。這場內亂是在所謂 "無產階級專政下繼續革命的理論" 指導下進行的。1966 年 5 月 4 日至 26 日，中共中央政治局召開擴大會議，通過由毛澤東主持制定的《中國共產黨中央委員會通知》（簡稱 "五一六通知"）。8 月 1 日至 12 日，黨的八屆十一中全會召開，作出《中國共產黨中央委員會關於無產階級文化大革命的決定》，改組了中央領導機構。這兩次會議的召開，是 "文化大革命" 全面發動的標誌。

"文化大革命" 全面發動後，全國局面一片混亂，黨政機關難以維持正常工作和行使正常職能。周恩來主持，各副總理及有關負責人參加的中央碰頭會，是研究和處理黨、政、軍日常工作的特殊組織形式。

1967 年 2 月前後，譚震林、陳毅、葉劍英等許多政治局和軍委的領導同志，在不同的會議上對 "文化大革命" 的錯誤做法提出了強烈批評，但被誣為 "二月逆流" 而受到壓制和打擊。

1967 年 2 月 11 日、16 日，周恩來在中南海懷仁堂主持召開中央碰頭會。在這次會上，譚震林、陳毅、葉劍英、李富春、徐向前、聶榮臻、余秋里、谷牧等對 "文化大革命" 的錯誤做法表示強烈不滿，對江青、康生、陳伯達、張春橋、謝富治等人的亂黨亂軍的罪行進行頑強抗爭。這種抗爭主要是圍繞著三個問題進行的：一是運動要不要黨的領導；二是老幹部應不應該都打倒；三是要不要穩定軍隊。

在 2 月 11 日的碰頭會上，葉劍英責問陳伯達、張春橋一夥："你們把黨搞亂了，把政府搞亂了，把工廠、農村搞亂了！你們還嫌不夠，還一定要把軍隊搞亂！這樣搞，你們想幹什麼？上海奪權，改名為上海公社，這樣大的問題，涉及國家體制，不經政治局討論，就擅自改變名稱，又是想幹什麼？" 葉劍英還嘲諷、質問陳伯達："我們不讀書，不看報，也不懂什麼是巴黎公社的原則。請你解釋一下，什麼是巴黎公社的原則？革命，能沒有黨的領導嗎？能不要軍隊嗎？"

徐向前說："軍隊是無產階級專政的支柱，你們把軍隊搞亂，還要不要這個支柱？難道我們這些人都不行，要蒯大富這類人來指揮軍隊嗎？如果不要這個支柱，我就不幹了。"

2月16日，周恩來在懷仁堂繼續主持中央碰頭會。

譚震林是張春橋老上級，陳丕顯是譚震林當年新四軍老戰友。為解救被上海造反派關押的陳丕顯，譚震林看到張春橋，就問：陳丕顯來了嗎？張春橋推託說要回去和群眾商量。譚震林惱怒了，他大聲質問："什麼群眾，老是群眾群眾，還有黨的領導嘛！你們就是不要黨的領導。一天到晚，老是群眾自己解放自己，自己教育自己，自己搞革命。這是什麼東西？這是形而上學！""你們的目的，就是要整掉老幹部，一個一個打光，把老幹部都打光。老幹部一個一個被整，40年的革命，落得家破人亡，妻離子散。"他又說："這一次，是黨的歷史上鬥爭最殘酷的一次。超過歷史上任何一次。""江青要把我整成反革命，就是當著我的面講的！我就是不要她保！我是為黨工作，不是為她一個人工作。"譚震林越說越氣，拿起文件、衣服，要退出會場，並說："讓你們這些人幹吧，我不幹了！""砍腦袋，坐監牢，開除黨籍也要鬥爭到底！"周總理要他回來。

陳毅也說："不要走，要留在裏邊鬥爭！"並說："這些家夥上台，他們就要搞修正主義……歷史不是證明了到底是誰反對毛主席的嗎？以後還要看，還會證明。斯大林不是把班交給了赫魯曉夫，搞了修正主義嗎？……"陳毅還針對康生在延安整風審查幹部歷史的過程中，利用"搶救失足者"的口號，製造了一批冤假錯案的教訓，尖銳地指出："在延安，過去有人整老幹部整得很兇。延安搶救運動搞錯了許多人，到現在還有意見。這個歷史教訓，不能忘記。"

余秋里拍桌子發言："這樣對老幹部怎麼行？"

李先念說："現在是全國範圍內的大逼供信。""就是從《紅旗》13期社論[1]開始，那樣大規模在群眾中進行兩條路線鬥爭，還有什麼大串聯，老幹部統統打掉了。"周恩來當即責問康生："這篇社論你看了嗎？這麼大的事情，為什麼你不叫我們看看！"

16日夜，張春橋、姚文元、王力秘密整理了《2月16日懷仁堂碰頭會記錄》，經與江青密謀後，由江青安排他們向毛澤東作了匯報。張春橋還打小報告說周恩來對《紅旗》第13期社論沒送他審查有意見。毛澤東說：黨

---

[1]　指《紅旗》雜誌 1966 年 10 月 1 日發表的社論《在毛澤東思想的大路上前進》，其中首次提出"對資產階級反動路線，必須徹底批判"。

章上沒有規定社論要經過常委討論。並叫張春橋同周恩來談一次話，要把中央文革小組當成書記處看待，黨和國家的重大問題，要先提到文革小組討論。

2月18日深夜至19日凌晨，毛澤東召集周恩來、李富春、葉劍英、李先念、康生、謝富治、葉群（代表林彪）等開會，嚴厲批評了在懷仁堂碰頭會上提意見的老同志。會議責令陳毅、譚震林、徐向前"請假檢討"；召開中央政治局擴大會議批評陳毅、譚震林、徐向前。

根據毛澤東的意見，2月25日至3月18日，在懷仁堂召開了七次"政治局生活會"，亦即"政治生活批評會"。江青、康生、陳伯達、謝富治等以"資產階級復辟逆流"（後稱"二月逆流"）的罪名對譚震林、陳毅、徐向前等進行圍攻、批鬥。康生說："這是一種政變的預演，一種資本主義復辟的預演！"江青說："保護老幹部，就是保護一小撮叛徒、特務。"陳伯達說："這是自上而下的復辟資本主義，這是顛覆無產階級專政！"

此後，中央政治局停止了活動，中央文化革命小組（簡稱中央文革）實際上取代了政治局。中央碰頭會也被中央文革碰頭會取代。名義上由周恩來牽頭，但成員大多是江青一夥，後又增加吳法憲等人。[②]

---

② 以上參見中共中央文獻研究室編：《毛澤東年譜》（1949—1976）第6卷，中央文獻出版社2013年版，第50—56頁；中共中央文獻研究室編：《周恩來年譜》（1949—1976）下卷，中央文獻出版社1997年版，第125—130頁；中國人民解放軍軍事科學院編：《葉劍英年譜》（1897—1986）下，中央文獻出版社2007年版，第959—962頁；《李先念傳》編寫組、鄂豫邊區革命史編輯部編寫：《李先念年譜》第4卷（1964—1969），中央文獻出版社2011年版，第405—408頁；劉樹發主編：《陳毅年譜》下冊，人民出版社1995年版，第1184—1185頁；國防大學《徐向前年譜》編委會編著：《徐向前年譜》（1950—1990）下卷，解放軍出版社2016年版，第201—210頁。

1968

知識青年上山下鄉

★

1968 年 12 月 22 日，《人民日報》發表毛澤東的指示：“知識青年到農村去，接受貧下中農的再教育，很有必要。” 全國掀起知識青年上山下鄉的高潮。

❷

❶❷1968 年 12 月 22 日《人民日報》傳達了毛澤東關於"知識青年到農村去,接受貧下中農的再教育,很有必要"的指示後,全國掀起知識青年上山下鄉運動。

毛主席语录

知识青年到农村去，接受贫下中农的再教育，很有必要。要说服城里干部和其他人，把自己初中、高中、大学毕业的子女，送到乡下去，来一个动员。各地农村的同志应当欢迎他们去。

人民日报

1948年6月15日创刊 第7411号 1968年12月22日 星期日 戊申年十一月初三

在毛主席革命路线指引下，会宁县部分城镇居民纷纷奔赴农业生产第一线，到农村安家落户。他们说：

"我们也有两只手,不在城市里吃闲饭!"

编者按：甘肃省会宁县城镇的一些长期脱离劳动的居民，包括一批知识青年，纷纷奔赴社会主义的农村，在那里安家落户，这是一种值得大力提倡的新风尚。他们说："我们也有两只手，不在城市里吃闲饭！"这话说得很对！

毛主席最近又一次教导我们：知识青年到农村去，接受贫下中农的再教育，很有必要。要说服城里干部和其他人，把自己初中、高中、大学毕业的子女，送到乡下去，来一个动员。各地农村的同志应当欢迎他们去。希望广大知识青年和脱离劳动的城镇居民，热烈响应毛主席这个伟大号召，到农业生产的第一线去！

西乡县革委会动员组织知识青年上山下乡

通过加强领导，大办毛泽东思想学习班，狠抓两条路线斗争教育，做好家长工作，大搞群众运动，在全县掀起知识青年上山下乡的高潮

❸1968年12月22日《人民日报》。

❸1968年12月22日《人民日报》。

知識青年上山下鄉，到農村安家落戶，參加集體生產勞動，在 20 世紀 50 年代就已出現。當時是為了緩解城市就業壓力，解決城鎮部分中小學畢業生就業問題。但在毛澤東的頭腦中，知識青年下鄉還包括比就業問題更為重要的理論和政治意義。他真誠地認為：“革命的或不革命的或反革命的知識分子的最後的分界，看其是否願意並且實行和工農民眾相結合。” ①

　　“文化大革命”爆發後，各類學校的教學活動即告中斷，招生工作也無從談起，工廠基本上不招工，商業和服務行業處於停滯狀態，城市初、高中畢業生既不能升學，也無法分配工作。僅 1968 年，積壓在校的 1966、1967、1968 屆初、高中畢業生就達 400 多萬人。如再加上應畢業的大學生和小學生，這個數字就更為龐大。如此眾多年輕好動的“革命小將”滯留城市，既不能升學，也不能就業，這不僅給他們的家庭帶來沉重負擔，也成為刻不容緩的嚴重社會問題。

　　1968 年 12 月，毛澤東發出“知識青年到農村去”的號召後，全國立即掀起知識青年上山下鄉的高潮。這個運動被宣傳為具有“反修防修”“縮小三大差別”的重大政治意義。各地在很短的時間裏，不顧具體條件把大批知識青年下放到農村、生產建設兵團或農場。

　　1978 年 10 月 31 日至 12 月 10 日，國務院召開全國知識青年上山下鄉工作會議。會議決定調整政策，逐步縮小上山下鄉的範圍，有安置條件的城市不再動員下鄉。到 1981 年 11 月，城鎮知識青年上山下鄉運動結束。

　　“文化大革命”期間，上山下鄉的知識青年達 1600 多萬，他們為建設、開發農村和邊疆的落後地區作出了貢獻，也在與農民的接觸中學到了許多在城市、在書本上學不到的知識，在艱苦的環境中經受了鍛煉，增長了才幹。後來，他們中間也出現了一批國家建設人才。但是，大批知識青年在本應接受正規、系統教育的年齡卻不得不離開學校，造成了人才培養的嚴重斷層，給國家的現代化建設帶來長遠的危害。在此期間，國家和企事業單位為安置知識青年上山下鄉所支出的經費達 300 多億元，千百萬知識青年的家長和部分地區的農民也因此加重了負擔。上山下鄉知識青年得不到妥善安排，也引發了一些社會問題。

1968

① 《毛澤東選集》第 2 卷，人民出版社 1991 年版，第 559 頁。

1969

珍寶島事件和 "準備打仗"

★

1969 年 3 月 2 日、15 日和 17 日，蘇聯邊防軍三次侵入中國領土珍寶島，發生了中蘇邊界的武裝衝突 —— 珍寶島事件。1969 年初至 1970 年初，出現了新中國成立以來最大的一次全國性戰備高潮。1969 年 4 月中共九大召開，"準備打仗" 成為九大的指導思想之一。

社会主义社会是一个相当长的历史阶段。在这个历史阶段中，始终存在着阶级、阶级矛盾和阶级斗争，存在着社会主义同资本主义两条道路的斗争，存在着资本主义复辟的危险性，存在着帝国主义和现代修正主义进行颠覆和侵略的威胁。这些矛盾，只能靠马克思主义的不断革命的理论和实践来解决。我国的无产阶级文化大革命，就是在社会主义条件下，无产阶级反对资产阶级和一切剥削阶级的政治大革命。

——中共九大通过的《中国共产党章程》

❶

人民日报

毛主席语录

我赞成这样的口号，叫做"一不怕苦，二不怕死"。

1969年9月21日

伟大领袖毛主席和他的亲密战友林副主席亲自批准

中央军委命令授予孙玉国等十同志战斗英雄称号

号召全军指战员，向在珍宝岛自卫反击苏修武装挑衅的战斗中，用鲜血和生命保卫了伟大祖国神圣领土的孙玉国等十同志学习，学习他们无限忠于党无限忠于伟大领袖毛主席的高尚品质，学习他们"一不怕苦，二不怕死"的革命精神学习他们对敌狠，对己和的高度的无产阶级觉情学习他们的敢于斗争，善于斗争，孤胆作战的优良战斗作风

授予珍宝岛自卫反击战十位战斗英雄
光荣称号的命名大会在沈阳隆重举行

沈阳部队负责人陈锡联代表中央军委宣读命令，授予孙玉国、杜永春、华玉杰、周登国、冷鹏飞、孙征民、杨林、陈绍光、王庆容、于庆阳等十同志以"战斗英雄"光荣称号

十位战斗英雄的代表和孙玉国同志表示，永远读毛主席的书、听毛主席的话，照毛主席的指示办事，做毛主席的好战士。

一定对美帝、苏修的侵略阴谋保持高度警惕，随时准备用鲜血和生命去保卫祖国社会主义祖国的每一寸神圣恒土

吉林化肥厂广大工人发扬敢想、敢干的革命精神

试验成功我国第一台大型粉煤气化熔渣炉

❶ 中共九大通過的《中國共產黨章程》。❷ 1969 年 9 月 21 日《人民日報》關於授予珍寶島自衛反擊戰孫玉國等十同志"戰鬥英雄"稱號的報道。❸ 中共九大之後"文化大革命"進入全面開展"鬥、批、改"階段。

隨著"文化大革命"的"深入"，全國黨的各級組織全部處於癱瘓狀態，從中央委員會、中央政治局，到各省、市、自治區黨委，再至基層黨組織，都不能正常工作。

1967年秋，毛澤東指示張春橋、姚文元就九大準備工作和什麼時候召開等問題，在上海做些調查。姚文元很快完成一份調查報告，假借群眾的名義，提出召開九大之前要先修改黨章。同年10月21日，中共中央向全國發出《關於徵詢對九大問題意見的通知》，並附發姚文元的報告。此後，中央文化革命小組實際上成了主持九大籌備工作的領導機構。

1969年3月9日至27日，中央文革碰頭會召集各省、市、自治區革命委員會，各大軍區和中央各部門的負責人開會，對九大進行具體籌備工作。

在此前後，國際形勢發生了一些重大變化。美蘇爭霸一時出現了蘇攻美守的局面。中蘇兩國關係急劇惡化，從1968年起兩國邊境衝突事件顯著增加。8月，以蘇軍為首的華沙條約組織部隊對捷克斯洛伐克發動大規模突然襲擊，蘇聯領導人相繼提出"有限主權論"和"國際專政論"，更使中國領導人加重了對蘇聯大規模入侵緊迫性、嚴重性的估計。同時，"文化大革命"開始後，軍隊和地方的戰備工作受到嚴重衝擊，有的已陷於癱瘓和停頓。為應付可能的突發事件，加強戰備的問題被尖銳地提了出來。

這時，蘇聯在中國北方陳兵百萬，向中國發出新的戰爭威脅，甚至進行核恐嚇。珍寶島事件進一步強化了毛澤東對國際形勢，尤其是對"社會帝國主義"侵略的嚴重估計，給九大以重要的影響。在九大預備會議上，毛澤東提出，九大的任務是總結經驗，落實政策，準備打仗。這樣，加強戰備，準備打仗，成了即將召開的九大的一個重要內容。

就是在這樣的背景下，1969年4月1日，中共九大在人民大會堂拉開了帷幕。珍寶島戰鬥英雄孫玉國被請上九大主席台作報告。這在黨代會歷史上從未有過。

九大通過的黨章，把"無產階級專政下繼續革命的理論"寫進總綱，而隻字不提發展生產力，不提社會主義現代化建設；還取消了有關黨員權利的規定。黨章把林彪"是毛澤東同志的親密戰友和接班人"寫入總綱，這種完全違反黨的根本原則的做法，在黨的歷史上也從未有過。九大之後，"文化大革命"進入全面開展"鬥、批、改"階段。

九大前後這次高度緊張的戰備，直到1969年底中蘇邊界談判開始後，戰爭立即爆發的跡象減少，才開始有所緩和。但這次大規模戰備對國內政治生活產生了很大影響。一方面，緊張的空氣和一系列加強戰備的堅決措施，對於抑制武鬥、平息動亂起了一定作用。另一方面，緊張的氣氛又助長了階級鬥爭擴大化的錯誤。大戰即將來臨的認識也對剛剛有所恢復的經濟工作產生多方面影響。

1969 年底，原來的許多中央領導人，不僅包括劉少奇、鄧小平、陶鑄等這些已經被"打倒"了的，而且包括雖然已在群眾中點名批判但還不算是被"打倒"的，都被緊急地分別疏散到外地，從而被完全排除在黨和國家的政治生活之外。

1969

1970

"全世界人民
包括美國人民
都是我們的朋友"

—— 中美關係開始破冰

★

1970 年 12 月 26 日，是毛澤東的生日。25 日《人民日報》頭版刊登了
毛澤東在天安門城樓上與中國人民的老朋友埃德加‧斯諾的合影。當
天報頭的《毛主席語錄》是：“全世界人民包括美國人民都是我們的朋
友。”中國以這種含蓄的方式向美國和全世界發出了贊成中美實現高
層對話的信息。1971 年 4 月，美國乒乓球代表團應邀訪華。1972 年 2
月 28 日，中美雙方在上海發表《聯合公報》，標誌兩國關係正常化進
程的開始。周恩來說：這個文件是過去沒有過的，過去所有外交公報
都沒有把雙方尖銳對立的立場寫出來。我們把分歧寫出來，在國際上
創造了一個風格。

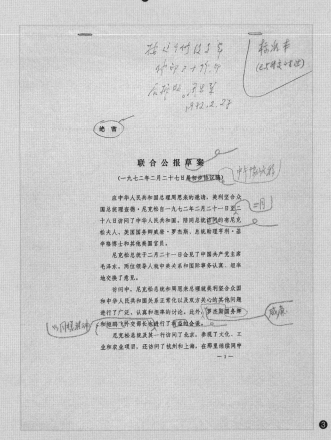

❶1971 年 4 月美國乒乓球運動員遊覽長城。❷1970 年 12 月 25 日《人民日報》頭版《毛澤東主席會見美國友好人士埃德加·斯諾》。❸1972年 2 月 28 日中美雙方在上海發表了聯合公報。圖為 2 月 27 日周恩來批示印發的公報標準本底稿。

20 世紀 60 年代末 70 年代初，新的國際格局初露端倪，體現出四個突出特點：一是中國成為國際舞台上一支不與任何大國或集團結盟的獨立政治力量；二是美蘇軍事力量對比發生重要變化，美國由於深陷越南戰爭的泥潭，在與蘇聯的爭奪中，從佔有明顯優勢到 60 年代末期雙方形成均勢；三是隨著西歐和日本的復興，美國在西方聯盟中的統治地位有所削弱，東歐國家對蘇聯的離心傾向也在發展；四是中國以外的其他亞非拉國家的力量和影響也有了進一步增長。總之，美蘇兩國再也不能像戰後初期那樣隨意掌控世界了。

60 年代末 70 年代初中美兩國開始嘗試破冰

1969 年初，尼克松出任美國總統。在美國面臨實力相對衰退的背景下，尼克松急需在儘可能短的時間內有效地解決當時面臨的從越南戰場抽身、更加有效地對抗蘇聯等難題。其中，打開同中國交往的大門，是他任期內進行美國戰後最重大外交政策調整的關鍵一環。

與此同時，中國也面臨調整外交政策的任務。"文化大革命"使中國外交陷入困境，特別是中蘇關係陷入前所未有的緊張狀態。這促使毛澤東等黨和國家領導人重新審視國際局勢，重新思考中國的外交戰略。

1970 年 12 月底，毛澤東與斯諾天安門城樓合影刊出；1971 年 4 月，美國乒乓球代表團應邀訪華；1971 年 7 月和 10 月，美國總統國家安全事務助理基辛格兩次訪華。1971 年 11 月 30 日，新華社受權發表公告宣佈：中美兩國政府商定，尼克松總統將於 1972 年 2 月 21 日開始對中國訪問。從這時起，周恩來直接領導和部署接待尼克松的各項準備工作，包括宣傳教育、安全保密、新聞報道等。

在中美兩國關係史上，美國總統第一次來華訪問，是舉世矚目的大事。由於缺乏經驗，在接待工作中，稍有疏忽就可能在國際上產生不利影響。周恩來首先明確地規定這次接待工作的基本原則。12 月 2 日，他對參加接待尼克松來華準備工作會議的有關負責人強調說：我們是主權國家，凡事不能觸犯我國主權；對尼克松總統的接待，一定要反映出無產階級的原則、作風和嚴格的紀律，一切事情有條不紊，實事求是，行不通的就改正，行得通的就認真辦好；對外宣傳上注意不要誇大，不要過頭。經周恩來確定的接待工作的總方針是："不冷不熱，不亢不卑，待之以禮，不強加於人。"

1972 年 1 月初，美國總統國家安全事務副助理黑格率先遣組來華，為尼克松訪華進行技術安排。周恩來召集會議進行研究，原則同意美方提出的通過衛星轉播尼克松在華活動實況，決定由中國政府出資買下供美方使用的通信設備，然後租給美方使用。周恩來這樣解釋說：在主權問題上，我們一點不能讓。美方原來說他們自己帶通信設備，不要我們付費。我們說，這不行，我們是主權國家，我們買過來，租給你們用，你們付費。這樣一方面維護了我們的主權，另外我們在跟他們使用時總能學到一點技術。

對某些觀點和提法，周恩來的反應更為敏銳。1 月 6 日，他答覆黑格轉達的美方口信時指出：美方對中國的"生存能力"表示懷疑，並聲稱要"維護"中國的"獨立"和"生存能力"的說法，令人驚訝。中國認為，任何國家決不能靠外力維護其獨立和生存，否則只能成為別人的保護國或殖民地。社會主義的新中國是在不斷抗擊外來侵略和壓迫的鬥爭中誕生和成長起來的，並一定會繼續存在和發展下去。

美國總統尼克松訪華

1972 年 2 月 21 日中午，尼克松總統和夫人，美國國務卿羅傑斯、美國總統國家安全事務助理基辛格等一行乘專機抵達北京。周恩來、葉劍英、李先念、郭沫若、姬鵬飛等到機場迎接美國客人。尼克松走下舷梯，將手伸向周恩來。當兩隻手握在一起時，全世界都看到了這一歷史性的時刻。尼克松事後寫道："當我們的手相握時，一個時代結束了，另一個時代開始了。"周恩來對尼克松說："你的手伸過世界最遼闊的海洋來和我握手 ——25 年沒有交往了啊！"下午，周恩來陪同毛澤東會見尼克松、基辛格。在一個多小時的會談中，把此次中美高級會晤的"基本方針都講了"，氣氛認真而坦率。

晚上，周恩來在人民大會堂為尼克松總統和夫人舉行歡迎宴會。席間，周恩來在祝酒詞中說：尼克松總統應邀來訪，"使兩國領導人有機會直接會晤，謀求兩國關係正常化，並就共同關心的問題交換意見，這是符合中美兩國人民願望的積極行動，這在中美兩國關係史上是一個創舉"。"中美兩國的社會制度根本不同，在中美兩國政府之間存在著巨大的分歧。但是，這種分歧不應當妨礙中美兩國在互相尊重主權和領土完整、互不侵犯、互不干涉內政、平等互利和和平共處五項原則的基礎上建立正常的國家關係，更不應該導致戰爭。""我們希望，通過雙方坦率地交換意見，弄清楚彼此之間的分歧，努力尋找共同點，使我們兩國的關係能夠有一個新的開始。”

尼克松在華期間，周恩來同他進行了五次會談，主要就國際形勢和雙邊關係問題交換看法。尼克松在重申美方對處理台灣問題的原則（即只有一個中國，台灣是中國的一部分，不支持、不鼓勵“台灣獨立”，逐步實現從台灣撤軍等）的同時，又強調美方在政治方面仍有“困難”，希望在他第二屆任期內完成中美關係正常化。周恩來一針見血地指出：“還是那句話，不願意丟掉‘老朋友’，其實老朋友已經丟了一大堆了。‘老朋友’有好的，有不好的，應該有選擇嘛。”又說：“你們希望和平解放台灣”，“我們只能說爭取和平解放台灣。為什麼說‘爭取’呢？因為這是兩方面的事。我們要和平解放，蔣介石不幹怎麼辦？”“我坦率地說，就是希望在你（下屆）任期內解決，因為蔣介石已為時不多了。”

由於雙方在台灣問題上存在的分歧，直到 2 月 25 日下午，中美聯合公報中關於台灣問題的措辭仍沒有確定下來。這時，美方已在擔心，如果公報不能發表，尼克松的訪華成果便無法體現。在這種情況下，周恩來告訴美方：反正雙方觀點已經接近了，我們也報告了毛主席，說已商定要寫最後從台灣撤軍的問題，但還要設法用雙方都能接受的最佳措辭表達。基辛格馬上表示：我們十分欣賞中方所表現的慷慨和公正的精神。當晚，周恩來出席尼克松總統和夫人舉行的答謝宴會。由於公報尚未定稿，不一定能夠發表，周恩來在宴會致詞中只講了中美之間的分歧，而沒有講共同點。

敲定和發表中美《聯合公報》

2 月 26 日凌晨，雙方對中美聯合公報的內容基本談定。經過一番文字推敲和修改後，在 27 日定稿。28 日，中美《聯合公報》在上海發表。公報裏美方關於台灣問題的措辭為：

美國方面聲明：美國認識到，在台灣海峽兩邊的所有中國人都認為只有一個中國，台灣是中國的一部分。美國對這一立場不提出異議。它重申它對中國人自己和平解決台灣問題的關心。考慮到這一前景，它確認從台灣撤出全部美國武裝力量和軍事設施的最終目標。

周恩來不久後談道：這是中美會談中爭論最多的一段。從北京爭到杭州，從杭州爭到上海，一直到 27 日下午 3 時才達成協議。這段第一句話是基辛格貢獻的，我們挖空心思也沒有想出來。這樣人民的意見也表達出來了，所以博士還有博士的好處。我們原來提"台灣是中國的一個省"，蔣介石也是這麼說的，但美方堅持要改"一部分"，因為他們國內有人反對。我們同意了，因為"一個省"和"一部分"是一樣的。"美國對這一立場不提出異議"一句中的"立場"二字也是美方提出的。爭論的一個關鍵問題是，我們要使它盡可能確切承認台灣問題是中國人之間的問題。他們提種種方案，要我們承擔和平解放台灣的義務，我們說不行。我們要他承擔從台灣全部撤軍為最終目標。有人問，"美蔣條約"為什麼不寫上？你寫上廢除"美蔣條約"，他就要寫上保持"美蔣條約"義務，這就不利了。軍事設施都撤走了還有什麼"條約"？所以抓問題要抓關鍵性的，有些關鍵性措辭要巧妙，使他們陷於被動，我們處於主動。

我們一直堅持兩條原則，一個是在中美兩國之間實行和平共處五項原則，一個是美國從台灣和台灣海峽撤軍。這就等於取消了"美蔣條約"，讓中國人民自己解決台灣問題。尼克松上台以後，情況有變化，時代也在前進。我們如果還是只有原則性，沒有靈活性，就不能推動世界的變化。外電評論說，這個公報是個奇特的公報，雙方的原則和立場截然不同，關於台灣問題的立場也不同，但也找到一些共同點。前面有十一個共同點。①

這份來之不易的中美《聯合公報》的發表，標誌著中美關係開始走向正常化。尼克松顯得心情格外舒暢。在上海市為他送行的宴會上，他發表即席講話說，此次訪華的一週，是"改變世界的一週"。

1978 年 12 月 16 日，中美公佈關於建立外交關係的聯合公報，宣佈自 1979 年 1 月 1 日起互相承認並建立外交關係。同日，美國宣佈於 1979 年 1 月 1 日斷絕同台灣當局的所謂"外交關係"。

---

① 中共中央文獻研究室編：《周恩來年譜》（1949—1976）下卷，中央文獻出版社 1997 年版，第 512—513 頁；中共中央文獻研究室編：《周恩來傳》（1949—1976）下，中央文獻出版社 1998 年版，第 1105—1109 頁。

1971

恢復中國在聯合國合法席位

★ ▃▃▃▃▃▃▃▃▃▃▃▃▃▃▃▃▃▃▃▃▃▃▃▃▃▃▃▃▃▃

1971 年 10 月 25 日晚上，第二十六屆聯合國大會以壓倒性多數的票數通過決議，恢復中華人民共和國在聯合國一切合法權利，並立即將台灣蔣介石集團代表從聯合國一切機構中驅逐出去。事實上，如此迅速地恢復在聯合國合法席位，也出乎中國領導人意料。不久後，周恩來說：這麼一件大事，全世界都在注意，我們沒有準備好是事實。它說明一個問題，就是在聯合國，美國的指揮棒不靈了。1971 年 10 月 27 日《人民日報》作了相關報道。當天報頭的《毛主席語錄》是："全世界各國人民的正義鬥爭，都是互相支持的。"

全世界各国人民的正义斗争，都是互相支持的。

毛主席语录

全世界人民的胜利　美帝国主义的惨败

联大以压倒多数通过恢复我在联合国合法权利
驱逐蒋帮的阿尔巴尼亚、阿尔及利亚等国提案

美国和日本佐藤反动政府联合炮制的所谓"重要问题"提案遭到否决

热烈祝贺巴列维国王诞辰并衷心感谢

各友好国家在联合国对我国的宝贵支持

周恩来总理郭沫若副委员长姬鹏飞部长在伊朗临时代办举行的招待会上

阿尔巴尼亚、阿尔及利亚等二十二国
提案全文和联合国大会表决结果

❶1971 年 10 月 25 日第二十六屆聯合國大會通過決議，恢復中華人民共和國在聯合國一切合法權利。決議通過時會場一片歡騰。❷1971 年 10 月 27 日《人民日報》。

1971

中國是聯合國創始會員國，也是安全理事會五個常任理事國之一。新中國成立後，以美國為首的西方勢力百般阻撓恢復中華人民共和國在聯合國合法席位，致使這一席位長期被台灣國民黨當局竊據。中國政府始終不渝地為爭取恢復新中國在聯合國合法權利而努力。

從 1950 年起，美國操縱表決機器，以各種藉口，阻止聯合國第五至十五屆大會討論中國代表權問題。然而，隨著國內形勢的發展、中國國際地位的提高和聯合國內亞非拉成員國的增加，到 1960 年，美國拒絕討論中國代表權問題的提案在表決時僅能獲得微弱多數。因此，從 1961 年第十六屆聯合國大會起，美國又設置新的障礙，屢次將恢復中國代表權問題列為必須由三分之二多數票通過方能解決的所謂 "重要問題"。

到 1970 年，在第二十五屆聯合國大會上，支持恢復中華人民共和國在聯合國合法席位的提案第一次獲得半數以上國家的贊同，但因不足三分之二多數而仍未能通過。

作為美國方面來說，由於形勢的發展變化，已使它越來越難以操縱聯合國。這就迫使它不得不改變過去的政策，承認台灣屬於中國，甚至表示要在聯合國支持恢復中華人民共和國合法席位，但同時反對驅逐台灣當局代表。這種做法實質就是主張在聯合國搞 "兩個中國" 或 "一中一台"。

1971 年 8 月 2 日，美國國務卿羅傑斯發表《關於中國在聯合國的代表權問題的聲明》，將 "兩個中國" 的方案公開拋出。之後，美、日等國又提出 "重要問題" 案及 "雙重代表權" 案，力圖保持台灣當局在聯合國的 "席位"。所謂 "重要問題" 案，即任何剝奪 "中華民國" 在聯合國的 "代表權" 的建議都是重要問題；所謂 "雙重代表權" 案，即接納中華人民共和國的代表進入聯合國，但 "不剝奪中華民國的代表權"。對此，中國外交部發表聲明，指出中國決不允許在聯合國出現 "兩個中國" 或 "一中一台" 的局面。

周恩來十分關注第二十六屆聯大的情況。8 月 21 日，他接見回國大使及外交部、對外貿易部、對外經濟聯絡部、中央對外聯絡部、總參二部等部門負責人，宣讀和解釋外交部 20 日批駁美國政府提案的聲明。當他問及與會者，美國為在聯合國製造 "兩個中國" 曾經同哪 20 個國家開會時，被問者大多答不上來。周恩來當場批評說：我真有點惱火，你們報紙也不看，參考也不看，外交戰線這樣子不行啊。隨即，他逐一地舉出這 20 個國家的名字，並分析道：從這個名單裏，可以看出戰後美國國際地位的下降。[1]

1971 年第二十六屆聯合國大會開幕後，自 10 月 18 日起，就中國席位問題展開了激烈的辯論。10 月 25 日，第二十六屆聯合國大會表決剛一結束，紐約聯合國會議大廳裏立刻一片沸騰，雷鳴般的掌聲和歡呼聲一浪高過一浪，此起彼伏，經久不息。支持中國的國家代表紛紛起立，高舉雙手用不同的語言歡呼："我們勝利了！"新聞媒介評論道："中國是在自己不在場的情況下，受到聯大三分之二以上國家的祝福，使聯合國發生根本變化。"

11 月 15 日，中華人民共和國代表團出現在聯合國大廈。在紛紛登台致詞歡迎中國代表團的發言者中，以亞、非、拉地區國家的代表最引人注目。他們一篇篇熱情洋溢的講話，表達了對新中國的熾熱感情。

聯大通過表決後不久，周恩來向一位美國友人表示：那天聯合國的表決完全出乎意料，不但出乎我們的意料，也出乎美國的意料。我們沒有派一個人去聯大活動，而且提案國是由地中海兩岸的兩個國家帶頭的。這麼多的國家對我們寄予希望，我們感謝他們。

第二天，周恩來又對來訪的日本客人講：這次表決結果是違反美國的意願的，也是違反一向追隨美國的日本佐藤政府意願的。我們不能不重視這一表決的精神，因為它反映了世界大多數國家和人民的願望。

新中國在第二十六屆聯大上的勝利，歸根到底是堅持世界上只有一個中國即中華人民共和國原則的勝利；同時，也是美國及其追隨者長期推行"兩個中國""一中一台"政策的失敗。這個事實，又反過來促使更多國家謀求同中國關係正常化。毛澤東、周恩來審時度勢，牢牢把握住這一歷史契機，加速打開了全新的外交格局。

① 參見中共中央文獻研究室編：《周恩來年譜》(1949—1976) 下卷，中央文獻出版社 1997 年版，第 476 頁。

1972

"揭開兩國關係史上新的一頁"

—— 實現中日邦交正常化

★

1972 年 9 月 25 日至 30 日，日本內閣總理大臣田中角榮應邀訪問中國，談判並解決中日邦交正常化問題。毛澤東會見田中角榮，周恩來同田中角榮舉行會談。29 日，中日兩國政府簽署《聯合聲明》，宣佈即日起建立外交關係。次日，《人民日報》發表《聯合聲明》。《聲明》指出："中日兩國是一衣帶水的鄰邦，有著悠久的傳統友好的歷史。兩國人民切望結束迄今存在於兩國間的不正常狀態。戰爭狀態的結束，中日邦交的正常化，兩國人民這種願望的實現，將揭開兩國關係史上新的一頁。"

人民日报

1948年6月15日创刊 第8849号 1972年9月30日 星期六 农历壬子年八月廿三

毛主席语录

我们坚决主张，一切国家实行互相尊重主权和领土完整、互不侵犯、互不干涉内政、平等互利、和平共处这样大家知道的五项原则。

中华人民共和国政府 日本国政府 联合声明

新华社一九七二年九月二十九日讯
中华人民共和国政府
日本国政府 **联合声明**

日本国内阁总理大臣田中角荣应中华人民共和国国务院总理周恩来的邀请，于一九七二年九月二十五日至九月三十日访问了中华人民共和国。田中角荣总理大臣的有大平正芳外务大臣、二阶堂进内阁官房长官以及其他政府官员。

毛泽东主席于九月二十七日会见了田中角荣总理大臣，双方进行了认真、友好的谈话。

周恩来总理、姬鹏飞外交部长和田中角荣总理大臣、大平正芳外务大臣，始终在友好气氛中，以中日两国邦交正常化问题为中心，就两国间的各项问题，以及双方关心的其他问题，认真、坦率地交换了意见，同意发表两国政府的下述联合声明。

中日两国是一衣带水的邻邦，有着悠久的传统友好的历史。两国人民切望结束迄今存在于两国间的不正常状态。战争状态的结束，中日邦交的正常化，两国人民这种愿望的实现，将揭开两国关系史上新的一页。

日本方面痛感日本国过去由于战争给中国人民造成的重大损害的责任，表示深刻的反省。日本方面重申站在充分理解中华人民共和国政府提出的"复交三原则"的立场上，谋求实现

日中邦交正常化这一见解。中国方面对此表示欢迎。

中日两国尽管社会制度不同，应该而且可以建立和平友好关系。两国邦交正常化，发展两国的睦邻友好关系，是符合两国人民利益的，也是对缓和亚洲紧张局势和维护世界和平的贡献。

（一）自本声明公布之日起，中华人民共和国和日本国之间迄今为止的不正常状态宣告结束。

（二）日本国政府承认中华人民共和国政府是中国的唯一合法政府。

（三）中华人民共和国政府重申：台湾是中华人民共和国领土不可分割的一部分。日本国政府充分理解和尊重中国政府的这一立场，并坚持遵循波茨坦公告第八条的立场。

（四）中华人民共和国政府和日本国政府决定自一九七二年九月二十九日起建立外交关系。两国政府决定，按照国际法和国际惯例，在各自的首都为对方大使馆的建立和履行职务采取一切必要的措施，并尽快互换大使。

（五）中华人民共和国政府宣布：为了中日两国人民的友好，放弃对日本国的战争赔偿要求。

（六）中华人民共和国政府和日本国政府同意在互相尊重主权和领土完整、互不侵犯、互不干涉内政、平等互利、和平共处各项原则的基础上，建立两国间持久的和平友好关系。

根据上述原则和联合国宪章的原则，两国政府确认，在相互关系中，用和平手段解决一切争端，而不诉诸武力和武力威胁。

（七）中日邦交正常化，不是针对第三国。两国任何一方都不应在亚洲和太平洋地区谋求霸权，每一方都反对任何其他国家或国家集团建立这种霸权的努力。

（八）中华人民共和国政府和日本国政府为了巩固和发展两国间的和平友好关系，同意进行以缔结和平友好条约为目的的谈判。

（九）中华人民共和国政府和日本国政府为进一步发展两国间的关系和扩大人员往来，根据需要并考虑到已有的民间协定，同意进行以缔结贸易、航海、航空、渔业等协定为目的的谈判。

中华人民共和国	日本国
国务院总理	内阁总理大臣
周恩来（签字）	田中角荣（签字）
中华人民共和国	日本国
外交部长	外务大臣
姬鹏飞（签字）	大平正芳（签字）

一九七二年九月二十九日于北京

❶1972 年 9 月 30 日《人民日报》。

1972

345

❷ 田中角榮送給毛澤東的東山魁夷繪畫《春曉》。❸ 田中角榮送給周恩來的杉山寧繪畫《韻》。

隨著中國在聯合國合法席位的恢復和中美關係正常化進程的開始，中國外交獲得新的活力和廣闊的活動天地。

在此大背景下，日本各階層人民要求恢復中日邦交的呼聲也日漸高漲，中國提出的中日復交三原則（中華人民共和國政府是代表中國的唯一合法政府；台灣是中華人民共和國領土不可分割的一部分；"日台條約"是非法、無效的，應予廢除）日益得到了日本人民廣泛的贊同。

1972 年 7 月，敵視中國的佐藤榮作下台，田中角榮組成新內閣。田中上台伊始，在 7 月 7 日首次內閣會議上就表示要加緊實現同中華人民共和國的邦交正常化。對於田中的態度中國立即作出積極反應。7 月 9 日周恩來在歡迎也門民主人民共和國政府代表團的講話中表示："田中內閣 7 日成立，在外交方面聲明要加緊實現邦交正常化，這是值得歡迎的。"

7 月 18 日，田中內閣通過了對在野黨國會議員提出的中日關係問題所作的答覆，表示充分理解中方提出的恢復中日邦交三原則。8 月 11 日，日本大平外相在會見中國上海舞劇團團長孫平化和中日備忘錄貿易辦事處駐東京聯絡處首席代表蕭向前時正式轉告，田中首相要為談判實現中日邦交正常化訪問中國。

為了摸清中國政府對邦交正常化問題的全面立場，1972 年 7 月 27 日，日本公明黨中央執行委員長竹入義勝擔當了溝通中日政府之間的特殊使命。竹入來華後，在與周恩來的會談中，周恩來將經過毛澤東同意的中方方案即擬議中的《聯合聲明草案》八項向竹入作了披露，由其帶回日本。

1972 年 9 月 25 日，日本首相田中角榮正式訪華。9 月 29 日，中國政府和日本政府聯合聲明簽字，並建立外交關係，實現了中日邦交正常化。

儘管中日雙方在某些問題上還有些分歧，但總的說來在主流上雙邊關係不斷取得進展。中日關係的原則"和平友好、平等互利、相互信賴、長期穩定"，成為發展兩國關係的基礎。

1972

1973

毛澤東最後一次 參加黨代會

★

1973 年 8 月 24 日至 28 日，中共十大召開。這是毛澤東最後一次參加黨的全國代表大會。開幕會上，病重的毛澤東已經站不起來了，只好坐著目送大家先退場。十大繼續了九大的"左"傾錯誤。

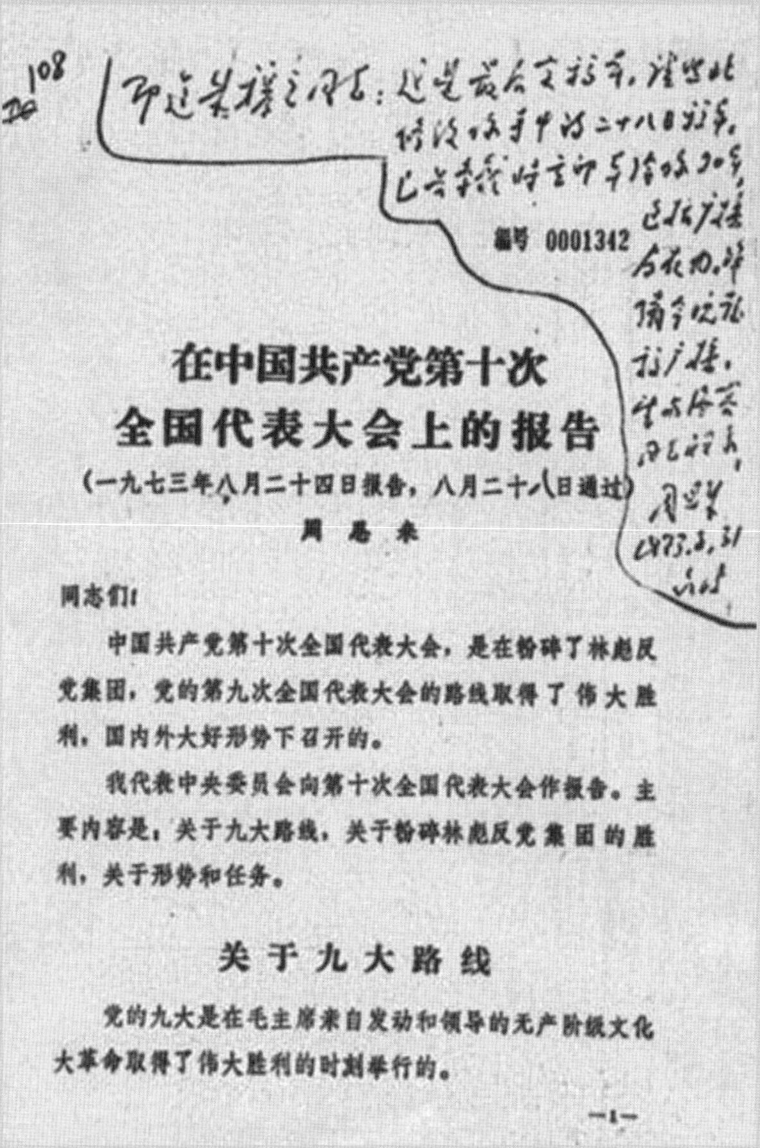

編号 0001342

在中国共产党第十次
全国代表大会上的报告

（一九七三年八月二十四日报告，八月二十八日通过）

周 恩 来

同志们!

中国共产党第十次全国代表大会，是在粉碎了林彪反党集团，党的第九次全国代表大会的路线取得了伟大胜利，国内外大好形势下召开的。

我代表中央委员会向第十次全国代表大会作报告。主要内容是：关于九大路线，关于粉碎林彪反党集团的胜利，关于形势和任务。

关 于 九 大 路 线

党的九大是在毛主席亲自发动和领导的无产阶级文化大革命取得了伟大胜利的时刻举行的。

—1—

❷

1973

❶ 中共十大主席台。❷ 周恩來關於發表中共十大政治報告給新華社負責人的批示。

1971 年 9 月 13 日，林彪等人外逃叛國，在蒙古人民共和國溫都爾汗附近機毀人亡。林彪反革命集團的覆滅，客觀上宣告了 "文化大革命" 理論和實踐的失敗。

九一三事件對已經 78 歲高齡的毛澤東精神上的打擊是沉重的。從這時起，他的健康狀況迅速惡化。儘管頭腦仍很清楚，體力卻越來越難支撐，不斷承受著老年疾病的折磨。1970 年九屆二中全會後，他的睡眠已經很不好，不停地咳嗽，痰多又吐不出，打針也不管用，不斷地好了又犯。有時因為咳嗽而無法臥床，只能日夜坐在沙發上。1971 年快入冬時，他被診斷為大葉性肺炎，肺部的疾病又影響心臟。1972 年 1 月 6 日陳毅去世。1 月 10 日，毛澤東突然決定冒著嚴寒出席追悼會，其後，其病情急遽變化。一個月後，毛澤東突發休克，經緊急搶救，才脫離危險。這次重病後，毛澤東的健康狀況再也沒有得到恢復。

毛澤東重病的情況，外人自然都不知道。1972 年的一年內，毛澤東沒有出席重要會議，沒有長篇講話，在文件上作的批示也極少。

到了 1973 年，毛澤東的病情穩定了一些，但他的健康狀況已遠不能同從前相比。這一點，毛澤東自己也意識到了，並在會見外賓時多次談起。2 月 17 日，他會見基辛格。周恩來陪同基辛格進入會客室時，毛澤東迎上前走了幾步，說："走幾步吧！走幾步，對我很困難。" 基辛格說："我看主席這次比上次好得多了。" 毛澤東回答："看起來是這樣，實際上上帝給我下了請帖。" 3 月 26 日，他會見喀麥隆總統阿希喬時說："我們的報紙和我們總理都講我身體怎麼好，其實我經常害病啊！"

8 月 24 日晚，中共十大在北京開幕。毛澤東就是在這種不太好的身體狀況下參加大會的。

十大有三項議程：一是周恩來代表中共中央作政治報告；二是王洪文代表中共中央作關於修改黨章的報告，並向大會提出《中國共產黨章程草案》；三是選舉中央委員會。開幕式上進行前兩項。

毛澤東宣佈開會後，周恩來先問："主席講幾句不講？" 毛澤東沒有講，只是說請周恩來作報告和請王洪文講話。

當周恩來讀到報告中的 "時代沒有變，列寧主義的基本原則沒有過時，仍然是我們今天指導思想的理論基礎" 時，毛澤東插話："哎，不錯。" 當周恩來讀到 "應當強調指出：有不少黨委，埋頭日常的具體的小事，而不注意大事，這是非常危險的" 時，毛澤東說："對。" 周恩來、王洪文講完話，毛澤東宣佈：“報告完畢，今天至此為止，散會！”

　　兩個報告用了不到一個小時。散會時的情況，護士長吳旭君作過這樣的回憶：

　　1973年十大召開的那段時間，毛主席的身體不太好，主要是他的腿不行，走路走得不太穩，可以說是步履艱難，而且有點氣喘吁吁。大會開幕的時候，主席出席了，代表們熱烈地鼓掌，氣氛相當好。後來宣佈散會了，我看到主席兩隻手扶著椅子使勁往下壓，他想讓自己的身體能夠支撐著站起來。於是我馬上叫人過去攙扶他，並把椅子往後挪，好讓他站穩。這時，台上台下長時間地鼓掌歡呼，持續了十分鐘之久。我估計是總理發現主席的腿在顫抖，他讓主席坐下，主席也就毫無顧忌地一下重重地坐到椅子上，一動也不動。而台下的代表仍一個勁地向毛主席歡呼。儘管總理打手勢要大家趕快退場，代表們還是不肯離去。[①]

　　事實上，毛澤東再站起來是很困難的了。但又不能讓代表們知道毛澤東身體的真實狀況。

　　在這種情況下，毛澤東只得向代表們說：“你們不走，我也不好走。”

　　此時，周恩來對代表們說：“毛主席要目送大家退場。”於是，毛澤東顯出笑容，在周恩來的陪伴下，待到全體代表離場。

　　堅強如鐵的毛澤東竟然衰老至此；人民愛戴的好總理也已身患癌症，以虛弱之軀，忍辱負重，力撐危局。

　　這是兩位偉人最後一次出席黨的全國代表大會。此情此景長久地留在人們的記憶中……

1973

①　參見中共中央文獻研究室編：《毛澤東傳》（1949—1976）下，中央文獻出版社2003年版，第1610—1619、1664—1665頁。

1974

"三個世界"
劃分戰略思想

—— 70 年代上半期中國對外關係的
突破性發展

★

1974 年 2 月 22 日，毛澤東會見贊比亞總統卡翁達，闡述了三個世界
劃分的理論。4 月 6 日至 16 日，鄧小平率中國代表團出席聯合國大會
第六屆特別會議。10 日，在會上全面闡述毛澤東關於"三個世界"劃
分的戰略思想和中國的對外政策。1975 年 2 月 2 日，鄧小平會見岡比
亞共和國外交部長恩吉時指出，毛澤東主席對我們全國人民提出的口
號是："深挖洞，廣積糧，不稱霸。"這是我們國家的指導方針。

❶1974 年 4 月 10 日鄧小平在聯合國大會第六屆特別會議上發言，系統闡述毛澤東關於"三個世界"劃分的戰略思想和我國的對外政策。

人民日报

1948年4月15日创刊　第9407号　**1974年4月11日**　星期四　农历甲寅年三月十九

中华人民共和国代表团团长
邓小平在联大特别会议上的发言

新华社联合国一九七四年四月十日电　出席联合国大会第六届特别会议的中华人民共和国代表团团长国务院副总理邓小平，四月十日在大会一般性辩论中发言。发言全文如下：

主席先生：

联合国大会关于原料和发展问题的特别会议，在阿尔及利亚民主人民共和国革命委员会主席布迈丁主席的倡议下，在全世界绝大多数国家的支持下，顺利召开了。联合国成立二十九年来，单行专门会议讨论反对帝国主义剥削和修改南北经济关系的重大问题，这是第一次。这反映了国际局势的深刻变化。中国政府热烈祝贺这次会议的召开。中国政府希望这种为加强发展中国家的团结、维护民族经济权益，为促进各国人民反对帝国主义、特别是霸权主义的斗争，作出积极的贡献。

当前国际形势对发展中国家和世界各国人民非常有利。建立在殖民主义、帝国主义、霸权主义基础上的旧秩序，遭到了日益猛烈的破坏和冲击，国际关系剧烈变化。整个世界呈现不安。这种状况用中国的话说，就是"天下大乱"。这个"乱"是当代世界各种基本矛盾日益激化的表现。它加剧了腐朽的反动势力的瓦解和没落，促进了新生的人民力量的觉醒和壮大。

在"天下大乱"的形势下，世界上各种政治力量经过长期的较量和分化，发生了急剧的分化和改组。一系列原来的国家纷纷取得独立，在国际事务中起着越来越大的作用。在战后一个时期内曾经存在的社会主义阵营，因为出现了社会帝国主义，现已不复存在。由于资本主义发展不平衡的规律，西方帝国主义集团，也已四分五裂。从当前国际关系的变化和现实的世界实际上存在着互相联系又互相矛盾的三个方面三个世界。美国、苏联是第一世界。亚非拉发展中国家和其他地区的发展中国家，是第三世界。处于这两者之间的发达国家是第二世界。

美国和苏联两个超级大国，是最大的国际剥削者和压迫者，是新的世界战争的策源地。它们拥有大量核武器的世界战争的策源地。它们两家都拥有大量核武器，进行激烈的军备竞赛，到处设军事基地，威胁着所有国家的独立和安全。它们都不断对其他国家进行控制、颠覆、干涉和侵略。它们都对别国的经济利益、独立和安全。它们都不断对其他国家进行控制、颠覆、干涉和侵略。它们都对别国进行剥削和掠夺。在欧洲头一方面，打着社会主义旗号的超级大国尤为恶毒。它出兵占领自己的"盟国"捷克斯洛伐克。它策动战争，肢解巴基斯坦；它违了这不齐，毫无信义，唯利是图，

不择手段。

处于超级大国和发展中国家之间的发达国家的情况是复杂。它们当中的一些国家，至今还对第三世界国家保持着各种不同形态的殖民主义的关系，象葡萄牙这样的国家，甚至还在继续野蛮的殖民统治。这种情况应该结束。同时，所有这些发达国家在不同程度上又都受到超级大国的威胁或欺负，其中有在国家又在所谓"大家庭"的幌子下，实际上被超级大国置于附庸的地位。这种状况使它们在不同程度上有反抗超级大国的奴役或控制，维护国家独立和主权完整的要求。

广大的发展中国家，长期遭受殖民主义、帝国主义的压迫和剥削。它们取得了政治上的独立，但还面临着清除殖民主义残余势力、发展民族经济、巩固民族独立的历史任务。这些国家地域辽阔，人口众多，资源丰富。这些国家所受的反动压迫越深，反对压迫、谋求解放和发展的要求就越强烈。这些国家谋求解放和独立的斗争中，显示了无比巨大的威力，不断地取得了辉煌的胜利。

两个超级大国既然要争夺世界的霸权，存在着不可调和的矛盾，不是你压倒我，就是我压倒你，但还面临着超级大国之间的矛盾，这种矛盾是绝对的、永恒的、相对的，而它们之间的争夺到是全面的、长期的、绝对的。什么"均衡安宁"，什么"限制战略武器"，到头来都是一句空话，实际上，既是这种协议不可能"限制"它们可能达成某些协议，但是这种协议不可能阻止世界历史车轮前进的革命动力，是反对殖民主义、帝国主义、特别是超级大国的主要力量。

超级大国的霸权主义和强权政治，也激起了第二世界发达国家的强烈不满。它们反对超级大国的控制、干涉、威胁、剥削和特殊。欧洲各方面的它们天天讲"缓和"，实际上天天在扩充军备。太平洋地区的角逐正在加剧。它们天天讲"缓和"，实际上天天在扩军。太平洋地区的角逐正在加剧，它们天天讲"缓和"，实际上天天在扩军。印度支那那些国家人民反对美帝国主义侵略，争取民族解放的斗争继续前进。阿拉伯各国人民和巴勒斯坦人

民，在第四次中东战争中，冲破了两个超级大国的控制和"不战不和"的局面，取得了反对以色列侵略者的巨大胜利。非洲人民反对帝国主义、种族歧视的斗争深入发展。几内亚比绍共和国在武装斗争的烈火中光荣诞生。莫三鼻给、安哥拉、津巴布韦、纳米比亚和阿扎尼亚人民反对葡萄牙殖民统治和南罗白人种族主义的英勇斗争不断涌起。拉丁美洲国家争夺关税的维护海洋权的斗争，已发展到世界规模的斗争和一切霸权主义的反动政策。第四次不结盟国家首脑会议，又给被美洲国家首脑会议、第四次不结盟国家首脑会议，又给超级大国的霸权主义、新老殖民主义、霸权主义、扩大主义和种族主义，表示了坚决反对和加强团结相互支援、同仇敌忾的坚强意志和决心。亚非拉国家和人民团结起来进行的斗争，对于帝国主义、特别是霸权大国外强中干的虚弱本质，沉重地打击了它们实现统治世界的野心。

两个超级大国的强权政治，严重地损害了第二世界发达国家的强烈不满。它激起了对超级大国的控制、干涉、威胁、剥削和特殊而进行斗争，日益加剧。这种的斗争，也对国际形势的发展产生重要影响。

无数事实说明，一切过高估计两家力量，过低估计人民力量的观点，是错误的。两个超级大国虽然实力雄厚，真正有力量的是千千万万的第三世界各国人民。广大的第三世界国家和人民，坚决要继续长期斗争取得自己的政治独立，这一重要的斗争，在进一步加强团结，联合包括美国人民和苏联人民在内的全世界人民，通过斗争不断变革旧的不平等的、不合理的国际经济关系，为独立自主地发展民族经济创造必不可少的条件。

主席先生：

原料和发展问题，就是发展中国家维护国家主权、发展民族经济，反对帝国主义特别是超级大国的控制和掠夺的问题。这是当前第三世界国家和人民反侵略、反帝、反霸斗争的一个极其重要的方面。

大家知道，在过去几个世纪里，殖民主义和帝国主义对亚非拉人民进行了残无忍睹的奴役和掠夺。它们利用当地人民的廉价的劳动和丰富的自然资源，推行榨取的不等价交换，榨取超额利润。发达国家的富和发展中国家的穷，是殖民主义帝国主义侵略政策造成的结果。

（下转第二版）

❷

❷1974年4月11日《人民日報》關於鄧小平在聯大特別會議上發言的報道。

70 年代前期，毛澤東對國際形勢逐漸形成關於三個世界劃分的估計。他認為蘇美兩個超級大國屬於第一世界，蘇美以外的西方發達國家和東歐國家屬於第二世界，亞洲、非洲、拉丁美洲的廣大發展中國家屬於第三世界。在當時的歷史條件下，這一思想對指導中國的外交工作，堅持反對超級大國的霸權主義和戰爭威脅，努力建立和發展同第三世界各國和其他類型國家的友好合作關係，包括同美國實現兩國關係正常化，都發揮過重要作用。

　　首先，70 年代初，中國與美國、日本開啟國家關係正常化進程。

　　其次，努力建立和發展同第三世界各國友好合作關係。先後同土耳其、伊朗、馬來西亞、智利、牙買加等 40 多個亞非拉國家建立了外交關係。中國從各個方面堅決支持這些國家捍衛自己的民族獨立和國家主權、反對外來侵略和干涉、維護本地區和世界和平的正義鬥爭。中國真誠維護並努力促進這些國家之間的團結，為打破大國欺侮小國、富國壓榨貧國的國際舊秩序，建立以和平共處五項原則為基礎的國際新秩序而共同奮鬥。

　　再次，同西方許多發達國家廣泛建交。西歐國家戰後隨著自身政治經濟實力的增長，同美蘇兩個超級大國的霸權主義抗衡的要求不斷加強，希望同中國一道為維護世界和平和本國獨立自強而相互支持、合作的傾向也在發展。1969 年以前，與中國建交的發達資本主義國家僅有西歐的法國等 6 個國家。到 1973 年底，中國已基本上完成同美國以外的資本主義發達國家的建交過程，同歐洲共同體也建立了正式關係。中國同這些國家在經濟、貿易、科技、文化等方面的合作都有良好的發展。70 年代後，中國同東歐各國的關係也有了不同程度的恢復、改善和發展。

　　70 年代上半期是中國外交突破性大發展的時期。這一形勢的出現，與國際形勢的變動有關，但更重要的原因是毛澤東、周恩來等黨和國家領導人高瞻遠矚、因勢利導，宏觀分析形勢，對中國的國際戰略和外交政策進行了重大調整。這個時期中國外交所取得的成就極大地改善了中國的安全環境，拓展了中國外交活動的舞台，也為"文化大革命"結束後中國的改革開放和更加積極地參與國際事務創造了有利前提，打下了基礎。

1974

1975

全面整頓

★

1975 年 1 月四屆全國人大一次會議後開始的全面整頓，是 “文化大革命” 後期以鄧小平為代表的黨的正確領導與 “四人幫” 倒行逆施的一場重大鬥爭。

中华人民共和国第四届
全国人民代表大会第一次会议

签 到 证

（座次： 区 排 号）

姓名 周恩來

一九七五年 1 月 13 日 午

编 号 0121

❶

各方面都要整頓
——邓小平在农村工作座谈会上的插话
（一九七五年九月二十七日、十月四日）

当前，各方面都存在一个整顿的问题。农业要整顿，工业要整顿，解决农村的问题，解决工厂的问题，解决科学技术方面的问题，解决各方面的问题。文艺政策要调整，调整其实也是整顿。要通过整顿，向毛泽东同志报告，毛泽东同志赞成。现在问题相当多，要解决，没有一股劲不行。要敢于当头，横下一条心。这半年来，我讲了多次话，中心是讲整顿。六十岁的老虎屁股也好，四十岁的老虎屁股也好，二三十岁的老虎屁股也好，都得摸。横下一条心，管你是谁，后来下了决心。整党也好，整风也好，过去就是老虎屁股摸不得，现在是谁摸得好，谁就上去。整党整风的核心是党的整顿。只要抓住整党这个题目，整党好了，其他就好办了。各方面的整顿就不难。各方面的整顿，清各单位根据自己的特点，搞出个规划来，一个大队，一个公社，一个县，一个地区，这叫当个头。一个县的领导干部就带起来了。更有全面的领导干部当整风的就得起来了，这叫挑选干部。整个军队的领导干部就带起来了，特别要抓好县委这一级。建立一个强有力的县委都能抓得起来，这就是整顿。

整顿，解决农村的问题。农业要整顿，工业要整顿，解决工厂的问题。现在的问题相当多，要解决。没有一股劲不行。要敢于当头，横下一条心。这半年来，我讲了多次话，中心是讲整顿。

省委工作就比较容易，比较顺手。现在有些省提拔十个省委书记都感到困难，我看不会那样难吧。县委书记，地委书记，省委书记就比较容易，比较顺手。

编号 0000027

中共中央文件

中发〔1975〕9 号

★

毛主席已圈阅。

中共中央关于加强铁路工作的决定

各省、市、自治区党委，各大军区、省军区、野战军党委，中央和国家机关各部委领导小组或党的核心小组，军委各总部、各军兵种党委：

无产阶级文化大革命以来，在各级党委的领导下，经过铁路部门广大干部和群众的共同努力，铁路的运输、生产和建设都取得很大成绩。但是，铁路运输当前仍然是国

—1—

❷

❸

❶ 周恩來出席四屆全國人大一次會議的簽到證。❷《各方面都要整頓 —— 鄧小平在農村工作座談會上的插話》（1975 年 9 月 27 日、10 月 4 日）（根據《鄧小平文選》第 2 卷刊印）。❸ 四屆人大後周恩來病重，在毛澤東的支持下鄧小平主持黨、國家和軍隊的日常工作，著手進行全面整頓。圖為 1975 年 3 月 5 日中共中央作出的《關於加強鐵路工作的決定》（即中央九號文件）。

1975

❹1975 年 5 月鄧小平應邀前往法國進行正式訪問。圖為鄧小平訪問法國古老的博村時受到隆重歡迎。

1975 年 1 月 13 日至 17 日，四屆全國人大一次會議舉行。會議重申 "四個現代化" 的目標；選舉朱德為全國人大常委會委員長；決定周恩來繼續擔任國務院總理，鄧小平、張春橋、李先念、華國鋒等 12 人為副總理。此前，鄧小平在 1 月 5 日被任命為中央軍委副主席，在 1 月 8 日至 10 日召開的中共十屆二中全會上當選為中共中央副主席。

四屆全國人大一次會議後，周恩來病重，鄧小平在毛澤東支持下主持黨、國家和軍隊的日常工作。面對 "文化大革命" 以來所造成的嚴重混亂局面，受命於危難之際的鄧小平，根據毛澤東提出的要安定團結、把國民經濟搞上去的指示，努力排除 "四人幫" 的干擾，堅定提出進行全面整頓的思想。

鄧小平在主持召開的各類會議上明確指出：黨的整頓是核心，必須要建立一個強有力的、"敢" 字當頭的領導班子；要堅決同派性作鬥爭，寸土必爭，寸步不讓；要搞好安定團結，發展社會主義經濟；要注意落實老、中、青幹部和勞動模範、老工人、知識分子的政策，調動各方面的積極性；科學技術是生產力，一定要搞好科學技術工作。

通過全面整頓，全國的形勢明顯好轉。周恩來對鄧小平的工作十分滿意。1975 年 9 月，他在入 305 醫院準備進行最後一次較大的手術前，躺在手術車上緊握著鄧小平的手，大聲說："過去一年多的工作，證明你比我強得多。"

毛澤東讓鄧小平主持中央日常工作，是希望他在肯定 "文化大革命" 的前提下，恢復全黨全國的安定團結，把國民經濟搞上去。但這本身就是自相矛盾的。鄧小平的整頓雖然是根據毛澤東說過的一些原則辦的，如 "軍隊要整頓" "地方要整頓" "文藝要整頓" 等，但在如何整頓的問題上，本質上是跟毛澤東的指示不同的。事實上，鄧小平的全面整頓是在系統地糾正 "文化大革命" 的 "左" 傾錯誤，而這是毛澤東所不能容忍的。很快，毛澤東發動了 "批鄧、反擊右傾翻案風" 運動，鄧小平主持的全面整頓被迫中斷。

1976

粉碎 “四人幫”

★

多事之秋的 1976 年，中國人民是在大悲大喜的交織中度過的。1 月 8
日，周恩來逝世；4 月 7 日，鄧小平被錯誤地撤銷黨內外一切職務，
政治生涯中第三次被打倒；7 月 6 日，朱德逝世；7 月 28 日，河北唐
山、豐南地區發生里氏 7.8 級強烈地震，並波及天津、北京等地，24.2
萬多人罹難，16.4 萬多人重傷；9 月 9 日，毛澤東逝世；10 月 6 日，
中共中央政治局執行黨和人民的意志，採取斷然措施，一舉粉碎 “四
人幫”，延續 10 年之久的 “文化大革命” 結束。

❶ 上海群眾集會遊行，慶祝粉碎「四人幫」。❷ 1976 年 10 月 24 日首都各界群眾在天安門廣場集會，熱烈慶祝粉碎「四人幫」的勝利。❸ 1976 年 3 月 2 日江青擅自召集出席中央打招呼會議的 12 個省、自治區負責人開座談會，誣陷攻擊鄧小平。3 月 10 日毛澤東批示：「江青干涉太多了。單獨召集十二省講話。」❹ 北京各界人民歡慶粉碎「四人幫」。

"文化大革命" 後期，特別是在毛澤東逝世前後，由江青、張春橋、姚文元、王洪文結成的 "四人幫" 加緊奪取黨和國家最高權力的陰謀活動，引起廣大黨員和人民群眾強烈不滿和憤怒。

1975 年底全面整頓被迫中斷後，全國形勢發生逆轉。

周恩來逝世後，1976 年 4 月，全國爆發了以天安門事件為中心的悼念周恩來、反對 "四人幫"、支持以鄧小平為代表的黨的正確領導的強大抗議運動。當時，有一首詩被社會各界群眾廣泛傳抄，鮮明地表明了人心向背："欲悲聞鬼叫，我哭豺狼笑。灑淚祭雄傑，揚眉劍出鞘。"

4 月 7 日晚 8 時，鄧小平本人收聽了中共中央政治局會議通過的關於華國鋒擔任黨中央第一副主席和國務院總理的決議、關於撤銷鄧小平黨內外一切職務的決議的廣播。當日夜，鄧小平通過汪東興轉呈給毛澤東並中共中央信。鄧小平在信中表示：

"完全擁護中央關於華國鋒同志擔任黨的第一副主席和國務院總理的決定。"

"我對於主席和中央能夠允許我留在黨內"，"表示衷心的感激"。[1]

毛澤東逝世後，江青等人加緊了篡奪黨和國家最高領導權的活動，且其行動越發露骨。10 月 1 日，江青在清華大學講話，煽動說 "還會有人要為他（指鄧小平 ——引者注）翻案"，並說 "我也要向你們年輕人宣誓，一定要鍛煉好身體，和他們鬥，階級鬥爭、路線鬥爭還長著呢"。10 月 3 日，王洪文在北京市平谷縣講話時聲稱："中央出了修正主義，你們怎麼辦？打倒！" "今後還可能出什麼唐小平、王小平之類，要警惕！" "要把眼睛睜得大大的看著修正主義。"

中國向何處去的問題擺在黨和人民面前，也擺在主持中央工作的華國鋒面前。在歷史發展的重要關頭，華國鋒同 "四人幫" 篡黨奪權的陰謀活動進行了堅決鬥爭，並提出要解決 "四人幫" 的問題，得到了葉劍英、李先念等中央領導同志的贊同和支持。

---

[1] 中共中央文獻研究室編：《鄧小平年譜》（1904—1997）第 4 卷，中央文獻出版社 2020 年版，第 150 頁。

1976 年 10 月 6 日，華國鋒、葉劍英、李先念等代表中央政治局，執行黨和人民意志，採取斷然措施，對"四人幫"及其在北京的幫派骨幹實行審查，一舉粉碎"四人幫"，也宣告了"文化大革命"的徹底結束。華國鋒在粉碎"四人幫"這場關係黨和國家命運的鬥爭中起了決定性作用。

　　"文化大革命"使黨和國家的工作、社會秩序受到巨大破壞，給中國社會主義事業造成新中國成立以來最嚴重的挫折，教訓極其深刻。科學總結"文化大革命"的教訓，將使黨和人民獲得寶貴的精神財富。黨最終依靠自己的力量結束了"文化大革命"。經過"文化大革命"的嚴峻考驗，黨、人民政權、人民軍隊和整個社會的性質都沒有改變。歷史證明，中國共產黨有能力靠自己的力量糾正自己的錯誤，黨和社會主義制度具有強大生命力。

1977 真理標準問題討論

★

粉碎 "四人幫" 後，黨和國家的正常秩序逐步得以恢復。但是，面對廣大幹部群眾反映強烈的讓鄧小平重新出來工作和為天安門事件平反等要求，1977 年 2 月 7 日，《人民日報》《紅旗》和《解放軍報》發表題為《學好文件抓住綱》的社論。這篇社論背離了大多數人的願望，公開提出 "兩個凡是" 方針，即 "凡是毛主席作出的決策，我們都堅決維護，凡是毛主席的指示，我們都始終不渝地遵循"。由於這一方針是以當時傳達黨中央聲音的權威方式公佈的，因而得到普遍宣傳。"兩個凡是" 的推行，不僅壓制了廣大幹部群眾的正當要求，也為糾正 "左" 傾錯誤和撥亂反正設置了禁區。為衝破這個禁區，以鄧小平為代表的一批老一輩革命家帶領廣大人民群眾進行了艱巨而富有成效的努力。

①

實踐是檢驗真理的唯一標準

检验真理的标准是什么？这个问题早被无产阶级的革命导师解决了的，但是这些年来，由于"四人帮"的破坏，特别是他们控制下的舆论工具进行了大肆的歪曲宣传，把这个问题又搞得捏乱不堪，为了深入批判"四人帮"，肃清其流毒和影响，在这个问题上拨乱反正，十分必要。

真理的标准只能是社会实践

怎样区别真理与谬误呢？一八四五年，马克思在创立新世界观时，就提出了检验真理的标准问题，以人的思维是否具有客观的真理性，这并不是一个理论的问题，而是一个实践的问题。人应该在实践中证明自己思维的真理性，即自己思维的现实性和力量，亦即自己思维的此岸性。关于离开实践的思维是否具有现实性的争论，是一个纯粹经院哲学的问题。"（《马克思恩格斯选集》第1卷第16页）这就非常清楚地告诉我们，一个「理论」，是否正确反映了客观实际，是不是真理，只能拿社会实践的检验来解决。实践标准，既是马克思主义认识论的一个基本原则，也是...辩证唯物论的认识论的一个根本特征。

1977

❶1977年4月10日還未恢復工作的鄧小平針對"兩個凡是"的錯誤觀點，寫信給中共中央，表示我們必須世世代代地用準確的完整的毛澤東思想來指導我們全黨、全軍和全國人民。這是信的部分手跡。❷《實踐是檢驗真理的唯一標準》一文的最後修訂稿（部分）。

粉碎"四人幫"以後，中國向何處去的問題還沒有從根本上明確。"兩個凡是"依然是許多人的思維方式和指導方針。它是一種新的思想禁錮，延誤了撥亂反正的歷史進程。

中共十一大沒能承擔起為實現歷史轉折制定正確路線方針的任務

根據粉碎"四人幫"後形勢發展的需要，迫切需要提前召開中共十一大，以便確定黨的工作方針，選出新的中央委員會。

1977 年 8 月 12 日至 18 日，中共十一大在北京召開。遺憾的是，這次代表大會沒能承擔起糾正"文化大革命"的錯誤、為實現歷史轉折制定正確路線方針的任務。隨後，在 9 月 9 日毛主席紀念堂落成典禮上，華國鋒把十一大路線概括為：高舉毛主席的偉大旗幟，堅持黨的基本路線，抓綱治國，繼續革命，為建設社會主義的現代化強國而奮鬥。

1981 年十一屆六中全會通過的《關於建國以來黨的若干歷史問題的決議》對十一大是這樣評價的：

1977 年 8 月召開的黨的第十一次全國代表大會，在揭批"四人幫"和動員全黨建設社會主義現代化強國方面起了積極作用。但是，由於當時歷史條件的限制和華國鋒同志的錯誤的影響，這次大會沒有能夠糾正"文化大革命"的錯誤理論、政策和口號，反而加以肯定。對經濟工作中的求成過急和其他一些左傾政策的繼續，華國鋒同志也負有責任。很明顯，由他來領導糾正黨內的左傾錯誤特別是恢復黨的優良傳統，是不可能的。[①]

儘管如此，十一大仍然是一次具有重要影響的會議。"文化大革命"結束後中國歷史發展是不可逆轉的。十一大以後，黨、軍隊和國家的各級領導機構以及各項事業，在以鄧小平為代表的一批老一輩革命家的促動下，積極宣傳黨的實事求是等優良傳統，通過進一步整頓，推動了全黨從指導思想上進行一系列撥亂反正的艱巨工作。

① 中共中央文獻研究室：《關於建國以來黨的若干歷史問題的決議注釋本》，人民出版社 1983 年版，第 41 頁。

尋找衝破 "兩個凡是" 的突破口

顯然，不衝破 "兩個凡是"，就不可能糾正 "文化大革命" 及其以前的 "左" 傾錯誤，澄清 "四人幫" 製造的思想混亂，類似 "文化大革命" 的災難還可能重演。

要從根本上推動撥亂反正，實現歷史性轉折，首先要衝破 "兩個凡是"，恢復實事求是的思想路線。然而，開啟那扇思想禁錮之門的突破口在哪裏？

於是，人們開始思索這樣一個問題：判定是非的標準是什麼？以什麼為準繩來認識 "文化大革命" 及其以前的一些重要歷史是非？這就提出了如何認識理論與實踐的關係問題，如何認識檢驗真理的根本標準問題。伴隨著撥亂反正的歷史進程，人們的認識已經日益接近問題的核心和實質。

"實踐是檢驗真理的唯一標準"，正是這個馬克思主義的哲學常識，在當時的特定歷史條件下成為衝破 "兩個凡是" 的突破口。這個突破口，是在許多老一輩革命家和理論工作者的共同探索中找到的。

鄧小平、陳雲、聶榮臻、徐向前等老一輩革命家先後發表文章，呼籲恢復和發揚實事求是的優良傳統和作風，堅持以實事求是的態度對待馬列主義、毛澤東思想。與此同時，許多有識之士也在思考著同樣的問題。

《實踐是檢驗真理的唯一標準》的誕生

面對 "兩個凡是" 的巨大壓力，"單兵作戰" 顯得有些勢單力薄，"協同作戰" 勢在必行。於是，兩個思考的集體應運而生了。

坐落在北京西北郊的中共中央最高學府 ——中央黨校，是較早舉起實事求是的思想武器，涉及實踐標準這一命題，並把它與現實政治發展聯繫起來的地方。這種聯繫，是與胡耀邦的名字分不開的。他擔任中央黨校副校長後，在其周圍形成了一個思考的集體。經過思考，他們找到了突破口，組織和推動了一場關於實踐是檢驗真理的唯一標準問題的討論。

1977 年 12 月，胡耀邦經過與幾位同志商量，決定中央黨校的中共黨史課著重研究三次路線鬥爭的歷史。同年冬，在中央黨校學習的 800 多名高中級幹部開始集中討論 "文化大革命" 以來黨的歷史。討論中也遇到一個突出問題，就是究竟以什麼為標準來認識和判定歷史是非。在胡耀邦指導下編寫的《關於研究第九次、第十次、第十一次路線鬥爭的若干問題》的材料中，提出了研究應遵循的兩條原則：

第一，應當完整地、準確地運用馬列主義、毛澤東思想的基本原理（包括毛主席關於"文化大革命"的全面論述和一系列指示）的精神實質，來進行研究。

第二，應當以實踐為檢驗真理、辨別路線是非的標準，實事求是地進行研究。毛主席指出："只有千百萬人民的革命實踐，才是檢驗真理的尺度。"路線正確與否，不是一個理論問題，而是一個實踐問題，要用實踐的結果來證明，用路線鬥爭的實踐結果來檢驗。離開實踐或者閉眼不看歷史事實，來爭論路線是否正確，除了徒勞無益或者受騙上當以外，是不可能得到任何結果的。

這兩條原則鮮明地提出以實踐作為檢驗真理的標準，為當時探討"文化大革命"的經驗教訓及有關黨史問題，提供了一個根本的準則。在這兩條原則的啟發和胡耀邦的大力推動下，中央黨校校園內思想相當活躍，對許多現實中的熱點難點問題展開了熱烈討論。

黨校有關教師也展開了研究和討論，開始醞釀就檢驗真理的標準問題撰寫文章，澄清在這個問題上的糊塗認識。到1978年初，他們深感需要寫一篇論述真理標準問題的文章。經時任理論研究室主任吳江同意，文章由孫長江執筆。到3月初寫出文章初稿，題目是《實踐是檢驗真理的唯一標準》。

幾乎與此同時，圍繞《光明日報》的一篇約稿，形成了另一個思考的集體。

胡福明當時是南京大學哲學系的一名教師。他後來回憶說：

那是1977年的6月下旬，"兩個凡是"發表不久，我就在理論上思考這麼一個問題：判斷理論、認識、觀點、決策是否正確的標準究竟是什麼？判斷是非的標準究竟是什麼？馬克思、恩格斯、列寧、毛澤東在歷史上經常也修改自己的觀點。按照實踐來修改自己的觀點，怎麼能說句句是真理？怎麼能搞"兩個凡是"？我認為這是教條主義，是個人崇拜，是唯心論的、形而上學的。我一旦思想形成後，就著手考慮寫這篇文章。文章的題目當時叫《實踐是檢驗一切真理的標準》，到了（1977年）9月份，我就把文章寄給北京《光明日報》理論部哲學組組長王強華同志。王強華同志是非常支持這篇文章的。到了（1978年）1月份，就給我寄來了一份清樣。到了4月份，當時《光明日報》的總編輯楊西光同志約我，他說，這篇文章很好，很重要，應該發表在第一版。但是，還要作一些修改。據我知道，為這篇文章作出貢獻的有一批同志，這也是集體創作，都是一個共同的願望，就是要批判唯心論、形而上學，衝破"兩個凡是"的束縛，搞撥亂反正。

《光明日報》理論部的同志與作者一起將文章作修改後，準備在該報《哲學》專刊第77期上發表。也許是一種巧合。在中央黨校學習的楊西光調到《光明日報》社當總編輯。他了解中央黨校討論的情況，到《光明日報》後又看到胡福明的文章，深感文章主題的重要性，就把文章從《哲學》版撤下來，準備在第一版發表。

為了加強文章的現實針對性，他把文章拿到中央黨校，委託中央黨校理論研究室的同志作進一步修改提高。於是，兩股思考的力量便聚合到一起了。

此時，中央黨校的孫長江也執筆完成了同樣主題的文章初稿。拿到《光明日報》的稿子後，由孫長江將兩篇文章的內容合在一起進行修改。為了加強現實針對性，文章的標題採用的是《實踐是檢驗真理的唯一標準》（以下簡稱"《實》文"）。孫長江對稿子作了較大修改，增加了許多重要的論斷和分析，邏輯更嚴密，行文更流暢。改成後，又徵求了校內外一些理論工作者的意見，最後經胡耀邦兩次審閱定稿。

為了擴大文章的影響，經楊西光同中央黨校商定，先在中央黨校主辦的內部刊物《理論動態》上發表，再以"特約評論員"名義在《光明日報》上發表。之所以用"特約評論員"名義，是因為當時重要社論或評論員文章發表要經中央主管宣傳工作的領導同志審閱同意，而特約評論員文章可以不用送審。而且這個名義也可表明文章的重要性和權威性。

文章發表後引發的激烈交鋒

1978年5月10日，《實》文首先在《理論動態》第60期上發表。5月11日，又以"本報特約評論員"的名義在《光明日報》上發表。新華社於當天發了通稿。12日，《人民日報》《解放軍報》以及《解放日報》等地方報紙全文轉載。13 日，又有 15 家省報轉載了這篇文章。

這篇文章實際上批判了"兩個凡是"的主張，進而涉及盛行多年的個人崇拜。它擊中了"兩個凡是"的要害，觸犯了"兩個凡是"的提出者和堅持者，引來了堅持"兩個凡是"的人們的責難、批評和壓制。

5 月 18 日，當時中央主管宣傳工作的領導同志在一次小範圍的會議上，點名批評了《實》文和《人民日報》5 月 5 日發表的《貫徹按勞分配的社會主義原則》一文。他說："理論問題要慎重，特別是《實踐是檢驗真理的唯一標準》和《貫徹按勞分配的社會主義原則》兩篇文章，我們都沒有看過。黨內外議論紛紛，實際上是把矛頭指向主席思想。我們黨報不能這樣幹，這是哪個中央的意見？"還說"要堅持、捍衛毛澤東思想。要查一查，接受教訓，統一認識，下不為例。當然，對於活躍思想有好處，但人民日報要有黨性，中宣部要把好這個關"。

《實》文發表後在全國引起的強烈反響，是很多人所始料不及的。許多幹部群眾和理論研究工作者都贊成文章的觀點，感到文章提出了一個重大問題，應當開展討論。繼 5 月 12 日《人民日報》《解放軍報》等報紙轉載此文之後，到 5 月底，全國先後有 30 多家報紙刊登了這篇文章。中國科學院和中國科協黨組還作出決定，支持並參與真理標準問題的討論。

《實》文剛發表時，鄧小平沒有注意。後來他聽說有人對這篇文章反對得很厲害，才找來看了看。5 月 30 日，他同胡喬木等談準備在全軍政治工作會議上講話的內容，提出要著重講實事求是問題。指出："只要你講話和毛主席講的不一樣，和華主席講的不一樣，就不行。毛主席沒有講的，華主席沒有講的，你講了，也不行。怎麼樣才行呢？照抄毛主席講的，照抄華主席講的，全部照抄才行。這不是一個孤立的現象，這是當前一種思潮的反映。"他強調指出："毛澤東思想最根本的最重要的東西就是實事求是。現在發生了一個問題，連實踐是檢驗真理的標準都成了問題，簡直是莫名其妙！"②

6 月 2 日，鄧小平在全軍政治工作會議上發表講話時，批評了"兩個凡是"的思潮，著重闡述了實事求是的思想路線。鄧小平的講話，新華社當天就作了報道。第二天，《人民日報》和《解放軍報》在第一版以《鄧副主席

---

② 中共中央文獻研究室編：《鄧小平年譜》（1904—1997）第 4 卷，中央文獻出版社 2020 年版，第 319—320 頁。

上海舉辦“實踐是檢驗真理的唯一標準”討論報告會。

精闢闡述毛主席實事求是光輝思想》的通欄標題，對鄧小平的講話作了報道。6月6日，《人民日報》和《解放軍報》又在第一版全文發表鄧小平的講話。這篇講話不僅使那些思想仍處於僵化狀態的同志受到震動，而且也使要求解放思想、開展真理標準討論的同志受到鼓舞。一些報刊繼續組織討論文章，一些單位開始籌備關於真理標準問題的討論會。

　　但是，激烈的交鋒並沒有就此結束。直到7月份，中央主管宣傳工作的同志還在不停地繼續批評《實》文是把矛頭對準毛澤東。真理標準問題的爭論愈演愈烈。9月，在沸沸揚揚的討論中，鄧小平訪問朝鮮回國後，在東北三省視察，沿途大講思想路線問題，對“兩個凡是”進行了抨擊。

　　總之，真理標準問題討論已在當時的中國政治生活中產生了重大影響，它不僅衝破了“兩個凡是”的嚴重束縛，推動了各條戰線、各個領域撥亂反正的啟動和開展，推動了全國性的思想解放運動，而且為具有劃時代意義的十一屆三中全會的召開，作了重要的思想準備。這場討論對改變黨和國家的歷史命運，產生了重大而深遠的影響。

1978

十一屆三中全會偉大轉折

—— 開啟改革開放和社會主義現代化建設新時期

★

1978 年 12 月 24 日，《人民日報》刊登《中國共產黨第十一屆中央委員會第三次全體會議公報》（1978 年 12 月 22 日通過）。全會批判了"兩個凡是"的錯誤方針，充分肯定必須完整地、準確地掌握毛澤東思想的科學體系，高度評價關於實踐是檢驗真理的唯一標準問題的討論；果斷地停止使用"以階級鬥爭為綱"的口號，作出把黨和國家工作重點轉移到經濟建設上來、實行改革開放的歷史性決策；決定健全黨的民主集中制，加強黨的領導機構，成立中央紀律檢查委員會，選舉陳雲為中央紀委第一書記。而此前召開的長達 36 天的中央工作會議，引發了一系列大是大非問題的討論，可以看作是十一屆三中全會的預備會議。

● 中共十一屆三中全會會場。 ❷ 鄧小平親自起草的 1978 年 12 月 13 日
在中央工作會議閉幕式上的講話提綱。

1978

1978 年底召開的中共十一屆三中全會以及此前召開的中央工作會議，就黨的工作重點轉移、平反冤假錯案和加強社會主義民主與法制、真理標準討論和重新確立實事求是的思想路線、經濟管理體制和管理方式的改革、對外開放、調整中央領導機構成員等一系列重大問題，作出了具有深遠影響的決策。

兩種不同思路的交鋒

粉碎 "四人幫" 以後，對於儘快結束內亂，穩定局勢，發展經濟，黨內外並沒有多大爭議。爭議的焦點是如何看待 "以階級鬥爭為綱"，以及在這個 "綱" 之下發動的歷次政治運動特別是 "文化大革命"，並由此涉及在這些運動中造成的大量冤假錯案的問題。而要解決這些問題，又不能不觸及如何正確評價毛澤東和毛澤東思想的問題。正是在這些問題上，黨內存在著不同的思路。

一種是 "抓綱治國" 的思路。這裏的 "綱" 是指以揭批 "四人幫" 為綱，但在實質上還是 "以階級鬥爭為綱"。這種思路，是在揭批 "四人幫" 的同時，在毛澤東生前定下的 "三七開" 的框架內，部分地對 "文化大革命" 實踐上的某些錯誤進行有限的糾正，而對 "文化大革命" 的理論、方針、政策和主體部分的實踐則極力維護，對毛澤東晚年的錯誤則不許觸及。正是沿著這樣的思路，於是就有了 "兩個凡是" 指導方針的出籠。

另一種是以鄧小平為代表的老一輩革命家的思路。這種思路，要求既高舉毛澤東思想的旗幟，科學地評價毛澤東的歷史地位，用準確的完整的毛澤東思想科學體系指導黨和國家的工作，又實事求是地糾正毛澤東晚年的錯誤，並從解決重大冤假錯案入手，糾正 "文化大革命" 的錯誤理論、方針和政策，進而把黨的工作重點轉移到經濟建設上來。

這兩種思路的交鋒，不可避免地在諸多問題上表現出來。

儘管障礙重重，但各條戰線的撥亂反正畢竟已經有了相當程度的進展，黨和國家的工作畢竟在徘徊中前進著。總的來看，在十一屆三中全會之前，關係中國未來發展走向的問題，都已經過比較充分的爭論和醞釀，並在相當程度上開始了實踐的過程。各種不同意見在爭論中越辯越明，不同思路的力量對比也在發生變化，新的抉擇已擺在全黨特別是黨中央的面前。在這種背景下，決定中國命運的歷史性轉折不可避免地到來了。

中央工作會議突破原定議題

1978 年 11 月 10 日至 12 月 15 日，中央工作會議在北京京西賓館舉行。11 月 10 日舉行開幕會，13 日、25 日各舉行一次全體會議，12 月 13 日舉行閉幕會。在閉幕會上，鄧小平、葉劍英、華國鋒先後講話。其餘時間，按華北、東北、華東、中南、西南、西北地區劃分為六個組進行討論。閉幕會後，又討論了兩天，直到 12 月 15 日會議才結束。這次中央工作會議既是國務院務虛會和全國計劃會議的延續，又是十一屆三中全會的預備會議。會議討論了若干重大問題，為緊隨其後召開的十一屆三中全會做了充分的準備。

11 月 10 日下午，中央工作會議舉行開幕會。這是會議的第一次全體會議。中共中央主席華國鋒，副主席葉劍英、李先念、汪東興出席了會議。鄧小平副主席因出國訪問未到會。參加會議的有各省、市、自治區，各大軍區和中央黨、政、軍各部門以及群眾團體的主要負責人共 212 人。

中央工作會議的原定議題都是經濟問題：（1）如何儘快把農業搞上去及有關的兩個文件。（2）商定 1979 年、1980 年兩年國民經濟計劃的安排。（3）討論李先念在國務院經濟工作務虛會上的講話。

開幕會後，各組開始討論華國鋒在開幕會上代表中央政治局提出的全黨工作重點轉移問題。由此，開始了各種觀點的直面交鋒，使原定 20 天的會議延至 36 天才結束。正是這項議題的增加，引發了一系列大是大非問題的討論，從而改變了會議的主題。概括起來，會議主要討論了以下七個方面的問題。

第一，關於黨的工作重點轉移問題。

在討論中，許多人認為，工作重點轉移是必要的，但是，目前還有大量的遺留問題，如：天安門事件還沒有平反；"文化大革命" 中提出的許多錯誤觀點還沒有澄清；許多重大冤假錯案還沒有平反，等等。在討論中，也有少數同志存在一些模糊認識。有人認為，在社會主義整個歷史時期，"以階級鬥爭為綱" 是不錯的，但並不是每個具體階段都要這樣提。有人甚至認為，當前中國社會的主要矛盾仍然是無產階級和資產階級的矛盾。這些議論，反映了在工作重點轉移的指導思想上，有些同志還沒有從過去強調 "以階級鬥爭為綱" 的框架中走出來，還需要提高認識，轉變觀念。

第二，關於解決歷史遺留問題。

1978

11月11日，從討論一開始，許多與會者圍繞工作重點轉移，提出了許多亟待解決的歷史遺留問題。對於黨內外普遍關心的天安門事件，幾乎各組都提出了儘快平反的要求。其中，11月12日，陳雲在東北組的發言影響最大。

　　陳雲首先提出，要把工作重點轉移到社會主義建設上來，但必須先由中央解決"文化大革命"遺留的一些重大問題和一些重要領導人的功過是非問題。他逐一進行了列舉，包括：

　　一、薄一波同志等六十一人所謂叛徒集團一案。他們出反省院是黨組織和中央決定的，不是叛徒。

　　二、1937年7月7日中央組織部關於所謂自首分子的決定這個文件，是我在延安任中央組織部長（1937年11月）以前作出的，與處理薄一波同志等問題的精神是一致的。我當時還不知道有這個文件，後來根據審查幹部中遇到的問題，在1941年也寫過一個關於從反省院出來履行過出獄手續，但繼續幹革命的那些同志，經過審查可給以恢復黨籍的決定。這個決定與"七七決定"精神是一致的。這個決定也是中央批准的。……

　　總之，"七七決定"、1941年決定中所涉及的同志和在"兩面政權"中做了革命工作的同志，對他們做出實事求是的經得起歷史檢驗的結論，這對黨內黨外都有極大的影響。不解決這些同志的問題，是很不得人心的。這些同志都已是六七十歲的人了，現在應該解決他們的問題。

　　三、陶鑄同志、王鶴壽同志等是在南京陸軍監獄堅持不進反省院，直到七七抗戰後由我們黨向國民黨要出來的一批黨員，他們在出獄前還堅持在獄中進行絕食鬥爭。這些同志，現在或者被定為叛徒，或者雖然恢復了組織生活，但仍留著一個"尾巴"，例如說有嚴重的政治錯誤。這些同志有許多是省級、部級的幹部。陶鑄一案的材料都在中央專案組一辦。中央專案組是"文化大革命"時期成立的，他們做了許多調查工作，但處理中也有缺點錯誤。我認為，專案組所管的屬於黨內部分的問題應移交給中央組織部，由中央組織部復查，把問題放到當時的歷史情況中去考察，做出實事求是的結論。像現在這樣，既有中央組織部又有專案組，這種不正常的狀態，應該結束。

　　四、彭德懷同志是擔負過黨和軍隊重要工作的共產黨員，對黨貢獻很大，現在已經死了。過去說他犯過錯誤，但我沒有聽說過把他開除出黨。既然沒有開除出黨，他的骨灰應該放到八寶山革命公墓。

五、關於天安門事件。現在北京市又有人提出來了，而且還出了話劇《於無聲處》，廣播電台也廣播了天安門的革命詩詞。這是北京幾百萬人悼念周總理，反對"四人幫"，不同意批鄧小平同志的一次偉大的群眾運動，而且在全國許多大城市也有同樣的運動。中央應該肯定這次運動。

六、"文化大革命"初期，康生同志是中央文革的顧問。康生同志那時隨便點名，對在中央各部和全國各地造成黨政機關癱瘓狀態是負有重大責任的。康生同志的錯誤是很嚴重的，中央應該在適當的會議上對康生同志的錯誤給以應有的批評。[①]

這篇發言在會議簡報上登出後，與會代表紛紛表示支持，各組發言的重點也集中到解決歷史遺留問題、平反冤假錯案上來。

11月25日，中央工作會議舉行全體會議。華國鋒主持會議，並代表中央政治局宣佈：為天安門事件和薄一波等六十一人問題、陶鑄問題、"二月逆流"問題平反；糾正對彭德懷的錯誤結論，將其骨灰放入八寶山革命公墓；撤銷中央專案組，全部案件移交中央組織部；對康生、謝富治問題可以揭發，材料送中央組織部。

對於與會者提出的重新評價"文化大革命"和毛澤東的要求，以及更深一步澄清和糾正歷史上的"左"傾錯誤的要求，中央政治局常委表示要認真聽取並研究大家的意見，按照實事求是、有錯必糾的原則，在適當的時候重新作出評價，重新作出審查和處理，目前尚不宜匆忙作出結論。

第三，關於真理標準問題討論和黨的思想路線問題。

在中央工作會議的議題中，並沒有關於真理標準問題討論的內容。但是，會議開始後，不少與會者在發言中涉及這場討論，並對"兩個凡是"的提法，以及《紅旗》雜誌對這場討論一直不表態和中央宣傳部的壓制態度，提出了批評。由於與會者的興奮點和注意力集中在解決歷史遺留問題上面，因此討論並不熱烈。真理標準問題成為會議的中心話題，是在11月25日的全體會議之後。

此時，發生在會外的一件事情，成為真理標準問題討論再起風波的重要原因。天安門事件平反的消息公佈後，北京等城市出現一些群眾集會和

1978

① 《陳雲文選》第3卷，人民出版社1995年版，第232—234頁。

大、小字報，在表示擁護的同時，也要求追究壓制解放思想、阻撓平反冤假錯案的領導人的責任。有的還提出了全盤否定毛澤東的要求。11 月 25 日下午，中央政治局五位常委聽取中共北京市委和共青團中央負責人關於天安門事件平反後群眾的反映和北京市街頭大字報的情況匯報後，中央政治局常委發表了重要談話。鄧小平在談話中說：

> 天安門事件平反後，群眾反映強烈，大家很高興，熱烈擁護，情況是很好的。當然也出現一些問題。我們的工作要跟上去，要積極引導群眾，不能和群眾對立。我們一定要高舉毛主席的偉大旗幟。毛主席的旗幟是全黨全軍全國各族人民團結的旗幟，也是國際共產主義運動的旗幟。現在，有的人提出一些歷史問題，有些歷史問題要解決，不解決就會使很多人背包袱，不能輕裝前進。有些歷史問題，在一定的歷史時期內不能勉強去解決。有些事件我們這一代人解決不了的，讓下一代人去解決，時間越遠越看得清楚。有些問題可以講清楚，有些問題一下子不容易講清楚，硬要去扯，分散黨和人民的注意力，不符合黨和人民的根本利益。現在報上討論真理標準問題，討論得很好，思想很活潑，不能說那些文章是對著毛主席的，那樣人家就不好講話了。但講問題，要注意恰如其分，要注意後果。邁過一步，真理就變成謬誤了。[②]

鄧小平的談話沒有在中央工作會議上正式傳達，但有很多人得知了談話的精神。在大多數與會者的批評幫助下，一些曾對這場討論的意義認識不足的人先後有了轉變，一些堅持“兩個凡是”的人作了自我批評。

第四，關於農業問題。

會前，中央工作會議秘書組已印發了《農村人民公社工作條例（試行草案）》（1978 年 11 月 9 日討論稿）、《中共中央關於加快農業發展速度的決定》（1978 年 11 月 9 日討論稿）。與會者在討論中，對會議準備的文件和有關領導的說明都不滿意，認為農業問題的兩個文件的內容不夠實事求是，沒有揭露農業存在的問題，沒有很好地總結過去的經驗教訓，沒有糾正過去“左”的指導思想和做法，也沒有解決問題的具體辦法。有的同志分析說，

② 中共中央文獻研究室編：《鄧小平年譜》（1904—1997）第 4 卷，中央文獻出版社 2020 年版，第 435 頁。

造成這種情況的原因，一是人民公社的許多問題是毛主席生前定的，二是怕否定“文化大革命”。與會者強烈要求修改和重寫兩個農業文件。

第五，關於改革開放和經濟建設問題。

這次會議使會前關於改革開放的醞釀進一步具體化，正式作出改革開放決策的條件已經成熟。與會者在討論 1979 年和 1980 年國民經濟計劃的安排時，還提出了一些重大比例失調的問題，特別是陳雲就經濟問題所作的系統發言，實際上提出了克服急於求成的“左”的思想和進行調整的主張。

第六，關於組織人事問題。

在華國鋒宣佈的會議議題中，沒有人事問題，但隨著與會者的注意力集中到歷史遺留問題和真理標準討論，陸續揭發出個別中央領導人和部門負責人的錯誤。這樣，人們自然地想到了人事調整問題。

與此同時，中央領導層也在考慮這個問題。鑒於與會者的注意力仍集中在幾位中央政治局委員的錯誤上面，鄧小平及時地給以明確的引導。11月 27 日，中央政治局常委聽取各組召集人匯報。在談到對中央幾個有錯誤的領導人如何處理的問題時，鄧小平指出：“現在國際上就看我們有什麼人事變動，加人可以，減人不行，管你多大問題都不動，硬著頭皮也不動。這是大局。好多外國人要和我們做生意，也看這個大局。”12 月 1 日，鄧小平在中央政治局常委召集部分中國人民解放軍大軍區司令員和省委第一書記的打招呼會議上講話，再次強調以大局為重。他說：“中央的人事問題，任何人都不能下，只能上。現有的中央委員，有的可以不履行職權，不參加會議活動，但不除名，不要給人印象是權力鬥爭。對‘文化大革命’問題，現在也要迴避。”③

根據鄧小平的指示精神，在以後的討論中，與會者普遍贊成只加人、不減人的方針，各組提名的人選也比較集中起來。12 月 11 日，會議秘書組還印發了中央組織部提出的《關於中央紀律檢查委員會組成問題的請示報告》及《中央紀委候選人名單（草案）》。12 月 12 日，各組討論了《中央紀委候選人名單（草案）》，在作個別增補後，基本上同意了這個名單。

第七，關於十一屆三中全會的指導方針問題。

12 月 13 日，鄧小平在中央工作會議閉幕會上作了題為《解放思想，實

③　中共中央文獻研究室編：《鄧小平年譜》（1904—1997）第 4 卷，中央文獻出版社 2020 年版，第 441、445 頁。

事求是，團結一致向前看》的重要講話，不僅引導了中央工作會議的進程和方向，而且為十一屆三中全會確定了正確的指導方針。鄧小平在十一屆三中全會上沒有再發表講話，這篇講話實際上成為全會的主題報告。

十一屆三中全會實現偉大轉折

中央工作會議結束後的第三天，1978年12月18日晚，十一屆三中全會舉行開幕會。中共中央主席華國鋒，副主席葉劍英、鄧小平、李先念、汪東興出席會議。出席會議的中央委員169人，候補中央委員112人。

由於會期較短，開幕會後，各組採取了集中時間閱讀文件的辦法。隨後，各組進行了討論。分組討論的內容，概括起來有三個方面：一是參加中央工作會議的中央委員以發言等形式向未參加工作會議的同志介紹情況；二是對中央領導同志的講話發表意見，對全會要增補的中央委員，中央政治局委員、常委，中央副主席發表意見，對中央設立紀律檢查委員會發表意見；三是同中央工作會議一樣，對工作重點轉移、"兩個凡是"、真理標準討論、平反冤假錯案、康生的錯誤等問題發表意見。還有一項內容，是對十一屆三中全會公報的草稿提出修改意見。

在分組討論中，與會者普遍讚揚幾天前閉幕的中央工作會議開得很成功，認為會議真正恢復和發揚了毛澤東生前一貫倡導的實事求是、群眾路線、批評與自我批評的優良傳統和作風，自始至終堅持了民主集中制的原則，相信中央工作會議的好會風，定能在十一屆三中全會上發揚光大，使這次全會在鄧小平的《解放思想，實事求是，團結一致向前看》的講話精神指引下，取得更大成果。

與會者討論了黨的工作重點轉移、實行改革開放政策、農業問題兩個文件、1979和1980兩年經濟計劃的安排、處理歷史遺留問題、堅持實事求是的思想路線、健全民主與法制、加強黨的組織建設等重大問題，並建議以中央全會的名義作出鄭重的決定。

對農業問題兩個文件，不少人提出了許多修改意見。在討論中央紀律檢查委員會候選人時，各組同意中央政治局的意見，並建議增加王建安為候選人。

12月22日，各組討論了《中國共產黨第十一屆中央委員會第三次全體會議公報》（1978年12月21日稿）。公報此前經過三次修改，終於在全會

閉幕的最後一天，送到與會者的手中。與會者經過討論，提出了一些修改意見。12 月 22 日晚，十一屆三中全會舉行閉幕會。

全會一致原則通過《中共中央關於加快農業發展若干問題的決定（草案）》《農村人民公社工作條例（試行草案）》，並確定這兩個文件先傳達到縣級，廣泛徵求意見，由省、自治區、直轄市集中修改意見，報中央定稿後，由中央正式發文件。

全會一致原則通過《1979、1980 兩年經濟計劃的安排》，這個文件由國務院正式下達，並確定傳達範圍，建議國務院在修改後提交明年召開的第五屆全國人民代表大會第二次會議討論通過。

全會一致原則通過《中國共產黨第十一屆中央委員會第三次全體會議公報》。中央政治局根據大家提出的意見，再作些修改，然後在 12 月 24 日發表。

全會選舉陳雲為中央政治局委員、政治局常委、中央委員會副主席；選舉鄧穎超、胡耀邦、王震三人為中央政治局委員；選舉黃克誠、宋任窮、胡喬木、習仲勳、王任重、黃火青、陳再道、韓光、周惠等 9 人為中央委員，將來提請黨的第十二次全國代表大會對這一增補手續予以追認。

全會選舉了中央紀律檢查委員會。選舉陳雲為中央紀律檢查委員會第一書記，鄧穎超為第二書記，胡耀邦為第三書記，黃克誠為常務書記，王鶴壽、王從吾、劉順元、張啟龍、袁任遠、章蘊（女）、郭述申、馬國瑞、李一氓、魏文伯、張策等 11 人為副書記，並選舉中央紀律檢查委員會常務委員和委員 85 人。宣佈選舉結果後，陳雲發表了講話。

十一屆三中全會標誌著中國共產黨重新確立了馬克思主義的思想路線、政治路線和組織路線，實現新中國成立以來黨的歷史上具有深遠意義的偉大轉折，開啟了改革開放和社會主義現代化的偉大征程。

1978

1979

創辦經濟特區

★

1979 年，鄧小平指示廣東省委負責人習仲勳：中央沒有錢，可以給些政策，你們自己去搞，殺出一條血路來。1981 年 7 月，中共中央、國務院批轉《廣東、福建兩省和經濟特區工作會議紀要》，進一步明確了創辦經濟特區的指導思想和改革開放措施。1982 年 10 月 30 日，陳雲在廣東省委《關於試辦經濟特區的初步總結》上批示："特區要辦，必須不斷總結經驗，力求使特區辦好。" 1984 年 1 月 26 日，鄧小平為深圳經濟特區題詞："深圳的發展和經驗證明，我們建立經濟特區的政策是正確的。"

❶

中共中央文件

中发〔1981〕27 号

───────── ★ ─────────

〔秘密〕

中共中央、国务院批转
《广东、福建两省和经济特区工作
会议纪要》的通知

中共广东、福建省委和省人民政府，中央、国务院各有关
部、委、总局：

　　广东、福建两省和经济特区工作会议，总结了两年来
两省对外经济活动实行特殊政策、灵活措施和筹建经济特
区的经验，提出了进一步做好工作的政策措施，会议开得
是好的。中央、国务院同意这次会议的纪要，现转发给你
们，请研究执行。

—1—

❷

1979

❶1984 年 1 月 26 日鄧小平為深圳經濟特區的題詞。❷1981 年 7 月中
共中央、國務院批轉《廣東、福建兩省和經濟特區工作會議紀要》，進
一步明確了創辦經濟特區的指導思想和改革開放措施。

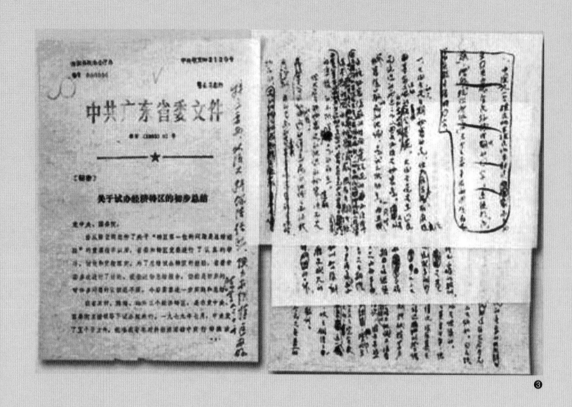

❸1982 年 10 月 30 日陳雲對廣東省委《關於試辦經濟特區的初步總結》
的批示。

深圳、珠海、汕頭、廈門四個經濟特區的建設，在希望和疑慮的目光中先後起步了。由此，一個新的奇跡開始創造。

"深圳，就叫特區吧！"

　　在 1979 年 4 月中央工作會議期間，鄧小平在中南海聽取了廣東省委負責人習仲勳、楊尚昆匯報。

　　習仲勳講了廣東經濟的現狀，談了廣東省開放、搞活的設想。其中著重談到，省委要求允許在深圳、珠海、汕頭劃出一定地區，單獨進行管理，作為華僑、港澳同胞和外商的投資場所，按照國際市場的需要組織生產，"類似海外的出口加工區"，初步定名為"貿易合作區"。

　　鄧小平聽著習仲勳的匯報，細細尋思。這塊地方該叫什麼呢？工業區，貿易區，出口加工區，貿易合作區，都不準確。他想了想，說："深圳，就叫特區吧！"

　　"特區，好！"習仲勳喜出望外，脫口而出。

　　"還是叫特區好，陝甘寧開始就叫特區嘛！中央沒有錢，可以給些政策，你們自己去搞，殺出一條血路來。"[1]

　　一個影響中國改革開放的重大事件終於登上了歷史舞台。

　　習仲勳對此事印象十分深刻。後來，他回憶道："在給廣東特殊政策、靈活措施和辦特區這樣一個大政策出台的思路方面，小平同志與廣東的幹部群眾的想法是不謀而合。一方面，廣東有這樣的要求，另一方面，小平同志大的思路也在這個方面想，並且站得更高，看得更遠。"他在電視採訪中說：

　　1979 年我們要求中央給廣東放權時，就包括了辦特區的內容，這也是借鑒國外的經驗。我當時說過，如果廣東是個"獨立國"，可能幾年就上去了。……我當時說"獨立國"，是借用的話，我的意思是，廣東有許多有利條件，就是缺少政策和體制的支持。小平同志很同意我的思路。當時有人擔心這樣搞會不會變資本主義，小平同志回答得很明確，很中肯，他說我們賺

1979

---

① 中共中央文獻研究室編：《鄧小平年譜》（1904—1997）第 4 卷，中央文獻出版社 2020 年版，第 510 頁。

的錢是不會落在我們這些人的口袋裏的，我們是全民所有制，社會主義不會變成資本主義。小平同志說，"廣東、福建兩省八千萬人，等於一個國家，先富起來沒有什麼壞處。" ②

特區建設在疑慮和責問中全面起步

在特區的建設中，深圳先走了一步。在深圳特區的建設中，蛇口工業區又先行了一步。蛇口工業區於 1979 年 7 月開工建設，經國務院批准，蛇口由香港招商局負責投資開發，是以對外出口為主的工業區。它實行"以工業為主，積極引進，內外結合，綜合發展"的方針，重點發展工業，相應發展為工業服務的商業、房產、旅遊、運輸等行業。蛇口工業區的"五通一平"工程在 1980 年底基本完成，打響了特區建設的第一炮，並以它的特有魅力，吸引了一批又一批赴特區的建設者。

繼深圳經濟特區首先動工建設之後，1980 年 10 月，珠海經濟特區正式開始動工建設；1981 年 10 月，廈門經濟特區開始動工建設；1981 年 11 月，汕頭經濟特區開始動工建設。至此，四個經濟特區的建設全面展開。此時，深圳、珠海、汕頭、廈門四特區的面積分別有 327.5 平方公里、6.7 平方公里、1.6 平方公里、2.5 平方公里。

特區建設剛剛起步，但特區"時間是金錢，效率是生命"的觀念，在全國產生了極大的影響，為全國後來的大改革、大開放創造了可供借鑒的經驗。

創辦經濟特區是中國經濟體制改革進程中的大膽創新，中國特區的政策和管理體制是在實踐中不斷總結完善的，四個特區也是在克服困難、排除干擾中開拓前進的。

1981 年底 1982 年初，有一個調查組到深圳、珠海、汕頭和廈門四個經濟特區作了"調查"，寫了"調查報告"，開頭是特區的肯定性簡況，後面則詳述"特區建設中也暴露出許多嚴重問題"："引進外資和設備有很大盲目性""同外商打交道吃虧上當的情況還相當嚴重""引進企業的職工所得太多

② 大型電視理論宣傳片《春風綠南粵 —— 鄧小平理念與廣東實踐》，習仲勳接受採訪的提綱原稿，1999 年，轉引自《習仲勳傳》編委會編：《習仲勳傳》下卷，中央文獻出版社 2013 年版，第 455—456 頁。

（月平均為 150 元，少數人高達 200 元、300 元甚至 500 元）""經濟管理相當混亂"，等等。其中最重要的是指責"經濟特區成了走私販運通道，不法外商同特區和非特區的一些企業勾結，進行違法活動。1980 年，僅廣東海關查獲的走私案件就有 511 件，價值 2471 萬元；1981 年 1 至 11 月，查獲 1221 起，價值 2321 萬元，不少是特區海關查獲的"。這份"調查報告"警告道："引進外資成片開發，要警惕有形成變相租界的危險。"

就在這時，社會上一些人趁機指責經濟特區的開拓者，說引進外資，開發特區，搞土地有償使用，是沿襲歷史的老路，搞變相租界，"賣國"，給海外資本家提供奴役和剝削中國勞動人民的獨立王國。各種社會輿論和流言蜚語沸沸揚揚，深圳特區的"拓荒牛"，幾乎無日不在被咒罵、中傷和圍攻中。

鄧小平等中央領導同志對特區建設一直全力支持。1980 年 12 月 25 日，鄧小平在中共中央工作會議閉幕式講話中指出："已經從各方面證明行之有效的改革措施要繼續實行，不能走回頭路。""在廣東、福建兩省設置幾個經濟特區的決定，要繼續實行下去。" 陳雲指出："打破閉關自守的政策是正確的。" 陳雲十分強調總結特區的經驗。1981 年 12 月 22 日，他在省、自治區、直轄市黨委第一書記座談會上的講話中指出："廣東、福建兩省的特區及各省的對外業務，要總結經驗。現在還沒有好好總結。" ③

1984 年 1 月，鄧小平第一次親臨深圳、珠海兩個特區考察，了解情況，解決問題。用他自己的話說，就是："辦特區是我倡議的，中央定的，是不是能夠成功，我要來看一看。" 實地考察的結果，證明了建立經濟特區的正確性，也堅定了鄧小平對辦好經濟特區的信心。

1979

③ 以上參見中共中央文獻研究室編：《鄧小平年譜》（1904—1997）第 4 卷，中央文獻出版社 2020 年版，第 700 頁；《陳雲文選》第 3 卷，人民出版社 1995 年版，第 276、307 頁。

1980

提出黨和國家領導制度改革基本思想

★

1980 年 8 月 18 日，鄧小平在中共中央政治局擴大會議上發表《黨和國家領導制度的改革》講話，指出領導制度、組織制度問題更帶有根本性、全局性、穩定性和長期性，對現行制度存在的各種弊端必須進行改革。8 月 31 日中央政治局討論通過講話。1983 年 7 月 2 日，《人民日報》頭版刊發了鄧小平的講話。

❶1982 年 2 月中共中央作出《關於建立老幹部退休制度的決定》。
❷1983 年 7 月 2 日《人民日報》。

1980 年 2 月中共十一屆五中全會後，黨中央進一步醞釀改革黨和國家領導制度。8 月 18 日至 23 日，中央政治局召開擴大會議，專門討論黨和國家領導制度改革及有關問題。鄧小平代表黨中央在會上作了《黨和國家領導制度的改革》重要講話。鄧小平首先從四個方面說明中央作出這樣考慮的原因：一是權力不宜過分集中；二是兼職、副職不宜過多；三是著手解決黨政不分、以黨代政的問題；四是從長遠著想，解決好交接班的問題。

　　鄧小平指出，如果不認真改革，就很難適應社會主義現代化建設的迫切需要，我們就要嚴重地脫離廣大群眾；如果不認真改革，就不能適應黨和國家政治生活民主化需要，過去發生的像“文化大革命”那種嚴重問題，今後就還可能發生。他強調指出：“我們過去發生的各種錯誤，固然與某些領導人的思想、作風有關，但是組織制度、工作制度方面的問題更重要。這些方面的制度好可以使壞人無法任意橫行，制度不好可以使好人無法充分做好事，甚至會走向反面。”

　　鄧小平指出，黨和國家領導制度和幹部制度中的主要弊端是官僚主義、權力過分集中、家長制、幹部領導職務終身制和形形色色的特權現象。為了革除弊端，他向全黨提出肅清封建主義和資產階級思想影響的任務，並著重提出對黨和國家領導制度實行六項重大改革措施。

　　同時，他強調改革幹部制度特別是中青年幹部的提拔使用。他說：

　　……一定要真正把優秀的中青年幹部提拔上來，快點提拔上來。提拔幹部不能太急，但是太慢了也要誤現代化建設的大事。現在就已經誤了不少啊！特別優秀的，要給他們搭個比較輕便的梯子，使他們越級上來。這次我們提出減少兼職過多、權力過分集中的現象，目的之一，也是為了給中青年同志騰出台階。台階擠得滿滿的，他們怎麼上來？台階有了空位又不給他們，他們怎麼上來？

　　鄧小平指出，改革黨和國家的領導制度，不是要削弱黨的領導，渙散黨的紀律，而正是為了堅持和加強黨的領導，堅持和加強黨的紀律。他說：“我們人民的團結，社會的安定，民主的發展，國家的統一，都要靠黨的領導。堅持四項基本原則的核心，就是堅持黨的領導。問題是黨要善於領導；要不斷地改善領導，才能加強領導。”[①]

　　鄧小平的這一講話，提出了黨和國家領導制度改革的基本指導思想，為中國政治體制改革指明了方向。

1980

---

　　① 以上參見《鄧小平文選》第 2 卷，人民出版社 1994 年版，第 320—343 頁。

1981

《關於建國以來黨的若干歷史問題的決議》

★

1981 年 6 月 27 日，中共十一屆六中全會通過《關於建國以來黨的若干歷史問題的決議》，對新中國成立 32 年來黨的重大歷史事件特別是"文化大革命"作出正確總結，實事求是地評價毛澤東的歷史地位，科學論述毛澤東思想作為黨的指導思想的偉大意義。《決議》的通過，標誌著我們黨在指導思想上的撥亂反正勝利完成。

关于建国以来
党的若干历史问题的决议

（一九八一年六月二十七日中国共产党
第十一届中央委员会第六次全体会议一致通过）

建国以前二十八年历史的回顾

（1）中国共产党自从一九二一年成立以来，已经走
过六十年的光辉战斗历程。为了总结党在建国以来三十二
年的经验，有必要简略地回顾一下建国以前二十八年党领
导人民进行的新民主主义革命斗争。

（2）中国共产党是马克思列宁主义同中国工人运动
相结合的产物，是在俄国十月革命和我国"五四"运动的
影响下，在列宁领导的共产国际帮助下诞生的。伟大的革
命先行者孙中山先生一九一一年领导的辛亥革命，推翻了
清王朝，结束了两千多年的封建帝制。但是，中国社会
的半殖民地、半封建性质并没有改变。无论是当时的国民

—1—

1981

● 《關於建國以來黨的若干歷史問題的決議》。❷ 中共十一屆六中全會
通過《關於建國以來黨的若干歷史問題的決議》。

黨的十一屆三中全會後，在解放思想、撥亂反正過程中，廣大幹部群眾從“文化大革命”及其以前的“左”傾思想的嚴重束縛中解脫出來，黨內外呈現出研究新情況、解決新問題的生動局面，但同時也出現了一些值得引起注意和警覺的現象。有的人對十一屆三中全會以來的新的路線方針政策表現出不理解甚至抵觸情緒。少數人對“解放思想”加以曲解，肆意誇大黨和毛澤東所犯的錯誤，企圖否定黨的領導，否定社會主義制度，否定毛澤東和毛澤東思想。

　　針對這些思想混亂狀況，1979年3月，鄧小平在黨的理論工作務虛會上發表《堅持四項基本原則》講話，強調，必須在思想上政治上堅持社會主義道路、堅持無產階級專政（後表述為人民民主專政）、堅持共產黨的領導、堅持馬列主義毛澤東思想。這四項基本原則，是“實現四個現代化的根本前提”。鄧小平還提出：“現在搞建設，也要適合中國情況，走出一條中國式的現代化道路。”這個講話鄭重表明，中國共產黨所領導的改革開放從一開始就具有明確的社會主義方向。

　　實行改革開放，全面撥亂反正，必須對新中國成立以來中國共產黨的重大歷史問題作出結論，以統一全黨和全國人民的思想，團結一致向前看。

　　1979年11月，黨中央決定，以葉劍英在慶祝中華人民共和國成立30週年大會上的講話為基礎，開始著手起草《關於建國以來黨的若干歷史問題的決議》。《決議》的起草工作，是在中共中央政治局和中央書記處領導下，由鄧小平、胡耀邦主持進行。起草小組主要由時任中共中央書記處書記、中共中央毛澤東主席著作編輯出版委員會辦公室主任、中共中央黨史研究室主任、中國社會科學院院長胡喬木負責。

　　1980年3月19日，鄧小平同胡耀邦、胡喬木、鄧力群談話，對《決議》的起草提出了三條指導思想：第一，確立毛澤東同志的歷史地位，堅持和發展毛澤東思想。這是最核心的一條。第二，對建國30年來歷史上的大事，哪些是正確的，哪些是錯誤的，要進行實事求是的分析，包括一些負責同志的功過是非，要作出公正的評價。第三，通過這個決議對過去的事情做個基本的總結。這個總結宜粗不宜細。總結過去是為了引導大家團結一致向前看。總的指導思想，就是這三條。[①] 其中最重要、最根本、最關鍵的還是第

---

① 以上參見中共中央文獻研究室編：《鄧小平年譜》（1904—1997）第4卷，中央文獻出版社2020年版，第609—610頁。

中共中央书记处

邓小平同志谈话

一九八〇年十月二十五日，邓小平同志找胡乔木同志、邓力群同志，谈了四个问题，按记录整理如下：

第一个问题《关于建国以来党的若干历史问题的决议》（讨论稿）的讨论和修改。

讨论还在进行。我看了一些简报。大家畅所欲言，众说纷纭，有些意见很好。篇幅还是太长，要压缩，该说的就可以更说出，可以不说的去掉。很多组要求把粉碎"四人帮"以后这段补写上去。有的组已经知道原来有个稿子，这次没有印，也要求发给大家讨论。看来，这段势必要写。

关于毛泽东同志功过的评价和毛泽东思想写不写、怎么写的问题，意见最多。这的确是个非常重要的问题。我找赞卫局的同志谈了一下，他们说，把我前些日子和意大利记者的谈话向战士们宣读了，还组织了讨论，干部、战

— 1 —

鄧小平對《關於建國以來黨的若干歷史問題的決議》（討論稿）的有關批示和 1980 年 10 月 25 日鄧小平同胡喬木、鄧力群的談話記錄。

一條。隨後，鄧小平又陸續多次談了對起草《決議》的意見。

1981 年《關於建國以來黨的若干歷史問題的決議》的通過，對於全黨和全國人民同心同德為實現新的歷史任務而奮鬥，產生了深遠影響。

1981

1982

中共十二大
設立顧問委員會

★

1982 年 9 月 1 日，鄧小平在中共十二大上致開幕詞，第一次提出"建設有中國特色的社會主義"這一嶄新命題。十二大實現了新老幹部的合作和交替，特別是顧問委員會的設立，是黨的歷史上的一個創造。

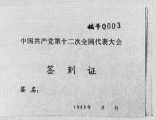

❶1982 年鄧小平參加十二大的出席證和簽到證。 ❷ 中共十二大選舉產生了中央顧問委員會，鄧小平任主任。圖為中顧委舉行第一次全體會議。

1982年9月1日至11日，中國共產黨第十二次全國代表大會舉行。大會正式代表1545人，候補代表145人，代表全國3900多萬黨員。9月18日，十二大閉幕剛剛一週，鄧小平便離開北京，陪同朝鮮領導人金日成訪問四川。途中，他介紹十二大的情況時說："從十一屆三中全會到十二大，我們打開了一條一心一意搞建設的新路。"

設立顧問委員會

　　顧問委員會，是中國共產黨為解決黨的中央領導機構新老交替而創設的一種組織形式，目的是逐步實現中央委員會年輕化，同時讓一些老同志在退出第一線之後繼續發揮作用。

　　根據十二大黨章第三章第二十二條規定，中央顧問委員會是中央委員會政治上的助手和參謀，它在中央委員會領導下進行工作，任務有四條：一是對黨的方針、政策的制定和執行提出建議，接受諮詢；二是協助中央委員會調查處理某些重要問題；二是在黨內宣傳黨的重大方針、政策；四是承擔中央委員會委託的其他任務。中顧委的委員必須具有40年以上的黨齡，對黨有過較大貢獻，有較豐富的領導工作經驗，在黨內外有較高聲望。中顧委每屆任期同中央委員會相同，其常務委員會和主任、副主任由中顧委全體會議選舉產生，並報中央委員會批准。

　　設立中顧委是廢除黨員領導幹部職務終身制的過渡辦法，是總結歷史經驗並從中國幹部隊伍，特別是領導幹部隊伍的實際情況出發而制定的一項具有特色的組織制度。

長時間的醞釀過程

　　關於設立中顧委的決策，中央經過了一段長時間的醞釀。

　　1980年4月23日，中央政治局作出決定，凡年事已高、喪失工作能力和生活自理能力的老同志，不當中共十二大代表和中央委員候選人。這個決定直接涉及黨和國家領導人中在黨內外有崇高聲望的老同志，還涉及省、市、自治區，地、縣、省轄市和軍隊的一大批老同志。黨要保證他們原有生活待遇不變，並且對他們的歷史功績作出全面評價，使他們享有應得的榮譽。此後黨的各級組織對涉及的老同志及其家屬做了大量的宣傳和解釋工作。

1980 年 8 月 18 日，鄧小平在中央政治局擴大會議的講話中指出："中央已經設立了紀律檢查委員會，正在考慮再設立一個顧問委員會（名稱還可以再考慮），連同中央委員會，都由黨的全國代表大會選舉產生，並明確規定各自的任務和權限。這樣，就可以讓一大批原來在中央和國務院工作的老同志，充分利用他們的經驗，發揮他們的指導、監督和顧問的作用。同時，也便於使中央和國務院的日常工作班子更加精幹，逐步實現年輕化。"[①]

在 1982 年 3 月到 5 月的國務院和中央直屬機關機構改革中，一些老同志退出了第一線領導崗位。在國務院機構改革後的新班子中，新選拔的中青年幹部佔 32%，平均年齡由 64 歲下降到 58 歲。在中央直屬機關機構改革中，配備領導班子的工作也很見成效，領導人的平均年齡由原來的 64 歲下降到了 60 歲；新選拔的中青年部級幹部佔 13%，局級幹部佔 16%，平均年齡從原來的 58 歲下降到了 54 歲。

1982 年 7 月 30 日，鄧小平在中央政治局擴大會議上談到《中國共產黨章程（修改草案）》時指出：

> 這次的黨章有些問題沒有完全解決，比如領導職務終身制的問題，已經接觸到了，但沒有完全解決，退休制度的問題也沒有完全解決，設顧問委員會，是一種過渡性質的。鑒於我們黨的狀況，我們幹部老化，但老同志是骨幹，處理不能太急，太急了也行不通。
>
> ……顧問委員會，應該說是我們幹部領導職務從終身制走向退休制的一種過渡。我們有意識地採取這個辦法，使得過渡比較順利。也許經過三屆代表大會以後，顧問委員會就可以取消了。……這個過渡是必要的，我們選擇了史無前例的這種形式，切合我們黨的實際。[②]

在 1982 年 8 月舉行的十一屆七中全會上，又有許多老同志表示要退出中央委員會和其他一些領導崗位。這些，都為十二大成功地設立中央顧問委員會鋪平了道路。

① 《鄧小平文選》第 2 卷，人民出版社 1994 年版，第 339 頁。
② 《鄧小平文選》第 2 卷，人民出版社 1994 年版，第 413—414 頁。

"雛鳳清於老鳳聲"

1982 年 9 月 13 日，在中央顧問委員會第一次全體會議上，新當選的中顧委主任鄧小平發表講話指出："這一次在解決新老交替問題上邁出了相當大的一步。如果花兩個 5 年的時間，通過這種過渡的形式，穩妥地順當地解決好這個問題，把退休制度逐步建立起來，那就是很大的勝利。這對於我們國家以後的發展，是辦了一件很好的事情。所以，可以設想，再經過 10 年，最多不要超過 15 年，取消這個顧問委員會。10 年、兩屆還是需要的，一屆恐怕不好，太急促了。顧問委員會今天剛成立，就宣佈準備將來取消，這就明確了這個組織的過渡性。我們尊重生活和歷史的辯證法。"[③] 他還講，我們的國家也好，黨也好，最根本的應該是建立退休制度。

中央顧問委員會和省、自治區、直轄市顧問委員會的成立，標誌著黨和國家在廢除領導職務終身制問題上，邁出了非常關鍵的一步。

十二大經過充分醞釀，民主選舉了新的中央委員會。中央委員年齡在 60 歲以下的有 171 人，佔 49.1%，其中含 55 歲以下的 112 人；保留了 16 位 71 歲以上的德高望重的老同志，他們都是在國內外享有崇高威望的老一輩無產階級革命家。和十一屆中央委員會比較而言，新的中央委員會最顯著的特點就是吸收了一大批德才兼備、年富力強、具有一定專業知識的中青年幹部進入了中央高層領導崗位。這是十二大的偉大歷史功績，是黨成熟和興旺發達的重要標誌。葉劍英在大會上吟詠唐朝詩人李商隱的詩句 "雛鳳清於老鳳聲" 來稱讚中國政壇新秀。正如陳雲所講："只要把幹部隊伍的交接班問題解決好，我們黨的事業就一定會後繼有人。"

十二大上，一大批老同志從第一線領導崗位退出，經選舉進入了中央顧問委員會，他們的主要任務，不再是擔當什麼具體領導職務，而是支持中青年幹部的工作，擔負起 "傳幫帶" 的任務。留在中央委員會的老同志，他們的主要精力也不再是用來處理日常的工作，而是 "在重大問題上出出主意，把把關"。這些措施對於保證黨的路線、方針和政策的穩定性和連續性具有極其重要的意義。十二大的這些舉措，是黨的歷史上的偉大創舉，也是國際共產主義運動史上的偉大創舉。

1982

③ 《鄧小平文選》第 3 卷，人民出版社 1993 年版，第 5—6 頁。

1983

城鄉經濟體制和教育體制改革逐步展開

★

中共十二大後，以城市為重點的經濟體制改革全面展開。1983年2月，中共中央、國務院批准在重慶這樣的大城市進行經濟體制綜合改革試點。4月24日，國務院批轉財政部制定的《關於國營企業利改稅試行辦法》，將國營企業原來給國家上繳利潤的辦法，改為按國家規定的稅種和稅率向國家繳納稅金。10月12日，中共中央、國務院發出《關於實行政社分開建立鄉政府的通知》，此後，建立鄉、鎮政府和各種合作經濟形式的工作在全國展開，人民公社體制廢除。10月1日，鄧小平為北京景山學校題詞："教育要面向現代化，面向世界，面向未來。"

教育要面向現代化，面向世界，面向未來。

鄧小平 一九八三年國慶節
書贈 景山學校

❶

❶1983 年鄧小平為北京景山學校題詞。❷1983 年深圳特區印發的有關
改革情況的簡訊。❸1983 年 1 月 2 日中共中央發出《當前農村經濟政策
的若干問題》，指出要逐步實現農業的經濟結構改革、體制改革和技術
改革。圖為《人民日報》刊載的文件摘要。❹1986 年 9 月 15 日中共中
央、國務院頒發了《全民所有制工業企業廠長工作條例》等 3 個條例。
圖為《人民日報》刊登的中共中央為頒發這 3 個條例發出的通知摘要。

❺ 農村實行改革後，鄉鎮企業蓬勃發展。圖為江蘇省江陰縣要塞鄉一個年產 120 萬條床單的工廠一角。❻ 城市經濟體制改革以增強企業活力為中心環節，進行了承包、租賃、股份制等改革。圖為實行承包經營的首都鋼鐵公司第二煉鋼廠。❼1984 年 7 月天橋百貨商場作為股東之一，加入北京市天橋百貨股份有限公司，成為中國最早的股份制企業之一。

中共十二大後，經濟體制改革全面展開：農村改革在鞏固的基礎上進一步深入；改革的重點逐步轉向城市，城市經濟體制改革由試點發展到全面鋪開；教育科技文化等領域也邁出改革步伐。

農村改革：從家庭聯產承包到鄉鎮企業異軍突起

1978 年秋，安徽鳳陽小崗村農民秘密開會商議，決定瞞上不瞞下，實行分田到戶，即"包乾到戶"。他們對此的理解是：大包乾，直來直去不拐彎，保證國家的，留足集體的，剩下都是自己的。這個辦法簡便易行，深受農民歡迎。小崗村一年大變樣，產生了極強的示範作用。其他一些省份也採取了類似做法。這些大膽嘗試，揭開了中國農村改革的序幕。

實行家庭聯產承包，是中國農民的偉大創造。黨中央尊重群眾願望，積極支持試驗，通過幾年的努力，解決了中國社會主義農村體制的重大問題，從而使中國農業生產擺脫長期停滯的困境，帶動了整個改革開放和社會主義現代化建設事業。

中共十二人以後，農村改革以穩定和完善家庭聯產承包責任制為主要任務。1982 年至 1984 年，中央連續發出 3 個"一號文件"，不斷推出穩定和完善家庭聯產承包責任制的措施。1983 年，人民公社制宣佈廢除。1985 年 1 月 1 日，中共中央、國務院印發《關於進一步活躍農村經濟的十項政策》，這是中央連續 4 年發出的第 4 個"一號文件"，決定改革農產品統購派購制度，從 1985 年起實行合同定購和市場收購。這就基本改變了中國實行 30 多年的統購派購政策，把農村經濟納入有計劃的商品經濟的軌道，促使傳統農業向專業化、商品化、現代化方向發展。

鄉鎮企業的異軍突起，是農村改革的一個顯著特色，是農村經濟的一大歷史性變化。到 1987 年，全國鄉鎮企業從業人數達到 8805 萬人，產值達到 4764 億元，佔當年農村社會總產值的 50.51%，第一次超過農業總產值。隨著鄉鎮企業的發展，全國各地興起了一大批小城鎮，成為建設中國特色社會主義進程中的一個新鮮事物。

城市改革：國企承包經營責任制和企業股份制改革嘗試

在農村改革的推動下，城市改革向新的廣度和深度拓展。1983 年起，國營企業進行兩步利改稅改革等，以完善國家和企業的分配關係。這些改革措施對搞活城市經濟、提高企業效益起到了積極作用。但要進一步解決經濟體制深層次的弊端，還需要把改革全面引向深入。

1984 年 3 月 23 日，福建省 55 位廠長、經理以《請給我們"鬆綁"》為題，聯名向省委書記和省長發出一封公開信，希望給予企業必要的人事權、財權和自主經營權。這表明，要求全面改革的呼聲日益強烈。《人民日報》在顯著位置對此作了報道。

中共十一屆三中全會以後，城市改革試點總的說來還是初步的和探索性的，政企不分、經濟效益低下、分配中的嚴重平均主義和吃"大鍋飯"等種種弊端依然存在。對外開放使人們眼界大開，正在世界範圍興起的新技術革命給中國經濟發展帶來的機遇和挑戰，使經濟體制改革顯得更為迫切。

1984 年 10 月 20 日，中共十二屆三中全會通過《關於經濟體制改革的決定》，規定以城市為重點的經濟體制改革的任務、性質和各項方針政策。《決定》在理論上的重大貢獻是，突破把計劃經濟同商品經濟對立起來的傳統觀念，提出中國社會主義經濟是"公有制基礎上的有計劃的商品經濟"；突破把全民所有同國家機構直接經營企業混為一談的傳統觀念，提出"所有權同經營權可以適當分開"。這是黨在計劃與市場關係問題上得出的全新認識。此後，以城市為重點的經濟體制改革全面展開。

中共十二屆三中全會把增強企業活力特別是全民所有制大中型企業活力，作為以城市為重點的經濟體制改革的中心環節，採取的一項重要措施是廣泛推行承包經營責任制。到 1987 年，全國已有 80% 的國營企業實行各種形式的承包經營責任制。同時，一些企業進行股份制改革嘗試。1984 年 7 月，北京市天橋百貨股份有限公司成立，在全國國營企業中率先邁出股份制改革步伐。1984 年 10 月，通過了《關於經濟體制改革的決定》。11 月，上海飛樂音響公司向本企業和社會公開發行股票，成為改革開放後上海第一家試行股份制經營的股份有限公司。到 1986 年底，全國共有股份制企業 6000 多家。[①]

通過改革，城市經濟生活出現了前所未有的活躍局面。雖然在著重強調放開搞活和增強企業活力的時候，加強和改善國家宏觀管理的措施沒有及時跟上，以致產生了一些混亂現象，但總的來說，經濟體制改革的方向是正確的。

---

① 以上參見中共中央黨史研究室著：《中國共產黨的九十年》（改革開放和社會主義現代化建設新時期），中共黨史出版社、黨建讀物出版社 2016 年版，第 717—721 頁。

教育改革：“三個面向”的提出

隨著城鄉經濟體制改革逐步展開，教育體制改革也正式啟動。

1983 年 10 月，鄧小平給景山學校題詞，提出“教育要面向現代化，面向世界，面向未來”的要求。“三個面向”是鄧小平教育思想的核心，為中國教育事業發展和教育改革發展指出了明確的方向。

“面向現代化”，就是教育要適應社會主義現代化建設的需要。中國要實現工業、農業、國防和科學技術現代化，其中最重要的是科學技術現代化。教育要面向現代化，首先要為四個現代化建設培養各類合格人才，尤其要培養大批掌握現代化科學技術的人才，不斷提高中國國民素質，促進人的現代化。

“面向世界”，就是教育要向其他國家學習並吸取先進的科學技術和管理經驗，要趕超世界先進水平。鄧小平針對中國長期以來搞閉關自守，提出了尖銳批評。他說，認識落後才能去改變落後，學習先進才有可能趕超先進。同時，他強調，我們要有計劃、有選擇地引進資本主義國家的先進技術和其他對我們有益的東西，但是我們決不學習和引進資本主義制度，決不學習和引進各種醜惡頹廢的東西。

“面向未來”，就是教育要有預見性，面向未來社會的發展和變化，尤其要面向未來的科學技術和生產的發展。與當今社會的生產和科學技術相比，教育是滯後的。教育是為未來培養人才的，因此，教育不能只立足於今天，而要立足明天、後天。鄧小平強調教育面向未來，必須從娃娃抓起，充分體現了高瞻遠矚的戰略眼光。

1985 年 5 月 27 日，中共中央作出《關於教育體制改革的決定》，指出教育體制改革的目的，是使各級各類教育能夠主動適應經濟社會發展的多方面需要。《決定》同時闡明教育體制改革的措施和步驟，提出有步驟地實行九年制義務教育，大力發展職業技術教育，改革高等學校招生計劃和畢業生分配制度，擴大高等學校辦學自主權等。從 1985 年開始，高校畢業生分配實行計劃分配與雙向選擇相結合。

總之，隨著各方面改革的陸續鋪開，僵化的高度集中的計劃經濟體制開始被衝破，中國出現了前所未有的農業和工業、農村和城市、經濟體制改革和其他體制改革、改革和發展相互促進的生動局面。

1984

提出"一國兩制"偉大構想

1984年2月，鄧小平在會見美國喬治城大學戰略與國際問題研究中心代表團時，在毛澤東、周恩來關於爭取和平解決台灣問題思想的基礎上，創造性地提出"一個中國，兩種制度"，即"一國兩制"偉大構想。5月18日，"一國兩制"寫入《政府工作報告》。12月，中英關於香港問題的《聯合聲明》簽署。

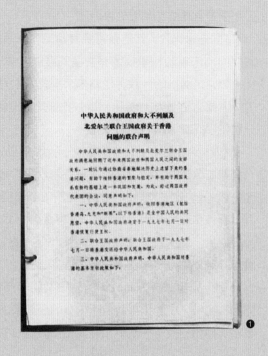

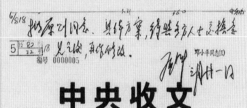

❶1984 年 12 月中英《聯合聲明》。❷1960 年 6 月 27 日《解放軍報》刊登專版《我們一定要解放台灣》。❸1982 年 3 月 21 日鄧小平審閱《廖承志同志關於解決香港地位問題的初步方案和近期工作的報告》，批示："擬原則同意。具體方案，待與各方人士交換意見之後，再作修改。"

"一國兩制"，就是在一個中國的前提下，國家的主體堅持社會主義制度，香港、澳門和台灣保持原有的資本主義制度長期不變。

實現祖國統一有和平與非和平兩種方式。1955 年萬隆會議後，中國共產黨逐步確立了爭取和平解放台灣的方針，但種種努力未能得到美國方面的積極回應，1955 年 3 月美台"共同防禦條約"生效後，美國加強對台軍事援助，加緊製造"兩個中國"。為此，黨中央和毛澤東調整政策，反對侵略危脅，加強對美鬥爭。

1963 年 1 月，周恩來將毛澤東提出的對台灣問題的有關原則概括為"台灣必須統一於中國""台灣回歸祖國後，除外交必須統一於中央外，所有軍政大權、人事安排等悉委於蔣（介石）"等的"一綱四目"。[①]

20 世紀 70 年代後，中美關係開始走向正常化。1974 年 10 月 2 日，剛剛復出不久的鄧小平在會見台灣同胞、海外華僑時也說道：解放台灣有和平方式和非和平方式兩種，即使台灣解放，我們也不會把大陸的政策搬過去。

1979 年 1 月 1 日，鄧小平出席全國政協舉行的迎春茶話會，他在會上說，今年的元旦有三大特點：一是全國工作重點轉移到現代化建設上來了；二是中美關係實現了正常化；三是台灣和祖國大陸的和平統一問題已經提到了具體的日程上來。當天，全國人大常委會發表了《告台灣同胞書》，宣佈了中國共產黨關於和平統一祖國的大政方針。與此同時，1958 年開始的炮擊金門等島嶼的行動畫上了句號。

隨後不久，正當中國人民歡度新春佳節時，鄧小平出訪美國。1 月 30 日，他同美國參議院、眾議院議員談話時指出："我們不再用'解放台灣'這個提法了。只要台灣回歸祖國，我們將尊重那裏的現實和現行制度。我們一方面尊重台灣的現實，另一方面一定要使台灣回到祖國的懷抱。"這表明，鄧小平在確定用和平方式解決台灣問題時，已經有了"一國兩制"的初步設想。

1981 年國慶前夕，葉劍英以全國人大常委會委員長身份向新華社記者發表談話，進一步闡明關於實現祖國和平統一的九點方針政策。1982 年 1 月 11 日，鄧小平會見美國華人協會主席李耀滋時指出："九條方針是以葉副主席的名義提出來的，實際上就是一個國家兩種制度。"

① 中共中央黨史和文獻研究院編：《中華人民共和國大事記（1949 年 10 月—2019 年 9 月）》，人民出版社 2019 年版，第 41 頁。

1983 年 6 月 26 日，鄧小平會見美國新澤西州西東大學教授楊力宇時進一步指出：“祖國統一後，台灣特別行政區可以有自己的獨立性，可以實行同大陸不同的制度。司法獨立，終審權不須到北京。台灣還可以有自己的軍隊，只是不能構成對大陸的威脅。大陸不派人駐台，不僅軍隊不去，行政人員也不去。台灣的黨、政、軍等系統，都由台灣自己來管。中央政府還要給台灣留出名額。”鄧小平強調：“和平統一不是大陸把台灣吃掉，當然也不能是台灣把大陸吃掉。”

　　1984 年 2 月 22 日，鄧小平同訪問中國的美國前總統國家安全事務助理、時任喬治城大學戰略與國際問題研究中心高級顧問的布熱津斯基談話時指出：世界上有許多爭端，總要找個解決問題的出路。我多年來一直在想，找個什麼方法，不用戰爭手段而用和平方式，來解決這種問題。“一個中國，兩種制度”。香港問題也是這樣。

　　1984 年 5 月 18 日，“一國兩制”的提法寫入《政府工作報告》，成為中國政府解決台灣、香港、澳門問題，實現祖國統一方針的概括性語言。

　　1984 年 12 月，中英雙方最終簽署關於香港問題的《聯合聲明》，為全面解決香港回歸與平穩過渡問題奠定了基礎。

　　“一國兩制”是中國的一個偉大創舉，是中國為國際社會解決類似問題提供的一個新思路新方案，是中華民族為世界和平與發展作出的新貢獻，凝結了海納百川、有容乃大的中國智慧。解決台灣問題、實現祖國完全統一，是全體中華兒女共同願望，是中華民族根本利益所在。

1984

1985

百萬大裁軍

★

1985 年 6 月 4 日，鄧小平在中央軍委擴大會議上發表講話，指出：我們下這樣大的決心，把中國人民解放軍的員額減少 100 萬，這是中國共產黨、中國政府和中國人民有力量、有信心的表現。6 月 11 日，《人民日報》進行了報道，陸海空三軍高級幹部，"堅決擁護這一重大戰略決策"。為了黨的事業，叫留叫撤，二話不說。鮮紅的軍旗下，無數官兵眼含熱淚敬完了人生的最後一次軍禮。

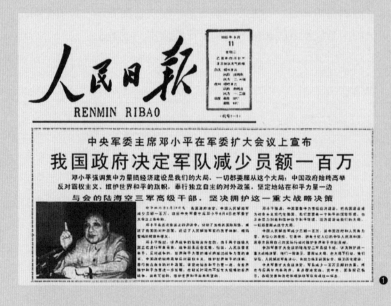

❷

在军委扩大会议上的讲话
（一九八五年六月四日）

在这么一个重要会议上，我想先就裁减军队这件事情，讲几句话。我们下这样大的决心，把中国人民解放军的员额减少一百万，这是中国共产党、中国政府和中国人民有力量、有信心的表现。它表明，拥有十亿人口的中华人民共和国，愿意并且用自己实际行动对维护世界和平作出贡献。减少一百万，实际上并没有削弱军队的战斗力，而是增强了军队的战斗力。即使国际形势恶化，这个裁减也是必要的，而且更加必要。过去我们讲过，这么臃肿的机构如果不"消肿"，不要说指挥作战，就是疏散也不容易。"消肿"，比较难的是安置退下来的几十万干部。杨尚昆[*]同志在小组会上讲了这个问题，我们要想妥善的办法把它解决好。这次军委会议开得很好，大家想到一块儿了。在这方面，我看没有不同意见。这说明我们的军队的同志是从全局着眼，从国际大局和国内大局着眼来看问题的。

今天我主要想讲一讲国际形势，中国的国际地位和对外政策。这个问题同我们会议也有关系。粉碎"四人帮"以后，特别是党的十一届三中全会以后，我们对国际形势的判断有变化，对外政策也有变化，这是两个重要的转变。

第一个转变，是对战争与和平问题的认识。过去我们的观

❸

影像记忆

1985 年百万大裁军

1985 年 5 月下旬至 6 月初，中央军委扩大会议确定了军队建设指导思想的战略性转变，决定裁减军队员额 100 万。这是国防和军队建设的一项重大抉择，是裁军结构的一次重大调整。人民军队由此迈出了精兵、合成的坚实步伐。

◀ 百万大裁军开始后，大量干部、战士复转退役。图为某部队一复员官兵受到当地群众欢快慰问。 吕国兴摄

▶ 面对精简整编，全军官兵服从大局，坚决从命，创建和人民交出了分部答卷。 （《解放军画报》资料照片）

❹

1985

❶1985 年 6 月 11 日《人民日报》。❷ 按照现代战争的需要，解放军组建了陆军航空兵、电子对抗部队等新兵种。图为陆军航空兵进行冬季演練。❸《在军委擴大會議上的講話》（1985 年 6 月 4 日）（《鄧小平文選》第 3 卷）。❹《1985 年百萬大裁軍》（2018 年 11 月 12 日《解放軍報》）。

裁軍，這個在國際上吵嚷了多年而不見成效的話題，1985年，在中國付諸行動了。

裁軍的國際國內背景及裁軍方案的出台

作出裁軍這一重大決策，是基於中國對國際形勢判斷和對外政策的兩個重要轉變。第一個轉變，是中國對戰爭與和平問題的認識。在較長時間內不發生大規模的世界戰爭是可能的，維護世界和平是有希望的。"根據對世界大勢的這些分析，以及對我們周圍環境的分析，我們改變了原來認為戰爭的危險很迫近的看法。"第二個轉變，是中國的對外政策。"過去一段時間，針對蘇聯霸權主義的威脅，我們搞了'一條線'戰略，就是從日本到歐洲一直到美國這樣的'一條線'。現在我們改變了這個戰略，這是一個重大的轉變。"正如鄧小平所說："現在樹立我們是一個和平力量、制約戰爭力量的形象十分重要，我們實際上也要擔當這個角色。只要堅持這樣的判斷和政策，我們就能放膽地一心一意地好好地搞我們的四個現代化建設。"鄧小平堅定地表示："現在就是要硬著頭皮把經濟搞上去，就這麼一個大局，一切都要服從這個大局。"①

在這個國際國內大局下，部隊現代化特別是"軍隊裝備真正現代化"任務十分緊迫。

抗美援朝戰爭結束後，為適應國家經濟建設和軍隊建設的需要，軍隊總人數逐年減少，到1958年降到了最低點，整個軍隊比較精幹。但是林彪主持軍委工作後，軍隊人數逐年增加。尤其"文化大革命"後期，由於"需要就是編制"錯誤思想的指導和隨時準備"早打、大打、打核戰爭"的弦繃得太緊，人民解放軍幾乎到了臃腫不堪的地步，軍隊總人數達到戰爭時期的最高額。

從1975年到1984年的10年中，鄧小平就軍隊"消腫"問題，大會講，小會講，集體談，個別談，據不完全統計，多達數十次。直到1984年11月軍委座談會上，他鄭重地提出了思考多年的精兵思想：在軍隊幾次整編的基礎上，再裁減員額100萬。這對全軍來說將是一個巨大的變化。

① 中共中央文獻研究室編：《鄧小平年譜》（1904—1997）第5卷，中央文獻出版社2020年版，第348—349頁。

1985 年五六月間，軍委召開擴大會議，制定了軍隊改革體制、精減方案。鄧小平在會上正式宣佈：中國政府決定，中國人民解放軍減少員額 100 萬，軍隊減到 300 萬。

6 月 8 日，中共中央、國務院、中央軍委發出《關於支持軍隊體制改革、精簡整編的通知》，要求各地政府要主動幫助解決好部隊幹部、職工的安置和精簡整編中出現的其他問題。

7 月 10 日，中央軍委副主席楊尚昆指明了精簡整編的方針原則：

一是既要堅持我軍建設的基本原則，繼承過去好的傳統，又要不斷研究、探索現代條件下軍隊建設的新路子。

二是要實行精兵政策，減少數量，提高質量。

三是要把重點放在改善武器裝備和提高人的素質上，並實行科學的編組，使人和武器裝備更好地結合起來。

四是既要使我軍成為保衛社會主義祖國的鋼鐵長城，又要使我軍成為建設社會主義物質文明和精神文明的重要力量。

7 月 27 日，中共中央、國務院又發出《關於尊重愛護軍隊積極支持軍隊改革和建設的通知》，要求全黨、全國人民深刻理解軍隊進行改革、精減這一戰略決策的重大意義，認識軍隊在現代化建設中的地位和作用，在全社會造成尊重、愛護軍隊的良好風尚，並從各方面大力支持軍隊的改革和建設。

1985 年的百萬大裁軍方略出台了。

脫胎換骨的 "大手術"

1975 年到 1985 年全軍進行了五次大的精簡、調整，總人數減去一半，其中 1985 年這一次就裁減 100 萬。這是一項十分艱巨、非常複雜的工程。如何裁減呢？對此，曾任中國人民解放軍副總參謀長、主管軍隊組織編制工作的何正文回憶說：

正當我們為此事大傷腦筋的時候，鄧小平提出了要搞體制改革的問題。1980 年 3 月，鄧主席在軍委常委擴大會議上指示我們，體制問題，實際上同 "消腫" 是一個問題的兩方面。要 "消腫"，不改革體制不行。1981 年底，他又指出，精簡整編，要搞革命的辦法；用改良的辦法，根本行不通。事隔不到半月，小平同志進一步告誡全黨，精簡機構是一場革命。如果不搞這場革命，讓黨和國家的組織繼續目前這樣機構臃腫重疊、職責不清……這是"難以為繼"，"不能容忍"的。

1984 年 11 月，鄧小平在講軍隊精簡 100 萬時明確指出，"這次減人，要同體制改革結合起來"，改革的主要辦法大體上是撤、併、降、交、改、理等。

"撤"，就是成建制地撤部隊，包括撤軍、撤師等；

"併"，主要是合併機構，像大軍區合併、院校合併等；

"降"，則是指降低有些單位的機構等級和壓縮其規模，如兵團級、軍級機構壓為軍級、師級等；

"交"，是將部分屬於政府職能的機關部隊，如縣市人武部和內衛部隊等交給國家和地方政府有關部門；

"改"，是對有些保障單位實行企業化管理、部分幹部職務改用士官或兵等；

"理"，則是指調整理順各方面的關係。

對改革裁減過程中遇到的難題，何正文深有感觸地回憶說：

改革是十分困難的。以合併、減少四個大軍區為例，這可真是一場牽動人心的"革命"。精心設計、精心施工的戰備工程，配套成龍的保障設施，互相熟悉、得心應手的辦事機構，還有那同自己工作和成長聯繫在一起的具有光榮歷史的番號等等，這是數十萬人花了幾十年心血所建成、形成的東西，一旦要放棄，這無論從工作、生活或感情上講，都是很痛的。然而，為了落實軍委的戰略決策，我們的指揮人員、政工人員、機關工作人員和各方面的保障人員，堅決而又愉快地按時做到了。

具體"操刀"百萬大裁軍的何正文本人就身體力行，帶頭讓在部隊服役的 4 個子女全部脫下軍裝轉業到地方。高級幹部的示範作用有力推動了裁軍工作順利進行。

同合併相比較，撤銷就更複雜了。

1985 年，我軍陸軍部隊的建制單位撤銷了四分之一。特別是那些有著幾十年光榮歷史、具有赫赫戰功的部隊，一下子撤銷了番號，不論是對軍委決策層，還是部隊的廣大指戰員，確實是於心不忍、於心不快。但人民軍隊是好樣的，戰爭年代指到哪兒打到哪兒，和平時期黨叫幹啥就幹啥。

勝利完成裁軍任務

經過軍民齊動員，上下共努力，到 1987 年，百萬大裁軍的浩大工程順利完成。

軍隊規模大為壓縮。全軍共撤併軍以上機構 31 個，師、團單位 4000 多個，總參謀部、總政治部、總後勤部機關人員減少近一半。撤併這麼多機構，減少很多幹部和大量保障人員，這對完成精簡 100 萬員額的任務，起到了決定性作用。全軍編餘幹部共 60 多萬人，到 1986 年底安置 37 萬人，加上 1987 年轉業 12 萬，共安置約 50 萬。由於裁軍中幹部的比重大，官兵比例由原來的 1：1.45 降低到 1：3.3。

軍隊編制有較大變動。大軍區由原來的 11 個合併為 7 個，解決了某些軍區戰役縱深、獨立作戰能力弱的問題。合併成立軍隊高等學府國防大學，改變了高級幹部培訓分散多頭的狀況。

陸軍的軍編成集團軍，加大了特種兵比重，提高了合成的程度，增強了整體威力和作戰能力。實行軍士制度，將軍隊內部管理的 76 種幹部職務改由軍士擔任，以穩定技術骨幹。縣市人民武裝部門改歸地方建制。軍隊後勤體制也進行了改革。

兵貴精不貴多。裁軍百萬，對節省軍費、支援國家經濟建設、減輕人民負擔，意義重大，也更利於改善武器裝備，提高部隊戰鬥力。正如鄧小平指出的，裁軍百萬，實際上並沒有削弱軍隊的戰鬥力，而是增強了軍隊的戰鬥力；裁軍百萬，是中國政府和中國人民有力量有信心的表現。

通過指導思想的戰略性轉變，百萬裁軍的完成，以及相應整編調整，人民解放軍逐步成長為一支機構精幹、指揮靈便、裝備精良、訓練有素、戰鬥力強的具有中國特色的現代化、正規化、革命化軍隊。

1985

1986

"863 計劃"

★

1986 年 3 月 3 日，王大珩、王淦昌、楊嘉墀、陳芳允四位老科學家給鄧小平等寫信，提出中國要跟蹤世界先進水平，發展中國高技術的建議。3 月 5 日，鄧小平批示："這個建議十分重要"，"找些專家和有關負責同志討論，提出意見，以憑決策"。他強調："此事宜速作決斷，不可拖延。" 10 月 6 日，鄧小平在《高技術研究發展計劃（"863 計劃"）綱要》等三個文件送審報告上批示："我建議，可以這樣定下來，並立即組織實施（如有缺點或不足，在實施中可以修改和補充）。耀邦、先念、陳雲同志審核後，提政治局討論、批准。" ①

---

① 中共中央文獻研究室編：《鄧小平年譜》（1904—1997）第 5 卷，中央文獻出版社 2020 年版，第 405 頁。

❶1986 年 10 月 6 日鄧小平在《高技術研究發展計劃（“863 計劃”）綱要》等三個文件送審報告上的批示。❷1991 年 4 月 25 日科學家王大珩、王淦昌、楊嘉墀、陳芳允榮獲“863 計劃”榮譽證書。

1986 年，中國開始實施《高技術研究發展計劃綱要》（"863 計劃"）。這一計劃旨在選擇幾個重要的高技術領域，跟蹤國際水平，縮小與國外的差距，力爭在中國有優勢的領域中有所突破。

20 世紀 70 年代以來，科學技術前沿孕育著一系列新的重大突破。為了爭奪高技術這一未來國際競爭的制高點，世界上許多國家紛紛投入人力物力，把發展高技術作為國家發展的重要戰略之一。1983 年，美國開始實施 "星球大戰" 計劃，隨後，歐洲啟動 "尤里卡" 計劃，日本也制定了 "今後十年科學技術振興政策" 等，從而在世界範圍內掀起了一個發展高技術的浪潮。

全球新一輪高技術革命的競爭和挑戰形勢，引起了中國政府和科技界的高度關注。1986 年 3 月 3 日，王大珩、王淦昌、楊嘉墀、陳芳允四位老科學家給鄧小平等寫信。信中說：

我們四位科學院學部委員（王淦昌、陳芳允、楊嘉墀、王大珩）關心到美國 "戰略防禦倡議"（即 "星球大戰" 計劃）對世界各國引起的反應和採取的對策，認為我國也應採取適當的對策，為此，提出了《關於跟蹤研究外國戰略性高技術發展的建議》。現經我們簽名呈上。敬懇察閱裁奪。

我們四人的現任職務分別是：

王淦昌　核工業部科技委副主任

陳芳允　國防科工委科技委專職委員

楊嘉墀　航天部空間技術院科技委副主任

王大珩　科學院技術科學部主任

王大珩把信寫好後，通過什麼途徑送上去呢？他回憶說：

按常規，這個建議應該先上報科學院，再由科學院酌情逐級上報。但這樣做顯然需要等待很長的時間，而且還不知道最終是否會送到小平同志那裏。當時，我的內心十分焦慮。我想，我不能再等下去了，世界局勢的急劇變化和我們的國情也不允許我們再等待下去了。我必須想辦法把這個建議儘快送到小平同志的手中。為此，我很唐突地貿然找到小平同志的一位親屬，請求他向小平同志直接遞交我們的這封信。

3月3日當天，四位科學家的信順利地送達鄧小平手中，並受到鄧小平的高度重視。

3月5日，鄧小平對此信作了重要批示，強調"速作決斷，不可拖延"。

鄧小平這個批示，是一個具有深遠意義的偉大決策，從此，中國的高技術研究發展進入了一個新階段。為了使這一計劃切實可行，將風險減少到最低限度，在此後的半年時間裏，中共中央、國務院組織200多位專家，研究部署高技術發展戰略，經過三輪極為嚴格的科學和技術論證後，11月18日，中共中央、國務院轉發了《高技術研究發展計劃綱要》。由於科學家的建議和鄧小平對建議的批示都是在1986年3月作出的，這個宏偉計劃被稱為"863計劃"。

中國是一個發展中國家，從國情出發，中國在較長時期內，還沒有條件投入大量人力、物力、財力去全面大規模地發展高技術，不可能也沒有必要在世界範圍內同發達國家開展爭奪高技術優勢的全面競爭。因此，"863計劃"從世界高技術發展趨勢和中國的需要與實際可能出發，堅持"有限目標，突出重點"的方針，選擇生物、信息、航天、激光、自動化、能源、新材料等七個技術領域的15個主題項目作為研究發展重點（1996年增加了海洋技術領域），希望通過15年的努力，力爭達到下列目標：

在幾個最重要高技術領域，跟蹤國際水平，縮小同國外的差距，並力爭在我們有優勢的領域有所突破，為20世紀末特別是21世紀初的經濟發展和國防安全創造條件；

培養新一代高水平的科技人才；

通過傘形輻射，帶動相關方面的科學技術進步；

為21世紀初的經濟發展和國防建設奠定比較先進的技術基礎，並為高技術本身的發展創造良好的條件；

把階段性研究成果同其他推廣應用計劃密切銜接，迅速地轉化為生產力，發揮經濟效益。

中國宏偉的高技術研究發展計劃，就這樣堅定地開始實施了。

1987

中共十三大
闡述社會主義
初級階段理論

★ ━━━━━━━━━━━━━━━━━━━━

1987 年 8 月 29 日，中共十三大召開前，鄧小平會見意大利共產黨領導人約蒂和贊蓋里時指出：“我們黨的十三大要闡述中國社會主義是處在一個什麼階段，就是處在初級階段，是初級階段的社會主義。”中共十三大最重要的歷史貢獻在於第一次系統地闡明了社會主義初級階段的理論，明確提出了黨在這個階段的基本路線，並依據這個理論和路線制定了全面改革的基本方針和行動綱領。

❶ 鄧小平：《一切從社會主義初級階段的實際出發》（1987 年 8 月 29 日）（《鄧小平文選》第 3 卷）。❷ 中共十三大會場。

1987年10月25日至11月1日，中國共產黨第十三次全國代表大會舉行。大會正式代表1936人，特邀代表61人，代表全國4600多萬黨員。大會闡述了社會主義初級階段理論，完整地概括了黨在社會主義初級階段的"一個中心、兩個基本點"的基本路線，制定了到21世紀中葉分三步走、實現社會主義現代化的發展戰略。

　　大會指出，我國處在社會主義初級階段包括兩層含義。第一，我國社會已經是社會主義社會，我們必須堅持而不能離開社會主義；第二，我國的社會主義社會還處在初級階段，我們必須從這個實際出發，而不能超越這個階段。這是我國在生產力落後、商品經濟不發達條件下建設社會主義必然要經歷的特定階段，從生產資料私有制的社會主義改造基本完成，到社會主義現代化的基本實現，至少需要上百年時間，都屬於這個階段。

　　在社會主義初級階段中，主要矛盾是人民日益增長的物質文化需要同落後的社會生產之間的矛盾。階級鬥爭在一定範圍內還會存在，但不是主要矛盾。黨和國家的主要任務是發展生產力，推進社會主義現代化建設。黨在社會主義初級階段的基本路線是：領導和團結全國各族人民，以經濟建設為中心，堅持四項基本原則，堅持改革開放，自力更生，艱苦創業，為把我國建設成為富強、民主、文明的社會主義現代化國家而奮鬥。

　　根據鄧小平提出的設想，大會確定了經濟發展三步走的戰略部署：第一步，實現國民生產總值比1980年翻一番，解決人民的溫飽問題；第二步，到20世紀末，使國民生產總值再增長一倍，人民生活達到小康水平；第三步，到21世紀中葉，人均國民生產總值達到中等發達國家水平，人民生活比較富裕，基本實現現代化。

　　社會主義初級階段的理論和黨的基本路線不僅是過去9年經驗的概括和總結，而且是新中國成立38年來正反兩方面經驗的概括和總結。30多年的經驗證明，我們所蒙受的巨大損失和災難，主要不在外因，而在於我們自己脫離了中國的實際，發生理論的悖謬、路線的錯誤。可見，正確認識中國的國情和所處的歷史階段，的確是建設有中國特色的社會主義的首要問題，是制定和執行正確路線和政策的根本依據。

　　鄧小平在1989年後曾有針對性地不止一次反覆強調這樣一個重要觀點："要繼續貫徹執行十一屆三中全會以來的路線、方針、政策，連語言都不變。十三大政治報告是經過黨的代表大會通過的，一個字都不能動。這個我徵求了李先念、陳雲同志的意見，他們贊成。"

1988

"科學技術是
第一生產力"

★

1988 年 9 月 5 日，鄧小平在會見捷克斯洛伐克總統古斯塔夫·胡薩克時指出，馬克思說過，科學技術是生產力，事實證明這話講得很對。依我看，科學技術是第一生產力。第二天的《人民日報》報道了這次會見，同時發表題為《生產力標準也是選拔幹部的根本標準》的評論員文章。

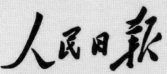

人民日报
RENMIN RIBAO

第14668期（代号1—1）　人民日报社出版

1988年9月
6
星期二

怎样才能根除集团购买力"膨胀病"？
在京部分经济工作者和企业界人士开"药方"：
增加专控商品范围；开征特别税；工商共同把关

通过保密法现役军官服役条例
七届人大常委会第三次会议闭会
同时批准有关公约、议定书和协定

邓小平会见胡萨克
两位老革命家对中捷密切关系表示高兴

邓小平会见胡萨克夫妇。　　　新华社记者 梁 清摄

王震李铁映看望北京中小学教师
预祝大家教师节愉快并提出殷切希望

陈慕华当选妇联主席
康克清担任名誉主席

红水河上游地区连降暴雨
梧州市三分之二城区被淹

基本法草委会名单
澳门特别行政区

淮阳县正确理解德才标准
重用能发展生产力的干部

生产力标准也是选拔干部的根本标准

1988

科学技术是第一生产力 *

（一九八八年九月五日、十二日）

一

世界在变化，我们的思想和行动也要随之而变。过去把自己封闭起来，自我孤立，这对社会主义有什么好处呢？历史在前进，我们却停滞不前，就落后了。马克思说过，科学技术是生产力，事实证明这话讲得很对。依我看，科学技术是第一生产力。我们的根本问题就是要坚持社会主义的信念和原则，发展生产力，改善人民生活，为此就必须开放。否则，不可能很好地坚持社会主义。拿中国来说，五十年代在技术方面与日本差距也不是那么大。但是我们封闭了二十年，没有把国际市场竞争摆在议事日程上，而日本却在这个期间变成了经济大国。

二

从长远看，要注意教育和科学技术。否则，我们已经耽误

---

* 这是邓小平同志两次谈话的节录，分别摘自一九八八年九月五日会见捷克斯洛伐克总统胡萨克时的谈话和一九八八年九月十二日听取关于价格和工资改革初步方案汇报时的谈话。

了二十年，影响了发展，还要再耽误二十年，后果不堪设想。最近，我见胡萨克时谈到，马克思讲过科学技术是生产力，这是非常正确的，现在看来这样说可能不够，恐怕是第一生产力。将来农业问题的出路，最终要由生物工程来解决，要靠尖端技术。对科学技术的重要性要充分认识。科学技术方面的投入、农业方面的投入要注意，再一个就是教育方面。我们要千方百计，在别的方面忍耐一些，甚至于牺牲一点速度，把教育问题解决好。

要注意解决好少数高级知识分子的待遇问题。调动他们的积极性，尊重他们，会有一批人做出更多的贡献。我们自己的原子弹、氢弹、卫星、空间技术不也搞起来了吗？我们的正负电子对撞机工程在全世界也是居于前列的。知识分子待遇问题要分几年解决，使他们感到有希望。北京大学一位老教授说：“我的工资从建国时候开始就是这么多，但是现在物价涨了，我的生活水平降了三分之二。”我们不论怎么困难，也要提高教师的待遇。这个事情，在国际上都有影响。我们的留学生有几万人，如何创造他们回来工作的条件，很重要。有些留学生，回来以后没有工作条件，也没有接纳他们的机构，有些学科我们还没有。可以搞个综合的科研中心，设立若干专业，或者在现有的一些科研机构和大学里增设一些专业，把这些人放在里面，攻一个方面，总会有些人做出重大贡献。否则，这些人不回来，实在可惜啊。科教投资的使用要改进，这也是改革的重要内容。要把“文化大革命”时的“老九”[注] 提到第一，科学技术是第一生产力，知识分子是工人阶级一部分嘛。

当然，我这里说的关于教育、科技、知识分子的意见，是作

❷

❷《科學技術是第一生產力》（1988 年 9 月 5 日、12 日）（《鄧小平文選》第 3 卷）。

1988 年 9 月 5 日上午，鄧小平會見捷克斯洛伐克總統古斯塔夫·胡薩克。在介紹自己經歷時，他說：我參加共產黨幾十年了，如果從 1922 年算起①，我在共產主義旗幟下已經工作了 60 多年。這期間做了不少好事，也做了一些錯事。人們都知道我曾經"三下三上"，坦率地說，"下"並不是由於做了錯事，而是由於辦了好事卻被誤認為是錯事。

中午，在宴請客人時，鄧小平提出科學技術是第一生產力的觀點。他說：

世界在變化，我們的思想和行動也要隨之而變。過去把自己封閉起來，自我孤立，這對社會主義有什麼好處呢？歷史在前進，我們卻停滯不前，就落後了。馬克思說過，科學技術是生產力，事實證明這話講得很對。依我看，科學技術是第一生產力。我們的根本問題就是要堅持社會主義的信念和原則，發展生產力，改善人民生活，為此就必須開放。否則，不可能很好地堅持社會主義。拿中國來說，五十年代在技術方面與日本差距也不是那麼大。但是我們封閉了二十年，沒有把國際市場競爭擺在議事日程上，而日本卻在這個期間變成了經濟大國。

也是在這次談話中，鄧小平強調：如果一個黨、一個國家把希望寄託在一兩個人的威望上，並不很健康。那樣，只要這個人一有變動，就會出現不穩定。中國的未來要靠新的領導集體。近十年來的成功也是集體搞成的。我個人做了一點事，但不能說都是我發明的。其實很多事是別人發明的，群眾發明的，我只不過把它們概括起來，提出了方針政策。哪一天我不在了，好像中國就丟了靈魂，這種看法不好。我在有生之年還可以做一些事，但希望自己從政治舞台上慢慢地消失。我的最大願望是活到 1997 年，因為那時將收回香港，我還想去那裏看看。我也想去台灣看看，不過看來 1997 年以前解決這個問題不容易。

這個談話的主要部分已分為兩篇收入《鄧小平文選》第三卷，一篇題為《總結歷史是為了開闢未來》，一篇是《科學技術是第一生產力》的第一部分。

①　1922 年鄧小平參加旅歐中國少年共產黨（後改為中國社會主義青年團旅歐支部）。

1989

"結束過去，
開關未來"

—— 30 年來蘇聯最高領導人首次訪華

★ ━━━━━━━━━━━━━━━━━━━━━

1989 年 5 月 15 日，戈爾巴喬夫訪問中國，這是自 1959 年赫魯曉夫訪華算起，30 年以來蘇聯最高領導人對中國的第一次訪問。

杨尚昆在欢迎戈尔巴乔夫宴会上讲话
中苏建立新型关系符合世界潮流

戈尔巴乔夫在欢迎宴会上讲话
苏中关系正在进入一个崭新阶段

应邀来访抵首都机场时
戈尔巴乔夫发表书面讲话

赖莎作客对外友协
章文晋致词欢迎

先进通信技术国产化重大进展
综合数字通信网达国际水平
将改变大中城市电话设备主要靠进口状况

291

结束过去，开辟未来*
（一九八九年五月十六日）

中国人民真诚地希望中苏关系能够得到改善。我建议利用这个机会宣布中苏关系从此实现正常化。

多年来，存在一个对马克思主义、社会主义的理解问题。从一九五七年第一次莫斯科会谈，到六十年代前半期，中苏两党展开了激烈的争论。我算是那场争论的当事人之一，扮演了不是无足轻重的角色。经过二十多年的实践，回过头来看，双方都讲对许多空话。马克思主世以后一百多年，究竟发生了什么变化，在变化的条件下，如何认识和发展马克思主义，没有搞清楚。绝不能要求马克思为解决他去世之后上百年、几百年所产生的问题提供现成答案。列宁同样也不能承担为他去世以后五十年、一百年所产生的问题提供现成答案的任务。真正的马克思列宁主义者必须根据现在的情况，认识、继承和发展马克思列宁主义。

世界形势日新月异，特别是现代科学技术发展很快。现在的一年抵得上过去古老社会几十年、上百年甚至更长的时间。

---
* 这是邓小平同志会见苏联最高苏维埃主席团主席、苏共中央总书记戈尔巴乔夫时谈话的一部分

292　　邓小平文选　第三卷

不以新的思想、观点去继承、发展马克思主义，不是真正的马克思主义者。

列宁之所以是一个真正的伟大的马克思主义者，就在于他不是从书本里，而是从实际、逻辑、哲学思想、共产主义理想上找到革命道路。在一个落后的国家干成了十月社会主义革命。中国伟大的马克思列宁主义者毛泽东，并不是在马克思、列宁的书本里寻求在落后的中国夺取民主主义革命胜利的途径。马克思能预料在一个落后的俄国会实现十月革命吗？列宁能预料到中国农村包围城市夺取胜利吗？

革命是这样，建设也是这样。在革命成功后，各国必须根据自己的条件建设社会主义。固定的模式是没有的，也不可能有。墨守成规的观点只能导致落后，甚至失败。

我们这次会见的目的就是八个字：结束过去，开辟未来。结束一下过去，就可以不纠过去了，重点放在开辟未来的事情上。但是，过去的事完全不讲恐怕也不好，总得有个交代。我这里讲中国人、中国党的一些看法。对这些看法，不要求同时，也不要议论，可以各讲各的。这样有利于我们在更坚实的基础上前进。我只想简单讲两点，一是讲讲历史上中国在列强的压迫下遭受屈辱的情况，二是讲讲近几十年，确切地说是近一百年，中国人感到对中国的威胁从何而来。

先谈第一个问题。从鸦片战争起，中国由于清王朝的腐败，受列强侵略奴役，变成了一个半殖民地半封建国家。欺负中国的列强，总共大概是十几个，第一名是英国，而英国进来早，强租中国领土最多。是葡萄牙，从中国租到最大的，则是两个国家，一个是日本，一个是沙俄，在一定时期一定问题上

---

❶ 本著"等值易貨、平等互利"原則，中國和蘇聯的邊境貿易有了新的發展。圖為蘇聯全蘇技術進出口公司的官員在哈爾濱與中方人員洽談。❷1989 年 5 月 16 日《人民日報》關於戈爾巴喬夫訪華的相關報道。❸《結束過去，開闢未來》（1989 年 5 月 16 日）（《鄧小平文選》第 3 卷）。

20 世紀 60 年代中期，蘇聯開始在蒙古人民共和國大量駐軍並在中蘇邊境地區駐紮重兵，70 年代末，蘇聯支持越南入侵柬埔寨，後又出兵侵略阿富汗。這些行動給中國的安全造成嚴重威脅。1978 年中共十一屆三中全會後，中央開始對外交政策進行重大調整。到 80 年代中期，根據國際形勢的發展變化，鄧小平明確提出了"和平和發展是當代世界的兩大問題"的判斷。處理中美、中蘇關係，是這一時期中國外交的主要方面之一。儘管因售台武器等問題中美關係曾受到嚴峻考驗，但總的來說，80 年代兩國雙邊關係保持穩定發展。同時，在美蘇爭霸的戰略格局中，蘇聯日漸處於衰勢，多次提出希望同中國改善關係。在這種背景下，中國開始改變聯美抗蘇的"一條線"戰略。1982 年至 1988 年中蘇兩國政府特使就實現兩國關係正常化問題進行磋商時，中方提出，為了實現兩國關係正常化，蘇方必須消除"三個障礙"，即從蒙古和中蘇邊境撤軍、從阿富汗撤軍、促使越南停止侵略柬埔寨並從柬撤軍。到 80 年代後期，這些問題基本得到解決，兩國關係逐步好轉。

歷史篇章的終結或展開，常常在轉瞬之間完成。1989 年 5 月 16 日。北京，人民大會堂。一樓東大廳，一片熱烈的氣氛。大廳內佈置著中蘇兩國國旗，沙發間的茶幾上擺放著一束束鮮花。100 多位中外記者聚集一堂，翹首以盼，等待採訪中國領導人鄧小平與時任蘇共中央總書記戈爾巴喬夫的歷史性會見。

1989 年 2 月 5 日，中國除夕之夜，中蘇雙方就高級會晤的一些細節徹夜磋商。當辭舊迎新的鐘聲響徹神州大地時，舉國同慶的人們突然看到了中央電視台的屏幕上打出一行字幕："應中華人民共和國主席楊尚昆的邀請，蘇聯最高蘇維埃主席團主席、蘇共中央總書記戈爾巴喬夫將於今年 5 月 15 日至 18 日對中國進行正式訪問。"送別舊歲，迎來新春，巧合中蘊涵著多麼深刻的含義！中蘇高級會晤是當時轟動世界的大事。為順利實現中蘇關係正常化，中國對這次會晤做了充分準備，從會談方針到接待禮遇都做了妥善安排。會晤不迴避分歧，不糾纏舊賬，尋求共同點，著眼於未來，探討在和平共處五項原則的基礎上建立新型睦鄰友好關係；而在禮遇上適當掌握分寸，既要給蘇聯領導人熱情的接待，又要避免造成重溫舊好的錯覺。

1989 年 5 月 15 日，戈爾巴喬夫以蘇聯最高蘇維埃主席團主席、蘇共中央總書記的身份來華正式訪問。中國國家主席楊尚昆前往北京機場迎接，並舉行了歡迎儀式。戈爾巴喬夫發表書面聲明說："我們同中國領導人要進行的會晤和談判將對蘇中關係，對建立在公認的國家間交往和睦鄰的原則基礎上的這種關係的進一步發展具有劃時代的意義。""蘇聯一直懷著極大的興趣密切地注視著正在中國進行的變革。但什麼也比不上親自到這個國家看一看，同它的領導人和老百姓進行直接接觸。"晚上，楊尚昆舉行盛大宴會，招待戈爾巴喬夫一行。次日，鄧小平同戈爾巴喬夫舉行了中蘇高級會晤。中方參加的人員有：李先念、姚依林、吳學謙、錢其琛等；蘇方參加的有：謝瓦爾德納澤、雅科夫列夫、馬斯柳科夫等。戈爾巴喬夫在 1995 年出版的回憶錄《生平與改革》中關於這次會晤有詳細的描述：

5 月 16 日上午，在人民大會堂同鄧小平舉行了會晤。當時他已有 85 歲高齡，但談起話來依然很有活力，不拘謹，根本不看稿子。鄧問我是否還記得三年前羅馬尼亞總統齊奧塞斯庫帶去的口信。當時他曾建議：如果能消除中蘇關係正常化的 "三個障礙" 便同我舉行會晤。我說："對這一步驟我已給予應有的評價，這對我們的思想是個促進。"

鄧小平：應當說，你最初幾次公開講話推動了這一問題的提出。在 "冷戰"，在多年對峙的情況下，有關的一些問題得不到應有的解決。世界形勢依然很緊張。坦率地說，世界政治的中心問題是蘇美關係問題。從你在海參崴的講話中我已感到蘇美兩國關係有可能發生轉機，已明顯地顯現出有可能由對抗轉向對話，覺察到世界情勢有可能 "降" 溫。這符合全人類的願望。這就向中國人民提出了一個問題：中蘇關係可不可以改善？出於這樣的動機，才給你帶信。時間過了三年，我們才見了面。

戈爾巴喬夫：你提出了 "三個障礙"，所以，需要三年的時間，每一個障礙需要一年的時間。

……

鄧小平：現在我們可以正式宣佈：中蘇兩國關係實現了正常化（當時我們熱烈握手）。今天你還要同中共中央總書記見面，這意味著我們兩黨關係也將實現正常化。

戈爾巴喬夫：我想，我們可以彼此祝賀我們兩國關係正常化了。我贊同你對世界形勢的看法。蘇美關係，中蘇關係，大國之間的關係以及整個國際形勢正在走向新的軌道。在分析當今主要問題、世界社會主義問題時，我和你均發現有許多一致的方面。因此，我們彼此開始接近了。

這次中蘇首腦高級會晤是中蘇關係的轉折點，它結束了中蘇關係多年來的不正常狀態，實現了正常化。這不僅符合中蘇兩國人民的根本利益，也有利於亞洲和世界的和平與穩定。

1990

定期召開
民主生活會制度

★

1990 年 5 月 25 日，中共中央印發《關於縣以上黨和國家機關黨員領導幹部民主生活會的若干規定》，要求縣以上各級黨組織認真組織開好民主生活會。

中国共产党章程

（中国共产党第十四次全国代表大会部分修改，
1992 年 10 月 18 日通过）

总 纲

中国共产党是中国工人阶级的先锋队，是中国各族人民利益的忠实代表，是中国社会主义事业的领导核心。党的最终目标，是实现共产主义的社会制度。

中国共产党以马克思列宁主义、毛泽东思想作为自己的行动指南。

马克思列宁主义揭示了人类社会历史发展的普遍规律，分析了资本主义制度本身无法克服的固有矛盾，指出社会主义社会必然代替资本主义社会。最后必然发展为共产主义社会。《共产党宣言》发表一百多年来的历史证明，科学社会主义理论是正确的，社会主义具有强大的生命力。社会主义的本质，是解放生产力，发展生产力，消灭剥削，消除两极分化，最终达到共同富裕。社会主义制度的发展和完善是一个长期的历史过程。社会主义在发展过程中会有曲折和反复，但是社会主义必然代替资本主义是社会历史发展不可逆转的总趋势。社会主义必将通过各国人民自愿选择的、适合本国特点的道路，逐步取得胜利。

❶

员；需要继续考察和教育的，可以延长预备期，但不能超过一年；不履行党员义务，不具备党员条件的，应当取消预备党员资格。预备党员转为正式党员，或延长预备期，或取消预备党员资格，都应当经支部大会讨论通过和上级党组织批准。

预备党员的预备期，从支部大会通过他为预备党员之日算起。党员的党龄，从预备期满转为正式党员之日起。

第八条 每个党员，不论职务高低，都必须编入党的一个支部、小组或其他特定组织，参加党的组织生活，接受党内外群众的监督。党员领导干部还必须参加党委、党组的民主生活会。不允许有任何不参加党的组织生活、不接受党内外群众监督的特殊党员。

第九条 党员有退党的自由。党员要求退党，应当经支部大会讨论后宣布除名，并报上级党组织备案。

党员缺乏革命意志，不履行党员义务，不符合党员条件，党的支部应当对他进行教育，要求他限期改正；经教育仍无转变的，应当劝他退党。劝员退党，应当经支部大会讨论决定，并报上级党组织批准。如被劝告退党的党员坚持不退，应当提交支部大会讨论，决定把他除名，并报上级党组织批准。

党员如果没有正当理由，连续六个月不参加党的组织生活，或不交纳党费，或不做党所分配的工作，就被认为是自行脱党。支部大会应当决定把这样的党员除名，并报上级党组织批准。

第二章 党的组织制度

第十条 党是根据自己的纲领和章程，按照民主集中制组织起来的统一整体。党的民主集中制的基本原则是：

（一）党员个人服从党的组织，少数服从多数，下级组织服从上级组织，全党各个组织和全体党员服从党的全国代表大会和中

❷

❶ 中共十四大黨章。 ❷ 中共十四大黨章關於民主生活會的相關規定。

"文革"期間，黨內政治生活遭到嚴重踐踏，特別是黨內民主意識淡漠。1980年2月29日，中共十一屆五中全會通過《關於黨內政治生活的若干準則》，其中第11條首次明確提出定期召開民主生活會的要求："各級黨委或常委都應定期召開民主生活會，交流思想，開展批評和自我批評。"其後，從中共中央政治局到各級黨委領導班子，每年都召開民主生活會。

　　為了更好地貫徹執行《關於黨內政治生活的若干準則》，中央紀委從1980年4月到11月的半年多時間裏，先後在北京召開三次座談會，對全黨貫徹落實《準則》，健全黨內政治生活，起了很大的促進作用。絕大部分省、自治區、直轄市黨委和中央國家機關部委黨委、各級黨組織都能按照中央和中央紀委的要求，及時召開民主生活會，對照《準則》，開展批評與自我批評，將貫徹執行《準則》情況按時報送中央和中央紀委。不少地區還制定了貫徹《準則》的具體規定，公佈於眾，發動群眾監督，以《準則》區分是非，按《準則》辦事，用《準則》抵制不正之風，出現了好的勢頭。

　　但是，也有少數單位還沒有按期召開民主生活會；有的開得一般化，走過場；有的不能開誠佈公地交換意見，不能認真地開展批評與自我批評；有的把問題擺出來了，但解決得不好。

　　針對上述問題，中組部於1981年8月下發了《關於進一步健全縣以上領導幹部生活會的通知》。《通知》規定："縣級以上黨委常委除了必須編入一個組織參加組織生活外，同時要堅持每半年開一次黨委常委（黨組）生活會，並要及時地向上級黨委或組織部門報告生活會情況，開一次報一次"，明確民主生活會"要以認真檢查貫徹執行黨的路線、方針、政策、決議和《準則》的情況為主要內容……認真開展批評與自我批評"。這是黨的歷史上第一次以黨內文件的形式明確民主生活會的時間、範圍、內容、意義、目標等內容要求。從此，民主生活會開始真正走向規範化、制度化。

　　1990年5月25日，中共中央印發《關於縣以上黨和國家機關黨員領導幹部民主生活會的若干規定》後，1992年中共十四大通過的黨章第8條進一步明確規定："黨員領導幹部還必須參加黨委、黨組的民主生活會。"從此，民主生活會制度作為黨內民主制度的重要內容被載入黨章，成為黨員領導幹部政治生活和組織生活中不可替代的重要組成部分。直至中共十九大，黨章中均保留了關於民主生活會的規定。

　　為進一步規範民主生活會，推動各級黨組織把批評和自我批評的武器用足夠、用活用好，2016年，中央組織部修訂了《關於縣以上黨和國家機關黨員領導幹部民主生活會的若干規定》，中共中央印發新的《縣以上黨和國家機關黨員領導幹部民主生活會若干規定》，並於2016年12月23日起施行。

1991

《中國共產黨的七十年》出版

——"黨的歷史是一部豐富生動的教科書"

★

1989 年春夏之交的政治風波後，以美國為首的西方國家對中國實行
"制裁"，多方施加壓力。90 年代初，東歐劇變，蘇聯解體，社會主
義在世界範圍內處於低潮。西方國家政要揚言資本主義對社會主義將
"不戰而勝"。同時，中國改革開放中積累的矛盾和問題突出顯現。
在這複雜嚴峻的重要關頭，1991 年 8 月，經中央黨史領導小組批准，
由鄧小平題寫書名、中央黨史研究室編寫、胡繩主編的黨史基本著作
《中國共產黨的七十年》出版。該書剛出版，就發行了 500 多萬冊，
對於統一廣大幹部群眾堅定建設有中國特色社會主義的決心和信心，
發揮了重要作用。2016 年 6 月，經黨中央批准，《中國共產黨的九十
年》出版。改革開放以來，在黨中央和中央領導同志的親切關懷和指
導下，黨史工作在黨和國家全局工作中的地位和作用日益凸顯。

《中國共產黨的七十年》《中國共產黨的九十年》等黨史基本著作。

黨史工作肩負著為黨修史立傳、續寫"紅色家譜"的重任，是黨的事業的重要組成部分。黨史工作專門機構是在黨的十一屆三中全會後撥亂反正過程中應運而生的，黨史事業是伴隨著中國改革開放的推進不斷向前發展的。

中央成立黨史工作專門機構

　　成立黨史工作專門機構，是黨中央的重大決策部署。

　　1977 年 3 月，在中央工作會議上，葉劍英、陳雲等老一輩革命家提出要重視研究黨史的問題。1979 年 11 月黨中央決定開始著手起草《關於建國以來黨的若干歷史問題的決議》。1980 年 1 月 29 日，中共中央發出《關於成立中央黨史委員會及其工作機構的通知》，中央黨史委員會由華國鋒、葉劍英、鄧小平、李先念、陳雲、聶榮臻、鄧穎超、胡耀邦組成。成立黨史委員會領導下的黨史編審委員會。隨後，在黨史編審委員會領導下分別成立了黨史研究室和黨史資料徵集委員會。1988 年 8 月 1 日，中央決定撤銷黨史研究室和黨史資料徵集委員會，組建新的中央黨史研究室。全國各省市縣都或獨立或與地方誌等部門合署辦公，成立了黨史研究部門。

　　應該說，中央黨史研究室和全國各級黨史部門成立於十一屆三中全會召開之後、撥亂反正進行之中、《關於建國以來黨的若干歷史問題的決議》通過之前這樣一個黨史地位作用凸顯的特殊歷史時期。隨著改革開放的進行，黨史部門和黨史工作發揮著日益重要的作用。

深化黨史研究，黨史基本著作編寫和黨史專題研究取得新進展

　　編撰出版黨史基本著作是黨中央賦予中央黨史研究室的基本任務，是中央黨史研究室的主責主業。多年來，中央黨史研究室出版了以《中國共產黨的七十年》《中國共產黨歷史》第 1 卷和第 2 卷、《中國共產黨簡史》《中國共產黨的九十年》等為代表的一批政治性強、學術性高的黨史基本著作，為全黨學習黨史提供了基本教材。

　　《中國共產黨的七十年》一書，是中央黨史研究室根據中央黨史工作領導小組的決定，為慶祝中國共產黨成立 70 週年而編寫的，於 1991 年 8 月 8 日出版。全書 48 萬字，對中國共產黨在 70 年中所走過的歷史道路和所取得的經驗作了完整簡潔的敘述。除"題記"和"結束語　沿著有中國特色的社會主義道路前進"外，共分九章，分別是：中國共產黨的創立、在大革命的

洪流中、掀起土地革命的風暴、抗日戰爭的中流砥柱、奪取民主革命的全國性勝利、中華人民共和國的成立和向社會主義過渡的實現、社會主義建設在探索中曲折發展、"文化大革命"的十年內亂、開創社會主義現代化建設的新局面。該書出版之後，廣受歡迎和好評。

撰寫《中國共產黨的九十年》（全 3 冊）（以下簡稱《九十年》），是黨中央交給中央黨史研究室的一項重要任務，是 2010 年 7 月習近平親自提出的。當年 9 月黨中央批准了中央黨史研究室關於編寫《九十年》的請示。編寫工作啟動後，習近平親自審定編寫工作方案，作出長篇重要批示，給予重要指導，為編寫工作提供了基本遵循。中共十八大以後，中央領導同志多次就貫徹落實習近平重要指示精神提出明確要求，對《九十年》編寫出版傾注大量心血。中央政治局常委會、中央書記處的領導同志認真審閱報送書稿，提出重要修改意見。2016 年 6 月黨中央正式批准《九十年》出版。

《九十年》有以下幾大特色：一是編寫出版是中央領導同志高度重視、親切關懷的重要成果。二是迄今為止國內公開出版的權威讀物中，反映中國共產黨歷史時間跨度最長、內容最全面系統的一部黨史基本著作。雖然題名是《九十年》，但由於書稿編修時間較長，在反覆修改過程中，迎來了中共十八大的召開。為了記述內容的完整性，《九十年》的時間下限往後順延到 2012 年中共十八大閉幕。三是將歷次黨的全國代表大會以及黨的指導思想的確立，分別單獨成節，以示其在黨的歷史上的關鍵地位和重要意義。四是確定了關於黨的歷史，特別是關於改革開放史的一些重大判斷、主要說法和依據，例如關於如何看待改革開放前和改革開放後兩個歷史時期的關係等問題。五是全書結構合理，脈絡流暢，語言生動，圖文並茂，很好地實現了政治性、學術性與可讀性的統一。《九十年》出版後，受到廣大黨員幹部和群眾的好評，獲 "2016 年度 '大眾喜愛的 50 種圖書'" "2016 中國好書" 等多項榮譽。

中央黨史研究室編寫出版了包括《中國共產黨歷史二十八講》《黨的歷史知識簡明讀本》《中國共產黨歷史大事記（1919—2009）》《中國共產黨歷史大事記（1921 年 7 月—2011 年 6 月）》《中華人民共和國大事記（1949 年 10 月—2019 年 9 月》等在內的大事記、黨史教材等其他黨史著作。

在完成黨史基本著作撰寫這一長線、基本任務的同時，近年來，按照中央領導同志 "一突出、兩跟進" 要求，著眼於全黨和全國各族人民偉大生動的歷史實踐，組織編寫出版《中國共產黨新時期歷史大事記》（1998、2002、2008 年版）、《中國共產黨歷史大事記》（2013 年、2014 年、2015 年）、《黨的十七大以來大事記》《黨的十八大以來大事記》《改革開放四十年大事記》等。

同時，重大黨史事件、重要黨史人物等專題研究取得重大成果。

編輯出版《習仲勳文稿》《習仲勳紀念文集》《習仲勳畫冊》；出版《紅軍長征史》；與中央組織部合編出版《中國共產黨歷屆中央委員大辭典（1921—2003）》；與中央紀律檢查委員會、中央組織部、解放軍總政治部合編出版《中國共產黨中央紀委委員大辭典（1927—2008）》；組織撰寫《執政中國》《中國共產黨民族工作歷史經驗研究》叢書等。

從 2004 年起，中央黨史研究室組織全國黨史部門，開展《抗日戰爭時期中國人口傷亡和財產損失》課題調研，以期清楚準確掌握日本侵略在各個不同領域、地區和方面對中國造成的破壞和損失，包括各個省、自治區、直轄市在抗戰中的人口傷亡和財產損失情況，日軍在中國製造的一系列重大慘案，日本從中國掠走各種資源情況，日軍在中國使用細菌武器、化學武器及其造成傷害情況，中國婦女遭受日軍性侵犯包括"慰安婦"情況，等等。這項課題調研進行 10 餘年，前後 60 餘萬黨史工作者、史學工作者和其他各類有關人員付出了扎實艱苦的努力。僅以山東為例，參加工作的同志共查閱檔案 238742 卷，複印檔案資料 406912 頁，查閱抗戰期間及戰後出版的書刊 61301 冊（期），複製文獻資料 220177 頁；走訪調查 8 萬餘個行政村、609 萬名 70 歲以上（即 1937 年全國性抗戰爆發以前出生）老人中的 507 萬多人，收集證言證詞 79 萬多份。課題調研成果均編成《抗日戰爭時期中國人口傷亡和財產損失調研叢書》公開出版，截至 2020 年 3 月，已出版 A、B 兩個系列 130 餘冊，為國內外學者提供並為子孫後代留下一份十分珍貴的關於抗戰時期中國人口傷亡和財產損失的系統資料。

廣泛徵集黨史資料，為深化黨史研究奠定扎實基礎

黨史資料是黨史研究工作的基礎。改革開放以來，重點徵集重大黨史事件和重要黨史人物資料、領導幹部和社會人士個人留存的黨史資料及其他相關資料，加大口述史料搶救力度，重視徵集國（境）外涉黨史資料。在此基礎上，整理出版了一大批黨在各個時期珍貴歷史資料和其他專題資料，切實加強黨史資料建設。

組織翻譯出版《共產國際、聯共（布）與中國革命檔案資料叢書》，共21 冊，收入 1920—1943 年間共產國際有關中國革命和與中國共產黨關係的文獻資料，其中，譯自俄文的檔案絕大部分為首次發表，十分珍貴，為進一步深入研究民主革命時期中共歷史、中蘇關係史、國共兩黨關係史等提供了

極有價值的原始資料。編輯出版《紅軍長征紀實叢書》。這是黨中央部署的黨史工作重點項目，歷經 10 年完成。《叢書》收錄了紅軍長征親歷者的回憶錄、口述史料、長征日記等文獻資料，分《紅一方面軍卷》《紅二方面軍卷》《紅四方面軍卷》《紅二十五軍卷》《沿途親歷者憶長征卷》《日記卷》《中國工農紅軍北上抗日先遣隊卷》《南方三年游擊戰爭卷》《西路軍卷》《國民黨圍追堵截卷》10 卷，共計 42 冊、1600 餘萬字，是全面、真實反映紅軍長征歷史的大型權威文獻資料集。

與中央檔案館合作編輯中國共產黨第一至第七次全國代表大會檔案文獻選編。每次黨代會分別獨立選編，一大到七大共 7 部，總計 466 萬字。其中六大和七大文獻，大部為中央檔案館館藏檔案首次公開發表。

加強黨史宣傳教育，參與指導黨史遺址保護和場館建設

黨史遺址和紀念場館設施，是黨領導革命建設改革的歷史見證與象徵，是黨的優良傳統和紅色基因的重要載體，必須加強保護、管理和利用，充分發揮黨史資源在經濟建設和社會發展中的作用。組織全國各級黨史部門開展大規模的革命遺址普查工作，共普查登記革命遺址近 5 萬處，其他遺址5000 處，在此基礎上，編寫出版《全國革命遺址普查成果叢書》共 31 卷、約 150 冊；組織全國黨史部門編寫《中國紅色旅遊指南叢書》。

指導、協助上海中共一大、二大和四大，廣州中共三大，武漢中共五大，莫斯科中共六大會址恢復和紀念館重建，特別是展陳資料的收集、展陳內容的設計和把關等；指導其他黨史紀念場館的規劃、建設和管理；支持革命老區保護、黨史遺址利用和紅色旅遊開發等。

2010 年習近平同志在全國黨史工作會議上的講話中指出：“中國共產黨的歷史是一部豐富生動的教科書。”“用黨的歷史教育黨員、教育幹部、教育群眾尤其是教育青少年，是黨史工作服務黨和國家大局的重要內容。”[①]

2018 年 3 月中共中央印發《關於深化黨和國家機構改革的決定》和《深化黨和國家機構改革方案》，將中央黨史研究室、中央文獻研究室、中央編譯局整合組建為中央黨史和文獻研究院，以加強黨的歷史和理論研究，統籌黨史研究、文獻編輯和著作編譯資源力量，構建黨的理論研究綜合體系，促進黨的理論研究和黨的實踐研究相結合，打造黨的歷史和理論研究高端平台。新時代成立新的中央黨史和文獻研究院，定會有新氣象和新的更大作為。

---

① 2010 年 7 月 22 日《人民日報》。

1992

鄧小平南方談話和中共十四大召開

★

1992 年 3 月 26 日《深圳特區報》頭版頭條發表《東方風來滿眼春——鄧小平同志在深圳紀實》一文。"南國春早。""一月的鵬城，花木蔥蘢，春意蕩漾。""跨進新年，深圳正以勃勃英姿，在改革開放的道路上闊步前進。""就在這個時候，我國改革開放的總設計師、各族人民敬愛的鄧小平同志到深圳來了！"……該文真實記錄了鄧小平在深圳視察的情況和所作的重要講話，《羊城晚報》《文匯報》《光明日報》《北京日報》等越來越多的報紙轉發了這篇通訊。3 月 30 日，新華社全文播發了這篇文章。鄧小平南方談話為中共十四大的召開作了思想準備。12 月 29 日，鄧小平被英國《金融時報》評選為"1992 年風雲人物"。

❶1992 年鄧小平參加十四大的代表證。❷ 最早報道鄧小平視察南方的《深圳特區報》。

1992 年初，在中國改革發展迎來歷史機遇又面臨諸多疑問和挑戰的關鍵時刻，88 歲高齡的鄧小平離開北京，視察了中國的南方。他沿途發表了一系列談話，發出了震撼時代的強音，闡述了關於中國改革開放的許多重大理論問題。他的南方談話，加快了中國改革開放和社會主義現代化建設的歷史進程。

"改革開放膽子要大一點"

　　治理整頓的結束和"七五"計劃的完成，為加快改革開放和現代化建設創造了有利條件。中國迎來了加快改革和發展的關鍵時期，同時，中國的改革和發展也面臨著極其複雜的國內外形勢，各種分歧和爭執愈發嚴重。

　　國際上，1990 年到 1991 年接連發生蘇聯、東歐劇變，社會主義運動在世界範圍出現了嚴重曲折。國內，1988 年伴隨價格改革引起的全國性搶購風潮，以及經濟體制中一些深層次矛盾的暴露，1989 年政治風波的發生……這一切，使一些人在思想上出現了困惑，有的人甚至提出改革開放究竟是姓"社"還是姓"資"的問題，擔心搞市場經濟，創辦經濟特區，發展非公有制經濟等，會導致資本主義。這些疑慮和擔心，歸結起來就是：黨的"一個中心、兩個基本點"的基本路線還要不要堅持？中國的改革開放要不要堅持？中國的發展能不能加快？

　　在這個黨和國家歷史發展的緊要關頭，1992 年 1 月 18 日至 2 月 21 日，鄧小平先後視察武昌、深圳、珠海、上海等地。

　　在湖北武昌，鄧小平對湖北省委、省政府負責人說："發展才是硬道理""能快就不要慢"；"不堅持社會主義，不改革開放，不發展經濟，不改善人民生活，只能是死路一條"；辦事情正確與否，"判斷的標準，應該主要看是否有利於發展社會主義社會的生產力，是否有利於增強社會主義國家的綜合國力，是否有利於提高人民的生活水平"。

　　1992 年 1 月 19 日，鄧小平坐火車來到深圳特區。這是他第二次來到這裏。一下火車，鄧小平就在廣東省和深圳市負責人陪同下，乘車視察深圳市容。當看到 8 年前還是水田、魚塘、小路和低矮的房舍的一些地方，現在已變成了成片的高樓大廈，修建起縱橫交錯、寬大的柏油馬路，呈現出一片興旺繁榮和蓬勃發展的景象時，鄧小平非常高興。他一邊欣賞市容，一邊同省市負責人談話。

在談到辦經濟特區的問題時，鄧小平很有感慨地說：

對辦特區，從一開始就有不同意見，擔心是不是搞資本主義。深圳的建設成就，明確回答了那些有這樣那樣擔心的人。特區姓"社"不姓"資"。從深圳的情況看，公有制是主體，外商投資只佔四分之一，就是外資部分，我們還可以從稅收、勞務等方面得到益處嘛！多搞點"三資"企業，不要怕。只要我們頭腦清醒，就不怕。我們有優勢，有國營大中型企業，有鄉鎮企業，更重要的是政權在我們手裏。有的人認為，多一分外資，就多一分資本主義，"三資"企業多了，就是資本主義的東西多了，就是發展了資本主義。這些人連基本常識都沒有。

當談到經濟發展問題時，鄧小平對陪同的省市領導人表示：亞洲"四小龍"發展很快，你們發展也很快。廣東要用 20 年的時間趕上亞洲"四小龍"。他還指出：不但經濟要上去，社會秩序、社會風氣也要搞好，兩個文明建設都要超過他們，這才是中國特色的社會主義。新加坡的社會秩序算是好的，他們管得嚴，我們應當借鑒他們的經驗，而且比他們管得更好。

1 月 20 日上午，鄧小平參觀了深圳市 53 層的國貿大廈。他在頂層的旋轉餐廳俯瞰深圳市容，看到高樓林立，鱗次櫛比，一派欣欣向榮的景象時，十分興奮。他還坐下來，仔細看了一張深圳特區總體規劃圖。

深圳市委負責人在旁邊向鄧小平匯報說：深圳的經濟建設發展很快，人民生活水平有了很大提高，1984 年人均收入為 600 元，現在已是 2000 元。

聽完匯報，鄧小平與陪同的省市負責人作了半個多小時的談話。他充分肯定了深圳在改革開放和建設中取得的成績。然後，他指出："要堅持黨的十一屆三中全會以來的路線、方針、政策，關鍵是堅持'一個中心、兩個基本點'。不堅持社會主義，不改革開放，不發展經濟，不改善人民生活，只能是死路一條。基本路線要管一百年，動搖不得。"

鄧小平還提出，建設中國特色的社會主義，要堅持兩手抓，即一手抓開放，一手抓打擊經濟犯罪活動。這兩隻手都要硬。打擊各種犯罪活動，掃除各種醜惡現象手軟不得。在談話中，他還強調，中國要保持穩定，幹部和黨員要把廉政建設作為大事來抓，要注意培養下一代接班人。

鄧小平還要求要多幹實事，少說空話，會太多，文章太長，不行。他指出：深圳的發展那麼快，是靠實幹幹出來的，不是靠講話講出來的，不是靠寫文章寫出來的。

　　1月21日，鄧小平遊覽了深圳的中國民俗文化村和錦繡中華微縮景區。在驅車回迎賓館的路上，他興致勃勃地同陪同他的省市負責人說：

　　走社會主義道路，就是要逐步實現共同富裕。共同富裕的構想是這樣提出的：一部分地區有條件先發展起來，一部分地區發展慢點，先發展起來的地區帶動後發展的地區，最終達到共同富裕。如果富的愈來愈富，窮的愈來愈窮，兩極分化就會產生，而社會主義制度就應該而且能夠避免兩極分化。解決的辦法之一，就是先富起來的地區多交點利稅，支持貧困地區的發展。當然，太早這樣辦也不行，現在不能削弱發達地區的活力，也不能鼓勵吃"大鍋飯"。

　　1月22日下午，鄧小平在深圳市迎賓館裏接見了廣東省委負責人和深圳市委、市政府、市人大、市政協、市紀委負責人，親切地同他們一一握手，同他們合影。然後，鄧小平又同他們作了重要談話。他說：

　　改革開放膽子要大一些，敢於試驗，不能像小腳女人一樣。看準了的，就大膽地試，大膽地闖。深圳的重要經驗就是敢闖。沒有一點闖的精神，沒有一點"冒"的精神，沒有一股氣呀、勁呀，就走不出一條好路，走不出一條新路，就幹不出新的事業。不冒點風險，辦什麼事情都有百分之百的把握，萬無一失，誰敢說這樣的話？一開始就自以為是，認為百分之百正確，沒那麼回事，我就從來沒有那麼認為。

　　深圳市委負責人對鄧小平說："深圳特區是在您的倡導、關心、支持下才能夠建設和發展起來的。我們是按照您的指示去闖、去探索的。"鄧小平表示："工作是你們做的。我是幫助你們、支持你們的，在確定方向上出了一點力。"

　　接著，鄧小平又指出："社會主義的本質，是解放生產力，發展生產力，消滅剝削，消除兩極分化，最終達到共同富裕。就是要對大家講這個道理。證券、股市，這些東西究竟好不好，有沒有危險，是不是資本主義獨有的東西，社會主義能不能用？允許看，但要堅決地試。看對了，搞一兩年對了，放開；錯了，糾正，關了就是了。關，也可以快關，也可以慢關，也可以留一點尾巴。怕什麼，堅持這種態度就不要緊，就不會犯大錯誤。"

鄧小平還談道：現在建設中國式的社會主義，經驗一天比一天豐富；在農村改革和城市改革中，不搞爭論，大膽地試，大膽地闖。

1月23日上午，鄧小平離開深圳去珠海特區。在赴蛇口的路上，深圳市委負責人簡要地向鄧小平匯報了深圳改革開放的幾個措施。鄧小平聽了之後表示：我都贊成，大膽地幹。每年領導層要總結經驗，對的就堅持，不對的趕快改，新問題出來抓緊解決。不斷總結經驗，至少不會犯大錯誤。

在蛇口港，鄧小平走上碼頭幾步後，又突然轉回來，向深圳市委負責人再一次叮囑說："你們要搞得快一點！"當聽到"我們一定搞快一點"這句回答時，鄧小平高興而放心地上了輪船，離開了深圳，在廣東省委負責人和珠海市委負責人的陪同下，赴珠海特區進行視察。

"要警惕右，主要是防止'左'"

一艘快艇行駛在浩瀚的伶仃洋面上。在船艙中，鄧小平一邊戴著老花眼鏡看地圖，一邊聽省市負責人匯報改革開放和試辦特區政策給廣東和珠海帶來的巨大變化。

在聽完廣東省委負責人的匯報後，鄧小平談起了農村家庭聯產承包的改革和經濟特區的創辦，再次強調要爭取時間，抓住機遇，大膽地試，大膽地闖。他提醒大家：要警惕右，主要是防止"左"。要保持清醒的頭腦，這樣就不會犯大錯誤，出現問題也容易糾正和改正。他說，右可以葬送社會主義，"左"也可以葬送社會主義。中國要警惕右，但主要是防止"左"。

當快艇駛近珠海市的九洲港時，鄧小平站起來，望著窗外的伶仃洋說：

……我們改革開放的成功，不是靠本本，而是靠實踐，靠實事求是。農村搞家庭聯產承包，這個發明權是農民的。農村改革中的好多東西，都是基層創造出來，我們把它拿來加工提高作為全國的指導。實踐是檢驗真理的唯一標準。我讀的書並不多，就是一條，相信毛主席講的實事求是。過去我們打仗靠這個，現在搞建設、搞改革也靠這個。我們講了一輩子馬克思主義，其實馬克思主義並不玄奧。馬克思主義是很樸實的東西，很樸實的道理。

1月24日上午，鄧小平視察了珠海生物化學製藥廠，聽取了廠總工程師遲斌元的匯報。當了解到該廠生產的"凝血酶"已成為中國第一個進入國際市場的生化藥劑時，鄧小平讚賞地說：我們應該有自己的拳頭產品，創出中國自己的名牌，否則就要受人欺負。在參觀該廠生產車間時，鄧小平對陪同的省市領導和廠負責人說：在科學技術方面，中國要有一席之地。你們這個廠的科技發展就是一席之地的一部分。中國應該每年有新的東西，每一天都有新的東西，這樣才能佔領陣地。儘管我歲數大了，但我感到很有希望。這10年進步很快，但今後會比這10年更快。全國各行各業都要通力合作，集中力量打殲滅戰。每一行都要樹立明確的戰略目標。我們過去打仗就是用這種方法。

　　1月25日上午，鄧小平視察了珠海亞洲仿真控制系統工程有限公司。他聽取該公司總經理游景玉介紹情況時問："科技是第一生產力，這個論斷你認為站得住腳嗎？"游景玉回答說："我認為站得住腳，因為我們是用實踐回答這個問題的。我們過去的實踐、現在的實踐和未來的實踐都會說明這個問題。"鄧小平聽後，很高興地對大家說："就是靠你們來回答這個問題。我相信這是正確的。"

　　1月25日上午，鄧小平還參觀了拱北芳園大廈（現已改名為粵海酒店）。他乘坐電梯來到第29層旋轉餐廳，一邊觀賞拱北新貌和澳門遠景，一邊興致勃勃地聽取省市領導的匯報。

　　聽完匯報後，鄧小平沉思了一陣，很有感慨地說：在這短短的十幾年內，我們國家發展得這麼快，使人民高興，世界矚目，這就足以證明三中全會以來路線、方針、政策的正確性，誰想變也變不了，誰反對開放誰就垮台。說來說去，就是一句話，堅持這個路線方針不變。

　　珠海市委負責人匯報和介紹了改革開放給珠海這個昔日的邊陲漁鎮帶來的歷史性變化。改革開放前，珠海不少人外流到香港、澳門。特區創辦後，珠海人的生活一天比一天好起來，逐步過上了富裕日子，不少外流的珠海人也陸續回來了。鄧小平聽到這一匯報後，肯定地說："這好嘛！"

　　離開芳園大廈後，鄧小平一行前往珠海度假村。路上，當他看到一幢幢漂亮的居民和農、漁民住宅時，禁不住問起來："廣東的農民收入多少？"省委負責人回答說："去年全省人均收入1100多元。"鄧小平說：我看不止這個數。如果是這個收入，蓋不了這麼好的洋房，買不起這麼好、這麼多的家當。這個算數不準確，有很多沒有算進去。

當汽車經過景山路時，鄧小平看到從車窗外閃過的一座座廠房，高興地說：現在總的基礎不同了，我們以前哪有這麼多工廠。幾個工廠都是中等水平。現在大中型廠子裏頭的設備多好呀。過去我們搞"兩彈"必需的設備和這些比，差得遠呢，簡單得很哪，不一樣啦！

說到這裏，鄧小平又談起了經濟發展的速度問題。他說：

經濟發展比較快的是 1984 年至 1988 年。這 5 年，首先是農村改革帶來許多新的變化，農作物大幅度增產，農民收入大幅度增加，鄉鎮企業異軍突起。廣大農民購買力增加了，不僅蓋了大批新房子，而且自行車、縫紉機、收音機、手錶"四大件"和一些高檔消費品進入普通農民家庭。農副產品的增加，農村市場的擴大，農村剩餘勞動力的轉移，又強有力地推動了工業的發展。這 5 年，共創造工業總產值 6 萬多億元，平均每年增長 21.7％。吃、穿、住、行、用等各方面的工業品，包括彩電、冰箱、洗衣機，都大幅度增長。鋼材、水泥等生產資料也大幅度增長。農業和工業，農村和城市，就是這樣相互影響、相互促進。這是一個非常生動、非常有說服力的發展過程。可以說，這個期間我國財富有了巨額增加，整個國民經濟上了一個新的台階。

1 月 27 日上午，鄧小平、楊尚昆等人在葉選平等人的陪同下，來到珠海江海電子股份有限公司考察。他聽了公司副總經理丁欽元的匯報後，對該公司打破鐵飯碗，實行股份制，把職工的切身利益與企業的利益結合起來，創造性地使公司職工不僅在政治上，而且在經濟上真正成為企業的主人，公司勞動生產率達到全國同行業的最高水平的做法，表示很讚賞。他高興地對丁欽元說："你講得好。特別是不要滿足現在的狀況，要日日新，月月新，年年新。不斷創造出新的東西來，才能有競爭力。"丁欽元說：我們就是按照您所指引的建設有中國特色社會主義來幹的。鄧小平接著說：不是有人議論姓"社"姓"資"的問題嗎？你們就是姓"社"。這時，他又回過頭來，對珠海市委負責人說：你們這裏就是姓"社"嘛，你們這裏是很好的社會主義！①

① 以上參見鄧小平：《在武昌、深圳、珠海、上海等地的談話要點》（1992 年 1 月 18 日—2 月 21 日），《鄧小平文選》第 3 卷，人民出版社 1993 年版，第 370—383 頁；中共中央文獻研究室編：《鄧小平年譜》（1904—1997）第 5 卷，中央文獻出版社 2020 年版，第 632—636 頁。

中共中央發出《關於傳達學習鄧小平同志重要談話的通知》

鄧小平視察南方發表重要談話後不久，中共中央於 2 月 28 日發出《關於傳達學習鄧小平同志重要談話的通知》。

《通知》指出：

今年 1 月 18 日至 2 月 21 日，鄧小平先後在武昌、深圳、珠海和上海等地發表了重要談話。在我國社會主義現代化建設的關鍵時期，鄧小平同志就堅定不移地貫徹執行黨的"一個中心、兩個基本點"的基本路線，堅持走有中國特色的社會主義道路，特別是抓住當前有利時機，加快改革開放的步伐，集中精力把經濟建設搞上去等一系列重大問題，發表了極為重要的意見。鄧小平同志的重要談話，不僅對當前的改革和建設，對開好黨的十四大，具有十分重要的指導作用；而且對整個社會主義現代化建設事業，具有重大而深遠的意義。

《通知》要求各地儘快逐級傳達到全體黨員、幹部，要求全黨同志尤其是各級領導幹部，要認真學習鄧小平同志的重要談話，認真貫徹落實。《通知》還印發了鄧小平談話的要點。

鄧小平南方談話，是對黨的十一屆三中全會以來的基本理論和基本實踐的深刻總結，是對長期束縛人們思想的許多重大認識問題的科學回答，是把改革開放和現代化建設推進到新階段的又一個解放思想、實事求是的宣言書。

全黨以鄧小平南方談話精神為指導，進一步統一思想，為開好中共十四大做了充分準備。

中共十四大召開

1992 年 10 月 12 日至 18 日，中國共產黨第十四次全國代表大會舉行。大會正式代表 1989 人，特邀代表 46 人，代表全國 5100 萬黨員。江澤民作《加快改革開放和現代化建設步伐，奪取有中國特色社會主義事業的更大勝利》報告。

十四大以 1992 年初鄧小平南方談話為指導，總結十一屆三中全會以來

中共十四大會場。

14 年的實踐經驗,作出三項具有深遠意義的決策:一是決定抓住機遇,加快發展,集中精力把經濟建設搞上去;二是明確中國經濟體制改革的目標是建立社會主義市場經濟體制;三是確立鄧小平建設有中國特色社會主義理論在全黨的指導地位。大會通過的《中國共產黨章程(修正案)》,將建設有中國特色社會主義理論和黨的基本路線寫進黨章。大會決定不再設中央顧問委員會。

10 月 12 日,鄧小平在住地收看中共十四大開幕式實況轉播。聽完江澤民的報告後,稱讚說:講得不錯,我要為這個報告鼓掌。[②]

以鄧小平南方談話和中共十四大為標誌,中國社會主義改革開放和現代化建設事業進入新的發展階段。

② 中共中央文獻研究室編:《鄧小平年譜》(1904—1997)第 5 卷,中央文獻出版社 2020 年版,第 653 頁。

1993

天安門上的毛主席像
"永遠要保留下去"

—— 毛澤東誕辰 100 週年紀念大會召開

★

1980 年 8 月 21 日和 23 日，鄧小平在中南海連續兩次接受意大利女記者奧琳埃娜・法拉奇採訪。這是十一屆三中全會後，他第一次單獨會見外國記者。法拉奇的提問鋒芒畢露。在回答天安門上的毛主席像是否要永遠保留下去的問題時，鄧小平說：永遠要保留下去。"沒有毛主席，至少我們中國人民還要在黑暗中摸索更長的時間。" 1993 年 12 月 26 日，毛澤東誕辰 100 週年紀念大會在北京人民大會堂隆重召開。江澤民發表講話，高度評價毛澤東一生的豐功偉績。

❶

在毛泽东同志诞辰一百周年纪念大会上的讲话

（一九九三年十二月二十六日）

朋友们：

我们在这里隆重集会，纪念中国共产党、中国人民和中华人民共和国的主要缔造者，中国各族人民的伟大领袖毛泽东同志诞辰一百周年。

小平同志建设有中国特色社会主义道路和党的十四大引以为……

❶ 毛澤東誕辰 100 週年紀念章。❷《在毛澤東同志誕辰一百週年紀念大會上的講話》（1993 年 12 月 26 日）（《江澤民文選》第 1 卷）。❸1976 年 9 月 18 日毛澤東主席追悼大會在天安門廣場隆重舉行。圖為第二天北京中學生自發到天安門廣場悼念留影。❹ 毛澤東紀念郵票。

1993 年 12 月 26 日，江澤民在毛澤東同志誕辰一百週年紀念大會上的講話中指出：“中國出了個毛澤東，是我們黨的驕傲，是我們國家的驕傲，是中華民族的驕傲。我們對毛澤東同志永遠懷著深深的尊敬和愛戴之情！”“毛澤東同志作為一個偉大的歷史人物，屬於中國，也屬於世界。毛澤東同志永遠生活在我們中間，我們要認真學習他的科學著作，從中汲取智慧和力量。”

　　江澤民強調：

　　毛澤東同志最偉大的歷史功績，是把馬克思列寧主義基本原理同中國具體實際結合起來，領導我們黨和人民，找到了一條新民主主義革命的正確道路，完成反帝反封建的任務，結束了中國半殖民地半封建社會的歷史，建立了中華人民共和國，確立了社會主義制度。接著，他又從中國實際出發，開始探索社會主義建設的道路。

　　……

　　在黨和毛澤東同志領導下，中國社會發生了天翻地覆的變化。中國從一個半殖民地半封建社會，進入到社會主義新時代。一個受帝國主義掠奪和奴役的國家，變成一個享有主權的獨立的國家。一個四分五裂的國家，變成一個除台灣等島嶼外實現統一的國家。一個人民備受欺凌壓迫的國家，變成一個人民當家作主、享有民主權利的國家。一個經濟文化落後的國家，變成一個走向經濟繁榮、全面進步的國家。一個在世界上被人們看不起的國家，變成一個受到國際社會普遍尊重的國家。所有這些，都是建立富強民主文明的社會主義現代化國家的基本的經濟、政治、文化條件，為我國邁向光明的未來奠定了堅實基礎。

　　……毛澤東思想的活的靈魂，是貫穿所有這些方面的立場、觀點、方法。……毛澤東思想永遠是中國共產黨人的理論寶庫和中華民族的精神支柱，永遠是我們建設社會主義現代化國家的行動指南。

　　中國共產黨人從長期奮鬥的歷史中深切地認識到，我們黨所以能夠承擔起歷史的重任，所以能夠得到人民擁護和成為領導中國革命和建設事業的核心力量，就是因為我們黨經過艱苦鬥爭的反覆錘煉和理論的創造，形成並不斷地豐富和發展了毛澤東思想，堅定地把毛澤東思想作為黨的指導思想。在中國這樣的東方大國裏，有了這樣一個把馬克思列寧主義運用於本國實際、形成自己特點和傳統的無產階級先鋒隊，革命和建設事業的勝利就有了根本的保證。……

　　毛澤東同志是偉大的馬克思主義者，無產階級革命家、戰略家、理論家，是近代以來中國偉大的愛國者和民族英雄。毛澤東同志在艱苦漫長的革命歲月中，表現出一個革命領袖高瞻遠矚的政治遠見、堅定不移的革命信念、得心應手的鬥爭藝術和駕馭全局的領導才能。他是從人民群眾中成長起來的偉大領袖，永遠屬於人民。毛澤東同志的革命精神具有強大的凝聚力，他的偉大品格具有動人的感染力，他的科學思想具有非凡的號召力。他和他的戰友們所創造的彪炳史冊的豐功偉業，為世界一切正直的人們所尊重。他的革命實踐和光輝業績已經載入史冊。他的名字、他的思想和精神永遠鼓舞著中國共產黨人和各族人民，繼續推動著中國歷史的前進。

　　……

　　中國進入改革開放新時期後，鄧小平曾經指出：“我們能在今天的國際環境中著手進行四個現代化建設，不能不銘記毛澤東同志的功績。”

1993

1994

治邊穩藏寫華章

★

1994 年 7 月 20 日至 23 日，中共中央、國務院在北京召開第三次西藏工作座談會。這是繼 1980 年和 1984 年以中央書記處名義召開第一次和第二次西藏工作座談會後，首次以中共中央名義召開西藏工作座談會。會議作出中央政府關心西藏、全國各地支援西藏的重大決策。1994 年 7 月 27 日《人民日報》進行了相關報道。此後，中央不斷採取有力措施加大對西藏現代化建設的支持力度。

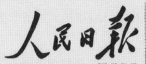

1994

❶ 青藏鐵路通車。❷1994 年 7 月 27 日《人民日報》。❸2013 年 10 月
31 日全長約 117 公里、總投資近 16 億元的墨脫公路正式建成通車。

1994 年第三次西藏工作座談會召開。2001 年、2010 年先後召開了第四次、第五次西藏工作座談會。

2015 年 8 月 24 日，中央第六次西藏工作座談會召開。習近平總書記發表重要講話指出，必須堅持治國必治邊、治邊先穩藏的戰略思想，堅持依法治藏、富民興藏、長期建藏、凝聚人心、夯實基礎的重要原則。必須全面正確貫徹黨的民族政策和宗教政策，把維護祖國統一、加強民族團結作為工作的著眼點和著力點，不斷增進各族群眾對偉大祖國、中華民族、中華文化、中國共產黨、中國特色社會主義的認同。

2019 年是西藏實行民主改革 60 週年，也是西藏百萬農奴解放 60 週年。

60 年來，黨中央一直高度重視西藏工作，親切關懷西藏各族人民。在黨中央堅強領導下，在黨的民族政策光輝照耀下，在全國人民的無私援助下，西藏全區各族人民沿著中國特色社會主義道路砥礪奮進，譜寫了革命、建設、改革的壯美篇章。十八大以來，全區各族幹部群眾緊密團結在以習近平同志為核心的黨中央周圍，高舉中國特色社會主義偉大旗幟，深入學習貫徹習近平新時代中國特色社會主義思想和十八大、十九大以及中央第六次西藏工作座談會精神，貫徹習近平總書記關於治邊穩藏的重要論述和關於西藏工作的一系列重要指示批示精神，感恩奮進、守望相助，開創了長足發展和長治久安的新局面。

中共西藏自治區委員會在《求是》2019 第 6 期發表《黨的光輝照耀雪域高原》一文，詳細回顧總結了西藏民主改革 60 年來各項事業取得的輝煌成就，讀來令人欣喜和振奮。

經濟持續健康發展、社會面貌日新月異。社會主義制度的建立，改革開放政策的實施，極大地解放和發展了西藏的社會生產力，特別是中央先後召開六次西藏工作座談會，制定了一系列特殊優惠政策，為西藏經濟社會發展注入了強大動力。1959 年，全區地區生產總值只有 1.74 億元，2018 年，達到 1477.6 億元，扣除物價上漲因素，增長了 191 倍。國家累計投入 1 萬多億元實施了 800 多個重點建設項目，基礎設施實現超常規發展，公路總里程達到 9.74 萬公里，拉貢等 7 條高等級公路建成通車，青藏鐵路、拉日鐵路建成運營，川藏鐵路拉林段建設順利，建成運營民航機場 5 個，滿拉、旁多等一大批水利樞紐工程建成投入使用，青藏、川藏電力聯網工程架起了電力"天路"，以青稞、犛牛等為主要內容的特色種養業和綠色有機農畜產品加工業不斷發展壯大，旅遊文化、清潔能源、生態環保、現代服務、邊貿物流、高新數字等產業加快發展，資源優勢正在轉化為經濟優勢。

人民生活水平大幅提高，各族群眾獲得感幸福感不斷增強。黨的各項富民政策全面落實，西藏各族群眾享受到了全國最優惠的政策。2018 年城鄉居民人均可支配收入分別達到 33797 元和 11450 元，分別是 1965 年的 73 倍和 105 倍，城鄉居民人均自有住房面積分別達到 28.6 平方米和 33.9 平方米，拉薩、那曲、阿里等城鎮集中供暖工程建成投入使用，結束了祖祖輩輩靠燒牛糞取暖的歷史。義務教育 "三包" 政策全面落實，15 年免費教育政策不斷完善，學前雙語教育全面普及，城鄉義務教育一體化改革發展深入推進，2018 年學前教育毛入園率 77.9%，青壯年文盲率下降到 0.52%，勞動力人口受教育平均年限達到 8.6 年。覆蓋城鄉的醫療衛生服務網絡逐步形成，以免費醫療為基礎的農村醫療制度和城鎮居民基本醫療保險、公共醫療保障制度實現全覆蓋，人均預期壽命從 35.5 歲提高到 68.2 歲。覆蓋城鄉的社會保障體系日益健全，城鄉低保等多項惠民政策連續提標擴面。優秀傳統文化繁榮發展，格薩爾、藏紙、藏戲等世界文化遺產璀璨奪目，公共文化設施網絡基本形成，廣播電視人口綜合覆蓋率分別達到 97.1%、98.2%。

民族團結進步事業鞏固發展，宗教信仰自由受到充分尊重。黨的民族政策和宗教政策在西藏得到全面貫徹落實。民族團結進步教育和民族團結進步創建活動廣泛開展，各族群眾交得了知心朋友、做得了和睦鄰居、結得了美滿姻緣，民族團結家庭、民族團結大院比比皆是，40 多個民族攜手並肩守護神聖國土、建設幸福家園堅如磐石。群眾的宗教信仰自由得到充分尊重，正常的宗教活動依法受到保護。

社會局勢保持和諧穩定，各族群眾安居樂業幸福祥和。深入揭批達賴集團的反動本質，"團結穩定是福、分裂動亂是禍" 已成為各族群眾的廣泛共識，各族群眾 "我要穩定" 的願望越來越強。社會治理創新不斷加強，平安西藏建設不斷深化，群眾安全感滿意度達到 99% 以上。

生態環境持續良好，西藏仍是世界上環境質量最好的地區之一。堅持生態保護第一，尊重自然、順應自然、保護自然，實行最嚴格的生態保護制度，全面建立河湖長制，生態環境保護制度體系初步建成。國土綠化行動深入開展，全區森林覆蓋率提高到 12.14%，各類自然保護區佔全區國土面積的 34.35%。7 個地市環境空氣質量平均優良率達 95% 以上。

2020 年 8 月 28 日至 29 日，中央第七次西藏工作座談會召開。習近平總書記提出了 "必須堅持中國共產黨領導、中國特色社會主義制度、民族區域自治制度" "必須堅持生態保護第一" 等 "十個必須" 的新時代黨的治藏方略。

60 年櫛風沐雨，60 年春華秋實。相信西藏的明天會更美好。

1994

1995

從扶貧開發
到脫貧攻堅

★

1995 年 6 月 6 日至 9 日，國務院召開全國扶貧開發工作會議，提出今後要以每年解決 1000 萬以上貧困人口溫飽問題的速度，推行扶貧開發工作。此前的 1994 年 2 月 28 日至 3 月 3 日，國務院召開全國扶貧開發工作會議，部署實施"國家八七扶貧攻堅計劃"，要求力爭在 20 世紀末最後的 7 年內基本解決全國 8000 萬貧困人口的溫飽問題。由於"大水漫灌式"的扶貧難以惠及所有貧困人口，2013 年 11 月，習近平總書記在考察湖南花垣縣十八洞村時提出了"精準扶貧"的概念，強調扶貧要實事求是，因地制宜。2017 年中共十九大提出：確保到 2020 年我國現行標準下農村貧困人口實現脫貧，貧困縣全部摘帽，解決區域性整體貧困，做到脫真貧、真脫貧。2020 年 5 月，習近平總書記對毛南族實現整族脫貧作出重要指示強調："把脫貧作為奔向更加美好新生活的新起點，再接再厲，繼續奮鬥，讓日子越過越紅火。" ①

---

① 2020 年 5 月 21 日《人民日報》。

国务院关于印发《国家八七扶贫攻坚计划》的通知

（一九九四年四月十五日）

现将《国家八七扶贫攻坚计划》印发给你们，请结合本地实际情况，认真贯彻执行。

全国扶贫开发工作，在各级党委和政府的领导下，经过贫困地区广大干部、群众的艰苦努力，各级有关部门和社会各界的大力支持，取得了巨大成就。现在，全国农村没有完全稳定解决温饱问题的贫困人口已经减少到八千万人。以解决温饱为目标的扶贫开发工作进入了攻坚阶段。为此，国务院决定，制定和实施《国家八七扶贫攻坚计划》，从现在起到本世纪末的七年时间里，基本解决八千万人的温饱问题。这对加快贫困地区经济和社会发展，逐步缩小东西部地区差距，加强民族团结，促进社会稳定，实现共同富裕，为改革和发展创造更为有利的条件，都具有极其重大的意义。各省、自治区、直辖市人民政府要高度重视和切实加强扶贫开发工作，要根据《国家八七扶贫攻坚计划》的要求，结合本地区的情况和任务，制定具体的攻坚计划，动员贫困县干部、群众，发扬自力更生、艰苦奋斗的精神，努力贯彻实施。国务院各有关部门，社会各界和经济较发达地区，要继续发扬扶贫济困的精神，从多方面给贫困地区大力支持，促进和保障《国家八七扶贫攻坚计划》目标的实现。

国家八七扶贫攻坚计划

（一九九四——二〇〇〇年）

社会主义要消灭贫穷。为进一步解决农村贫困问题，缩小东西部地区差距，实现共同富裕的目标，国务院决定：从一九九四年到二〇〇〇年，集中人力、物力、财力，动员社会各界力量，力争用七年左右的时间，基本解决目前全国农村八千万贫困人口的温饱问题。这是一场难度很大的攻坚战。为此，国务院制定《国家八七扶贫攻坚计划》，作为今后七年全国扶贫开发工作的纲领，也是国民经济和社会发展计划的重要组成部分。

一、形势与任务

（一）扶持贫困地区尽快改变穷困落后的面貌，是党中央、国务院的一贯方针。特别是八十年代中期以来，国家在全国范围内开展了有组织、有计划、大规模的扶贫工作，不仅大幅度增加了扶贫投入，制定了一系列扶持政策，而且对扶贫的扶贫工作进行了根本性的改革与调整，实现了从救济式扶贫向开发式扶贫的转变。经过连续多年的艰苦努力，全国农村的贫困问题已经明显缓解，没有完全稳定解决温饱的贫困人口已经减少到八千万人。这是一个巨大的历史性成就，证明党中央、国务院制定的扶贫方针、政策是正确的，充分体现了社会主义制度的优越性。

（二）尽管目前的贫困人口只占全国农村总人口的百分之

八点八七，但是扶贫开发的任务十分艰巨。这些贫困人口主要集中在国家重点扶持的五百九十二个贫困县，分布在中西部的深山区、石山区、荒漠区、高寒山区、黄土高原区、地方病高发区以及水库库区，而且多为革命老区和少数民族地区，共同特征是，地域偏远，交通不便，生态失调，经济发展缓慢，文化教育落后，人畜饮水困难，生产生活条件极为恶劣。这是扶贫攻坚的主战场，与前一阶段扶贫工作相比较，解决这些地区群众的温饱问题难度更大。

（三）建立社会主义市场经济体制，给贫困地区的发展带来了前所未有的机遇和更加广阔的前景，但在这个过程中贫困地区与沿海发达地区的差距也在扩大，在这种新形势下，抓紧扶贫开发，尽快解决贫困地区群众的温饱问题、改变经济、文化、社会的落后状态，对于加速到至彻底消灭贫困，不仅关系到中西部地区经济的振兴、市场的开拓、资源的开发和将整个国民经济的持续、快速、健康发展，而且也关系到社会安定、民族团结、共同富裕以及全国深化改革创造条件，这是一项有重大的、深远的经济意义和政治意义的伟大事业。因此，各级政府都必须遵循邓小平同志建设有中国特色社会主义的基本路线，坚持效率优先、兼顾公平的原则，进一步加强扶贫开发工作。

二、奋斗目标。

（四）到本世纪末解决贫困人口温饱的标准：

——绝大多数贫困户年人均纯收入达到五百元以上（按一九九〇年不变价格）。

——扶持贫困户创造稳定解决温饱的基础条件：

有条件的地方，人均建成半亩到一亩稳产高产的基本农田；

户均一亩林果园，或一亩经济作物；

户均向乡镇企业或发达地区转移一个劳动力；

户均一项养殖业，或其他家庭副业。

牧区户均一个围栏草场，或一个"草库仑"。

与此同时，巩固和发展现有扶贫成果，减少返贫人口。

（五）加强基础设施建设。

——基本解决人畜饮水困难。

——绝大多数贫困乡镇和有集贸市场、商品产地的地方通公路。

——消灭无电县，绝大多数贫困村用上电。

（六）改变教育文化卫生的落后状况。

——基本普及初等教育，积极扫除青壮年文盲。

——开展成人职业技术教育和技术培训，使大多数青壮年劳力掌握一到两门实用技术。

——改善医疗卫生条件，防治和减少地方病，预防残疾。

——严格实行计划生育，将人口自然增长率控制在国家规定的范围内。

三、方针与途径。

（七）继续坚持开发式扶贫的方针，鼓励贫困地区广大干部、群众发扬自力更生、艰苦奋斗的精神，在国家的扶持下，以市场需求为导向，依靠科技进步，开发利用当地资源，发展商品生产，解决温饱进而脱贫致富。

（八）扶贫开发的基本途径。

——重点发展投资少、见效快、覆盖广、效益高、有助于直接解决群众温饱问题的种植业、养殖业和相关的加工业、运销业。

——积极发展能够充分发挥贫困地区资源优势、又能大量

❶1994 年 4 月 15 日國務院關於印發《國家八七扶貧攻堅計劃》的通知。

❷ 中國精準扶貧公益紀實節目《我們在行動》。

改革開放以來，在黨中央的領導下，中國政府為解決部分地區貧困人口的溫飽問題，有計劃、有組織地進行了大規模的扶貧開發，極大地改變了中國農村的面貌。

1978 年，中國農村尚有貧困人口 2.5 億，農業生產發展緩慢。針對這種狀況，中共十一屆三中全會制定了一系列加快農業發展的政策措施，極大地促進了農業生產的發展，使農村貧困現象大幅度緩解。從 1986 年起，中國政府採取了一系列重大措施：成立專門扶貧工作機構，安排專項資金，制定專門的優惠政策，並對傳統的救濟式扶貧進行改革，確定了開發式扶貧的方針。中國的扶貧工作進入新的歷史時期。1986 年到 1993 年，農村貧困人口由 1.25 億人減少到 8000 萬人。1994 年起，中國先後實施《國家八七扶貧攻堅計劃（1994—2000 年）》《中國農村扶貧開發綱要（2001—2010 年）》《中國農村扶貧開發綱要（2011—2020 年）》，貧困人口大幅減少，貧困群眾生活水平顯著提高，貧困地區面貌發生根本變化。

中共十八大以來，以習近平同志為核心的黨中央從全面建成小康社會要求出發，把扶貧工作納入"五位一體"總體佈局、"四個全面"戰略佈局，作為實現第一個百年奮鬥目標的重點任務，提出並實施精準扶貧，不斷開創扶貧開發事業新局面。

2012 年 12 月，習近平總書記在考察河北保定阜平縣扶貧開發工作時指出："全面建成小康社會，最艱巨最繁重的任務在農村、特別是在貧困地區。沒有農村的小康，特別是沒有貧困地區的小康，就沒有全面建成小康社會。"[1]2013 年，習近平總書記提出精準扶貧。2015 年 11 月，中共中央、國務院印發《關於打贏脫貧攻堅戰的決定》。精準脫貧，也是中共十九大提出的全面建成小康社會必須堅決打好的三大攻堅戰之一（另兩大攻堅戰分別是防範化解重大風險和污染防治）。2017 年 10 月 25 日，習近平總書記在十九屆中央政治局常委同中外記者見面時講話指出："全面建成小康社會，一個也不能少；共同富裕路上，一個也不能掉隊。"

2015 年 2 月至 2020 年 3 月，習近平總書記先後七次針對扶貧問題召開座談會。座談會上，總書記飽含深情地關注和全力解決扶貧過程中遇到的各種問題，提出許多溫暖人心的政策措施。

---

① 中共中央黨史和文獻研究院編：《習近平扶貧論述摘編》，中央文獻出版社 2018 年版，第 4 頁。

"小康不小康，關鍵看老鄉" "把錢真正用到刀刃上" "拔窮根" "吃苦在前、享受在後"。

——2015 年 2 月 13 日陝西延安陝甘寧革命老區脫貧致富座談會。

"形勢逼人，形勢不等人" "靶向治療"。

——2015 年 6 月 18 日貴州貴陽集中連片特困地區扶貧攻堅座談會。

"認清形勢、聚焦精準、深化幫扶、確保實效" "扶到點上、扶到根上" "不搞層層加碼" "真扶貧、扶真貧、真脫貧"。

——2016 年 7 月 20 日寧夏銀川東西部扶貧協作座談會。

"扶貧標準不能隨意降低" "不搞數字脫貧、虛假脫貧" "防止形式主義"。

——2017 年 6 月 23 日山西太原深度貧困地區脫貧攻堅座談會。

"消除絕對貧困" "完善建檔立卡" "推進精準施策" "堅持問題導向" "扶貧作風"。

——2018 年 2 月 12 日四川成都打好精準脫貧攻堅戰座談會。

"既要看數量，更要看質量" "摘帽不摘責任、摘帽不摘政策、摘帽不摘幫扶、摘帽不摘監管" "注意幹部培養使用"。

——2019 年 4 月 16 日重慶解決 "兩不愁三保障" 突出問題座談會。

"到 2020 年現行標準下的農村貧困人口全部脫貧，是黨中央向全國人民作出的鄭重承諾，必須如期實現。這是一場硬仗，越到最後越要緊繃這根弦，不能停頓、不能大意、不能放鬆。"

——2020 年 3 月 6 日北京決戰決勝脫貧攻堅座談會。

六年七次召開座談會，足以看出以習近平同志為核心的黨中央對扶貧工作的高度重視。為了打贏脫貧攻堅這場硬仗，黨和國家動員了空前規模的人力、物力和財力。

中共十八大以來，在黨中央的堅強領導下，在全黨全國全社會共同努力下，中國脫貧攻堅取得決定性成就。脫貧攻堅目標任務接近完成，貧困人口從 2012 年底的 9899 萬人減到 2019 年底的 551 萬人，貧困發生率從 10.2% 降至 0.6%，區域性整體貧困基本得到解決。[②]

2020 年中國脫貧攻堅任務完成後，中國提前 10 年實現聯合國 2030 年可持續發展議程的減貧目標。世界上沒有哪一個國家能在這麼短的時間內幫助這麼多人脫貧，這對中國和世界都具有重大意義。

② 以上參見《人民日報》2020 年 3 月 7 日。

1996

黨中央
治疆方略落地生根

★

1995 年是新疆維吾爾自治區成立 40 週年。1996 年 3 月 19 日，中共中央政治局常委會會議專題研究新疆穩定工作。1997 年，中央開始從內地省市、國家機關和國有重要企業派出一批骨幹力量到新疆工作。此後，對口支援新疆的力度不斷加大。

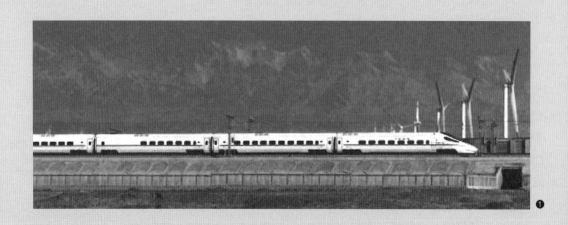

❷

❸

❶2014 年 11 月 16 日新疆高鐵正式迎來首發之旅，動車組列車從烏魯木齊和哈密站對開。❷1995 年 10 月 2 日《人民日報》隆重慶祝新疆維吾爾自治區成立 40 週年的相關報道。❸ "民族團結一家親號"。

2010 年 5 月 17 日至 19 日，中央新疆工作座談會在北京召開。

2014 年 5 月 28 日至 29 日，第二次中央新疆工作座談會在北京召開。以習近平同志為核心的黨中央從戰略和全局高度謀劃新疆未來，明確"社會穩定和長治久安是新疆工作的總目標"。此後，新疆圍繞總目標謀劃和推進各項工作。

習近平總書記多次強調："新疆的問題最長遠的還是民族團結問題。""像愛護自己的眼睛一樣愛護民族團結，像珍視自己的生命一樣珍視民族團結，像石榴籽那樣緊緊抱在一起。"

2019 年 6 月 27 日《人民日報》發表新華社記者曹志恆、于濤《闊步走向長治久安——第二次中央新疆工作座談會召開 5 週年綜述》一文，回顧總結了第二次新疆工作座談會召開 5 年來新疆各方面建設取得的輝煌成績。7 月 30 日，在國務院新聞辦舉行的新中國成立 70 週年省（區、市）系列主題新聞發佈會上，新疆維吾爾自治區領導同志介紹了新疆的發展狀況並回答記者提問。7 月 31 日《人民日報》以《新疆同心協力共繁榮》（權威發佈）為題進行了報道：

堅持穩中求進工作總基調，保持新疆經濟平穩健康發展。新中國成立 70 年來，新疆與祖國同奮進共成長，天山南北發生了翻天覆地的變化。新疆經濟總量從 1952 年的 7.91 億元，增長到 2018 年的 1.2 萬億元，扣除物價上漲因素，增長了 200 倍，年均增長 8.3%；人均生產總值從 1952 年的 166 元，增長到 2018 年的 4.9 萬元，增長了 37.7 倍，年均增長 5.7%。

持續開展嚴打專項鬥爭，打好反恐維穩"組合拳"。黨政軍警兵民協調聯動，打一場人民戰爭，鑄就反恐維穩鋼鐵長城。一手抓依法打擊暴恐分子，一手抓最大限度爭取和凝聚人心，持續深入開展發聲亮劍活動，匯聚起實現社會穩定和長治久安的強大正能量。

"不是一家人，勝似一家親"。自 2017 年起，隨著"民族團結一家親號"列車開通，走在結對認親路上的幹部職工絡繹不絕，先後有 112 萬幹部職工與 169 萬戶各族基層群眾結成超越血緣的親人，民族團結之花開遍天山南北。新疆的少數民族幹部由 1950 年的約 3000 人，增加到 2018 年的 42.8 萬人，佔全區幹部總數的 50.3%。其中，少數民族女性幹部 23.3 萬人，佔新疆女性幹部總數的 51.8%。

堅持民生優先，推進脫貧攻堅、擴大就業增收、堅持教育優先發展等具體措施。新疆城鄉居民收入由 1978 年的 319 元和 119 元，分別提高到 2018 年的 32764 元和 11975 元，年均分別增長 12.3% 和 12.2%。新疆連續多年將一般公共預算支出 70% 以上用於保障改善民生，持續推進各項惠民工程，發展成果更多更公平地惠及各族群眾。2014 年至 2018 年，新疆累計實現 231.47 萬人脫貧，貧困發生率由 2013 年底的 19.4% 降至 2018 年底的 6.1%。全區城鎮零就業家庭始終保持 24 小時內動態清零，保證至少有一人就業。在集中連片深度貧困地區南疆四地州實施 3 年 10 萬人就業計劃。2016 年至 2018 年，新疆累計實現城鎮新增就業 140 萬餘人次、農村富餘勞動力轉移就業 830.5 萬人次。完善控輟保學機制，截至 2018 年底，新疆學前三年幼兒毛入園率達 96.9%，九年義務教育鞏固率達 94.2%。

援疆工作持續推進。新中國成立以來，中央財政對新疆補助累計達 2.35 萬億元，2018 年達到 3022 億元，佔當年新疆財政支出的 60.3%；2010 年以來，全國 19 個省市對口支持新疆，已累計投入援助資金 1035 億元，引進合作資金近 1.8 萬億元。一座座由援疆資金建設的現代化學校、醫院、工廠拔地而起，一批批凝聚著全國人民關愛的民生工程、民族團結工程竣工投產，大山南北走上社會發展快車道。

2020 年 9 月 25 日至 26 日，第三次中央新疆工作座談會在北京召開，習近平總書記發表重要講話強調，當前和今後一個時期，做好新疆工作，要完整準確貫徹新時代黨的治疆方略，牢牢扭住新疆工作總目標，依法治疆、團結穩疆、文化潤疆、富民興疆、長期建疆，以推進治理體系和治理能力現代化為保障，多謀長遠之策，多行固本之舉，努力建設團結和諧、繁榮富裕、文明進步、安居樂業、生態良好的新時代中國特色社會主義新疆。

今天的新疆，各族群眾正以更加堅定的決心、更加團結的力量、更加堅實的腳步，在中華民族偉大復興的征程上繼續昂首前行。

1997

香港回歸，中共十五大確立鄧小平理論為黨的指導思想

★

1997 年 2 月初，春節前夕，鄧小平在醫院會見前來看望的江澤民等中央領導人。在談話中，鄧小平請江澤民轉達他對全國各族人民的節日祝賀，並希望在以江澤民為核心的黨中央領導下，把今年恢復對香港行使主權和召開中共十五大這兩件大事辦好。[①]2 月 19 日，鄧小平逝世。7 月 1 日，中國政府恢復對香港行使主權，"一國兩制"構想在香港率先實現。9 月，中共十五大召開，確立鄧小平理論為黨的指導思想。

---

① 中共中央文獻研究室編：《鄧小平年譜》（1904—1997）第 5 卷，中央文獻出版社 2020 年版，第 672 頁。

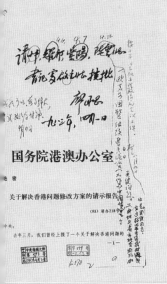

❶1983年4月4日鄧小平在國務院港澳辦公室《關於解決香港問題修改方案的請示報告》上的批示。❷1997年7月1日《人民日報》關於香港回歸的相關報道。❸1997年3月23日香港各界舉行活動慶祝回歸祖國倒計時一百天。圖為參加"港島齊步向前迎回歸"活動的近萬名參加者從維多利亞公園步行至修頓球場。❹ 幹部群眾購買《鄧小平文選》第3卷。

通過外交談判並以"一國兩制"方式解決港澳回歸問題，這是中國人民為世界和平、發展與進步事業作出的新貢獻。香港如期回歸祖國，開創了港澳兩地和祖國內地共同發展的新紀元，中國在完成祖國統一大業的道路上邁出了重要步伐。

中英關於香港問題談判

中英關係中的首要問題是香港問題，要找到這一問題的答案，必須首先回顧一下中英關於香港問題談判的提起、分歧的由來和發展。按時間劃分，中英談判大體可分為兩個階段：1982年至1992年為第一階段；1992年到1997年香港回歸為第二階段。

1982年9月24日，英國首相撒切爾夫人來華訪問時，中國政府向她正式提出關於中國將在1997年收回香港的決定。鄧小平當時在會見撒切爾夫人時指出："應該明確肯定：1997年中國將收回香港。就是說，中國要收回的不僅是新界，而且包括香港島、九龍。"中英"就是在這個前提下來進行談判，商討解決香港問題的方式和辦法"。英國政府"應該贊成中國的這個決策。中英兩國應該合作，共同來處理好香港問題"。①

談判歷時兩年：從1982年9月撒切爾夫人訪華至1983年6月，雙方主要就原則和程序問題進行會談；從1983年7月至1984年9月，由兩國政府代表團就具體實質性問題進行了22輪會談。

1983年4月4日，鄧小平審閱國務院港澳辦公室《關於解決香港問題修改方案的請示報告》，批示："我看可以。茲事體大，建議政治局討論。"後來，就是在此基礎上經過反覆修改形成了中國政府解決香港問題的12條基本方針政策，並寫進中英關於香港問題的《聯合聲明》。

由於英方一度堅持三個不平等條約仍然有效及"主權換治權"的主張，曾使談判難以進行。為此，鄧小平再次告訴英方，如繼續堅持上述錯誤立場，中國將於1984年9月單方面公佈解決香港問題的方針政策。會談最後還是以中國政府提出的關於設立香港特別行政區、由港人治港和現行社會、經濟制度和生活方式不變等原則進行。1984年12月中英雙方最終簽署關於香港問題的《聯合聲明》。

---

① 《鄧小平文選》第3卷，人民出版社1993年版，第12—13頁。

隨後，中國開始著手制定香港特別行政區《基本法》。從 1985 年 7 月基本法起草委員會正式成立，到 1990 年 4 月正式通過《基本法》，總共歷時 4 年零 9 個月。兩國外長在《基本法》即將頒佈的時候，在 7 封近萬字的信件往來中曾就香港 1995 年選舉，包括立法局分區直選數目等香港改制發展問題交換了意見，並在原則上達成一些諒解和協議。英國前外相傑弗里·豪公開讚揚說，"我們能在基本法這份中國憲法文件中獲得 95% 我們熟知的法制，可算是奇跡"。

可以說，1982 年以後的幾年間，中英雙方在香港一些重大問題上有過較好的磋商合作，中英聯合聯絡小組和土地委員會的工作也取得不少成果。

但在 1989 年春夏之交的政治風波後，英方錯誤地分析中國國內和國際形勢，改變了對香港的政策，在香港問題上採取了與中國政府不合作、甚至對抗的態度，從中英聯合聲明的立場倒退。

1992 年 10 月初，英方在沒有同中方磋商的情況下，由新上任的港督彭定康在施政報告中突然拋出"改制方案"，企圖改變兩國政府間已經商定的聯合聲明與基本法銜接的原則和兩國政府已經達成的有關協議和諒解。彭定康置中方多次勸說於不顧，一意孤行地單方面採取行動，從而挑起了一場長達 6 個月之久的中英公開論戰。

從 1993 年 4 月 22 日至 11 月 27 日期間，中英雙方又舉行了 17 輪會談。"直通車"問題是雙方會談中討論的一個重要議題。香港立法局是每 4 年選舉一次，1995 年選舉出來的立法局要跨越 1997 年。前兩年為香港立法局，而後兩年為特別行政區立法會。按全國人大有關決定的規定，1995 年選舉產生的立法局的組成如符合該決定和基本法的有關規定，其議員擁護基本法，願意效忠特區政府並符合基本法規定條件，經特區籌委會確認，即可直接過渡成為 1997 年的香港第一屆特區立法會議員，故稱為"直通車"。談判中，英方不斷設置障礙，並單方面停止已進行 17 輪的談判，將有利於平穩過渡的改制"直通車"拆毀，強行將其"三違反"方案付諸實施。

鑒於英方的不合作態度，中國政府明確宣佈：依靠自己的力量，依靠廣大愛國愛港同胞，一定能夠實現香港的平穩過渡和按期恢復行使主權。為此，進行了一系列扎扎實實的準備工作。在經濟和民生問題上，尤其在一些跨越 1997 年的大型基建項目方面，例如新機場及有關工程的建設，中國政府為維護港人的長遠利益，保持香港的長期穩定繁榮，作出了積極的努力。

中國推動英方重回合作軌道

　　儘管英方採取不合作的態度，中方仍然希望英方能“減少麻煩，多做實事，增加合作”，並在一系列問題上積極推動英方回到合作的軌道上來。

　　在中方的一再努力下，英方表示了希望改善兩國關係的願望。1995 年 3月，英國前首相撒切爾夫人作為外交學會的客人訪華，隨後，前首相希思來華出席中國國際經濟論壇 1995 年會議。5 月，英國當時的貿工大臣赫塞爾廷應外經貿部部長吳儀的邀請也訪問了中國。英方在與中方合作的問題上採取了比較積極的態度，使一些有關平穩過渡的問題如香港終審法院和新機場財務安排等問題達成協議，受到各方的歡迎。

　　1995 年 10 月，時任國務院副總理兼外長的錢其琛訪問英國，並在訪問中會見了梅傑首相、赫塞爾廷副首相等英方領導人，同里夫金德外交大臣進行了會談。雙方就包括香港問題在內的雙邊關係和共同感興趣的國際問題交換了意見。

　　錢其琛的訪問使中英關係在經歷了曲折歷程後，走出低谷，對進一步改善兩國關係，起到積極的推動作用。1996 年初，里夫金德外交大臣應錢其琛的邀請對中國進行了為期三天的訪問。訪問期間，江澤民和李鵬分別會見了里夫金德，錢其琛還同他舉行了會談，就雙邊關係和香港問題等廣泛地交換了意見。雙方都表示重視中英關係。英方表示“與中國建立長期的、基礎廣泛的關係是英國明確的戰略取向”，中方對此表示歡迎。

　　1997 年 7 月 1 日，歷經坎坷與滄桑，香港終於回到了祖國的懷抱。

中共十五大高舉鄧小平理論偉大旗幟

　　香港回歸 2 個月後，1997 年 9 月 12 日至 18 日，中國共產黨第十五次全國代表大會舉行。大會正式代表 2048 人，特邀代表 60 人，代表全國 5800多萬黨員。江澤民作《高舉鄧小平理論偉大旗幟，把建設有中國特色社會主義事業全面推向二十一世紀》報告。

　　十五大是世紀之交承前啟後、繼往開來的大會。大會提出 21 世紀前 50年“三步走”的發展戰略；著重闡述鄧小平理論的歷史地位和指導意義；提出黨在社會主義初級階段的基本綱領；明確公有制為主體、多種所有制經濟共同發展是我國社會主義初級階段的基本經濟制度；強調依法治國，建設社會主義法治國家。

　　十五大指出：鄧小平理論"第一次比較系統地初步回答了中國社會主義的發展道路、發展階段、根本任務、發展動力、外部條件、政治保證、戰略步驟、黨的領導和依靠力量以及祖國統一等一系列基本問題"②。

　　大會通過關於《中國共產黨章程修正案》的決議，把鄧小平理論確立為黨的指導思想。江澤民強調：這次大會的靈魂，就是高舉鄧小平理論偉大旗幟，把建設有中國特色社會主義事業全面推向 21 世紀。十五大無疑將以這一功績而載入史冊。

② 《十五大以來重要文獻選編》上，人民出版社 2000 年版，第 12 頁。

1998

抗洪搶險

——"誓與大堤共存亡"

★

無論是《復興之路》大型展覽，還是《偉大歷程　輝煌成就 —— 慶祝中華人民共和國成立 70 週年大型成就展》，都展出了 1998 年中國人民抗洪搶險鬥爭的珍貴見證 —— 一塊白底紅字的木製"生死牌"：武漢市江漢區龍王廟閘口的黃義成、唐仁清、李建強等 16 名共產黨員，在"誓與大堤共存亡"的誓詞下面，各自用鮮紅的顏料簽上自己的名字，時間落款是"一九九八年八月七日"。目前，這塊"生死牌"被國家博物館作為一級文物收藏。

❶ 生死牌。❷ 抗洪軍民力保九江大堤。

1998 年 6 月至 9 月，由於氣候異常，全國大部分地區降雨明顯偏多，部分地區出現持續性的強降雨，雨量成倍增加，致使一些地方遭受嚴重的洪澇災害。長江發生繼 1954 年以來又一次全流域性大洪水，先後出現 8 次洪峰，宜昌以下 360 公里江段和洞庭湖、鄱陽湖的水位，長時間超過歷史最高紀錄，沙市江段曾出現 45.22 米的高水位。嫩江、松花江發生超歷史紀錄的特大洪水，先後出現 3 次洪峰。珠江流域的西江和福建閩江也一度發生百年不遇的大洪水。由於洪水量級大、涉及範圍廣、持續時間長，洪澇災害十分嚴重。湖南、湖北、江西、安徽、江蘇、黑龍江、吉林、內蒙古等省區沿江湖的眾多城市和廣大農村，社會經濟發展和人民生命財產安全都受到洪水的嚴重威脅。全國有 29 個省區市遭受不同程度損失，受災人口有 2 億多人，直接經濟損失超過 2000 億元人民幣，許多工礦企業停產，長江部分航段中斷航運一個多月。

　　在整個抗洪搶險中，黨中央直接指揮了這場戰鬥。7 月 21 日，當得知長江第二次洪峰正向武漢逼近時，江澤民夜不能寐。深夜 12 時，江澤民打電話給溫家寶，要求沿江各省市特別是武漢市要做好迎戰洪峰的準備，嚴防死守、確保長江大堤安全、確保武漢等沿江重要城市安全、確保人民生命安全。這就是著名的“嚴防死守、三個確保”的戰略方針。根據受到洪水威脅地區的實際情況，中央還作出了大規模動用人民解放軍投入抗洪搶險、軍民協同作戰的重大決策。在黨中央、國務院的領導下，全黨、全軍和全國人民緊急行動起來，特別是受災省區的廣大幹部群眾同前來支援的解放軍指戰員、武警官兵一起，團結奮戰，力挽狂瀾，同特大洪水進行了驚心動魄的殊死搏鬥。全國人民包括港澳台同胞以及海外僑胞心繫災區，踴躍捐贈。抗洪救災取得重大勝利，災後恢復生產和重建家園的工作進展順利。這是一個了不起的巨大成績，是人類戰勝自然災害的一個壯舉。

　　1999 年 3 月 16 日，朱鎔基總理在九屆人大二次會議舉行的記者招待會回答記者提問時說：

　　過去的一年我感到非常難，這個困難超過了我預料的程度。第一，我原來沒有估計到亞洲金融危機的影響這麼大；第二，我國發生的歷史上罕見的特大的洪澇災害也超出了我的預料。但我感到滿意的是，我們在以江澤民同志為核心的黨中央領導下，依靠全國人民的努力，我們站住了，這兩個困難我們都挺過去了。這是不容易的，所以我在政府工作報告中說了一句：“來之不易”呀！

1999
澳門回歸

★

你可知"媽港"不是我的真名姓？
我離開你的繈褓太久了，母親！
但是他們擄去的是我的肉體，
你依然保管著我內心的靈魂。
三百年來夢寐不忘的生母啊！
請叫兒的乳名，
叫我一聲"澳門"！
母親！我要回來，母親！

這是聞一多先生寫於 1925 年 7 月的《七子之歌》。時空飛逝 70 餘個
年頭，在新世紀的前夕，澳門回歸母親的日子裏，這首詩歌，這個旋
律，曾讓多少華夏兒女潸然淚下。1999 年 12 月 20 日零時，中葡兩國
政府在澳門文化中心舉行澳門政權交接儀式，中華人民共和國國旗和
中華人民共和國澳門特別行政區區旗同時升起。

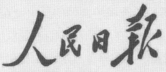

❶1999 年 12 月 20 日《人民日報》關於澳門回歸的相關報道。❷1999
年 12 月 19 日晚，北京市人民迎接澳門回歸祖國聯歡晚會在天安門廣場
澳門回歸倒計時牌前舉行，慶祝中華民族的這一歷史盛事。❸ 澳門媽祖
閣。

新中國誕生以後，中國政府對於香港、澳門的歷史遺留問題，一貫主張在適當的時機，通過和平談判解決，在未解決前維持現狀。

1972 年，中國駐聯合國代表黃華在致聯合國非殖民化特別委員會的信件中申明："香港、澳門屬於歷史遺留下來的帝國主義強加於中國的一系列不平等條約的結果。香港和澳門是被英國和葡萄牙當局佔領的中國領土的一部分，解決香港、澳門問題完全屬於中國主權範圍內的問題，根本不屬於所謂'殖民化'範疇。我國政府主張在條件成熟時，用適當的方式和平解決港澳問題，在未解決前維持現狀。"再次表達了中國政府對香港、澳門的嚴正立場。

1974 年 4 月 25 日，葡萄牙國內發生政變。5 月 15 日，以安東尼奧·斯皮諾拉為首的共和國救國委員會推翻了卡埃塔諾的獨裁政權。葡萄牙新政府宣佈了"非殖民化政策"，放棄了在海外的殖民地，並認為澳門不是葡萄牙的殖民地，而是中國的領土，是葡萄牙管理的特殊地區。1975 年 1 月葡萄牙宣佈同台灣國民黨政權斷交，這為中葡建交奠定了基礎。1979 年 2 月 8 日，中葡兩國在巴黎簽署兩國正式建交的聯合公報，葡國承認"澳門是中國的領土，目前由葡國管理。這是一個歷史上遺留下來的問題，在適當的時期，中葡兩國將通過友好協商來解決"。

1984 年中英兩國政府在北京草簽了關於香港問題的聯合聲明。香港問題的圓滿解決，為澳門問題的解決樹立了典範，也推動了解決澳門問題的進程。同年 10 月，鄧小平在回答澳門國慶觀禮團成員提問時，曾透露了中國政府對澳門問題將會採取與香港問題同樣的方針解決。爾後，中葡兩國領導人曾進行了互訪，交換了意見，增進了友好協商，推動了解決澳門問題的進程。

1987 年 4 月 13 日，中葡兩國政府在北京正式簽訂了《中華人民共和國政府和葡萄牙共和國政府關於澳門問題的聯合聲明》，明確聲明"澳門地區（包括澳門半島、氹仔島和路環島，以下簡稱澳門）是中國領土，中華人民共和國政府將於 1999 年 12 月 20 日對澳門恢復行使主權"，並在恢復行使主權之後，按照"一個國家，兩種制度"的方針"在澳門設立特別行政區。繼續實行資本主義制度，50 年不變"。從而，中國人民實現了長期以來收回澳門主權的共同願望，圓滿解決了兩國之間的歷史懸案。

為了使中葡《聯合聲明》闡明的中國政府對澳門的基本方針政策具體化，並以法律形式確定下來，保證澳門的順利交接和平穩過渡，保證澳門的長期繁榮和穩定，中國政府決定制訂澳門特別行政區基本法。為此，1988 年 4 月，七屆全國人大第一次會議決定成立澳門基本法起草委員會。9 月 5 日，七屆全國人大常委會第三次會議通過並頒佈了澳門基本法起草委員會名單。委員由內地和澳門各方面人士及專家 48 人組成，姬鵬飛任主任委員，胡繩、王漢斌、馬萬祺等任副主任委員，魯平任秘書長。

經過近 5 年時間的緊張工作，在多次聽取澳門居民的意見，集中了全國人民和澳門同胞智慧的基礎上，1993 年 3 月 31 日，由八屆全國人大第一次會議審議通過了《中華人民共和國澳門特別行政區基本法》及其附件，以及澳門特別行政區區旗、區徽圖案。同日，國家主席江澤民以第 3 號主席令正式頒佈《中華人民共和國澳門特別行政區基本法》。這是一部具有歷史意義的法律文件，是中國政府繼香港基本法之後關於“一國兩制”的又一次偉大實踐。澳門基本法有其自己的特點和豐富內容，主要包括四個方面：（一）充分體現了“一國兩制”和高度自治的方針和原則。（二）保證澳門居民享有廣泛的權利和自由。（三）規定了澳門實行行政、立法和司法互相制衡、互相配合的政治制度，並按照循序漸進的原則發展民主。（四）保證了澳門社會經濟發展、文化事業的繁榮和社會進步。

1998 年 5 月，負責籌組第一屆政府的澳門特區籌備委員會宣告成立，由國務院副總理錢其琛擔任籌備委員會主任，馬萬祺等任副主任。包括工商、文教、勞工和宗教界人士，以及澳門地區全國人大代表和政協委員在內的 60 名澳門同胞為籌備委員會的成員。他們為廣開渠道聽取澳門各界的意見和建議，認真履行神聖職責，充分行使民主權利，嘔心瀝血，為澳門的平穩過渡和順利回歸做了大量的工作。

1999 年 3 月 27 日，澳門各界慶祝澳門回歸祖國活動委員會正式成立。該會具有廣泛的代表性，由來自澳門工商、勞工、婦女、青年、文化、體育、藝術等各個界別和多個社團的代表組成，有委員 880 多人，組成全體大會，下設主席團、顧問和執委會，由馬萬祺擔任主席。4 月 9 日至 10 日，澳門特別行政區籌備委員會第七次會議在北京舉行，由國務院副總理、籌委會主任錢其琛主持。這次會議按照公平、公正、公開、民主和廉潔的選舉原則，選舉產生了澳門特區第一屆政府推選委員會，同時通過了澳門特區政府及公共行政機構的徽記、印章、旗幟問題的決定。5 月 15 日，在有 199 名推委會成員出席的選舉首任澳門特區行政長官大會上，何厚鏵以 163 票當選。5 月 20 日，朱鎔基總理簽署了國務院第 264 號令，任命何厚鏵為中華人民共和國澳門特別行政區第一任行政長官。

1999 年 12 月 19 日午夜至 20 日凌晨，在澳門文化中心交接儀式場館，舉行了澳門政權交接儀式。20 日零時零分，中華人民共和國國旗和澳門特別行政區區旗，隨著雄壯的中華人民共和國國歌聲冉冉升起。經歷了 400 多年滄桑的澳門，從此回到祖國的懷抱，中國政府恢復了對澳門行使主權。

全中國和全世界人民見證了這一舉世矚目的歷史時刻。

2000

西部大開發

★

西部地區，在地理概念上指中國西北地區的陝西、甘肅、寧夏、青海、新疆五省區和西南地區的重慶、四川、貴州、雲南、西藏五省區市。2000 年 1 月 19 日至 22 日，西部地區開發會議在北京召開，1 月 24 日《人民日報》予以報道。2000 年 10 月 26 日，國務院發出《關於實施西部大開發若干政策措施的通知》，明確了西部開發的政策適用範圍包括西北、西南地區的十個省區市，還包括內蒙古和廣西。國務院還先後批准，對湖南湘西土家族苗族自治州、湖北恩施土家族苗族自治州、吉林延邊朝鮮族自治州等地區，在實際工作中比照有關政策措施予以實施。2020 年 5 月 18 日《人民日報》刊發《中共中央國務院關於新時代推進西部大開發形成新格局的指導意見》。

人民日报

RENMIN RIBAO

2000年1月24日

统一思想明确任务不失时机实施西部大开发战略

西部地区开发会议在京召开

朱镕基强调，站在我国现代化建设全局和战略高度，把思想和行动统一到党中央的重大决策上来

李岚清出席会议并讲话　温家宝主持会议并作工作报告

重大的战略抉择

《邓小平外交思想学习纲要》出版

江泽民题写书名

国务院关于实施西部大开发若干政策措施的通知　527

国务院关于实施西部大开发
若干政策措施的通知

（二〇〇〇年十月二十六日）

各省、自治区、直辖市人民政府，国务院各部委、各直属机构：

实施西部大开发战略，加快中西部地区发展，是我国现代化建设的重要组成部分，是党中央高瞻远瞩、总揽全局、面向新世纪作出的重大决策，具有十分重大的经济和政治意义。为加快对西部地区的重点支持，国务院制定了实施西部大开发若干政策措施。现将有关问题通知如下：

一、制定政策的原则和支持的重点

（一）制定政策的原则。实施西部大开发是一项宏大的系统工程和艰巨的历史任务，既要有紧迫感，又要充分做好长期奋斗的思想准备，要坚持从实际出发，按客观规律办事，进取、量力而行，立足当前、着眼长远、统筹规划、科学、突出重点，分步实施，防止一哄而起，既反对铺张浪费，又反对"大呼隆"。要加快转变发展观念，加大改革开放力度，贯彻可持续发展战略，把发挥市场机制作用同搞好宏观调控结合起来，把西部地区广大干部群众发扬自力更生精神同各方面支持结合起来。

（二）重点任务和战略目标。当前和今后一段时期，实施西部大开发的重点任务是：加快基础设施建设；加强生态环境保护和建设；巩固农业基础地位，调整工业结构，发展特色旅游业；发展科技教育和文化卫生事业，力争用五到十年时间，使西部地区基础设施和生态环境建设取得突破性进展。西部开发有一个良好的开局。到二十一世纪中叶，要将西部地区建成一个经济繁荣、社会进步、生活安定、民族团结、山川秀美的新西部。

（三）重点区域。西部开发的政策适用范围，包括重庆市、四川省、贵州省、云南省、西藏自治区、陕西省、甘肃省、宁夏回族自治区、青海省、新疆维吾尔自治区和内蒙古自治区、广西壮族自治区。实施西部大开发，要依托亚欧大陆桥、长江水道、西南出海通道等交通干线，发挥中心城市作用，以线串点、以点带面、逐步形成我国西部特色的西陇海兰新线、长江上游、南（宁）贵（阳）昆（明）等经济带，带动其他地区发展，有步骤、有重点地推进西部大开发。

二、增加资金投入的政策

（一）加大建设资金投入力度。提高中央财政性建设资金用于西部地区的比例。国家政策性银行贷款、国际金融组织和外国政府优惠贷款，在放贷款项列投款的条件下，尽可能安排西部地区的项目。对国家新安排的西部地区重大基础设施建设项目，其投资主要由中央财政建设资金、其他专项建设资金、银行贷款和利用外贷解决，不留资金缺口。中央将采取必

---

❶2000年1月24日《人民日报》。❷《國務院關於實施西部大開發若干政策措施的通知》（2000年10月26日）。❸實施西部大開發戰略，促進東西部地區協調發展。一批能源、交通重點工程相繼開工。圖為六盤山地區高等級公路。

❹2020 年 5 月 18 日《人民日報》刊發《中共中央國務院關於新時代推進西部大開發形成新格局的指導意見》。

在新世紀即將來臨之際，根據鄧小平20世紀80年代末和90年代初多次論述的現代化建設“兩個大局”戰略思想，黨中央適時作出了實施西部大開發戰略重大決策。

鄧小平提出“兩個大局”戰略思想

1988年，鄧小平正式提出了沿海內地、東西部共富的兩個大局戰略構想。他指出：沿海地區要加快對外開放，使這個擁有2億人口的廣大地帶較快地先發展起來，從而帶動內地更好地發展，這是一個事關大局的問題。內地要顧全這個大局。反過來，發展到一定的時候，又要求沿海拿出更多力量來幫助內地發展，這也是個大局。那時沿海也要服從這個大局。

鄧小平在1992年南方談話中進一步提出了時間表。他說，走社會主義道路，就是要逐步實現共同富裕。共同富裕的構想是這樣提出的：一部分地區有條件先發展起來，一部分地區發展慢點，先發展起來的地區帶動後發展的地區，最終達到共同富裕……什麼時候突出地解決這個問題，在什麼基礎上提出和解決這個問題，要研究。可以設想，在本世紀末達到小康水平的時候，就要突出地提出和解決這個問題。

江澤民提出西部大開發戰略

1995年陝西、甘肅兩省遭受了嚴重的旱災。年終歲末之際，江澤民專程到陝西商州、丹鳳和甘肅榆中、定西等地考察和慰問群眾。定西是有名的乾旱和貧困區，那裏的農民群眾靠積雨水窖維持全家一年的生計。為了節約用水，有些上了年紀的人很少洗臉，成了半拉“黑人”。看到這些，江澤民心情很沉重。他反覆說，群眾貧苦，我們當幹部的應該寢食難安啊！關於西部地區的建設問題，他指出：

西部地區歷史文化悠久，為締造輝煌的中國古代文明作出過巨大貢獻。近代以來，為實現祖國獨立，西部地區人民為中國人民的解放事業也作出過巨大的歷史性貢獻。我國很多民族聚居在西部，長期的文化交流與和睦相處，形成了民族大團結和共同進步的優良傳統。西部地區蘊藏著各種豐富的自然資源，是我國有待全面開發的重要資源基地，也是我國下個世紀經濟全面振興的重要依託，還是我們鞏固國防的軍事戰略要地。

江澤民深情地說："到了包括西部在內的全國各個地區都基本實現了現代化，我們這幾代人就為祖國為民族立下了不朽的歷史之功，就無愧於我們的先人，無愧於我們的革命前輩，也無愧於我們的後人。"[①]

雖然這時江澤民還沒有像後來那樣使用"西部大開發"的提法，但在他的腦海中，促進西部地區加快發展已經成為重大的任務。此後，他在不同場合多次談到加快西部地區發展問題。1997年8月，他在一份關於西北地區治理水土流失、改善生態環境調查報告上作出重要批示：對"歷史遺留下來的這種惡劣的生態環境，要靠我們發揮社會主義制度的優越性，發揚艱苦創業的精神，齊心協力地大抓植樹造林，綠化荒漠，建設生態農業去加以根本的改觀。經過一代一代人長期的、持續的奮鬥，再造一個山川秀美的西北地區，應該是可以實現的"。

1999年3月，在全國"兩會"黨員負責同志會議上，江澤民談到西部地區大開發問題。他說：

西部地區遲早是要大開發的，不開發，我們怎麼實現全國的現代化？中國怎麼能成為經濟強國？美國當年如果不開發西部，它能發展到今天這個樣子？實施西部地區大開發，是全國發展的一個大戰略、大思路。對此，全黨全國上下要提高和統一認識，同時要精心研究、統籌規劃，科學地提出大開發的政策、辦法、實施步驟和組織形式等。

6月9日，在中央扶貧開發工作會議上，江澤民又講了這個問題。他說：

加快中西部地區發展步伐的條件已經基本具備，時機已經成熟。我們如果看不到這些條件，不抓住這個時機，不把該做的事情努力做好，就會犯歷史性錯誤。從現在起，這要作為黨和國家一項重大戰略任務，擺到更加突出的位置。

---

① 1995年12月27日《人民日報》；曾培炎著：《西部大開發決策回顧》，中共黨史出版社、新華出版社2010年版，第6—7頁。

6 月 17 日，在西安主持召開西北地區國有企業改革和發展座談會時，江澤民指出，我們正處在世紀之交，應該向全黨全國人民明確提出，必須不失時機地加快中西部地區發展，特別是要抓緊研究實施西部地區大開發。他說：

　　……現在，加快中西部地區開發的時機已經到來。中西部地區範圍很大，如何加快開發，要有通盤考慮。我所以用"西部大開發"，就是說，不是小打小鬧，而是在過去發展的基礎上經過周密規劃和精心組織，邁開更大的開發步伐，形成全面推進的新局面。實施西部大開發，對於推進全國的改革和建設，對於國家的長治久安，具有重大的經濟意義和社會政治意義。

　　江澤民指出，加快開發西部地區是一個巨大的系統工程，也是一項空前艱難的歷史任務。既要有緊迫感，抓緊研究方案、步驟和政策措施，又要做好長期奮鬥的思想準備。西部各地區廣大幹部群眾要抓住這個歷史機遇，堅持發揚自力更生、艱苦奮鬥的光榮傳統，利用自己的比較優勢，創造新的業績。他說：

　　我們要下決心通過幾十年乃至整個下世紀的艱苦努力，建設一個經濟繁榮、社會進步、生活安定、民族團結、山川秀美的西部地區。經過我們一代又一代人持續不懈的奮鬥，使從唐代安史之亂以後 1200 年來逐漸衰落的西部地區，從生態環境到經濟、文化、社會發展來一個天翻地覆的根本改變，來一個舊貌換新顏。這將是中華民族發展史上一項驚天動地的偉業，也將是世界開發史上一個空前的壯舉！[②]

　　在十五屆四中全會上，江澤民再次強調：實施西部大開發和加快小城鎮建設，都是關係中國經濟和社會發展的重大戰略問題，應該提上議事日程，進行全面的調查研究，拿出方案，加緊實施。

　②　以上參見《江澤民文選》第 2 卷，人民出版社 2006 年版，第 340—346 頁。

制定措施，加緊實施

對於西部大開發，有的同志提出，現在實施西部大開發戰略，條件是否具備、時機是否成熟？有的同志認為，西部地區基礎差，投入產出率低，國家對西部地區投入五元的產出效益，不如對沿海地區投入一元的產出效益。有的同志擔心，實施西部大開發會不會影響東部沿海地區經濟進一步發展？

2000 年 1 月，國務院西部地區開發領導小組召開會議，專門研究西部地區開發問題，強調統一思想，明確任務，不失時機實施西部地區大開發戰略。會議指出，實施西部大開發戰略，是一個規模宏大的工程，也是一項長期、艱巨的任務，既要有緊迫感，又要從長計議。要統籌規劃，突出重點，分步實施，分階段地達到目標。

2000 年 3 月 15 日，時任國務院總理朱鎔基在人民大會堂會見了前來採訪九屆全國人大三次會議的中外記者並回答記者提問時說：

關於我國西部的開發，早在 80 年代就是鄧小平 "兩個大局" 戰略思想的內容。去年以來，江澤民總書記多次強調西部大開發，在開發前加了一個 "大" 字。這個戰略思想現在已經有了實施的機遇，因為中國的經濟發展已經到了這樣一個階段：沿海地區經濟的發展，特別是傳統產業的發展已經趨於飽和，它要尋找新的市場，而西部地區的開發，現在也迫在眉睫。
……
西部要實行與東部相似的對外開放政策，我們歡迎外國的投資家，銀行、證券、保險業都可以到西部去發展。何時見效呢？我想基礎設施建設已經在見效，中國修公路、鐵路是拿手好戲，修這條 4200 公里的管道，分段施工，我認為兩年就可以建成；至於說種樹，時間要長一點，但是我親自考察過四川阿壩藏族羌族自治州的森林，植樹以後 8 年到 10 年就可以成林，因此我認為西部地區的開發見效可能是很快的。當然這是一個非常艱巨的事業，不是一代人能夠完成的，西部地區真正的開發恐怕需要一代人、兩代人，甚至幾代人的努力。③

③ 《國務院公報》2000 年第 13 號，中華人民共和國中央人民政府網站。

2000 年 10 月 26 日國務院發出的《關於實施西部大開發若干政策措施的通知》規定了制定政策的原則和支持的重點，增加資金投入的政策，改善投資環境的政策，擴大對外對內開放的政策，吸引人才和發展科技教育的政策等。通知要求國務院西部開發辦要會同有關部門，根據所規定的政策措施，在 2000 年內抓緊研究制定有關政策細則或實施意見，經國務院批准後發佈實施。西部地區各級政府，要按照國家規定，執行統一的西部大開發政策。以上政策措施，主要適用於當前和今後 10 年（2001—2010 年）。隨著西部大開發戰略的實施，將作進一步完善。所規定的各項政策措施及其細則，自 2001 年 1 月 1 日起開始實施。

2020 年 5 月，黨中央、國務院從全局出發，順應中國特色社會主義進入新時代、區域協調發展進入新階段的新要求，為加快形成西部大開發新格局，推動西部地區高質量發展，提出《中共中央國務院關於新時代推進西部大開發形成新格局的指導意見》。

西部大開發將不斷創造發展新奇跡！

2000

2001
加入世界貿易組織

★ ▬▬▬▬▬▬▬▬▬▬▬▬▬▬▬▬

朱鎔基：“黑頭髮都談成了白頭髮，該結束這個談判了。” 在長達 15
年的談判中，雙邊談判的核心問題是確保中國以發展中國家地位加
入，多邊談判的核心問題是確保權利與義務的平衡，具體內容包括關
稅、非關稅措施、農業、知識產權、服務業開放等一系列問題，而農
業和服務業又是雙方相持不下的難點。2001 年 12 月 11 日，中國正式
成為世界貿易組織成員，中國對外開放進入新的階段。

❶2001 年 11 月 11 日《人民日報》關於中國加入世界貿易組織的相關報道。

❷2001 年 11 月中國外經貿部部長石廣生簽署中國加入世界貿易組織議定書。

世界貿易組織（WTO，簡稱世貿組織）成立於 1995 年，其前身是成立於 1947 年的關貿總協定（GATT）。世貿組織是當代最重要的國際經濟組織之一，有"經濟聯合國"之稱。加入世貿組織，是黨中央、國務院作出的重大戰略決策，是改革開放進程中具有歷史意義的一件大事，也是進一步推進全方位、多層次、寬領域對外開放的重要契機，對於我國擴大對外開放、促進國內發展具有十分重大的意義。

漫長的過程

自 1986 年 7 月 10 日中國正式遞交復關（恢復關貿總協定締約國地位）申請起，國內外無數次預測這場談判的時間表。但誰也不曾料到，由於談判逐步被"政治化"及其本身的艱巨性、複雜性、特殊性和敏感性，這一談就是 15 個春秋。中國代表團換了四任團長，美國換了五位首席談判代表，歐盟（歐共體）換了四位。

中國復關和入世（加入世貿組織）談判大致可分為三大階段：第一階段從 20 世紀 80 年代初到 1986 年 7 月，主要是醞釀、準備復關事宜；第二階段從 1987 年 2 月到 1992 年 10 月，主要是審議中國經貿體制，中方要回答的中心題目是到底要搞市場經濟還是計劃經濟；第三階段從 1992 年 10 月到 2001 年 9 月，中方進入實質性談判，即雙邊市場准入談判和圍繞起草中國入世法律文件的多邊談判。

1995 年 1 月，WTO 取代 GATT；同年，中方決定申請入世，並根據要求，與 WTO 的 37 個成員開始了拉鋸式的雙邊談判。從 1997 年 5 月與匈牙利最先達成協議，到 2001 年 9 月 13 日與最後一個談判對手墨西哥達成協議，直至 2001 年 9 月 17 日 WTO 中國工作組第十八次會議通過中國入世法律文件，這期間起伏跌宕、山重水複。

1999 年 3 月 15 日，朱鎔基總理在中外記者招待會上說：現在存在這種機遇。第一，WTO 成員已經知道沒有中國的參加，WTO 就沒有代表性，就是忽視了中國這個潛在的最大市場。第二，中國改革開放的深入和經驗的積累，使我們對加入 WTO 可能帶來的問題提高了監管能力和承受能力。因此，中國準備為加入 WTO 作出最大的讓步。

中國入世談判的整個歷程，充分體現了第三代中央領導集體的高瞻遠矚和正確決策。江澤民親自給這場談判確定了三條原則：第一，WTO 沒有中國參與是不完整的；第二，中國必須作為發展中國家加入；第三，堅持權利和義務的平衡。這些原則對入世談判具有重大深遠的指導意義。

打贏中美、中歐談判這兩個硬仗

在中國入世談判中，最難打的硬仗，莫過於中美談判，其次是中歐談判，其中中美談判進行了 25 輪，中歐談判進行了 15 輪。

備受矚目的中美談判範圍廣、內容多、難度大，美國憑借其經濟實力，要價高，立場強硬，談判又不時受到各種政治因素干擾。1999 年 4 月 6 日至 13 日，朱鎔基訪美。4 月 10 日，中美簽署"中美農業合作協議"，並就中國加入 WTO 發表聯合聲明。美方承諾"堅定地支持中國於 1999 年加入 WTO"。

1999 年 5 月 8 日，以美國為首的北約襲擊中國駐南聯盟大使館，中國政府被迫中斷了"入世"談判。

1999 年 9 月 6 日，中美恢復談判。在最後一輪中美談判中，朱鎔基親臨現場，坐鎮指揮。中方代表堅持原則，經過 6 天 6 夜的艱苦談判，這場最關鍵的戰役取得了雙贏的結果。1999 年 11 月 15 日，中美兩國政府在北京簽署了關於中國加入世界貿易組織的雙邊協議，標誌著中美就中國加入全球最大貿易組織長達 13 年的雙邊談判正式結束，從而為中國"入世"掃除了最大障礙，邁出了最關鍵性的一步。

2000 年 5 月 19 日，中國和歐盟在北京就中國加入世貿組織達成雙邊協議，這標誌著中國加入世貿組織的雙邊談判即將結束，中國加入世貿組織進入最後的加入程序階段。

固守底線，決不妥協

面對一個又一個 WTO 成員，中方力爭的焦點是什麼？儘管經過二十多年的改革開放，中國綜合國力和企業抗風險能力日益增強，但總體上國內產業素質和競爭力與國外差距甚大。所以，談判的核心，就是市場開放的速度和力度必須與中國的經濟發展水平相一致，這是中國的底線。

經過艱苦鬥爭，美歐等發達國家不得不同意"以靈活務實的態度解決中國的發展中國家地位問題"，中方最終與所有 WTO 成員就中國加入 WTO

後若干年市場開放的領域、時間和程度等達成了協議。雙邊談判的結果是平衡的，符合 WTO 的規定和中國經濟發展的水平。

2000 年 8 月 25 日，第九屆全國人民代表大會常務委員會第十五次會議聽取審議了對外貿易經濟合作部受國務院委託所作的《關於我國加入世界貿易組織進展情況的報告》，對中國政府為中國加入世界貿易組織所作的努力予以充分肯定。根據中國加入世界貿易組織談判的新的進展情況，本次會議決定：同意國務院根據上述原則完成加入世界貿易組織的談判和委派代表簽署的中國加入世界貿易組織議定書，經國家主席批准後，完成中國加入世界貿易組織的程序。

2001 年 11 月 10 日，世界貿易組織第四屆部長級會議在卡塔爾首都多哈以全體協商一致的方式，審議並通過了中國加入世貿組織的決定。在中國政府代表簽署中國加入世貿組織議定書，並向世貿組織秘書處遞交中國加入世貿組織批准書 30 天後，中國將正式成為世貿組織成員。這標誌著中國長達 15 年復關和加入世貿組織進程的結束，宣告了一個歷史性時刻的誕生。

12 月 11 日，中國正式成為世貿組織成員，標誌著中國對外開放進入新的階段。

2002

中共十六大新黨章 對黨的性質兩個 "先鋒隊" 的新概括

★

2002 年，中共十六大修改後的黨章，將黨的性質進一步表述為：中國共產黨是中國工人階級的先鋒隊，同時是中國人民和中華民族的先鋒隊，是中國特色社會主義事業的領導核心，代表中國先進生產力的發展要求，代表中國先進文化的前進方向，代表中國最廣大人民的根本利益。黨的最高理想和最終目標是實現共產主義。

❶ 中共十六大黨章。❷ 中共十六大新聞中心舉行新聞發佈會。

2002 年 11 月 8 日至 14 日,中國共產黨第十六次全國代表大會舉行。大會正式代表 2114 人,特邀代表 40 人,代表全國 6600 多萬黨員。江澤民作《全面建設小康社會,開創中國特色社會主義事業新局面》報告。十六大是中國共產黨在新世紀召開的第一次全國代表大會。大會總結過去 5 年的工作和 13 年的基本經驗,闡述全面貫徹"三個代表"重要思想的根本要求,提出全面建設小康社會的奮鬥目標。大會選舉產生新一屆中央委員會,黨的中央領導集體順利實現新老交替和平穩過渡。大會通過關於《中國共產黨章程(修正案)》的決議,確立"三個代表"重要思想為黨的指導思想。

十六大黨章對黨的性質的新表述,切合黨的歷史發展和現實狀況,符合時代要求,有利於我們黨始終堅持工人階級先鋒隊的性質,增強黨的階級基礎,有利於拓展黨的工作的覆蓋面,擴大黨的群眾基礎,有利於全黨同志更加深刻地認識和落實黨所肩負的歷史責任,團結和帶領全國各族人民萬眾一心地建設中國特色社會主義。

為了適應我國新世紀新階段經濟和社會發展的需要,黨章總綱部分還補充了如下新的內容:

一是確立了本世紀頭 20 年全面建設小康社會的奮鬥目標。到建國 100 年時,我國人均國內生產總值達到中等發達國家水平,基本實現現代化。

二是增寫了我國社會主義初級階段的基本經濟制度和經濟建設方面的內容。我國正處於並將長期處於社會主義初級階段,必須堅持和完善公有制為主體、多種所有制經濟共同發展的基本經濟制度,堅持和完善按勞分配為主體、多種分配方式並存的分配制度。

三是增寫了依法治國,建設社會主義法治國家的內容。進一步提出了發展社會主義民主政治,建設社會主義政治文明;明確了黨的領導、人民當家作主和依法治國的統一性,強調要堅持這三者的有機結合和辯證統一,不斷把社會主義民主政治建設推向前進。

四是增寫了中國共產黨領導人民在建設物質文明、政治文明的同時,努力建設社會主義精神文明,實行依法治國與以德治國相結合的內容。

另外,十六大通過的黨章增寫了"黨徽黨旗"一章,對於維護黨徽黨旗的嚴肅性,發揮黨徽黨旗的感召力,增強黨員的光榮感、使命感,增強黨的凝聚力和影響力,都將起到重要的作用。[1]

① 參見《中國共產黨第十六次全國代表大會文件彙編》,人民出版社 2002 年版,第 91—104 頁。

2003

抗擊非典

★

2003 年春，我國遭遇一場過去從未出現過的非典型肺炎重大疫情。全黨全國人民在黨中央、國務院的堅強領導下，堅持一手抓防治非典，一手抓經濟建設，奪取了防治非典工作勝利。

❶

❷

❶《向非典宣戰！》宣傳畫。❷2003 年 8 月 16 日北京地壇醫院舉行"告別非典，走向明天"儀式，歡送最後一批非典合併症患者出院。新華社記者王呈選攝。❸《奮戰在抗非典第一線》，2003 年 4 月 30 日《人民日報》關於非典防治工作的相關報道。

491

2002 年底，一種類似肺炎的新傳染病恐怖地突降中國廣東。2003 年初，又很快蔓延至北京、香港、台灣。4 月 16 日，世界衛生組織正式確認，冠狀病毒的一個變種是引起非典型肺炎的病原體，正式將其命名為 SARS 病毒。

一種新型傳染病突現廣東

2002 年 11 月 16 日晚，廣東佛山市一位鄉民，身體一向健康，突然出現發熱、頭疼等症狀，起初以為是一般感冒，在自己服用了一些感冒藥後，病情非但未見減輕，體溫還上升到 39 度以上，周身出現不適，高燒持續不退。20 日，他住進當地醫院治療。當時，醫生和護士並不知道這是傳染病，在治療過程中沒有採取特別防護措施，連口罩都沒有戴！隨後，在醫院看護他的親屬也相繼發燒。經過同廣州專家們的會診，醫院得出結論：這個病人及其家屬先後發病，證實這個病傳染性強；佛山醫院已使用了多種抗生素，但是效果不明顯，病人白細胞沒有明顯增多，病情引發原因很可能為某種病毒。

2003 年 1 月 20 日，中山市接到報告，當地 3 家醫院先後收治 15 例病因不明但病症相同的病人，3 家醫院一共有 13 個醫務人員被感染發病，中山市發現了 20 多例類似病例。2 月 8 日，一條手機短信在廣州迅速流傳：春節期間，從中山等地傳入廣州一種怪病，該病潛伏期極短，一天發病，很快發展為呼吸衰竭，當天死亡。該病現在並無藥物醫治，已經造成多名病人死亡。最令人可怕的則是這種病的傳播途徑，只需和病人打個照面，或者是同乘了一輛公交車都可能被傳染。更恐怖的說法是某醫院的十幾名接觸過該病人的醫護人員全被傳染，上午得病，下午透視顯示肺部全是白點，晚上搶救無效死亡。禽流感、鼠疫、炭疽等猜測，說得有板有眼，並通過手機短信、電子郵件等形式迅速傳播開來。到 2 月上旬，廣東進入發病高峰期。截至 2 月 9 日，廣東省報告共發現 305 例非典型肺炎病例，死亡 5 例。

從廣東蔓延至北京、香港、台灣

3 月 5 日上午，中國北京，軍方最著名的傳染病醫院 ——302 醫院，突然接到 301 醫院的緊急電話，稱此前一天來該院急診室觀察的山西 3 名患者病情怪異，懷疑是非典，需要轉到 302 醫院醫治。

3 月 10 日，香港最大的兩家電視機構 —— 無線和亞視，同時播報一條消息：位於沙田的威爾斯親王醫院透露，在過去的幾天內，有 10 多名醫護人員出現發燒及上呼吸道感染症狀，並發現該病具有傳染性。至 3 月 13 日，全港患非典的醫務人員增至 115 人。3 月 20 日，非典闖入社區，有 5 名年齡在 2 至 15 歲的兒童被證實染病。此後，非典迅速闖入辦公樓、學校和各處公共場所，最高峰日增病例 60 例以上，香港醫管局局長何兆煒也被感染。

3 月 14 日，台灣發現首例非典疑似病例。5 月 21 日，台北市 SARS 通報病例再創新高，達 64 例。5 月 22 日，世界衛生組織決定，將原來對台北市的旅遊警告，擴大至全台灣。5 月 28 日，台灣公佈島內 SARS 疫情最新數字，累計 610 例，已突破 600 大關；死亡病例新增 5 例，累計 81 例。

5 月 10 日，澳門當地政府宣佈發現首例非典病例。

在北京，病毒蔓延到了北方交通大學（現名北京交通大學）。交大計算機系一名同學，4 月 1 日在軍訓時得了感冒，之後多次到醫院治療。4 月 17 日，他被確診為非典。到 4 月 18 日，其隔壁宿舍又有 8 人發燒。到 4 月 19 日，該樓 12 層一個宿舍學生出現發燒症狀。到 4 月 20 日，人數驟增至 20 多人。到 4 月 25 日為止，一共出現了 65 例發燒者，確診 10 例，疑似 9 例，分佈在不同的樓層，可能是電梯感染。

勇敢面對，眾志成城

面對非典這個傳染性極強的病魔，起初，個別部門隱瞞疫情，企圖通過靜悄悄的方式來殲滅它，但這只能加劇形勢的惡化。黨中央和國務院及時認清嚴峻形勢，決心打一場科學的人民戰爭，來消滅這個惡魔！一系列行之有效的舉措緊急出台：黨和國家領導人親臨抗非前線，認真佈置抗擊非典工作；懲治失職官員；建立每日疫情報告制度；設立定點醫院，建立嚴格的防治制度；藥物研究；保障物資供應；採取及時的隔離措施；……

6 月 19 日，北京絕大多數醫院恢復正常醫療秩序。6 月 20 日，北京小湯山醫院送走了最後 18 名治癒患者。小湯山醫院共收治 680 名非典患者，672 名痊癒出院，8 人死亡，治癒率超過 98.8%。1383 名醫護人員無一感染。6 月 23 日，北京住院非典確診病例僅剩 46 人，已經達到世界衛生組織對一個地區撤銷旅遊警告所需條件之一 "住院非典病人少於 60 人" 的標準。24 日，世界衛生組織宣佈撤銷對北京的旅遊警告，並將北京從非典疫區名單中刪除。

為了戰勝非典，北京市、區兩級財政共投入 10.0654 億元人民幣，這個數字還不包括海內外捐助的錢和物資，而全國各級財政共消耗資金 100 多億人民幣。實踐證明了中國政府是合格的，中國的醫務工作者是崇高的，中國民眾是偉大的！

2004

改革開放和現代化建設的總設計師

—— 鄧小平誕辰 100 週年紀念大會召開

★

2004 年 8 月 22 日，鄧小平誕辰 100 週年紀念大會在北京人民大會堂隆重召開。胡錦濤發表講話，高度評價鄧小平的生平業績和思想風範。在鄧小平的一生中，他最常說的是"實事求是"四個字；在鄧小平的心裏，人民一直佔據著至高的位置。他說："比較實際地說，我是實事求是派。"他還說："我是中國人民的兒子，我深情地愛著我的祖國和人民。"鄧小平用行動踐行了自己的誓言。

在邓小平同志诞辰一百周年
纪念大会上的讲话

（二〇〇四年八月二十二日）

胡 锦 涛

同志们，朋友们：

今天，我们在这里隆重集会，纪念敬爱的邓小平同志诞辰一百周年，深切缅怀他为民族独立、人民解放和国家富强、人民幸福建立的不朽功勋，追思和学习他为党和人民的事业不懈奋斗的崇高风范，进一步激励全党全国各族人民把中国特色社会主义事业推向前进。

邓小平同志是全党、全军、全国各族人民公认的享有崇高威望的卓越领导人，伟大的马克思主义者，伟大的无产阶级革命家、政治家、军事家、外交家，久经考验的共产主义战士，中国社会主义改革开放和现代化建设的总设计师，邓小平理论的创立者。

一百年前的今天，邓小平同志出生在四川省广安县。那个年代，中华民族遭受着封建压迫和列强侵略的深重苦难，中国的志士仁人正在黑暗中寻找救国救亡的正确道路。邓小平同志自少年时代起就立志匡扶社稷，救国救民。他早年赴欧洲勤工俭学，并在那里成为中国共产党党员，开始了自己的革命生涯。归国后，他全身心地投入党领导的争取民族独立和人民解

放的革命斗争。从土地革命、抗日战争到解放战争，邓小平同志作为毛泽东同志的亲密战友，始终坚持正确路线，始终充满革命热情，不畏艰险，勇挑重担，先后担任党和军队的许多重要领导职务，以超人的胆识和卓著的战功，为党中央一系列重大战略决策的实施，为新民主主义革命的胜利和新中国的诞生，建立了赫赫功勋，成为中华人民共和国的开国元勋。

新中国成立后，邓小平同志领导了西南全区的政权建设、社会改造和经济恢复，不久就参加中央领导工作，先后担任中共中央秘书长、中共中央政治局委员。在党的八届一中全会上，他当选为中共中央政治局常务委员会委员、中共中央总书记，成为以毛泽东同志为核心的党的第一代中央领导集体的重要成员，为社会主义制度的建立和社会主义建设的展开，为党的建设的加强和改进，作出了重大贡献。"文化大革命"中，邓小平同志受到错误批判和斗争，被剥夺一切职务。他于一九七三年复出，一九七五年担任中共中央副主席、国务院副总理、中央军委副主席、中国人民解放军总参谋长，主持党、国家和军队的日常工作。不久，由于同"四人帮"进行针锋相对的斗争，他再次被错误地撤职、批判。

粉碎"四人帮"、结束"文化大革命"后，中国面临着重大历史关头。邓小平同志再度恢复工作后，面对"文化大革命"造成的严峻局面，以他的远见卓识、丰富政治经验和高超领导艺术，在千头万绪中首先抓住决定性环节，从端正思想路线入手进行拨乱反正，强调实事求是是毛泽东思想的精髓，旗帜鲜明地反对"两个凡是"的错误观点，支持和领导开展真理标准问题的讨论。在邓小平同志指导下，一九七八年十二月召开的党的十一届三中全会，重新确立了解放思想、实事求是的思想路线，确定把党和国家的工作重点转移到社会主义现代化

2004

❶ 鄧小平題詞"實事求是"。❷《在鄧小平同志誕辰一百週年紀念大會上的講話》（2004 年 8 月 22 日）（《胡錦濤文選》第 2 卷）。❸1984 年 10 月 1 日參加國慶遊行的大學生隊伍通過天安門時突然展出"小平您好"的橫幅。❹ 北京群眾自發為鄧小平送行。

2004 年 8 月，在鄧小平誕辰 100 週年紀念大會上，胡錦濤發表講話，高度評價鄧小平為民族獨立、人民解放和國家富強、人民幸福建立的不朽功勳。

　　胡錦濤在講話中指出："鄧小平同志是全黨全軍全國各族人民公認的享有崇高威望的卓越領導人，偉大的馬克思主義者，偉大的無產階級革命家、政治家、軍事家、外交家，久經考驗的共產主義戰士，中國社會主義改革開放和現代化建設的總設計師，鄧小平理論的創立者。"

　　胡錦濤回顧了鄧小平為中國人民不懈奮鬥的光輝一生。特別指出：

　　黨的十一屆三中全會，標誌著鄧小平同志成為黨的第二代中央領導集體的核心。鄧小平同志同中央領導集體一起，順應時代要求和人民願望，指導我們黨系統總結建國以來的歷史經驗，解決了科學評價毛澤東同志的歷史地位和毛澤東思想的科學體系、根據新的實際和發展要求確立中國社會主義現代化建設的正確道路這樣兩個相互聯繫的重大歷史課題，根本否定了"文化大革命"的錯誤實踐和理論，為我們黨和國家發展確定了正確方向。鄧小平同志響亮提出了走自己的路、建設有中國特色社會主義的偉大號召，領導我們黨在新中國成立以來革命、建設實踐的基礎上，成功走出了一條建設中國特色社會主義新道路。

　　胡錦濤總結了鄧小平作為一位偉大領袖的崇高品德、博大胸懷、卓越膽識、革命風格：解放思想、實事求是，始終堅持一切從實際出發，以巨大的政治勇氣和理論勇氣，不斷開拓馬克思主義和中國特色社會主義事業發展新境界；熱愛人民、心繫人民，始終對人民群眾懷著無比深厚的感情，把為中國人民謀幸福作為畢生奮鬥的目標；目光遠大、襟懷寬廣，始終站在國際大局和國內大局相互聯繫的高度審視中國和世界的發展問題，思考和制定中國發展戰略；無私無畏、光明磊落，始終把為黨和人民事業頑強奮鬥作為執著的人生追求，把自己的一切獻給了黨和人民。

　　總之，鄧小平同志七十多年波瀾壯闊的革命生涯，是同中國共產黨、中國人民解放軍、中華人民共和國的創建和發展緊密聯繫在一起的，是同我們祖國和中華民族的面貌發生翻天覆地變化的歷史進程緊密聯繫在一起的。他把畢生心血和精力都貢獻給了黨和人民事業，貢獻給了中國人民，贏得了全黨全國人民衷心愛戴，也贏得了各國人民普遍尊敬。

1997 年 2 月 19 日鄧小平逝世，時任聯合國秘書長的安南說："鄧小平在中國這個朝氣蓬勃的時期留下了不可磨滅的印記。" 美國前總統克林頓得知鄧小平逝世的消息後，說的第一句話是："鄧小平是過去 20 年裏世界舞台上的傑出人物。"

江澤民同志也深刻指出：如果沒有鄧小平同志，中國人民就不可能有今天的新生活，中國就不可能有今天改革開放的新局面和社會主義現代化的光明前景。

是的，難以想象，如果沒有鄧小平，中國的崛起之路還會平添多少坎坷與困難。

讓我們從心底，向偉人再道一聲："小平您好"！

2004

2005

飛天中國

—— "這一刻，我們都是幸福的追夢人"

★

繼 2003 年楊利偉首次遨遊太空後，2005 年 10 月 12 日至 17 日，神舟六號載人飛船首次將兩名航天員送上太空，完成了中國真正意義上有人參與的空間飛行試驗。2019 年 1 月 3 日，嫦娥四號成功登陸月球背面，傳回世界第一張近距離拍攝月背影像圖。2020 年 6 月 23 日，北斗三號全球衛星導航系統最後一顆組網衛星成功發射，完成全球系統星座部署，這是"我國從航天大國邁向航天強國的重要標誌"。

❶2003 年 10 月 15 日中國第一位航天員楊利偉從太空向世界各國人民問好，並在神舟五號飛船艙內展示聯合國旗幟和中國國旗。❷2005 年 10 月神舟六號飛船發射成功。

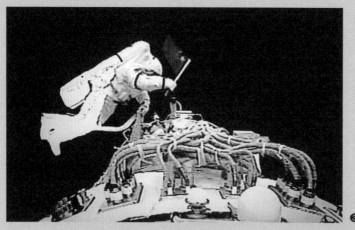

③2008 年 9 月神舟七號載人航天飛行圓滿成功,航天員翟志剛實現了太空行走,中國成為世界上第三個獨立掌握空間出艙關鍵技術的國家。圖為 9 月 27 日翟志剛出艙後揮動中國國旗。④2019 年 1 月 3 日《人民日報》號外。⑤2020 年 6 月 24 日《人民日報》。

探索浩瀚宇宙，發展航天事業，建設航天強國，是中國不懈追求的航天夢。經過幾代航天人的接續奮鬥，繼“兩彈一星”後，中國航天事業又創造了以載人航天、月球探測、衛星導航等為代表的輝煌成就，走出了一條自力更生、自主創新的發展道路，積澱了深厚博大的航天精神。

從“神五”到“神十一”

2003 年 10 月 15 日上午 9 時整，中國自主研製的神舟五號載人飛船在酒泉衛星發射中心用“長征”二號 F 型運載火箭發射升空。9 時 9 分 50 秒，飛船準確進入預定軌道，將中國首位航天員楊利偉成功送上太空。10 月 16 日，神舟五號載人飛船繞地球飛行 14 圈後，按預定時間在內蒙古主著陸場成功著陸，與理論著陸點僅相差 4.8 公里，與飛船一起平安回來的還有中國航天第一人楊利偉。短暫的 21 小時，創造了中國歷史上首次載人航天的完美旅程。

11 月 7 日，中共中央、國務院、中央軍委在人民大會堂舉行慶祝中國首次載人航天飛行圓滿成功大會。中共中央總書記、國家主席胡錦濤發表重要講話。他指出：

> 神舟五號載人飛船首次把我國航天員成功送入浩瀚的太空並安全返回，這一舉世矚目的重大科技活動向世界莊嚴宣告，中國已成為世界上第三個獨立掌握載人航天技術的國家。⋯⋯
>
> 我國首次載人航天飛行圓滿成功充分表明，中華民族是具有非凡智慧和偉大創造力的民族，是勤勞勇敢、自強不息的民族。我們有志氣、有信心、有能力屹立於世界民族之林，為人類和平與發展的崇高事業作出自己的貢獻。[①]

2005 年 10 月 12 日，神舟再度飛天，中華續寫輝煌。9 時 9 分 52 秒，中國自主研製的神舟六號載人飛船，在酒泉衛星發射中心發射升空後，準確進入預定軌道。神舟六號載人飛船的飛行，是中國第二次進行載人航天飛行，也是中國第一次將兩名航天員同時送上太空。17 日凌晨 4 時 33 分，在

---

① 《胡錦濤文選》第 2 卷，人民出版社 2016 年版，第 109—110 頁。

經過 115 小時 32 分鐘的太空飛行，完成中國真正意義上有人參與的空間科學實驗後，神舟六號載人飛船返回艙順利著陸，航天員費俊龍、聶海勝安全返回。

2008 年 9 月 27 日 16 時 41 分 00 秒，中國航天員翟志剛打開神舟七號載人飛船軌道艙艙門，首度實施空間出艙活動，實現了中國空間技術發展具有里程碑意義的重大跨越，標誌著中國成為世界上第三個獨立掌握空間出艙關鍵技術的國家，茫茫太空第一次留下中國人的身影。

2012 年 6 月 18 日、24 日，神舟九號載人飛船與天宮一號目標飛行器先後成功進行自動交會對接和航天員手控交會對接。

2016 年 10 月 17 日，神舟十一號飛船發射升空，在軌飛行期間，2 名航天員在天宮二號與神舟十一號組合體內開展了為期 30 天的駐留，完成一系列空間科學實驗和技術試驗，11 月 18 日成功返回。

改革開放四十多年來，中國的綜合國力得到了極大提升，這是中國載人航天工程在比較短的時間裏不斷取得歷史性突破的重要保障。自 1992 年中國啟動載人航天工程以來，神舟飛船已經 10 餘次出征。中國載人航天事業一步一個腳印，走得堅定而從容：從無人到多人，從艙內到艙外⋯⋯這是中國航天人的新高度，是中國航天事業的新高度，是中華民族的新高度。

嫦娥奔月

從繞月探測工程正式立項，到"中國第一幅月圖"完美亮相，這項浩大的科技工程僅僅經過了 3 年多時間。

2004 年 1 月 23 日，國家正式批准了嫦娥一號計劃的實施方案。2007 年 10 月 24 日 18 時，世界的目光再次對準了位於大涼山腹地的西昌衛星發射場。再過 5 分鐘，中國首顆繞月衛星嫦娥一號將在此升空，國際探月舞台上將增添一名新成員。

為提高嫦娥一號入軌成功率，此次發射提出了"零發射窗口"的目標，即在預先計算好的發射時間段內，分秒不差地將火箭點火升空。經專家嚴密測算，嫦娥一號的"零發射窗口"為 18 時 05 分。隨著一聲令下，有"金手指"之稱的操作手皮水兵果斷地按下紅色"點火"按鈕。數秒鐘之後，烈焰四起，聲震山谷，長征三號甲運載火箭如一條白色的巨龍拔地而起，直衝雲霄。起飛約 10 秒後，火箭按程序轉彎，向東南方向飛去，很快鑽入雲層，隆隆巨響在天地間迴蕩。

18 時 24 分，衛星成功入軌的消息從北京航天飛行控制中心傳來，指揮控制大廳內頓時爆發出熱烈的掌聲。18 時 30 分，北京航天飛行控制中心成功將嫦娥一號衛星近地點從 200 公里抬升到 600 公里，順利完成了第一次變軌控制。10 月 26 日 17 時 44 分，北京航天飛行控制中心向嫦娥一號衛星發出指令，開始實施第二次變軌。11 分鐘後，遠望三號測量船傳來消息，衛星變軌成功。10 月 29 日 18 時 01 分，嫦娥一號成功實施了第三次變軌。10 月 31 日 17 時 28 分，嫦娥一號衛星成功實施第四次變軌，順利進入地月轉移軌道，開始飛向月球。11 月 5 日 11 時 37 分，北京航天飛行控制中心對嫦娥一號衛星成功實施了第一次近月制動，順利完成第一次 "太空剎車" 動作。衛星被月球捕獲，進入環月軌道，成為中國第一顆月球衛星。

11 月 26 日，國家航天局正式公佈嫦娥一號傳回的第一幅月面圖像，這標誌著中國首次月球探測工程取得圓滿成功。該幅月球表面圖，拍攝於距離月球 200 公里的飛行軌道上，成像區域面積為 128800 平方公里，相當於近 8 個北京市人小。12 月 9 日，國家航天局公佈嫦娥 號傳回的最新 批月球圖片，其中包括中國首張月球三維立體圖片。12 月 11 日，國家航天局向媒體發佈信息，嫦娥一號衛星 CCD 相機已對月球背面進行成像探測，並獲取了月球背面部分區域的影像圖。

12 月 12 日上午，慶祝我國首次月球探測工程圓滿成功大會在北京人民大會堂舉行。胡錦濤在大會上發表講話強調：

我國首次月球探測工程的成功，是繼人造地球衛星、載人航天飛行取得成功之後我國航天事業發展的又一座里程碑，實現了中華民族的千年奔月夢想，開啟了中國人走向深空探索宇宙奧秘的時代，標誌著我國已經進入世界具有深空探測能力的國家行列。這是我國推進自主創新、建設創新型國家取得的又一標誌性成果，是中華民族在攀登世界科技高峰征程上實現的又一歷史性跨越，是中華民族為人類和平開發利用外層空間作出的又一重大貢獻。全體中華兒女都為我們偉大祖國取得的這一輝煌成就感到驕傲和自豪！

2009 年 3 月 1 日 16 時 13 分 10 秒，嫦娥一號衛星在北京航天飛行控制中心科技人員的精確控制下，準確受控撞擊在月球東經 52.36 度、南緯 1.50

度的月球豐富海區域，為中國探月一期工程畫上圓滿的句號。

2013 年 12 月 14 日，嫦娥三號著陸月球虹灣區域。15 日，嫦娥三號著陸器和巡視器 "玉兔" 號月球車互拍成像。中國探月工程第二步戰略目標圓滿完成，成為世界上第三個擁有月球軟著陸和巡視探測技術的國家。

2018 年 12 月 8 日 2 時 23 分，中國在西昌衛星發射中心用長征三號乙運載火箭成功發射嫦娥四號探測器，開啟了月球探測的新旅程。

2019 年 1 月 3 日 10 時 26 分，嫦娥四號探測器成功自主著陸在月球背面南極 —— 艾特肯盆地內的馮·卡門撞擊坑內，實現人類探測器首次月背軟著陸。嫦娥四號的成功著陸，是人類又一個航天夢想的成功 "落地"。

3 日 11 時 40 分，通過 "鵲橋" 中繼星的 "牽線搭橋"，嫦娥四號著陸器獲取了月背影像圖並傳回地面。這是人類探測器在月球背面拍攝的第一張圖片。年近九旬的 "兩彈一星" 功勳科學家孫家棟院士說："這一刻，我們都是幸福的追夢人！"

"世界的北斗"

2007 年 4 月 14 日，中國成功發射第一顆北斗二號導航衛星，正式開始獨立自主建設我國第二代衛星導航系統。

2017 年 11 月 5 日，北斗三號第一、二顆組網衛星以 "一箭雙星" 方式成功發射，標誌著北斗衛星導航系統全球組網的開始。這是和美國全球定位系統（GPS）、俄羅斯格洛納斯系統、歐洲伽利略系統並列的全球衛星導航系統。

2018 年 12 月 27 日，北斗三號基本系統宣告建成，並開始提供全球服務。

2020 年 6 月 23 日 9 時 43 分，我國在西昌衛星發射中心用長征三號乙運載火箭，成功發射北斗三號最後一顆全球組網衛星，至此北斗三號全球衛星導航系統星座部署比原計劃提前半年全面完成。

完成星座部署的北斗三號全球系統，是我國迄今為止規模最大、覆蓋範圍最廣、服務性能最高、與百姓生活關聯最緊密的巨型複雜航天系統，也是我國第一個面向全球提供公共服務的重大空間基礎設施。

從 1994 年北斗衛星導航系統啟動建設以來，20 多年間，西昌衛星發射中心完成 44 次北斗發射，先後將 4 顆北斗一號試驗衛星、55 顆北斗二號和北斗三號組網衛星送入預定軌道，任務成功率100%。2017年開啟全球組網以來，兩年半時間，連續成功實施18次北斗系統組網發射，將30顆北斗三號導航衛星精準送入預定軌道，創造了全球衛星導航系統發射組網速度新紀錄。

此次發射的北斗三號全球系統收官之星是第30顆北斗三號衛星，是一顆地球靜止軌道衛星。經過一系列在軌測試入網後，它將和其他北斗衛星一起提供定位導航授時和其他特色服務，北斗系統也將真正成為"世界的北斗"。

聯合國外空司專門發來視頻，祝賀北斗系統完成全球組網部署，肯定北斗系統正在推動全球經濟社會發展，讚賞北斗系統在和平利用外太空、參與聯合國空間活動國際合作等方面作出的巨大貢獻。

北斗三號全球系統星座部署完成，是我國從航天大國邁向航天強國的重要標誌。

2006

全面取消農業稅

★

2005 年 12 月 29 日，十屆全國人大常委會第十九次會議決定，全國人大常委會於 1958 年 6 月 3 日通過的《中華人民共和國農業稅條例》，自 2006 年 1 月 1 日起廢止。在中國延續兩千多年的農業稅正式成為歷史。2006 年 2 月 22 日，國家郵政局發行了一張面值 80 分的《全面取消農業稅》紀念郵票一套一枚。郵票被設計成日曆的格式，充滿深意：上面一頁大大的"稅"字正在被撕掉，寓意取消農業稅；露出半面的後一頁，則是莊稼在彩虹下蔥鬱生長，寓意取消農業稅後農村農業大發展的前景。

❶《全面取消農業稅》紀念郵票。❷ 2006 年 1 月 1 日起中國停止徵收農業稅，這一延續兩千多年的稅種宣告終止。圖為 2005 年 12 月 29 日十屆全國人大常委會第十九次會議通過廢止農業稅條例的決定。

1990 年 2 月，國務院發出《關於切實減輕農民負擔的通知》，農村稅費改革由此拉開序幕。

2000 年 3 月，中共中央、國務院下發《關於進行農村稅費改革試點工作的通知》，並在自願的前提下，在安徽全省進行改革試點。農村稅費改革試點的主要內容為"三取消、兩調整、一改革"：取消鄉統籌費、農村教育集資等專門面向農民徵收的行政事業性收費和政府性基金、集資；取消屠宰稅；取消統一規定的勞動積累工和義務工；調整農業稅和農業特產稅政策；改革村提留徵收使用辦法。此後，農村稅費改革試點由點到面穩步推進。

從 2004 年起，中央連續頒發有關"三農"問題的"一號文件"，提出一系列支農、惠農政策。

2005 年 12 月，十屆全國人大常委會第十九次會議通過關於自 2006 年 1 月 1 日起廢止《中華人民共和國農業稅條例》的決定，從 2006 年起全面取消農業稅，延續兩千多年的農業稅正式成為歷史。農村稅費改革減輕了農民負擔，使農村稅賦制度更加合理，為全面深化農村改革奠定了基礎。

2006 年 10 月，中共十六屆六中全會作出《中共中央關於構建社會主義和諧社會若十重大問題的決定》，明確提出構建社會主義和諧社會的指導思想、奮鬥目標、主要任務，並作出全面部署。

"三農"向好，全局主動。2020 年 1 月 2 日，中共中央、國務院印發《關於抓好"三農"領域重點工作確保如期實現全面小康的意見》。這份 2020 年"一號文件"對標對表全面建成小康社會目標，強調堅決打贏脫貧攻堅戰，加快補上全面小康"三農"領域突出短板，對做好"三農"工作，確保脫貧攻堅戰圓滿收官，確保農村同步全面建成小康社會具有十分重要的指導意義。

2007

中共十七大
首次網絡全球同步
直播黨代會

★────────────────

2007 年 10 月 15 日，8 時 30 分，中共十七大首批現場圖片傳到網上，文字直播同步開始；9 時，十七大開幕，人民大會堂國歌響起。伴隨著網友們的一次次點擊，十七大開幕式的圖文和音視頻直播信號同步傳遍全球……對如此重要的政治活動進行網絡全球同步直播，這在黨的全國代表大會歷史上還是第一次。

❶

❶ 中共十七大新聞中心。❷ 中共十七大會場。❸ 讀者在北京秋季書市上選購中共十七大相關圖書資料。

2007年10月15日至21日，中國共產黨第十七次全國代表大會舉行。大會正式代表2213人，特邀代表57人，代表全國7300多萬黨員。胡錦濤作《高舉中國特色社會主義偉大旗幟，為奪取全面建設小康社會新勝利而奮鬥》報告。大會總結過去五年的工作和改革開放以來的寶貴經驗；強調要堅定不移地高舉中國特色社會主義偉大旗幟，堅持中國特色社會主義道路和中國特色社會主義理論體系；全面闡述科學發展觀的科學內涵、精神實質和根本要求；提出實現全面建設小康社會奮鬥目標的新要求。大會通過關於《中國共產黨章程（修正案）》的決議，將科學發展觀寫入黨章。

　　筆記本電腦、數碼相機、錄音筆、網線、電源……10月15日7時，人民網技術工作人員背著鼓鼓囊囊的大背包趕到了人民大會堂。

　　人民網設在大會堂現場的直播間裏一片忙碌。

　　除了開幕式，人民網還將實時報道十七大期間的各場新聞發佈會、記者招待會、代表團開放討論等，並現場直播新一屆中央政治局常委與中外記者見面會。新華網、中國網、央視國際也都將進行現場直播。

　　網絡，正在成為黨代會開放的渠道、溝通的平台。

　　開幕當天，人民網強國論壇開闢"直播同步評"板塊，網民踴躍發帖，對十七大報告中的多個熱點問題展開了熱烈的討論。10月16日下午，人民網手機強國論壇發起的"千萬手機網友提問黨代表"大型聯合訪談開始剛一個小時，手機網友就提出近200個問題。參會代表們紛紛表示："在手機網絡上與網友們相見，真是一件新鮮事兒！"

　　10月16日上午，人民大會堂河南廳內座無虛席，氣氛熱烈，照相機、攝像機齊將焦點對準了正在這裏討論政治報告的河南代表團。這天是大會安排的河南團開放日，開放的河南再度吸引了中外媒體的目光。人民網的記者、編輯更是早早地來到了現場。互聯網對黨代會代表團的討論進行現場直播，這還是第一次。

　　開放的心態，帶來開放的形象。十七大，處處都能感受到"開放"兩字。

　　大會上的"新聞大戰"，隨處可見。十七大新聞中心提供的數據顯示：有來自55個國家和地區的310家媒體共1135名記者報名參加了十七大的報道，近700名境外記者在人民大會堂報道十七大的開幕式。

　　在忙著"捕捉"目標代表的記者人群中，身穿紅色馬甲的中國少年報小記者和身穿綠色外套的中央電視台小記者引人注目。作為大會開放措施之

《"大會越來越開放了"》（2007 年 10 月 17 日《人民日報》）。

一，十七大新聞中心批准了這兩家媒體派遣 6 名中小學生到會採訪。

"黨代會越來越開放了。""無論是政府層面還是黨的層面，中國的開放度與透明度都在日益增強。"採訪中，許多記者都這樣表示。[①]

---

① 以上參見 2007 年 10 月 17 日《人民日報》。

2008

汶川抗震救災，
北京夢圓奧運

★

2008 年"5·12"特大地震第二天，三歲男孩郎錚從北川廢墟中獲救後，向解救他的解放軍戰士敬禮；地處重災區的北川中學新區廢墟上，紅艷艷的五星紅旗迎風飄揚……這些畫面深深地感動了大家……3 個月後，災難中磨礪的中國，為世界呈現了一屆無與倫比的奧運會。

❷

❸

❶2008 年 5 月 13 日三歲男孩郎錚從北川廢墟中獲救後,向解救他的解
放軍戰士敬禮。❷ 地處重災區的北川中學新區廢墟。❸ 北京奧運會上中
國代表團入場。

2008 年 5 月 12 日 14 時 28 分，四川汶川發生特大地震。在中共中央、國務院和中央軍委堅強領導下，中國組織開展了歷史上救援速度最快、動員範圍最廣、投入力量最大的抗震救災鬥爭，奪取了抗震救災鬥爭的重大勝利。同年 8 月 8 日至 24 日，第 29 屆夏季奧運會在北京成功舉辦。這是中國首次舉辦奧運會。

爭分奪秒抗震救災

　　這次汶川地震強度烈度高，震級達里氏 8.0 級，最大烈度達 11 度，均超過唐山大地震，相當於數百顆原子彈的能量在 10 萬平方公里的區域瞬間釋放；影響範圍廣，波及四川、甘肅、陝西、重慶等 16 個省（區、市），417 個縣、4624 個鄉（鎮）、46574 個村莊受災，災區總面積 44 萬平方公里，受災人口 4561 萬人；救災難度大，重災區多為交通不便的高山峽谷地帶，加上地震造成交通、通信中斷，河道阻塞，天氣惡劣，救援人員、物資、車輛和大型救援設備無法及時進入現場。

　　地震造成極大破壞，人員傷亡慘重。截至 6 月 27 日 12 時，四川汶川地震已造成 69186 人遇難，374174 人受傷，18457 人失蹤。倒塌房屋 652.5 萬間，損壞房屋 2314.3 萬間，北川縣城、汶川縣映秀鎮等部分城鎮夷為平地。

　　災情就是命令，時間就是生命。在第一時間，黨中央、國務院果斷決策，緊急號令。中共中央總書記、國家主席、中央軍委主席胡錦濤立即作出重要指示：儘快搶救傷員，保證災區人民生命安全。中共中央政治局常委會連夜召開會議，全面部署抗震救災工作。由國務院總理溫家寶任總指揮的抗震救災總指揮部迅速成立，指揮機構高效運轉。主題只有一個："第一位是救人！""一線希望，百倍努力！"

　　人民生命高於一切！在第一時間，解放軍、武警、公安快速反應。震後 13 分鐘，全軍啟動應急機制。到 12 日 24 時，近 2 萬名解放軍和武警部隊官兵已到達災區開展救援。24000 名官兵緊急空運到重災區，1 萬名官兵通過鐵路向災區進發。在第一時間，受災地區省委、省政府部署救災，各級幹部奔赴現場指揮。在第一時間，國家減災委、中國地震局、民政部等啟動應急預案，派遣救援隊伍，調撥救災物資。在第一時間，中國紅十字會、中華慈善總會等發出緊急呼籲，號召全社會伸出援手。

　　中華大地奔湧空前規模的愛心熱流。許許多多城市，獻血長龍將血站

"擠爆"；7300 多萬名共產黨員以 67 億多元的"特殊黨費"，表達了對災區人民的真情牽掛；全國宣傳文化系統《愛的奉獻》募捐現場，短短 4 小時募集 15 億元；各式衣著各方口音，近 20 萬志願者奔向災區；大江南北長城內外，全國各族人民伸出援手。

血脈相通，骨肉相連，全球華人結成空前親密的生命整體。香港特區搜救隊、台灣紅十字會搜救隊趕赴災區，港澳台同胞、海外華僑華人遙寄哀思、慷慨解囊。

截至 6 月 27 日 12 時，全國共接收國內外社會各界捐贈款物總計 541.31 億元，實際到賬款物 536.52 億元，已向災區撥付捐贈款物合計 191.61 億元。

再建家園，法制是保障。6 月 9 日，國務院公佈《汶川地震災後恢復重建條例》。這是中國首個專門針對一個地方地震災後恢復重建的條例，為災後過渡性安置、調查評估、恢復重建規劃、恢復重建等不同階段提供了行動指南和法律依據。

舉全國之力，支援災區重建。

5 月 26 日，黨中央作出了"建立對口支援機制"的決定。

5 月 27 日，國務院明確提出：實行一省幫一重災縣，幾省幫 重災市（州），舉全國之力，加快恢復重建。

面對災難，從大風大浪中走來的擁有五千年歷史的中華民族，不會屈服於任何災難，不會被任何艱難困苦所壓倒。正是這種偉大力量，推動著中華民族生生不息，開拓前進。

一屆無與倫比的奧運會

北京奧運，百年夢圓。45 億不同膚色、不同語言、不同國家和地區的觀眾共同分享北京奧運會的快樂。來自 204 個國家和地區的一萬多名運動員挑戰極限、攀越新高，刷新了 38 項世界紀錄、85 項奧運會紀錄。

中國健兒以 51 枚金牌、100 枚獎牌的優異成績和嶄新風貌令世界矚目；百萬志願者以他們的親切微笑和周到服務令世人稱頌。

"兩個奧運，同樣精彩"。北京殘奧會上，殘疾運動員自強不息、奮勇拚搏，為世人詮釋了"同一個世界、同一個夢想"的主題，傳播了"超越、融合、共享"的理念，展現了人類堅忍不拔的精神。

北京，呈現給世人一屆無與倫比的奧運會。

北京奧運會場館和相關設施令人讚歎，實施"三大理念"成果顯著。北京奧運會計劃使用 37 個比賽場館，56 個訓練場館。比賽場館中，在京 31 個，其中新建 12 個，改擴建 11 個，臨建 8 個。其餘 6 個分別為：青島的帆船賽場、香港的馬術賽場以及天津、上海、瀋陽、秦皇島 4 個城市的足球賽場。在奧運場館建設中，落實"三個奧運"理念，實施了 600 多個項目，在技術保障、生態環境、人文環境等方面取得了重要成果。在所有奧運場館建設中廣泛採用建築節能、數字模擬、體育工藝等先進技術。同時建成了第一個智能光傳送網絡，使北京奧運會成為第一個寬帶奧運會。

　　北京奧運會會徽、吉祥物、獎牌、口號成為特色。籌辦奧運以來，先後發佈了北京奧運會會徽、吉祥物、主題口號等主要標誌，得到了國內外的廣泛好評。這些標誌有三個特點：一是突出中國文化的特色；二是與奧運標誌巧妙結合；三是突出了體育運動的特點。火炬採用了如意的造型，裝飾了祥雲圖案。金、銀、銅三種獎牌都採用了"金玉良緣"的設計。把玉用在奧運獎牌上，這在奧運史上是第一次。

　　火炬接力為展示中華文明，傳播和諧世界的理念搭建了巨大平台。2007 年 4 月 26 日，發佈了北京奧運會火炬接力計劃路線。火炬接力於 2008 年 3 月下旬至 8 月 8 日舉行，歷時 130 天。共有 21880 名火炬手參加接力活動。火炬接力分為境內、境外兩部分，以境內傳遞為主。境外傳遞以"和諧之旅"為主題，絲綢之路為主線，立足亞洲，前往五大洲 19 個國家的 19 個城市。境內傳遞的口號是"點燃激情，傳遞夢想"。歷時 97 天，經過 31 個省、自治區和直轄市的 113 個城市，並抵達珠穆朗瑪峰。

　　這是一屆消除隔閡、充滿友善的奧運會。

　　8 月 20 日晚上，博爾特創造了新的世界紀錄。第二天是他的 22 歲生日，"鳥巢" 9 萬餘觀眾為他唱起"祝你生日快樂"。全世界幾十億電視觀眾目睹這一幕。還有比這更豪華氣派的生日會嗎？

　　在開幕式上，日本代表團入場，每個人手持日中兩國國旗。這在北京奧運會上是唯一，在奧運會歷史上也屬罕見。各國代表團的旗手，通常是身材高大的、獲得過世界冠軍的明星擔任，如果按照這個思維，日本代表團的旗手應該是世界蛙王北島康介。但日本代表團的出場旗手是身高 1.55 米、沒有拿過金牌的小姑娘福原愛。福原愛在中國學打乒乓球，會講帶東北味的普通話，一個清純可愛的"瓷娃娃"，她對中國有感情，中日兩國人民都喜歡她。她就是一位中日兩國人民友善的大使。我們有理由相信，這是日本人民向中國人民釋放的友善信號。

閉幕式的前一天，美國花樣游泳隊在"水立方"入場時，用中英文打出一個巨大的條幅："謝謝你，中國。"

這是一屆奮力拚搏、屢創佳績的奧運會。

蒙古、多哥、阿富汗、塔吉克斯坦等代表團實現了各自國家金牌、獎牌的歷史性突破；菲爾普斯獨得 8 金並打破 7 項世界紀錄；博爾特包攬男子 100 米、200 米這兩顆奧運會"皇冠上的明珠"並雙破世界紀錄；中國代表團歷史上首次躍居金牌榜首位……一項項優異的成績，一個個輝煌的瞬間，讓人類驕傲，讓世界沸騰。

這是一屆彰顯人性、迸發真情的奧運會。

俄羅斯選手帕傑林娜和格魯吉亞選手薩魯克瓦澤在女子氣手槍決賽結束後相擁相吻，讓人類追求和平的天性盡情展現；從一群年齡只有自己一半的小女孩手中奪得一枚銀牌，德國體操女選手丘索維金娜"高齡"參賽，為自己的兒子籌措治病費用，偉大的母愛感天動地；頒獎儀式上，德國舉重選手施泰納眼含熱淚把亡妻蘇珊的照片和奧運金牌高高舉起，現場和電視機前的觀眾無不動容；南非殘疾姑娘杜托伊特在游完 10 公里游泳馬拉松後直言"我從來沒想到過自己少一條腿"，激情四射，豪氣衝天。

2008 年 8 月 8 日至 24 日，人類文明史將收錄、珍藏、傳頌這輝煌的日子！

沒有一個春天不會花開，沒有一個秋天不結碩果。

2008 年，這一年，很難。但是，我們中國人，挺過來了！在災難中奮起，創造奇跡，超越夢想！

歷史已經證明並且將繼續證明："任何困難都難不倒英雄的中國人民！"

2009

兩岸一家親

—— 從兩岸實現全面直接雙向"三通"到
兩岸領導人首次會面

★

1979 年新年伊始，全國人大常委會發表《告台灣同胞書》，呼籲海峽
兩岸和平統一，標誌著祖國大陸對台政策的重大發展。2009 年 6 月 30
日，台灣當局開放大陸資本赴台投資。2015 年 11 月 7 日，中共中央
總書記、國家主席習近平同台灣方面領導人馬英九在新加坡會面，這
是新中國成立 66 年來兩岸領導人首次會晤，開創了兩岸領導人直接對
話溝通的先河，翻開了兩岸關係歷史性的一頁。

❶1979 年 1 月 1 日《人民日報》刊登《告台灣同胞書》。❷2008 年 12 月 18 日兩岸空中直航福州至台北首航。圖為乘坐兩岸直航包機赴台灣的乘客在福州長樂國際機場登機。❸2009 年 4 月 26 日海協會會長陳雲林與台灣海基會董事長江丙坤在南京紫金山莊簽署協議，宣佈將開通兩岸定期航班、就大陸資本赴台投資達成共識（2009 年 4 月 27 日《人民日報》）。

2008 年 3 月，在台灣地區舉行的選舉中，國民黨重新執政。2009 年 7 月 4 日，兩岸正式開通週末包機直航。8 月 31 日，兩岸定期航班正式開通。至此，兩岸實現全面直接雙向"三通"。

2015 年 11 月 7 日下午，中共中央總書記、國家主席習近平同台灣地區領導人馬英九在新加坡會面，就進一步推進兩岸關係和平發展交換意見。這是新中國成立 66 年來兩岸領導人的首次會面，翻開了兩岸關係歷史性的一頁。

習近平總書記強調，我們今天坐在一起，是為了讓歷史悲劇不再重演，讓兩岸關係和平發展成果不得而復失，讓兩岸同胞繼續開創和平安寧的生活，讓我們的子孫後代共享美好的未來。面對新形勢，站在兩岸關係發展的新起點上，兩岸雙方應該胸懷民族整體利益、緊跟時代前進步伐，攜手鞏固兩岸關係和平發展大格局，共同實現中華民族偉大復興。習近平就此提出 4 點意見：

第一，堅持兩岸共同政治基礎不動搖。7 年來兩岸關係能夠實現和平發展，關鍵在於雙方確立了堅持"九二共識"、反對"台獨"的共同政治基礎。沒有這個定海神針，和平發展之舟就會遭遇驚濤駭浪，甚至徹底傾覆。

第二，堅持鞏固深化兩岸關係和平發展。近 30 多年來，兩岸關係總體面貌發生了歷史性變化。2008 年後，兩岸關係走上和平發展道路，處於 1949 年以來最好的時期。要和平不要衝突、要交流不要隔絕、要協商合作不要零和對抗，成為兩岸同胞的共同心聲。兩岸關係已經不再處於以前那種激烈衝突、尖銳對抗的敵對狀態。

第三，堅持為兩岸同胞多謀福祉。兩岸一家親，家和萬事興。我們推動兩岸關係和平發展，著眼點和落腳點是要增進同胞的親情和福祉，讓兩岸同胞過上更加美好的生活。只要是有利於增進兩岸同胞的親情和福祉的事，只要是有利於推動兩岸關係和平發展的事，只要是有利於維護中華民族整體利益的事，兩岸雙方都應該盡最大努力去做，並把好事辦好。

第四，堅持同心實現中華民族偉大復興。中華民族有延綿 5000 多年的燦爛文明，但近代以來卻屢遭列強欺凌。120 年前，台灣慘遭外族侵佔，成為全民族的刻心之痛。1945 年抗戰勝利，台灣光復，才洗刷了半個世紀的民族恥辱。透過歷史風雲變幻，可以深切體會到，兩岸是不可分割的命運共同體。民族強盛，是兩岸同胞之福；民族弱亂，是兩岸同胞之禍。實現中華民族偉大復興，與兩岸同胞前途命運息息相關。當前，我們比以往任何時候都更加接近、更有能力實現這個偉大夢想。我們在幾十年的時間內走完了世界上很多國家幾百年的發展歷程。我相信,實現中華民族偉大復興,台灣同胞定然不會缺席。

馬英九表示,2008 年以來,兩岸共同創造和平穩定的台海局勢,獲得兩岸及國際社會普遍讚揚,要善加珍惜。"九二共識"是實現兩岸關係和平發展的共同政治基礎,兩岸要鞏固"九二共識",擴大深化交流合作,增進互利雙贏,拉近兩岸心理距離,對外展現兩岸關係可以由海峽兩岸和平處理,同心協力,為兩岸下一代創造更美好的未來。

正如習近平總書記多次強調的,兩岸同胞是打斷骨頭連著筋的同胞兄弟,是血濃於水的一家人。我們應該以行動向世人表明:兩岸中國人完全有能力、有智慧解決好自己的問題,並共同為世界與地區和平穩定、發展繁榮作出更大貢獻。

2010

上海世博會

—— 丹麥小美人魚 96 年來第一次離開
家鄉來到中國

★

"我們尊重中國，願意與中國人民一起分享丹麥最好的珍寶。"丹麥
館參展總代表白慕申表示。這是丹麥小美人魚 96 年來第一次離開家
鄉，來到世博會。8 年籌辦、6 個月舉辦，建設世博史上最大園區，
聚合 246 個國家和地區參展。7300 萬參觀者，不但兌現申博承諾，也
為世博會歷史增添了一項前無古人的新紀錄 —— 上海世博會不斷創造
驚喜。

❶

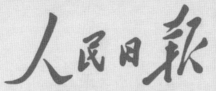

❶ 丹麥國家的驕傲 —— 美人魚在上海世博會上亮相。❷2010 年 10 月 31 日《人民日報》頭版關於上海世博會的報道。❸ 夜幕下的上海世博會中國館。

夜幕下的上海世博園區"一軸四館"全景。《新民晚報》記者孫中欽攝。

　　2010 年 4 月 30 日，上海世界博覽會舉行開幕式。10 月 31 日，博覽會閉幕。上海世博會是新中國成立以來中國舉辦的規模最大、持續時間最長的國際活動。

　　面對艱巨繁重的任務和前所未有的挑戰，中國舉全國之力、集世界智慧，堅持發揮社會主義制度能夠集中力量辦大事的政治優勢，緊緊依靠人民群眾，深入開展園區黨的建設，主動加強國際合作，為上海世博會取得成功提供了有力保障。

　　上海世博會圍繞"城市，讓生活更美好"的主題，秉承和弘揚理解、溝通、歡聚、合作的世博理念，創造和演繹了一場精彩紛呈、美輪美奐的世界文明大展示，以一屆成功、精彩、難忘的世博會勝利載入世博會史冊。

　　曾經戰火紛飛的伊拉克和阿富汗排除萬難，終於出現在上海世博園；儘管融資和建館一波三折，美國館最後圓滿亮相；外形簡潔，創意無限，英國的"種子聖殿"驚艷於眾；第一次參展世博的朝鮮，擁有 1000 平方米的獨立展館，每天接待近 2 萬名觀眾；智利館火速運來解救礦難工人的"功臣""鳳凰一號"救生艙，吸引大批中國遊客特地前往；馬里總統在參觀非洲聯合館之後，立刻指示增派該國最優秀的舞蹈演員，數天後，舞蹈演員博卡里、易卜拉欣帶著馬里人民的祝福，在非洲聯合館上演激情四溢、熱烈奔放的舞蹈……

　　閃亮的"中國紅"周圍，全國 31 個省區市及港澳台展館，都拿出

了自己的看家絕活兒，備受追捧。呈現鳥巢、水立方、國家大劇院、天壇四個標誌性建築的北京館；三面外牆採用 1600 盞 LED 燈的 "竹立方" 浙江館；以基因方式展現 "京畿之地、魅力河北" 的河北館；展現災後重建場景的四川館；由 5000 多塊曲線鋼板連接而成的世博園最酷鋼結構湖北館；還原港人 "智能生活" 的香港館……各省區市館日接待觀眾 9 萬多人，接近國家館接待能力的兩倍，最高一天接待過 14 萬觀眾。

7300 多萬參觀者井噴般的熱情，緩緩排隊的耐心，令世界感動。更有甚者，不止一個海外展館，被中國人異乎尋常的排隊耐心與熱情所打動，開始更新、充實自己的展示，來表示對遊客漫長等待的尊重。

德國媒體《歐洲新報》在頭版發表題為《中國，請跳個舞》的文章，指出，中國上海投入巨大力量承接這場世界上最重大的超級展會，其功用與意義不言而喻。現在，中國做東的 "舞蹈" 緩緩落幕，一個新的歷史時刻卻在中國誕生 —— 正如作家王蒙所說：100 多年過去，60 年過去，現在終於可以比較明朗、比較大步與大度地走向世界與邀請世界走向我們了……[1]

① 參見郝洪、曹玲娟、王有佳：《九州向洋 文明盛典 —— 寫在上海世博會閉幕前夕》，《人民日報》2010 年 10 月 31 日。

2011

利比亞撤僑

—— "感謝祖國！祖國是我們的堅強後盾！"

★

2011 年 2 月 22 日至 3 月 5 日，因利比亞國內形勢發生重大變化，中國政府分批組織船舶、飛機，安全有序撤離中國在利比亞人員（包括港澳台同胞）35860 人。這是新中國成立以來最大規模的有組織撤離海外中國公民行動。《人民日報》進行了相關報道。

2011 年 2 月 24 日《人民日報》關於中國組織從利比亞撤僑的相關報道。

鑒於北非國家利比亞安全形勢發生重大變化，黨中央、國務院十分關心中國駐利人員安全，要求有關方面迅即採取切實有效措施，全力保障中國駐利人員生命財產安全。中國政府決定立即調派民航包機和附近海域的運輸船隻，並就近租用大型郵輪和大客車趕赴利比亞附近，隨時準備進入利比亞，分批組織包括港澳台同胞在內的中國在利比亞人員撤離。

2011 年 2 月 22 日，根據國務院應急指揮部的統一部署，交通運輸部立即成立人員撤離、船舶安全保障兩個工作組並派出一名船長參加國務院應急指揮部前方工作組，全力協助中國在利比亞人員撤離及有關安全保障工作。

截至 23 日下午，交通運輸部已經調派在附近海域的中遠集團、中海集團各兩艘貨輪抵達利比亞班加西港接應。在外交部和中國駐希臘大使館的指導下，中國船級社已協調希臘 4 艘渡船並派員隨船抵達班加西港，另外 3 艘希臘渡船也將於 24 日抵達。

截至 23 日下午，從利比亞撤到埃及邊境口岸薩盧姆的 83 名中建公司工人，已經順利抵達埃及北部沿海城市亞歷山大，其中有 23 人已經順利登機返回祖國。

23 日，中國駐埃及大使館還幫助撤離了為中國公司工作的兩名外籍員工。

北京時間 3 月 5 日 23 時 15 分，中國政府協調派出的上海航空公司包機抵達上海，從馬耳他接回最後一批中國從利比亞撤出人員 149 人。至此，中國撤離在利比亞人員行動圓滿結束。2 月 22 日至 3 月 5 日，中國政府協調派出 91 架次民航包機、12 架次軍機，5 艘貨輪、1 艘護衛艦，租用 35 架次外國包機、11 艘次外籍郵輪和 100 餘班次客車，海、陸、空聯動，完成了新中國成立以來最大規模的有組織撤離海外中國公民行動。

這次行動首創了四個第一次：第一次發揮海、陸、空聯動的組合優勢；第一次大規模動用民航飛機和租用外航及他國郵輪；第一次發明設計了中國公民緊急旅行證件；第一次採用擺渡方式同步撤離。

有工作組成員回憶說，當工作組歷經艱難通過 50 多個檢查站關卡，來到利比亞與突尼斯交界的拉斯傑迪爾口岸時，已經有 600 多名中國工人聚集在附近的沙漠地帶等候出關。看到中國國旗，不少工人熱淚盈眶。這批工人中有 580 多人的護照擱置在利比亞移民局，工作組和中國駐利比亞使館工作人員在一天一夜內辦好了最新出國證明，及時將他們送到了突尼斯。

感謝祖國！祖國是我們的堅強後盾！——這是 35860 人發自內心的感歎。

2012

中共十八大和
提出中國夢

—— 中國特色社會主義進入新時代

★

2012 年 11 月 15 日上午，習近平總書記率剛剛當選的十八屆中央政治局常委在熱烈的掌聲中同中外記者親切見面。習近平總書記表示：責任重於泰山，事業任重道遠。我們一定要始終與人民心心相印、與人民同甘共苦、與人民團結奮鬥，夙夜在公，勤勉工作，努力向歷史、向人民交出一份合格的答卷。11 月 29 日，習近平總書記在國家博物館參觀《復興之路》展覽時首次提出為實現中國夢而奮鬥。他指出，實現中華民族偉大復興，就是中華民族近代以來最偉大的夢想。2017年"砥礪奮進的五年"大型成就展在北京展覽館舉辦。

❶

❷

❸

❹

❶ 中國夢。❷ 中共十八大代表入場。新華社記者李鑫攝。❸ "砥礪奮
進的五年" 大型成就展在北京展覽館舉辦。作者攝於 2017 年 10 月。
❹2018 年 11 月 5 日以 "新時代，共享未來" 為主題的首屆中國國際進
口商品博覽會在上海開幕。

2012 年 11 月 8 日至 14 日，中國共產黨第十八次全國代表大會舉行。大會正式代表 2268 人，特邀代表 57 人，代表全國 8200 多萬黨員。胡錦濤作《堅定不移沿著中國特色社會主義道路前進，為全面建成小康社會而奮鬥》報告。大會回顧和總結過去五年的工作和中共十六大以來的奮鬥歷程及取得的歷史性成就，把科學發展觀確立為黨的指導思想，選舉產生黨中央新的領導集體，開啟了開創中國人民和中華民族更加美好未來的嶄新征程。

中國特色社會主義進入新時代

中共十八大的召開，標誌著中國特色社會主義進入新時代。它意味著近代以來久經磨難的中華民族迎來了從站起來、富起來到強起來的偉大飛躍，迎來了實現中華民族偉大復興的光明前景；意味著科學社會主義在 21 世紀的中國煥發出強大生機活力，在世界上高高舉起了中國特色社會主義偉大旗幟；意味著中國特色社會主義道路、理論、制度、文化不斷發展，拓展了發展中國家走向現代化的途徑，給世界上那些既希望加快發展又希望保持自身獨立性的國家和民族提供了全新選擇，為解決人類問題貢獻了中國智慧和中國方案。

這個新時代，是承前啟後、繼往開來、在新的歷史條件下繼續奪取中國特色社會主義偉大勝利的時代，是決勝全面建成小康社會、進而全面建設社會主義現代化強國的時代，是全國各族人民團結奮鬥、不斷創造美好生活、逐步實現全體人民共同富裕的時代，是全體中華兒女勠力同心、奮力實現中華民族偉大復興中國夢的時代，是中國日益走近世界舞台中央、不斷為人類作出更大貢獻的時代。

總之，中國特色社會主義進入新時代，在中華人民共和國發展史上、中華民族發展史上具有重大意義，在世界社會主義發展史上、人類社會發展史上也具有重大意義。中國特色社會主義必將在新時代展現出更加強大的生命力！

習近平：努力向歷史、向人民交出一份合格的答卷

2012 年 11 月 15 日，中共十八屆一中全會選舉習近平、李克強、張德江、俞正聲、劉雲山、王岐山、張高麗為中央政治局常委，選舉習近平為中

央委員會總書記，決定習近平為中央軍委主席，批准王岐山為中央紀委書記。11 時 53 分，剛剛當選的十八屆中央政治局常委在熱烈的掌聲中，同中外記者親切見面。

習近平總書記逐一介紹了新當選的其他 6 位中央政治局常委，代表新一屆中央領導機構成員感謝全黨同志的信任，並表示定當不負重託，不辱使命。他說，全黨同志的重託，全國各族人民的期望，是對我們做好工作的巨大鼓舞，也是我們肩上的重大責任。

習近平總書記強調，人民是歷史的創造者，群眾是真正的英雄。人民群眾是我們力量的源泉。我們深深知道，每個人的力量是有限的，但只要我們萬眾一心、眾志成城，就沒有克服不了的困難；每個人的工作時間是有限的，但全心全意為人民服務是無限的。

2013

推動構建
人類命運共同體

—— 習近平總書記提出共建"一帶一路"
重大國際合作倡議

★

2013 年 9 月 7 日、10 月 3 日，習近平分別在哈薩克斯坦納扎爾巴耶夫大學、印度尼西亞國會發表演講，先後提出共同建設"絲綢之路經濟帶"與"21 世紀海上絲綢之路"，即"一帶一路"倡議。2017 年 5 月 14 日至 15 日，首屆"一帶一路"國際合作高峰論壇在北京舉行，習近平出席開幕式並發表主旨演講。

携手推进"一带一路"建设*

（2017 年 5 月 14 日）

尊敬的各位国家元首，政府首脑，
各位国际组织负责人，
女士们，先生们，朋友们：

"孟夏之日，万物并秀。"[1] 在这美好时节，来自 100 多个国家的各界嘉宾齐聚北京，共商"一带一路"建设合作大计，具有十分重要的意义。今天，群贤毕至，少长咸集，我期待着大家集思广益、畅所欲言，为推动"一带一路"建设献计献策，让这一世纪工程造福各国人民。

女士们、先生们、朋友们！

2000 多年前，我们的先辈筚路蓝缕，穿越草原沙漠，开辟出联通亚欧非的陆上丝绸之路；我们的先辈扬帆远航，穿越惊涛骇浪，闯荡出连接东西方的海上丝绸之路。古丝绸之路打开了各国友好交往的新窗口，书写了人类发展进步的新篇章。中国陕西历史博物馆珍藏的千年"鎏金铜蚕"，在印度尼西亚发现的千年沉船"黑石号"等，见证了这段历史。

古丝绸之路绵亘万里，延续千年，积淀了以和平合作、开放包容、互学互鉴、互利共赢为核心的丝路精神。这是人类文明的宝贵遗产。

——和平合作。公元前 130 多年的中国汉代，一支从长安出发的和平使团，开始打通东方通往西方的道路，完成了"凿空之旅"[1]，这就是著名的张骞出使西域。中国唐宋元时期，陆上和海上丝绸之路同步发展，中国、意大利、摩洛哥的旅行家杜环、马可·波罗、伊本·白图泰都在陆上和海上丝绸之路留下了历史印记。15 世纪初的明代，中国著名航海家郑和七次远洋航海，留下千古佳话。这些开拓事业之所以名垂青史，是因为使用的不是战马和长矛，而是驼队和善意；依靠的不是坚船和利炮，而是宝船和友谊。一代又一代"丝路人"架起了东西方合作的纽带、和平的桥梁。

——开放包容。古丝绸之路跨越尼罗河流域、底格里斯河和幼发拉底河流域、印度河和恒河流域、黄河和长江流域，跨越埃及文明、巴比伦文明、印度文明、中华文明的发祥地，跨越佛教、基督教、伊斯兰教信众的汇集地，跨越不同国度和肤色人民的聚居地。不同文明、宗教、种族求同存异、开放包容，并肩书写相互尊重的壮丽诗篇，携手绘就共同发展的美好画卷。酒泉、敦煌、吐鲁番、喀什、撒马尔罕、巴格达、君士坦丁堡等古城，宁波、泉州、广州、北海、科伦坡、吉达、亚历山大等地的古港，就是记载这段历史的"活化石"。历史告诉我们：文明在开放中发展，民族在融合中共存。

——互学互鉴。古丝绸之路不仅是一条通商易货之道，更是一条知识交流之路。沿着古丝绸之路，中国将丝绸、瓷器、漆器、铁器传到西方，也为中国带来了胡椒、亚麻、香

* 这是习近平在"一带一路"国际合作高峰论坛开幕式上的演讲。

506

507

❶2014 年 11 月 18 日義新歐（義烏─馬德里）班列正式運行。❷2017 年 5 月 14 日習近平總書記在"一帶一路"國際高峰論壇開幕式上的演講。

533

2013 年，習近平總書記總覽世界大勢，著眼構建中國全方位對外開放新格局，推動構建人類命運共同體，提出了共建“一帶一路”這一重大國際合作倡議。倡議旨在聚焦互聯互通，深化務實合作，攜手應對人類面臨的各種挑戰，實現互利共贏、共同發展。

2019 年 4 月 25 日至 27 日，第二屆“一帶一路”國際合作高峰論壇在北京成功舉辦。這是新中國成立 70 週年之際中國舉辦的最重要的外交盛會。習近平總書記出席開幕式並發表重要主旨演講，全程主持領導人圓桌峰會、舉行系列外事活動並面向中外媒體介紹峰會成果。40 位國家元首、政府首腦等領導人和國際組織負責人齊聚一堂，150 個國家、92 個國際組織的 6000 多名外賓共襄盛舉。論壇期間召開了高級別會議，舉辦了 12 場分論壇和企業家大會。高峰論壇成功舉行，開啟高質量共建“一帶一路”新征程，奏響中國開放發展新樂章，發出維護多邊主義的時代強音，樹立了中國與世界攜手構建人類命運共同體的又一座里程碑。

國務委員、外交部部長王毅在 2019 年《求是》第 9 期發表《開啟“一帶一路”高質量發展新征程》一文，凝練地總結了“一帶一路”提出 6 年來的實踐成果：

6 年來，中國同“一帶一路”國家貿易總額超過 6 萬億美元，對“一帶一路”國家直接投資超過 900 億美元，“六廊六路多國多港”的互聯互通架構基本形成，一大批合作項目落地生根，首屆高峰論壇各項成果順利落實。“一帶一路”國際合作的成功實踐，為國際貿易和投資搭建了新平台，為世界經濟增長開闢了新空間。

6 年來，“一帶一路”秉承和平合作、開放包容、互學互鑒、互利共贏的絲路精神，倡導共商共建共享的全球治理觀，以實際行動邁出建設開放型世界經濟的堅定步伐，為構建更加公正合理的全球治理體系勾畫了新願景。聯合國秘書長古特雷斯指出，“一帶一路”倡議使全球化更加健康。

6 年來，中國同“一帶一路”國家共建 82 個境外合作園區，上繳東道國稅費 20 多億美元，帶動當地就業近 30 萬人，為各國民眾帶來了更便利生活條件、更良好營商環境、更多樣發展機遇。得益於共建“一帶一路”，有的國家建起第一條高速公路、第一條現代化鐵路，有的國家第一次發展起自己的汽車製造業，有的國家解決了困擾多年的電力緊缺問題。共建“一帶一路”成果有力改善了各國民眾的衣食住行，也為推動聯合國 2030 年可持續發展議程作出了重要貢獻。世界銀行認為，"一帶一路" 建設使全球減貧 "提速"。

　　"人類命運共同體""一帶一路""共商、共建、共享"……這些耳熟能詳的詞彙，隨著中國自身發展和對全球治理貢獻的增多，被陸續寫進聯合國決議文件，成為彰顯東方智慧的聯合國官方詞彙。中巴經濟走廊、中老鐵路、中泰鐵路、匈塞鐵路、雅萬高鐵等一大批標誌性項目穩步推進，多個發達國家主動與我國開展合作，"一帶一路"國際商事爭端解決機制啟動建立。

　　6 年來的成功實踐充分證明，共建 "一帶一路" 倡議雖源於中國，但機會和成果屬於世界，已經成為最受歡迎的國際公共產品和最大規模的國際合作平台，是中國大國外交謀篇佈局的 "大寫意"。共建 "一帶一路" 的成果越來越多，人氣越聚越旺，道路越走越寬，展現出更加廣闊的發展前景。

2014

中國特色強軍之路

—— 新古田會議召開

★

2014 年 10 月 30 日至 11 月 2 日，全軍政治工作會議在古田召開。10 月 31 日，習近平在講話中闡明新的歷史條件下黨從思想上政治上建設軍隊的重大問題。這是新世紀舉行的第一次全軍政治工作會議。12 月 30 日，中共中央轉發《關於新形勢下軍隊政治工作若干問題的決定》。2015 年 11 月 23 日，中央軍委印發《領導指揮體制改革實施方案》。

2 2014年11月3日 星期一　　　　要　闻　　　　人民日报

在古田会议光芒照耀下继续前进

——习近平主席出席全军政治工作会议侧记

寻根圆源

"深入思考当初是从哪里出发的、为什么出发的"

薪火相传

"把理想信念的火种、红色传统的基因一代代传下去"

再上征程

"充分发挥政治工作对凝聚兴军的生命线作用"

❶《〈關於新形勢下軍隊政治工作若干問題的決定〉誕生記》（2015 年 2 月 2 日《人民日報》）。❷《在古田會議光芒照耀下繼續前進——習近平主席出席全軍政治工作會議側記》（2014 年 11 月 3 日《人民日報》）。❸ "聽黨指揮、能打勝仗、作風優良" 宣傳板。❹ 解放軍某部進行改革強軍主題教育。作者攝於 2017 年北京 "砥礪奮進的五年" 大型成就展。

中共十八大以來，習近平總書記在新時代堅持和發展中國特色社會主義歷史進程中，著眼實現中華民族偉大復興的中國夢，圍繞新時代建設一支什麼樣的強大人民軍隊、怎樣建設強大人民軍隊，深入進行理論探索和實踐創造，鮮明提出政治建軍、改革強軍、科技興軍、依法治軍，形成了習近平強軍思想。

政治建軍是立軍之本。2014 年全軍政治工作會議在福建古田舉行。習近平同志在講話中強調軍隊政治工作的時代主題是緊緊圍繞實現中華民族偉大復興的中國夢，為實現黨在新形勢下的強軍目標提供堅強政治保證；當前最緊要的是把理想信念、黨性原則、戰鬥力標準、政治工作威信四個帶根本性的東西在全軍牢固立起來。

2015 年 11 月 24 日，習近平同志在中央軍委改革工作會議上講話指出，要全面實施改革強軍戰略，堅定不移走中國特色強軍之路，建設同中國國際地位相稱、同國家安全和發展利益相適應的鞏固國防和強大軍隊。11 月 28 日，中央軍委印發《關於深化國防和軍隊改革的意見》，指出：牢牢把握軍委管總、戰區主戰、軍種主建的原則，以領導管理體制、聯合作戰指揮體制改革為重點，協調推進規模結構、政策制度和軍民融合深度發展改革。12 月 31 日，習近平向中國人民解放軍陸軍、火箭軍、戰略支援部隊授予軍旗並致訓詞。此後，習近平又先後向東部戰區、南部戰區、西部戰區、北部戰區、中部戰區授予軍旗並發佈訓令，向武漢聯勤保障基地和無錫、桂林、西寧、瀋陽、鄭州聯勤保障中心授予軍旗並致訓詞，接見新調整組建的 84 個軍級單位主官並發佈訓令，向軍事科學院、國防大學、國防科技大學等授予軍旗並致訓詞，向武警部隊授旗並致訓詞，向國家綜合性消防救援隊伍授旗並致訓詞。2016 年 2 月 29 日，全軍按新的領導指揮體制運行。

2017 年 11 月，習近平總書記在中共十九大報告中提出全面推進國防和軍隊現代化建設目標：

適應世界新軍事革命發展趨勢和國家安全需求，提高建設質量和效益，確保到 2020 年基本實現機械化，信息化建設取得重大進展，戰略能力有大的提升。同國家現代化進程相一致，全面推進軍事理論現代化、軍隊組織形態現代化、軍事人員現代化、武器裝備現代化，力爭到 2035 年基本實現國防和軍隊現代化，到本世紀中葉把人民軍隊全面建成世界一流軍隊。

加強軍隊黨的建設，開展"傳承紅色基因、擔當強軍重任"主題教育，推進軍人榮譽體系建設，培養有靈魂、有本事、有血性、有品德的新時代革命軍人，永葆人民軍隊性質、宗旨、本色。繼續深化國防和軍隊改革，深化軍官職業化制度、文職人員制度、兵役制度等重大政策制度改革，推進軍事管理革命，完善和發展中國特色社會主義軍事制度。樹立科技是核心戰鬥力的思想，推進重大技術創新、自主創新，加強軍事人才培養體系建設，建設創新型人民軍隊。全面從嚴治軍，推動治軍方式根本性轉變，提高國防和軍隊建設法治化水平。

　　軍隊是要準備打仗的，一切工作都必須堅持戰鬥力標準，向能打仗、打勝仗聚焦。扎實做好各戰略方向軍事鬥爭準備，統籌推進傳統安全領域和新型安全領域軍事鬥爭準備，發展新型作戰力量和保障力量，開展實戰化軍事訓練，加強軍事力量運用，加快軍事智能化發展，提高基於網絡信息體系的聯合作戰能力、全域作戰能力，有效塑造態勢、管控危機、遏制戰爭、打贏戰爭。

　　堅持富國和強軍相統一，強化統一領導、頂層設計、改革創新和重大項目落實，深化國防科技工業改革，形成軍民融合深度發展格局，構建一體化的國家戰略體系和能力。完善國防動員體系，建設強大穩固的現代邊海空防。組建退役軍人管理保障機構，維護軍人軍屬合法權益，讓軍人成為全社會尊崇的職業。深化武警部隊改革，建設現代化武裝警察部隊。

　　"聽黨指揮、能打勝仗、作風優良"——人民軍隊向著黨在新時代強軍目標奮勇前進。

2015

"抓鐵有痕" 反腐敗

——"百名紅通人員" 陸續歸案

★

2015 年 3 月 26 日，中央反腐敗協調小組國際追逃追贓工作辦公室首次啟動針對外逃腐敗分子的 "天網行動"。4 月 22 日，國際刑警組織中國國家中心局集中公佈 100 名涉嫌犯罪外逃國家工作人員、重要腐敗案件涉案人等人員的紅色通緝令。外逃分子們紛紛主動歸國投案。以習近平同志為核心的黨中央以 "抓鐵有痕" 的決心根治腐敗。反腐敗鬥爭取得壓倒性勝利。

❶《國際追逃追贓啟動"天網"行動 —— 決不能讓腐敗分子躲進"避罪天堂"逍遙法外》（2015 年 3 月 27 日《人民日報》）。❷《佈下反腐敗追逃追贓天羅地網 —— 中央追逃辦成立五週年工作回眸》（2019 年 6 月 27 日《人民日報》）。❸2014 年 4 月上海松江方塔園廉政教育基地"清風"志願者服務隊成立。

2019 年 9 月 11 日，在中央反腐敗協調小組國際追逃追贓工作辦公室統籌協調下，經廣東省追逃辦和汕頭市監委不懈努力，"百名紅通人員"、職務犯罪嫌疑人黃平回國投案自首並積極退贓。這是中共十九大以來第 12 名歸案的"百名紅通人員"，也是開展"天網行動"以來第 60 名歸案的"百名紅通人員"。

2019 年 5 月 29 日深夜，經過近 20 個小時的跨洋飛行，雲南錫業集團有限責任公司原董事長、雲南省人大常委會財政經濟委員會原副主任委員肖建明走下昆明長水國際機場的舷梯，成為第 58 名歸案的"百名紅通人員"；而在此前一天，"百名紅通人員"、浙江省外逃犯罪嫌疑人莫佩芬選擇回國投案並積極退贓，表示"不希望在國外了此殘生"。

兩天內兩名"百名紅通人員"歸案，是近年來反腐敗國際追逃追贓工作取得重大突破的一個縮影。一段時間，外逃貪腐分子"貪了就跑、跑了就了"的現象令廣大群眾切齒痛恨；而中共十八大以來短短幾年，外逃分子們緣何紛紛主動歸國投案？

巨大的轉變，源自以習近平同志為核心的黨中央以"抓鐵有痕"的決心根治腐敗。從中共十八大到十九大召開 5 年間，經黨中央批准立案審查的省軍級以上黨員幹部及其他中管幹部 440 人。其中，十八屆中央委員、候補委員 43 人，中央紀委委員 9 人。嚴肅查處了周永康、薄熙來、郭伯雄、徐才厚、孫政才、令計劃等嚴重違紀違法案件。全國紀檢監察機關共接受信訪舉報 1218.6 萬件（次），處置問題線索 267.4 萬件，立案 154.5 萬件，處分 153.7 萬人，其中廳局級幹部 8900 餘人，縣處級幹部 6.3 萬人，涉嫌犯罪被移送司法機關處理 5.8 萬人。各級紀檢監察機關共查處違反中央八項規定精神問題 18.9 萬起，處理黨員幹部 25.6 萬人。從中共十九大閉幕到 2018 年底，先後有 77 名中管幹部被立案審查。[1]

2019 年，全國紀檢監察機關共接受信訪舉報 329.4 萬件次，處置問題線索 170.5 萬件，談話函詢 37.7 萬件次，立案 61.9 萬件，處分 58.7 萬人。[2]

"不管腐敗分子逃到哪裏，都要緝拿歸案、繩之以法。"習近平總書記高度重視反腐敗國際追逃追贓工作，在多個場合就此發表重要講話。特別是經黨中央批准，中央反腐敗協調小組於 2014 年 6 月 27 日建立追逃追贓工

[1]《十八屆中央紀律檢查委員會向中國共產黨第十九次全國代表大會的工作報告》（2017 年 10 月 24 日中國共產黨第十九次全國代表大會通過），《中國共產黨第十九次全國代表大會文件彙編》，人民出版社 2017 年版，第 137—138、129 頁；中共中央黨史和文獻研究院編：《中華人民共和國大事記》（1949 年 10 月—2019 年 9 月），人民出版社 2019 年版，第 134 頁。
[2] 2020 年 5 月 28 日《人民日報》。

作協調機制，設立國際追逃追贓工作辦公室（以下簡稱"中央追逃辦"）。
2019 年 6 月 27 日《人民日報》發表姜潔、江琳、張丹峰《佈下反腐敗追逃追贓天羅地網——中央追逃辦成立五週年工作回眸》一文，對中央追逃辦成立 5 年來反腐敗國際追逃追贓工作取得的成績進行了回顧總結。

2014 年至 2019 年 5 月，全國共追回外逃人員 5974 人，其中黨員和國家工作人員 1425 人。通過追逃追贓佈下天羅地網，切斷腐敗分子後路，有效遏制住了外逃多發勢頭，為反腐敗鬥爭取得壓倒性勝利提供了有力支撐。

集中統一、高效順暢的協調機制，整合了國內外資源力量，改變了過去"九龍治水"，責任不清、協調不力的局面，一系列重點案件捷報頻傳：

2014 年 12 月 22 日，涉嫌嚴重違紀違法潛逃美國兩年半的遼寧省鳳城市原市委書記王國強回國投案自首，這是中央追逃辦成立後，第一個從美國主動投案的職務犯罪嫌疑人，也是十餘年來從美國歸案的首名外逃腐敗分子；

2015 年 5 月 9 日，夥同他人侵吞 9400 萬元公款、潛逃新加坡 4 年之久的"百名紅通人員"二號嫌犯李華波被遣返回國；

2016 年 11 月 12 日，潛逃海外 15 年之久的"百名紅通人員"閆永明退還巨額贓款，繳納巨額罰金並回國投案自首，實現"人贓俱獲、罪罰兼備"的目標；

2016 年 11 月 16 日，"百名紅通人員"頭號嫌犯、浙江省建設廳原副廳長楊秀珠歸國投案；

2017 年 10 月 12 日，原勝利油田青島石油實業有限公司總經理兼臨沂中孚天然氣開發利用有限公司總經理孔廣生投案自首；

2018 年 7 月 11 日，外逃 17 年的中國銀行開平支行案主犯許超凡從美國被強制遣返回中國；

……

習近平總書記的話語斬釘截鐵："不得罪成百上千的腐敗分子，就要得罪 13 億人民。這是一筆再明白不過的政治賬，人心向背的賬。"在"打虎""拍蠅""獵狐"的同時，中央用巡視派駐、機制創新、法規建設，構築起一道道制度的"防火牆"；用科學理論、優秀文化、良好家風，建立起一座座理想信念的精神家園；用群眾路線教育實踐活動、"三嚴三實"專題教育、"兩學一做"學習教育、"不忘初心、牢記使命"主題教育，營造出風清氣正的政治生態。

2016

十八屆六中全會
明確習近平總書記
的核心地位

★

2016 年中共十八屆六中全會召開後，《人民日報》連續刊發 5 篇評論員文章，指明："黨的十八大以來的實踐充分證明，習近平總書記作為黨中央的核心、全黨的核心，是眾望所歸、實至名歸，是黨心所向、民心所向。明確習近平總書記的核心地位，反映了全黨的共同意志，反映了全黨全軍全國各族人民的共同心願。"

中共十八屆六中全會召開後《人民日報》連續刊發 5 篇評論員文章。

2016 年，金秋北京。在錘頭鐮刀的巨大黨徽前，中央委員會以舉手表決的方式，一致通過了黨的十八屆六中全會公報，這份舉世矚目的公報中正式提出"以習近平同志為核心的黨中央"。

一個國家、一個政黨，領導核心至關重要。回顧世界社會主義發展的歷史，維護權威歷來是馬克思主義政黨建設的重大課題。在總結巴黎公社失敗教訓時，馬克思恩格斯曾深刻指出："巴黎公社遭到滅亡，就是由於缺乏集中和權威。"列寧也高度重視維護黨的權威和革命領袖的權威。他指出："造就一批有經驗、有極高威望的黨的領袖是一件長期的艱難的事情。但是做不到這一點，無產階級專政、無產階級的'意志統一'就只能是一句空話。"從中國共產黨歷史看，形成堅強的中央領導核心，並維護這個核心的權威，對我們這樣的大黨、大國尤為重要。毛澤東說："一個桃子剖開來有幾個核心嗎？只有一個核心"，"要建立領導核心，反對'一國三公'"。鄧小平也多次闡釋中央領導核心問題，強調"要以高度的自覺性來理解和處理"這個問題。1935 年遵義會議前，由於沒有形成成熟的黨中央，黨的事業幾經挫折，甚至面臨失敗危險。遵義會議確立了毛澤東在紅軍和黨中央的領導地位，我們黨開始形成堅強的領導核心，從此中國革命便煥然一新。正是在黨中央堅強有力的領導下，經過一代又一代中國共產黨人團結帶領人民接續奮鬥，中國革命、建設、改革事業才取得舉世矚目的偉大成就。

當前，我們正處在世界格局深刻調整、國際競爭日趨激烈的時代條件下，正處在國內改革全面深化、發展全面推進的重要時期，黨內"四大考驗""四種危險"現實地擺在面前，治國理政擔子之重、難度之大超乎想象，我們比任何時候都更需要一個堅強的領導核心。習近平總書記成為黨中央的核心、全黨的核心，是在偉大鬥爭中形成的。中共十八大以來，習近平總書記帶領全黨全軍全國各族人民開創了中國特色社會主義偉大事業和黨的建設新的偉大工程新局面，在改革發展穩定、內政外交國防、治黨治國治軍等方面取得了一系列具有重大現實意義和深遠歷史意義的成就，實現了黨和國家事業的繼往開來，贏得了全黨全軍全國各族人民衷心擁護，受到了國際社會高度讚譽。

中共十八大以來，習近平總書記事實上已經成為黨中央的核心、全黨的核心。確立習近平總書記為黨中央的核心、全黨的核心，是我們黨的鄭重選擇，是眾望所歸、名副其實、當之無愧。全黨必須牢固樹立政治意識、大局意識、核心意識、看齊意識，自覺在思想上政治上行動上同以習近平同志為核心的黨中央保持高度一致。黨的各級組織、全體黨員特別是高級幹部都要向黨中央看齊，向黨的理論和路線方針政策看齊，向黨中央決策部署看齊，做到黨中央提倡的堅決響應、黨中央決定的堅決執行、黨中央禁止的堅決不做。

2017

中共十九大和決勝全面建成小康社會

—— 確立習近平新時代中國特色社會主義思想為黨的指導思想

★

中共十九大作出中國特色社會主義進入新時代、我國社會主要矛盾已經轉化為人民日益增長的美好生活需要和不平衡不充分的發展之間的矛盾等重大政治論斷，確立習近平新時代中國特色社會主義思想的歷史地位，提出新時代堅持和發展中國特色社會主義的基本方略，確定決勝全面建成小康社會、開啟全面建設社會主義現代化國家新征程的目標。

❶

2017

❶ 中共十九大會場。❷ 習近平總書記著作。

2017 年 10 月 18 日至 24 日，中國共產黨第十九次全國代表大會舉行。大會應出席正式代表 2280 人，特邀代表 74 人，代表全國 8900 多萬黨員。習近平作《決勝全面建成小康社會，奪取新時代中國特色社會主義偉大勝利》報告。大會指出，從十九大到二十大，是"兩個一百年"奮鬥目標的歷史交匯期。我們既要全面建成小康社會、實現第一個百年奮鬥目標，又要乘勢而上，開啟全面建設社會主義現代化國家新征程，向第二個一百年奮鬥目標進軍。

10 月 25 日，中共十九屆一中全會選舉習近平、李克強、栗戰書、汪洋、王滬寧、趙樂際、韓正為中央政治局常委，選舉習近平為中央委員會總書記，決定習近平為中央軍委主席，批准趙樂際為中央紀委書記。

習近平新時代中國特色社會主義思想是一個博大精深、內涵豐富的科學理論體系，但其中最重要、最核心的內容是中共十九大報告概括的"8 個明確"和"14 個堅持"。

"8 個明確"是：明確堅持和發展中國特色社會主義，總任務是實現社會主義現代化和中華民族偉大復興，在全面建成小康社會的基礎上，分兩步走在本世紀中葉建成富強民主文明和諧美麗的社會主義現代化強國；明確新時代我國社會主要矛盾是人民日益增長的美好生活需要和不平衡不充分的發展之間的矛盾，必須堅持以人民為中心的發展思想，不斷促進人的全面發展、全體人民共同富裕；明確中國特色社會主義事業總體佈局是"五位一體"、戰略佈局是"四個全面"，強調堅定道路自信、理論自信、制度自信、文化自信；明確全面深化改革總目標是完善和發展中國特色社會主義制度、推進國家治理體系和治理能力現代化；明確全面推進依法治國總目標是建設中國特色社會主義法治體系、建設社會主義法治國家；明確黨在新時代的強軍目標是建設一支聽黨指揮、能打勝仗、作風優良的人民軍隊，把人民軍隊建設成為世界一流軍隊；明確中國特色大國外交要推動構建新型國際關係，推動構建人類命運共同體；明確中國特色社會主義最本質的特徵是中國共產黨領導，中國特色社會主義制度的最大優勢是中國共產黨領導，黨是最高政治領導力量，提出新時代黨的建設總要求，突出政治建設在黨的建設中的重要地位。

"14 個堅持"是：一是堅持黨對一切工作的領導；二是堅持以人民為中心；三是堅持全面深化改革；四是堅持新發展理念；五是堅持人民當家作主；六是堅持全面依法治國；七是堅持社會主義核心價值體系；八是堅持在

發展中保障和改善民生；九是堅持人與自然和諧共生；十是堅持總體國家安全觀；十一是堅持黨對人民軍隊的絕對領導；十二是堅持"一國兩制"和推進祖國統一；十三是堅持推動構建人類命運共同體；十四是堅持全面從嚴治黨。這十四條，構成新時代堅持和發展中國特色社會主義的基本方略。

"8個明確"和"14個堅持"二者有機融合、有機統一，相互補充、相互貫通，共同構成了習近平新時代中國特色社會主義思想的基本內涵。

正如恩格斯指出的："我們黨有個很大的優點，就是有一個新的科學的世界觀作為理論的基礎。"[1] 恩格斯這裏講的黨，指的是工人階級政黨。中國共產黨的優勢，正是通過黨的全國代表大會不斷把馬克思主義中國化的創新理論成果確立為黨的指導思想，從中共七大、十五大、十六大、十八大到十九大，分別闡明了毛澤東思想、鄧小平理論、"三個代表"重要思想、科學發展觀和習近平新時代中國特色社會主義思想的時代背景、理論淵源、實踐依據、核心要義、豐富內涵、精神實質、理論特色，將其確立為黨的指導思想並載入黨章，從而引領承載著中國人民偉大夢想的航船破浪前進，勝利駛向光輝的彼岸。

將習近平新時代中國特色社會主義思想確立為黨的指導思想，是中國特色社會主義進入新時代的必然要求，是符合黨心民意的重大決策，對全黨把思想和行動統一到習近平新時代中國特色社會主義思想上來、以習近平新時代中國特色社會主義思想指導我國社會主義現代化建設和黨的建設新的偉大工程，必將產生重大而深遠的影響。全黨同志必須切實增強學習貫徹習近平新時代中國特色社會主義思想的自覺性和堅定性，深刻領會習近平新時代中國特色社會主義思想的科學體系、精神實質、實踐要求，把握好貫穿其中的馬克思主義立場觀點方法，更加自覺地為實現黨的歷史使命不懈奮鬥。

---

① 《馬克思恩格斯文集》第2卷，人民出版社2009年版，第599頁。

2018

"綠水青山就是金山銀山"

★

2018 年 5 月 18 日至 19 日，全國生態環境保護大會在北京召開，這是中國生態文明建設史上一次十分重要的會議，習近平總書記在大會上發表重要講話，深入分析中國生態文明建設面臨的形勢任務，深刻闡述加強生態文明建設的重大意義、重要原則，對全面加強黨對生態文明建設的領導，堅決打好污染防治攻堅戰作出了全面部署。這篇重要講話，全面系統概括了習近平生態文明思想，具有重大的政治意義、理論意義和實踐意義。

2018 年 5 月 18 日至 19 日全國生態環境保護大會在北京召開，習近平總書記發表重要講話《推動我國生態文明建設邁上新台階》(《求是》2019 年第 3 期)。

　　"綠水青山就是金山銀山！" 2005 年 8 月 15 日，時任中共浙江省委書記習近平在浙江省湖州市安吉縣首次提出了這一關係文明興衰、人民福祉的發展理念。

　　習近平對生態環境工作歷來看得很重。在河北正定，福建廈門、寧德和福建、浙江、上海等地工作期間，都把這項工作作為一項重大工作來抓。中共十八大以來，習近平總書記分別就嚴重破壞生態環境事件以及長江經濟帶"共抓大保護、不搞大開發"作出指示批示，要求嚴肅查處，扭住不放，一抓到底，不徹底解決絕不鬆手，確保綠水青山常在、各類自然生態系統安全穩定。

　　中共十八大以來，黨中央把生態文明建設作為統籌推進"五位一體"總體佈局和協調推進"四個全面"戰略佈局的重要內容，開展一系列根本性、開創性、長遠性工作，提出一系列新理念新思想新戰略，生態文明理念日益深入人心，污染治理力度之大、制度出台頻度之密、監管執法尺度之嚴、環境質量改善速度之快前所未有，推動生態環境保護發生歷史性、轉折性、全局性變化。

　　2018 年習近平總書記在全國生態環境保護大會上發表重要講話指出：

　　生態文明建設是關係中華民族永續發展的根本大計。中華民族向來尊重自然、熱愛自然，綿延 5000 多年的中華文明孕育著豐富的生態文化。這些觀念都強調要把天地人統一起來、把自然生態同人類文明聯繫起來，按照大自然規律活動，取之有時，用之有度，表達了我們的先人對處理人與自然關係的重要認識。

　　生態興則文明興，生態衰則文明衰。生態環境是人類生存和發展的根基，生態環境變化直接影響文明興衰演替。

　　以史為鑒，可以知興替。我之所以反覆強調要高度重視和正確處理生態文明建設問題，就是因為我國環境容量有限，生態系統脆弱，污染重、損失大、風險高的生態環境狀況還沒有根本扭轉，並且獨特的地理環境加劇了地區間的不平衡。"胡煥庸線"東南方 43% 的國土，居住著全國 94% 左右的人口，以平原、水網、低山丘陵和喀斯特地貌為主，生態環境壓力巨大；該線西北方 57% 的國土，供養大約全國 6% 的人口，以草原、戈壁沙漠、綠洲和雪域高原為主，生態系統非常脆弱。說基本國情，這就是其中很重要的內容。

中共十八大以來，經過全黨同志和社會各方的共同努力，中國生態文明建設取得歷史性成就。包括：

一是通過全面深化改革，加快推進生態文明頂層設計和制度體系建設。相繼出台《關於加快推進生態文明建設的意見》《生態文明體制改革總體方案》，制定了 40 多項涉及生態文明建設的改革方案，從總體目標、基本理念、主要原則、重點任務、制度保障等方面對生態文明建設進行全面系統部署安排。全國人大常委會、最高人民法院、最高人民檢察院對環境污染和生態破壞界定入罪標準，加大懲治力度，形成高壓態勢。

二是大力推動綠色發展，取得明顯成效。國土空間佈局得到優化，京津冀、長江經濟帶省區市和寧夏等 15 個省區市的生態保護紅線已經劃定。供給側結構性改革深入推進，產業結構不斷優化，一大批高污染企業有序退出，京津冀及周邊地區 "散亂污" 企業整治力度空前。能源消費結構發生積極變化，中國成為世界利用新能源和可再生能源第一大國。全面節約資源有效推進，資源消耗強度大幅下降。

三是深入實施大氣、水、土壤污染防治三大行動計劃。中國是世界上第一個大規模開展 PM2.5 治理的發展中大國，形成全世界最大的污水處理能力。作為發展中大國、全球第二大經濟體，中國近年來強力推進藍天保衛戰的舉措和成果，舉世矚目。中國在大氣污染防治方面重視程度之高、工作力度之大、環境質量改善速度之快，在世界上也是罕見的。自 2013 年以來，中國相繼實施《大氣污染防治行動計劃》和《打贏藍天保衛戰三年行動計劃》，把藍天保衛戰作為污染防治攻堅戰的重中之重。越來越多的地方黨委政府負責人扛起生態文明建設的政治責任，通過推動綠色發展 "一微克一微克地降 PM2.5"。越來越多的企業經營者看清了 "企業不能消滅污染，污染就可能毀掉企業"，加大治污設備和運行的投入。越來越多的公眾認識到 "同呼吸" 就得 "共奮鬥"，從綠色出行、隨手關燈等點滴小事做起，呵護清新空氣。經過持續努力，天空湛藍、繁星閃爍的動人景象日益增加。2018年，全國首批實施新空氣質量標準的 74 個城市，PM2.5 年均濃度比 2013 年下降 41.7%；北京市 PM2.5 濃度從 2013 年的 89.5 微克 / 立方米，降到 2018年的 51 微克 / 立方米；珠三角 PM2.5 濃度連續 4 年達標，浙江省也邁入總體達標行列；重污染天氣的發生頻次、影響範圍、污染程度都大幅減少。同時，地表水國控斷面 I—Ⅲ類水體比例增加到 67.9%，劣Ⅴ類水體比例下降到 8.3%。森林覆蓋率由本世紀初的 16.6% 提高到 22% 左右。

慶祝新中國成立 70 週年之際北京沿路"綠水青山就是金山銀山"宣傳標語。作者攝於 2019 年 9 月。

四是中國率先發佈《中國落實 2030 年可持續發展議程國別方案》，實施《國家應對氣候變化規劃（2014—2020 年）》，向聯合國交存《巴黎協定》批准文書。中國消耗臭氧層物質的淘汰量佔發展中國家總量的 50% 以上，成為對全球臭氧層保護貢獻最大的國家。2017 年，同聯合國環境署等國際機構一道發起，建立"一帶一路"綠色發展國際聯盟。

總之，經過不懈努力，中國生態環境質量持續改善。同時，必須清醒看到，中國生態文明建設挑戰重重、壓力巨大、矛盾突出，推進生態文明建設還有不少難關要過，還有不少硬骨頭要啃，還有不少頑瘴痼疾要治，形勢仍然十分嚴峻。

習近平總書記語重心長地強調：

到 2020 年全面建成小康社會，是我們黨向人民作出的莊嚴承諾。不能一邊宣佈全面建成小康社會，一邊生態環境質量仍然很差，這樣人民不會認可，也經不起歷史檢驗。不管有多麼艱難，都不可猶豫、不能退縮，要以壯士斷腕的決心、背水一戰的勇氣、攻城拔寨的拚勁，堅決打好污染防治攻堅戰。各級黨委和政府要自覺把經濟社會發展同生態文明建設統籌起來，堅持黨委領導、政府主導、企業主體、公眾參與，堅決摒棄"先污染、後治理"的老路，堅決摒棄損害甚至破壞生態環境的增長模式。要充分發揮黨的領導和中國社會主義制度能夠集中力量辦大事的政治優勢，充分利用改革開放 40 年來積累的堅實物質基礎，加大力度推進生態文明建設、解決生態環境問題。

我們相信，正如習近平總書記指出的，"中國生態文明建設進入了快車道，天更藍、山更綠、水更清將不斷展現在世人面前"。

2019

國慶 70 週年慶典

—— "致敬" 方陣首輛禮賓車向老一輩
革命家敬禮

★

2019 年是中華人民共和國成立 70 週年大慶之
年。盛世頌歌，更需要致敬英雄。為銘記老
一輩革命家、社會主義建設者和軍隊英模的
豐功偉績，緬懷他們的精神和風範，表達人
民群眾的愛戴和崇敬之情，激勵年輕一代將
革命理想、優良傳統、時代精神代代相傳，
2019 年國慶 70 週年群眾遊行序幕部分設置了
一個重要方陣 —— "致敬" 方陣。一曲深情
的《紅旗頌》奏響，緊隨著由 300 餘名青年
執旗手組成的旗陣，21 輛禮賓車呈 "品" 字
形隊列徐徐駛入天安門廣場核心區。第一輛
禮賓車上，就是高舉老一輩革命家照片榮譽
牌的親屬代表。"致敬" 方陣昭示我們將繼承
和弘揚老一輩革命家精神風範，齊心開創美
好未來。

❶

❶ "國旗"方陣和"國慶年號和國徽"方陣。新華社記者申宏攝。

❷ "致敬"方陣。新華社記者殷剛攝。❸ "武警部隊"方陣。新華社記者王建華攝。

習近平總書記多次強調，要深入系統地研究和大力宣傳老一輩革命家的崇高精神風範。中共十八大以來，習近平總書記先後參加毛澤東、鄧小平、陳雲、朱德、周恩來、劉少奇等老一輩革命家誕辰紀念座談會並發表重要講話，高度概括和評價了老一輩革命家精神風範，並號召全黨同志以他們為"榜樣"和"楷模"。在慶祝中華人民共和國成立 70 週年之際，9 月 30 日，習近平等黨和國家領導人來到天安門廣場，按慣例出席向人民英雄敬獻花籃儀式前，專門來到毛主席紀念堂，向毛澤東同志坐像三鞠躬，瞻仰毛澤東同志遺容，表達對毛澤東同志等老一輩革命家的深切緬懷。10 月 1 日，習近平總書記在慶祝中華人民共和國成立 70 週年大會上的講話中鮮明指出："70 年前的今天，毛澤東同志在這裏向世界莊嚴宣告了中華人民共和國的成立，中國人民從此站起來了。這一偉大事件，徹底改變了近代以後 100 多年中國積貧積弱、受人欺凌的悲慘命運，中華民族走上了實現偉大復興的壯闊道路。" 在新的時代條件下，研究和宣傳老一輩革命家精神風範，挖掘和弘揚其時代價值，具有十分重大而深遠的意義。

老一輩革命家精神風範是我們黨的優良傳統和優良作風的集中體現

老一輩革命家在為黨和人民事業不懈奮鬥的征程中形成的崇高精神風範，主要表現為堅定不移的理想信念、無限忠誠的堅強黨性、勤政為民的公僕情懷、實事求是的思想方法、開拓創新的領導魄力、敢於擔當的政治勇氣、高瞻遠矚的戰略思維、坦蕩無私的博大胸襟、清正廉潔的道德操守、勤於學習的優秀品格等。這些寶貴的精神財富，體現了黨的性質，代表了黨的形象，影響和教育了幾代共產黨人。

在新中國成立 70 週年之際，老一輩革命家"宜將剩勇追窮寇，不可沽名學霸王"的革命到底精神，堅持立黨為公、執政為民的革命情懷，謙虛謹慎、不驕不躁、艱苦奮鬥的優良作風，對中國共產黨人來講，是不斷增強"四個意識"，堅定"四個自信"，做到"兩個維護"，始終保持同人民群眾的血肉聯繫，始終保持奮發有為的進取精神，奪取新時代中國特色社會主義偉大勝利的強大精神動力。

老一輩革命家精神風範是修好共產黨人“心學”的生動教材

在黨的作風建設問題上，習近平總書記指出：“我們黨作為馬克思主義執政黨，不但要有強大的真理力量，而且要有強大的人格力量。”老一輩革命家精神風範，正是將馬克思主義政黨的強大人格力量，以一個又一個鮮活的個體生動具體地展現出來。

在保持黨同人民群眾血肉聯繫這一作風建設的核心問題上，毛澤東始終堅持群眾路線，在總結歷史經驗時，他感慨地說：“人民，只有人民，才是創造世界歷史的動力。”周恩來把自己看成是人民的“總服務員”，他深情地說：“革命就是為了使全國人民不再過苦日子，要過上好的生活。”劉少奇把自己看作是人民的勤務員，他對子女說：“爸爸是人民的兒子。你們也一定要做人民的好兒女。”朱德是人民公僕的典範，始終把人民安危冷暖放在心中，始終保持艱苦樸素的本色。任弼時一生勤勤懇懇，埋頭苦幹，沒有休息，沒有享受，沒有個人的任何計較，被稱為“我們黨的駱駝，中國人民的駱駝”。熱愛人民也是鄧小平一生最深厚的情感寄託，正如他的質樸表白：“我是中國人民的兒子，我深情地愛著我的祖國和人民。”陳雲始終把老百姓的吃飯穿衣問題放在心中最高的位置，他反覆強調，要用 90% 的時間去弄清事實，去調查研究，用 10% 的時間來決策。

習近平總書記還多次強調，“在培育良好家風方面，老一輩革命家為我們作出了榜樣”。他以毛澤東的“念親但不為親徇私、念舊但不為舊謀利、濟親但不以公濟私”的“三原則”和周恩來的“十條家規”等為例，教育領導幹部把家風建設擺在重要位置，廉潔修身、廉潔齊家。老一輩革命家精神風範是弘揚主旋律，傳播正能量，修好共產黨人“心學”的生動教材。

老一輩革命家精神風範是反對歷史虛無主義的有力武器

當前，在意識形態領域，污衊和詆毀老一輩革命家的噪音雜音還不時出現。國內外敵對勢力常常拿中國革命史、新中國歷史來做文章，攻擊、醜化、污衊革命領袖。有的是對老一輩革命家的攻擊謾罵；有的是無中生有、胡編亂造、移花接木、造謠污衊；有的是打著回憶、研究的幌子販賣重新包裝過的歪曲言論。

因此，我們一方面要把黨的領袖人物維護好，就是要對這些歪曲和抹黑言論進行清理和反駁；另一方面要把黨的領袖人物宣傳好，不僅要正面宣傳老一輩革命家生平業績、思想理論，還要正面宣傳老一輩革命家精神風範，更好地發揮澄清事實、引導輿論的作用，從而更好地鞏固馬克思主義在意識形態領域的指導地位，更好地反對歷史虛無主義。

偉大的事業需要偉大的精神，偉大的精神托舉偉大的夢想。10月1日上午，天安門廣場盛大的閱兵分列式結束後，成千群眾自發聚集在長安街沿線路口，等待從天安門廣場撤離的受閱戰車和官兵。當戰車由遠向近駛來，車內指戰員隔著車窗揮手，路口群眾揮動國旗歡呼。置身於這一片軍民互動的歡樂海洋中，每個人都會強烈感受到中華民族強大的凝聚力，人民群眾對祖國發自內心的熱愛。正如習近平總書記在慶祝中華人民共和國成立70週年大會上的講話中指出的："此時此刻，全國各族人民、海內外中華兒女，都懷著無比喜悅的心情，都為我們偉大的祖國感到自豪，都為我們偉大的祖國衷心祝福。"這種偉大的凝聚力，這種昂揚向上的精神，這種團結奮鬥的信心和力量，是中國走過昨天、走在今天、走向明天的動力基礎。而老一輩革命家精神風範，正是這種動力基礎的不竭源泉。

新時代新征程，我們要繼續學習、研究、宣傳、弘揚老一輩革命家精神風範，在以習近平同志為核心的黨中央堅強領導下，齊心開創人民共和國的美好未來！

2020

辦好中國的事情，關鍵在黨

—— 習近平："讓黨旗在疫情防控鬥爭第一線高高飄揚"

★

2020 年是決勝全面小康、決戰脫貧攻堅之年，但讓人不曾料到的是，農曆鼠年來臨之際，新冠肺炎疫情肆虐。病毒，前所未見；形勢，空前嚴峻。2 月 23 日，習近平總書記在統籌推進新冠肺炎疫情防控和經濟社會發展工作部署會議上的講話指出："能不能打好、打贏這場疫情防控的人民戰爭、總體戰、阻擊戰，是對各級黨組織和黨員、幹部的重大考驗。"他號召"讓黨旗在疫情防控鬥爭第一線高高飄揚"。[1] 9 月 8 日，習近平總書記在全國抗擊新冠肺炎疫情表彰大會上的講話指出："在抗疫鬥爭中，廣大共產黨員不忘初心、牢記使命，充分發揮先鋒模範作用，2.5 萬多名優秀分子在火線上宣誓入黨。"總書記強調：歷史和現實都告訴我們，只要毫不動搖堅持和加強黨的全面領導，永遠保持黨同人民群眾的血肉聯繫，我們就一定能夠形成強大合力，從容應對各種複雜局面和風險挑戰。[2]

[1] 習近平：《在統籌推進新冠肺炎疫情防控和經濟社會發展工作部署會議上的講話》（2020 年 2 月 23 日），人民出版社 2020 年版，第 23—24 頁。
[2] 習近平：《在全國抗擊新冠肺炎疫情表彰大會上的講話》（2020 年 9 月 8 日），人民出版社 2020 年版，第 17—18 頁。

❶《同心協力，八方支援》版畫，作者湖北美術學院夏妍。❷2020 年 2 月 25 日《中央戰"疫"日誌》。❸2020 年 9 月 9 日《人民日報》關於抗疫的相關報道。

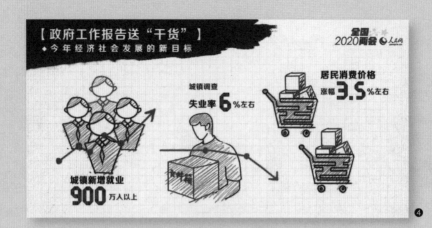

❹《今年經濟社會發展的新目標》（2020 年 5 月 29 日人民網"全國 2020 兩會"專欄報道）。❺《決勝全面小康　決戰脫貧攻堅》（2020 年 5 月 28 日《人民日報》兩會特刊）。

　　2020 年初發生的新冠肺炎疫情，是 1949 年以來在中國發生的傳播速度最快、感染範圍最廣、防控難度最大的一次重大突發公共衛生事件。對中國來說，這是一次危機，也是一次大考。在以習近平同志為核心的黨中央堅強領導下，全國各族人民萬眾一心，共克時艱，打贏這場疫情防控的人民戰爭、總體戰、阻擊戰，再次彰顯了中國共產黨領導和中國特色社會主義制度的顯著優勢。

　　滄海橫流，方顯英雄本色。在這場嚴峻鬥爭中，各級黨組織和廣大黨員幹部衝鋒在前、頑強拚搏，充分發揮了戰鬥堡壘作用和先鋒模範作用，經受了重大鬥爭的考驗。

　　千磨萬擊還堅勁，越是艱險越向前。

　　習近平總書記指出，"辦好中國的事情，關鍵在黨。""中國共產黨的領導，是中國革命、建設、改革不斷取得勝利最根本的保證，是中國特色社會主義最本質的特徵，也是中國特色社會主義的最大優勢，必須毫不動搖堅持和完善。"

　　1921 年 7 月中國共產黨成立後，帶領人民浴血奮戰 28 年，取得新民主義革命的偉大勝利。新中國成立以來，在中國共產黨領導下，全國各族人民團結一心，艱苦奮鬥，完成社會主義革命，推進社會主義建設，加速發展改革開放和社會主義現代化建設事業，人民生活得到根本改善，中國社會主義制度極大鞏固和發展，迎來了中華民族偉大復興的光明前景。

　　中國共產黨在帶領人民進行偉大的社會革命的同時，也不斷進行偉大的自我革命。世人在驚歎中國理論創新、實踐創新、制度創新步伐之快，驚歎中國社會面貌變化之大的同時，也看到了這些發展變化背後是中國共產黨永不自滿、永不懈怠的品格，是中國共產黨不斷自我淨化、自我完善、自我革命、自我提高的精神。在應對國內外各種風險和考驗的歷史進程中，中國共產黨始終成為全國人民的主心骨，在堅持和發展中國特色社會主義的歷史進程中始終成為堅強領導核心。

　　2020 年七一前夕，中央組織部公佈了截至 2019 年底的最新統計數據：

　　中國共產黨黨員總數為 9191.4 萬名，比上年淨增 132.0 萬名。黨的基層組織 468.1 萬個，比上年淨增 7.1 萬個。中國共產黨的凝聚力和戰鬥力不斷增強，黨的組織體系更加健全，黨的執政根基進一步夯實。

　　……

黨員隊伍結構持續優化。女黨員 2559.9 萬名，佔 27.9%，比上年提高 0.7 個百分點；少數民族黨員 680.3 萬名，佔 7.4%，比上年提高 0.1 個百分點。40 歲以下黨員超過總數的 1/3，隊伍年齡結構有所改善。工人和農民仍佔主體，佔比為 34.8%。黨員隊伍文化程度繼續提高，大專及以上學歷黨員超過半數，達 4661.5 萬名。

　　……

　　基層黨組織建設不斷加強。全國共設立基層黨委 24.9 萬個、總支部 30.5 萬個、支部 412.7 萬個，分別比上年增加 1.0 萬個、0.6 萬個、5.5 萬個，組織設置更加科學規範。①

　　數字是令人振奮的，也是催人奮進的。習近平總書記指出，中國共產黨是世界上最大的政黨，大就要有大的樣子。"中國特色社會主義進入新時代，我們黨一定要有新氣象新作為。打鐵必須自身硬。黨要團結帶領人民進行偉大鬥爭、推進偉大事業、實現偉大夢想，必須毫不動搖堅持和完善黨的領導，毫不動搖把黨建設得更加堅強有力。"

---

①　2020 年 7 月 1 日《人民日報》。

結　語

2021

喜迎百年華誕

引航復興偉業

西柏坡紀念館"兩個務必"展牌。

2021 年是中國共產黨成立 100 週年。

100 年前，中國人民對爭取民族獨立、人民解放和實現國家富強、人民幸福的渴望是多麼強烈，但前途又是多麼渺茫。100 年來，中國共產黨初心不改、矢志不渝，"堅信黨的根基在人民、黨的力量在人民，堅持一切為了人民、一切依靠人民"，堅守信念，尋找道路，奔向夢想，團結帶領人民歷經千難萬險，付出巨大犧牲，敢於面對曲折，勇於修正錯誤，攻克了一個又一個看似不可攻克的難關，創造了一個又一個彪炳史冊的人間奇跡。今天，我們比歷史上任何時期都更接近中華民族偉大復興的目標，比歷史上任何時期都更有信心、有能力實現這個目標。

1949 年 3 月 23 日上午，中共中央從西柏坡動身前往北京時，毛澤東說："今天是進京趕考的日子。"70 多年的實踐證明，我們黨在這場歷史性考試中取得了優異成績。同時，這場考試還沒有結束，還在繼續。今天，我們黨團結帶領人民所做的一切工作，就是這場考試的繼續。

路漫漫其修遠兮，吾將上下而求索。在以習近平同志為核心的黨中央堅強領導下，全黨同志一定要不忘初心，牢記使命，永遠保持謙虛、謹慎、不驕、不躁的作風，永遠保持艱苦奮鬥的作風，勇於變革、勇於創新，永不僵化、永不停滯，繼續在這場歷史性考試中經受考驗，努力向歷史、向人民交出新的更加優異的答卷！

作者簡介

　　李穎，法學博士，中共黨史專家，中央黨史和文獻研究院第二研究部主任、研究員。2009 年入選"新世紀百千萬人才工程國家級人選"，2018 年入選國家高層次人才特殊支持計劃（"萬人計劃"）哲學社會科學領軍人才。

　　參與《中國共產黨歷史》（第一卷）、《中國共產黨的九十年》等中共黨史基本著作的編寫工作，主持完成國家社科基金《民主革命時期黨的歷次全國代表大會研究》課題，出版《陳獨秀與共產國際》等專著十餘部，所著的《細節的力量——新中國的偉大實踐》獲評 2019 年度"中國好書"，在《人民日報》《光明日報》《求是》《中共黨史研究》等報刊發表文章一百餘篇。